ACCESO GRATIS *a la Lectura en la Nube*

Para visualizar el libro electrónico en la nube de lectura envíe junto a su nombre y apellidos una fotografía del código de barras situado en la contraportada del libro y otra del ticket de compra a la dirección:

ebooktirant@tirant.com

En un máximo de 72 horas laborables le enviaremos el código de acceso con sus instrucciones.

La visualización del libro en **NUBE DE LECTURA** excluye los usos bibliotecarios y públicos que puedan poner el archivo electrónico a disposición de una comunidad de lectores. Se permite tan solo un uso individual y privado.

ESTUDIO MULTIDISCIPLINAR DEL INTERÉS SUPERIOR DEL MENOR

UNA APROXIMACIÓN PSICOLÓGICA, SOCIOLÓGICA Y JURÍDICA

Procedimiento de selección de originales, ver página web:
www.tirant.net/index.php/editorial/procedimiento-de-seleccion-de-originales

ESTUDIO MULTIDISCIPLINAR DEL INTERÉS SUPERIOR DEL MENOR

UNA APROXIMACIÓN PSICOLÓGICA, SOCIOLÓGICA Y JURÍDICA

Directores:
LAURA LÓPEZ DE LA CRUZ
JOSÉ ANTONIO SÁNCHEZ MEDINA

tirant lo blanch
Valencia, 2024

El presente trabajo ha sido realizado en el marco del Proyecto de investigación I+D "La construcción del Interés Superior del Menor desde una perspectiva jurídica y psicosocial. Hacia una visión integradora a la luz de la Ley Orgánica 8/2015", Referencia: DER2017-88049-P, financiado por el Ministerio de Educación, Cultura y Deporte.

EDITA: TIRANT LO BLANCH
C/ Artes Gráficas, 14 - 46010 - Valencia
TELFS.: 96/361 00 48 - 50
FAX: 96/369 41 51
Email: tlb@tirant.com
www.tirant.com
DEPÓSITO LEGAL: V-1609-2024
ISBN: 978-84-1056-568-5

Autores

Alba María Aragón Morales
Maximiliano Andrés García-Carmona
Juan Miguel Gómez Espino
Laura López de la Cruz
María Rosalía Martínez García
Isabel María Nicasio Jaramillo
Lucía Vázquez-Pastor Jiménez
Eugenio Pizarro Moreno
María José Ruiz García
José Antonio Sánchez Medina

Índice

Introducción

Es bien sabido que el sistema de protección de los menores de edad en nuestro ordenamiento jurídico ha sido objeto de una reforma sustancial tras la entrada en vigor de dos leyes: la Ley Orgánica 8/2015, de 22 de julio y la Ley 26/2015, de 28 de julio, *de modificación del sistema de protección a la infancia y a la adolescencia.* En una primera aproximación, se podría decir que el objetivo principal de la reforma ha sido mejorar los instrumentos de protección jurídica de los menores y adaptarlos a los importantes cambios sociales y de percepción del menor que se han producido en los últimos veinte años.

En efecto, si partimos de lo que significa ser menor de edad en nuestro ordenamiento actual, la primera idea que hay que resaltar es que el concepto dista mucho de la idea que se ha tenido sobre los menores en épocas pasadas, no sólo en cuanto al reconocimiento de su capacidad y su aptitud para el ejercicio de derechos, sino también en cuanto a las bases sobre las que se asienta su adecuada protección por parte de los poderes públicos[1]. Sin duda, las transformaciones que ha experimentado el Derecho de Familia en las últimas décadas han conducido a la configuración de un nuevo marco jurídico donde el

---

1 En palabras de Rivero Hernández (2007, p. 28): "de una visión paternalista tradicional que concede al menor un estatus de persona meramente protegida, se pasa a su consideración como ciudadano a quien se le atribuye una autonomía cada vez más patente hasta el punto de asimilarle de facto al mayor de edad a partir sobre todo de una cierta y reconocida madurez. Desde esta perspectiva, el interés del menor no consiste ya sólo en buscar lo mejor para él, sino en ayudarle en adquirir progresivamente mayor autonomía y una identidad de adulto que le habilite para ejercer directamente sus derechos y deberes".

menor asume un papel protagonista y que, paradójicamente, se caracteriza por dos notas aparentemente antagónicas: un progresivo reconocimiento de madurez y autonomía al menor, que tiene reflejo en especial a la hora de atribuirle capacidad para ejercitar sus derechos, tanto en el ámbito personal como patrimonial; y un mayor y más cualificado nivel de protección legal y judicial.

Es precisamente en el nuevo Derecho de Familia donde se configura este nuevo concepto, y ello porque la familia es heredera directa de la organización política y participa de sus valores y principios[2], de modo que el Estado democrático extiende sus propios fundamentos a la estructura familiar que, asimismo, se democratiza[3]. Con la entrada en vigor de la Constitución Española, y entre otras muchas modificaciones sustanciales del ordenamiento jurídico, cesa la autoridad ilimitada del

---

2 Desde un punto de vista jurídico, la familia constituye fundamentalmente una comunidad de intereses, y asume unas funciones que son más o menos complejas en relación al grado de desarrollo de la organización social y política en la que se inserta. Existe una recíproca interconexión entre organización política y organización familiar, de forma que el crecimiento de una supone el decrecimiento de la otra, y en buena medida ambas participan de la misma naturaleza: ser formas de organización de la vida social: López y López (2012, pp. 93 y ss.). Sobre la familia y sus funciones: Valpuesta Fernández (2012, pp. 55 y ss.),

3 Reflejo de esta idea son las siguientes afirmaciones de la profesora Roca Trías (1999, pp. 71 y ss.): 1. La base de cualquier regulación, incluido el Derecho de Familia, son los derechos fundamentales de los ciudadanos, que no cambian de condición por el hecho de estar integrados en un grupo familiar. 2. En caso de conflicto entre el interés familiar y el individual, prevalece este último siempre que tenga como base el ejercicio de un derecho fundamental. 3. Ello justifica los sistemas de protección de menores, como garantía de efectividad de sus derechos fundamentales. 4. La familia debe ser considerada como un instrumento para alcanzar las finalidades previstas en el programa constitucional del art. 10 CE.

padre sobre sus hijos, desaparecen las distintas categorías de hijos en función del distinto estado civil de sus progenitores, se afirma la libre investigación de la paternidad, se consagra la igualdad formal y material de los cónyuges lo que supone, entre otras cosas, una nueva redistribución de las funciones y roles familiares en relación con la descendencia, y se constituye una distinta concepción de la patria potestad que se pone de manifiesto no sólo en las relaciones entre padres e hijos en situaciones de convivencia podríamos decir normalizada, sino también y muy especialmente, tras la crisis matrimonial o de pareja, donde el papel del menor tiende a desarrollarse bajo distintas coordenadas sociales y jurídicas.

En este nuevo, complejo e inacabado escenario familiar, impulsado por la supremacía legal reconocida a los derechos fundamentales, entre ellos los del propio menor, éste asume un protagonismo que no tiene parangón en ningún otro momento histórico[4]. La idea que preside todo el sistema es la concepción de los menores como ciudadanos (Vázquez-Pastor, 2009), corresponsables de la sociedad en la que participan y, por tanto, titulares de derechos y también de deberes. Ciudadanos que merecen una mayor exigencia de protección por razón de su vulnerabilidad asociada a la edad, y en determinados casos, a factores añadidos con relación a su situación personal o social. Es por ello que, con la reforma de 2015, se persiguió, en palabras del propio legislador (Preámbulo de ambas leyes reformadoras) dar cumplimiento efectivo al mandato constitucional que se impone a los poderes públicos de asegurar la protección social, económica y jurídica de la familia, y en especial

---

4 Es con la Convención sobre los Derechos del Niño aprobada por Naciones Unidas el 20 de noviembre de 1989 cuando se abandona el exclusivo tratamiento protector brindado por el ordenamiento jurídico a los menores, para empezar a considerarlos como sujetos titulares de derechos subjetivos, con capacidad de obrar paulatina de acuerdo con sus condiciones de madurez.

de los menores de edad (art. 39 CE), así como a las normas de carácter internacional aplicables[5].

En virtud del precepto constitucional señalado, se aprobó en su día la norma básica en materia de protección de menores: la Ley Orgánica 1/1996, de 15 de enero, *de Protección Jurídica del Menor, de modificación parcial del Código Civil y de la Ley de Enjuiciamiento Civil* (en adelante, LOPJM). Esta norma, que durante más de dos décadas supuso un referente legislativo en materia de protección de la infancia y adolescencia, fue superada por los cambios sociales que fueron generado nuevas necesidades de los menores de edad[6], lo que motivó la necesidad de la reforma operada en 2015.

---

5 Roca Trías (1999, p. 37) explica la conexión entre el art. 39 CE y los derechos fundamentales: "El artículo 39 CE establece que <<los poderes públicos aseguran la protección social, económica y jurídica de la familia>>. Evidentemente esta norma no contiene derechos fundamentales. Pero es una norma relacionada con la política social que es propia del Estado del bienestar requerido en el art. 1 CE, una de cuyas finalidades principales es la de la protección de los derechos fundamentales de los ciudadanos".

6 La necesidad de dicha reforma se había puesto de manifiesto en diversas propuestas y observaciones formuladas por el Comité de los Derechos del Niño de Naciones Unidas (Observación general núm. 13 de 2011, sobre el derecho del niño a no ser objeto de ninguna forma de violencia y las Observaciones finales a España, de 3 de noviembre de 2010), por el Defensor del Pueblo (documentos "Menores o adultos. Procedimientos para la determinación de la edad" de 2011 y "La trata de seres humanos en España: víctimas invisibles" de 2012), por la Fiscalía General del Estado (Circular 8/2011, de 16 de noviembre, sobre criterios para la unidad de actuación especializada del Ministerio Fiscal en materia de protección de menores y Circular 1/2012, de 3 de octubre, sobre el tratamiento sustantivo y procesal ante transfusiones de sangre y otras intervenciones médicas sobre menores de edad en caso de riesgo grave) y en las conclusiones y recomendaciones de la Comisión Especial del Senado de estudio de la problemática de la adopción nacional y otros temas

Un elemento clave de la reforma legal operada en 2015 es la revisión del concepto de Interés Superior del Menor[7]. Hasta ese momento, uno de los principios informadores en materia de menores había sido la protección de su interés como factor prevalente en todas las decisiones y actuaciones que afectasen a un menor. Pero este reconocimiento legal no venía acompañado de los elementos necesarios para su adecuada interpretación con carácter general, por lo que dicho interés superior era calificado como concepto jurídico indeterminado y, por tanto, necesitado de interpretación en cada caso concreto. De este modo, el artículo 2 de la Ley Orgánica 1/1996, de 15 de enero, en su redacción original, se limitaba a establecer como principio general la primacía del interés superior de los menores sobre cualquier otro interés legítimo que pudiera concurrir, pero sin ofrecer las claves necesarias para poder determinar su contenido. Ello había obligado a la doctrina a pronunciarse sobre el significado atribuido a este concepto, que en su mayor parte identificaba con la protección y garantía de sus derechos fundamentales, el libre desarrollo de su personalidad y su propio beneficio – Alonso Pérez (1997), Rivero Hernández (2007), Roca Trías (1999), Valpuesta Fernández (1984), entre otros -. También contribuyó a la proliferación de una importante jurisprudencia sobre el interés superior del menor y su

---

afines (BOCG. Senado, serie I, núm. 545, de 17 de noviembre de 2010) (Preámbulo de la Ley Orgánica 8/2015, de 22 de julio),

7 El concepto de "interés superior del niño" no es un concepto nuevo. De hecho, es incluso anterior a la Convención de los Derechos del Niño de 1989, pues ya se consagraba en la Declaración de los Derechos del Niño, de 1959 (párr. 2) y la Convención sobre la eliminación de todas las formas de discriminación contra la mujer (arts. 5 b) y 16, párr. 1 d)), así como en instrumentos regionales y numerosas normas jurídicas nacionales e internacionales [Observación General nº 14 sobre el derecho del niño a que su interés superior sea una consideración primordial, del Comité de los Derechos del Niño (CRC/C/GC/14, 29 de mayo de 2013)].

concreción, lo que ha servido de guía hasta la última reforma legislativa[8].

A partir de dicha jurisprudencia, e incorporando los criterios del Comité de los Derechos del Niño sobre el derecho del niño a que su interés superior sea una consideración primordial (Observación General núm. 14, de 29 de mayo de 2013)[9],

---

8 Son referentes de esta línea jurisprudencial interpretadora del interés superior del menor las SSTS de 25 de abril de 2011, 31 de enero de 2013, 29 de abril de 2013, 6 de febrero de 2014. Como indica Guilarte Martín Calero (2016, pp. 79-80), se aprecia una positiva evolución en la jurisprudencia del Tribunal Supremo que pasa de la concepción clásica que interpreta el interés del menor como sinónimo de estabilidad emocional e integración social, y por consiguiente delega en los adultos determinar lo que consideran mejor para el menor, hasta una idea de supremacía de sus derechos cuando concurran con otros igualmente dignos de protección.

9 Además de la Convención de los Derechos del Niño de 20 de noviembre de 1989, y las Observaciones del Comité de los Derechos del Niño de las Naciones Unidas, hay que mencionar dos Convenios impulsados por la Conferencia de la Haya de Derecho Internacional Privado, que han sido fundamentales en la reforma del sistema de protección de los menores en nuestro país: el Convenio relativo a la protección del niño y a la cooperación en materia de adopción internacional de 29 de mayo de 1993, ratificado por el Estado español el 30 de junio de 1995; y el Convenio relativo a la competencia, la ley aplicable, el reconocimiento, la ejecución y la cooperación en materia de responsabilidad parental y de medidas de protección de los niños, de 28 de mayo de 2010, ratificado por el Estado español el 6 de septiembre de 2010. Asimismo, el Consejo de Europa ha sumido un papel importante en la evolución del Derecho de la infancia y la adolescencia. Destacan, entre otros, el Convenio Europeo en materia de adopción de menores, aprobado en Estrasburgo el 27 de noviembre de 2008, ratificado por España el 16 de julio de 2010; y el Convenio del Consejo de Europa para la protección de los niños contra la explotación y el abuso sexual, hecho en Lanzarote el 25 de julio de 2007, ratificado por el Estado español el 22 de julio de 2010. También son relevantes el Convenio relativo al ejercicio de los dere-

la Ley Orgánica 8/2015 ofrece un contenido detallado de este interés del menor, configurándolo como un elemento clave del sistema en una triple dimensión: como derecho sustantivo del menor, como principio general de carácter interpretativo y como una norma de procedimiento[10].

a) Tal y como establece el legislador en el preámbulo de la Ley Orgánica, se trata, en primer lugar, de un derecho sustantivo en el sentido de que "el menor tiene derecho a que, cuando se adopte una medida que le concierna, sus mejores intereses hayan sido evaluados y, en el caso de que haya otros intereses en presencia, se hayan ponderado a la hora de llegar a una solución". El art. 2.1 LOPJM contiene una obligación de aplicación directa e inmedia-

---

chos del niño hecho en Estrasburgo el 25 de enero de 1996, ratificado por España el 11 de noviembre de 2014; y el Reglamento (CE) nº 2201/2003, del Consejo, de 27 de noviembre de 2003, relativo a la competencia, el reconocimiento y la ejecución de resoluciones judiciales en materia matrimonial y de responsabilidad parental, por el que se deroga el Reglamento (CE) nº 1347/2000: Villagrasa Alcaide (2016, pp. 15 y ss.),

10 No sólo en la legislación estatal, sino también en la autonómica se alude al principio del Interés Superior del Menor tanto en su vertiente sustantiva como interpretativa. Véase a modo de ejemplo el artículo 211-6 del Código Civil Catalán, bajo la rúbrica Interés Superior del Menor, que establece en su número primero que el interés del menor es el principio inspirador de todas las decisiones que le conciernan; los arts. 8 y 9 de la Ley vasca 7/2015, de 30 de junio, de relaciones familiares en supuestos de separación o ruptura de los progenitores; el art. 3 de la Ley 9/2019, de 19 de febrero, de la atención y los derechos de la infancia y la adolescencia de las Illes Balears o la reforma del art. 80.2 del Decreto Legislativo 1/2011 por el que se aprueba el Código del Derecho foral de Aragón, por la Ley 6/2019, de 1 de marzo, que deja de establecer como preferente la custodia compartida en caso de separación, divorcio o ruptura de la relación de hecho en aplicación del principio de interés superior del menor.

ta, dirigida a instituciones tanto públicas como privadas, tribunales y órganos administrativos, que en caso de no ser respetada podrá ser invocada ante los tribunales de justicia (así se dispone en el art. 3.1 de la Convención).

b) En segundo lugar, su configuración como principio general de carácter interpretativo implica que, cuando una disposición jurídica pueda ser interpretada en diversos sentidos, se debe optar por la interpretación que mejor atienda a los intereses del menor. Para poder interpretar y aplicar el Interés Superior del Menor en cada supuesto concreto y corregir la excesiva indeterminación del concepto característica de la legislación anterior a la reforma, la Ley Orgánica 8/2015 (art. 2.2 LOPJM) aporta criterios generales de interpretación, en parte coincidentes con los establecidos por el Comité de los Derechos del Niño (Observación General nº 14).

c) Junto a los dos contenidos señalados, la reforma establece asimismo que el concepto de Interés Superior del Menor ha de actuar como norma de procedimiento. Ello supone el deber de analizar las repercusiones que sobre el menor pueda tener la resolución judicial a adoptar, la obligación de establecer garantías procesales en la evaluación y determinación del interés del menor, y la necesidad de justificar el respeto al Interés Superior del Menor indicando los criterios que se han seguido y cómo se han ponderado los intereses concurrentes (Guilarte Martín-Calero, 2016, p. 93).

Pero lo cierto es que, a pesar de que se ha avanzado notablemente en este proceso de concreción del Interés Superior del Menor, es necesario seguir trabajando en el mismo desde otras perspectivas que tradicionalmente han sido objeto de escasa atención por parte de los operadores jurídicos, y que ahora, a la luz de la nueva legislación, cobran un peso específico. Así, el legislador junto a criterios jurídicos, hace referencia a otros de naturaleza psicosocial que son identificados, pero quedan lejos de estar adecuadamente definidos. Se trata de criterios en los que se atiende al estado emocional del menor, su madurez y desarrollo personal. Cierto es que éstos han estado presentes en las decisiones de jueces y tribunales, pero al carecer de unas directrices interpretativas adecuadas se observa que los argumentos utilizados para defender y aplicar el Interés Superior del Menor son enormemente diversos, apelando a principios a veces contradictorios y con frecuencia articulados sobre intuiciones y creencias que pueden no recoger de modo apropiado los avances científicos en el ámbito de la psicología y la sociología infantil sobre qué factores juegan un papel en la promoción de un desarrollo integral del niño, y de qué modo lo hacen.

De este modo, aspectos fundamentales como la satisfacción de las necesidades emocionales y afectivas del menor, la consideración a su desarrollo psicológico, la preservación de los procesos de construcción de la propia identidad o el desarrollo de su personalidad aparecen mencionados en la ley a partir de su aplicación por la jurisprudencia, pero permanecen en un plano claramente indeterminado. Esta circunstancia hace que los jueces tengan que tomar decisiones de gran importancia para la vida de las personas implicadas, y muy especialmente para el menor, contando con información muy diversa, de diferente naturaleza, con frecuencia contradictoria y sin contar con unos instrumentos jurídicos, psicológicos o de naturaleza sociológica que puedan guiar el proceso de toma de decisiones.

Porque la piedra angular de esta investigación reside en que el concepto de Interés Superior del Menor tiene un significado jurídico, pero también tiene una importante dimensión psicosocial. En términos psicológicos, determinar el Interés Superior del Menor supone tener una concepción clara sobre el desarrollo infantil, los factores que afectan al mismo y las condiciones socioculturales y afectivas que promueven el bienestar del menor. Para ello, los juristas deben manejar una serie de conceptos o ideas que remiten a la dinámica del desarrollo infantil, identificando qué factores promueven ese desarrollo integral. Estos factores son de compleja objetivación ya que remiten a ámbitos que interactúan entre sí: bienestar material, necesidades afectivas, condicionantes de la vida cotidiana, contexto vital, etc. Tenemos pues un concepto indeterminado no sólo jurídicamente, sino también psicológicamente, donde jueces, fiscales, abogados deben tomar decisiones sobre elementos definidos de modo difuso e impreciso.

En este contexto de toma de decisiones por parte de los operadores del Derecho sin contar con las herramientas precisas en el ámbito de la determinación efectiva del Interés Superior del Menor, se corre el riesgo de simplificar el problema o actuar en base a conocimientos cotidianos no suficientemente fundamentados. La investigación psicológica sobre los procesos de toma de decisiones ha mostrado de modo muy extenso que, en situaciones con alto grado de indeterminación, los humanos recurrimos a esquemas y heurísticos que cumplen la función cognitiva de reducir la complejidad del mundo social para convertirlo en algo más manejable y por tanto más fácil de interpretar. Estos esquemas y heurísticos tiene diversas fuentes, siendo las más importante de ellas los conocimientos previos de carácter cultural articulados en forma de creencias y valores (Gilovich, Griffin y Kahneman, 2002). En concreto, y en lo que a nuestra investigación se refiere, diversos estudios en el ámbito de la psicología y sociología se han centrado en analizar el modo en que operan los tribunales de justicia cuando se enfrentan a la aplicación de principios jurídicos indeterminados. Estos estudios evidencian dos grandes hechos: en primer lugar, se constata que, ante la indeterminación jurídica, surgen decisiones judiciales de orientación muy diversa, y en ocasiones incluso contradictorias entre sí (Skiveness, 2010). Esta circunstancia es valorada de modo muy crítico en general, y particularmente en aquellos casos que afectan a los derechos del menor de edad. A su vez, la gran diversidad en las decisiones, junto con la variedad de los argumentos que las motivan, genera una sensación de arbitrariedad que termina debilitando el Estado de Derecho (Elster, 1989; Piper, 2000; Dunn et al., 2007), En segundo lugar, las investigaciones muestran que, en las situaciones en las que la decisión judicial debe basarse en principios con elevados niveles de indeterminación, las creencias personales de jueces y magistrados juegan un papel crítico a la hora de adoptarlas y fundamentarlas. En el caso que nos ocupa, se trata de creencias que están formuladas en forma de teorías implícitas sobre el desarrollo infantil y las fuerzas que lo regulan. De hecho, existe una amplia investigación en el ámbito de la psicología evolutiva donde se muestra que las creencias de los padres sobre el desarrollo infantil juegan un papel importante en el tipo de crianza y las interacciones que mantienen con los hijos (Rubin y Chung, 2006); y, estos mismos procesos se han identificado en el ámbito judicial en diferentes escenarios.

En el ámbito de la investigación empírica, contamos con numerosos estudios que aportan evidencias al efecto. Hamel, Nicholls, Desmarais, Malley-Morrison y Aaronson (2009) desarrollaron un estudio en el que analizaban si las creencias de los jueces norteamericanos al tomar decisiones sobre guarda y custodia en situaciones de violencia doméstica se ajustaban a lo establecido por las principales teorías psicológicas sobre el desarrollo infantil y sobre el modo en que la violencia influye en el mismo. Para ello, administraron un cuestionario a 410 mediadores familiares, abogados y jueces. Encontraron que sólo se respondió de modo correcto a una media de 3 ítems sobre los 10 que componían el cuestionario. Según estos autores, con estos datos difícilmente se puede mantener que las decisiones se toman en función del Interés Superior del Menor, si las concepciones que se manejan sobre el desarrollo infantil son erróneas. Korkman, Svanbäck, Finnilä y Santtila (2014) presentan datos similares entre jueces finlandeses: en su estudio analizaron las respuestas de 104 jueces a un cuestionario sobre abuso sexual en la infancia y su papel en el desarrollo infantil y encontraron que las creencias de los jueces no coincidían con hallazgos bien establecidos en estudios científicos sobre el tema. Es más, llegaron a la conclusión de que a medida que los jueces tenían más experiencia, tendían a tomar decisiones más influenciadas por sus propias creencias, que no necesariamente fueron las más acertadas en el plano de la psicología infantil. Azad y Leander (2012) llegaron a conclusiones en la misma dirección al analizar el modo en que eran interpretados y valorados los testimonios de implicados en el caso de violencia de menores. En este caso, solicitaron que 216 personas con distintos roles en procesos judiciales en juzgados de menores noruegos valorasen la fiabilidad de diversos testimonios de menores. Concluyeron que las valoraciones realizadas se basaban en creencias erróneas que no se ajustaban ni a lo establecido por la Corte Suprema de Noruega, ni al conocimiento científico consolidado sobre la naturaleza de los testimonios de menores en casos de violencia. Haselschwerdt, Hardesty y Hans (2011) reportan igualmente datos que muestran el papel crítico que juegan las creencias de los peritos judiciales sobre la violencia doméstica a la hora de elaborar informes que sirven de base a la toma de decisiones judiciales sobre la custodia del menor. Y Stamps, Kunen y Rock-Faucheux (1997) mostraron en un estudio con jueces del Estado de Louisiana (USA) que sus creencias sobre cuestiones críticas en relación con la custodia de los hijos y la preferencia por la madre jugaban un papel importante en la decisión adoptada. En definitiva, numerosos estudios apuntan en la misma dirección, esto es, que las creencias y valores de los jueces juegan un papel importante a la hora de tomar decisiones sobre menores, y con cierta frecuencia, éstas no coinciden con los conocimientos establecidos científicamente (Wells, 2012; Schlossman, 2012; Redding y Hensl, 2011).

Estos resultados ponen de manifiesto la importancia de contar con instrumentos que, basados en las teorías científicas empíricamente validadas, ayuden a valorar los distintos elementos implicados en la determinación del Interés Superior del Menor, especialmente aquellos de naturaleza psicosocial que, siendo mencionados en la legislación, no se han tratado con la debida profundidad.

Pero es que, además, el Interés Superior del Menor constituye la piedra angular en todos y cada uno de los escenarios en los que participan los menores de edad. Desde esta perspectiva, en la obra se analizan problemas muy concretos que afectan al menor de edad en distintos escenarios. Tras hacer un análisis en el primer capítulo de las claves psicológicas para entender el concepto de madurez del menor, se aborda en el capítulo segundo la capacidad del menor de edad y sus limitaciones, y se conectan los resultados de las investigaciones psicosociales con las prescripciones jurídicas. En el tercer capítulo se analiza el marco jurídico de la protección de la infancia desde una perspectiva histórica, con especial atención a la consagración en los textos internacionales del Interés Superior del Menor. A continuación, en los capítulos siguientes, se estudia la dimensión jurídica de este concepto desde dos perspectivas distintas: la capacidad del menor para actuar en el mundo digital, unido a la necesaria protección de los derechos fundamentales del menor en el entorno digital, y la aplicación jurisprudencial del Interés Superior del Menor en casos de violencia de género. Además, resulta necesario hacer una aproximación sociológica del significado de la infancia y la adolescencia, y poner de manifiesto las necesidades y deficiencias del sistema. El último capítulo lo dedicamos a estudiar la oportunidad de la mediación para construir y reforzar la corresponsabilidad parental, siempre con el objetivo de la mejor protección del Interés Superior del Menor en los supuestos de crisis familiar.

Laura López de la Cruz

José Antonio Sánchez Medina

REFERENCIAS BIBLIOGRÁFICAS DE LA INTRODUCCIÓN:

ALONSO PÉREZ, M. (1997), "La situación jurídica del menor en la Ley Orgánica 1/1996, de 15 de enero, de protección jurídica del menor, de modificación del Código Civil y de la Ley de Enjuiciamiento Civil: Luces y sombras", *Actualidad Civil*, nº 1, pp. 17-40.

AZAD, A. & LEANDER, L. (2012), "Experts' beliefs about child testimony: Do they match the research or the recommendations?", *Nordic Psychology*, nr. 64(4), pp. 258–271.

DUNN, M., CLARE, I., HOLLAND, A. & GUNN, M. (2007), "Constructing and Reconstructing "Best Interests": An Interpretative Examination of Substitute Decision‐making under the Mental Capacity Act 2005", *Journal of Social Welfare and Family Law*, nr. 29(2), pp. 117–133.

ELSTER, J. (1987), "Solomonic Judgments: Against the Best Interest of the Child", *The University of Chicago Law Review*, nr. 54(1), pp. 1–45.

GILOVICH, T., GRIFFIN, D. & KAHNEMAN, D. (2002), *Heuristics and biases: the psychology of intuitive judgement*, Cambridge University Press, Cambridge.

GUILARTE MARTÍN CALERO, C. (2016), El interés superior del niño: la nueva configuración del artículo 2 de la Ley Orgánica, de 15 de enero, de Protección Jurídica del Menor, en CABEDO MALLOL, V. y RAVETLLÁ BALLESTÉ, I. (coords.), *Comentarios sobre las Leyes de reforma del sistema de protección a la infancia y a la adolescencia*, Tirant lo Blanch, Valencia.

HAMEL, J., DESMARAIS, S., NICHOLLS, T., MALLEY-MORRISON, K. & AARONSON, J. (2009), "Domestic violence and child custody: are family court professionals' decisions based on erroneous beliefs?", *Journal of Aggression, Conflict and Peace Research*, nr. 1(2), pp. 37–52.

HASELSCHWERDT, M., HARDESTY, J. & HANS, J. (2011), "Custody Evaluators' Beliefs About Domestic Violence Allegations During Divorce: Feminist and Family Violence Perspectives", *Journal of Interpersonal Violence*, nr. 26(8), pp. 1694–1719.

KORKMAN, J., SVANBÄCK, J., FINNILÄ, K. & SANTTILA, P. (2014), "Judges' views of child sexual abuse: Evaluating beliefs against research findings in a Finnish sample", *Scandinavian Journal of Psychology*, nr. 55(5), pp. 497–504.

LÓPEZ Y LÓPEZ, A. (2012), *Fundamentos de Derecho Civil. Doctrinas generales y bases constitucionales*, Tirant lo Blanch, Valencia.

PIPER, C. (2000), "Assumptions about children's best interests", *Journal of Social Welfare and Family Law*, nr. 22(3), pp. 261–276.

REDDING, R. & HENSL, K. (2011), "Knowledgeable Judges Make a Difference: Judicial Beliefs Affect Juvenile Court Transfer Decisions", *Juvenile and Family Court Journal*, nr. 62(3), pp. 15–24.

RIVERO HERNÁNDEZ, F. (2007), *El interés del menor*, 2ª ed., Madrid, Dykinson.

ROCA TRÍAS, E. (1999), *Familia y cambio social (de la "casa" a la persona)*, Madrid, Civitas.

RUBIN, K. & CHUNG, O. (2006), *Parenting beliefs, behaviors, and parent-child relations: a cross-cultural perspective*, Psychology Press, New York.

SCHLOSSMAN, M. (2012), "Less interest, less treatment: Mexican‐American youth and the Los Angeles Juvenile Court in the Great Depression era", *Punishment & Society*, nr. 14(2), pp. 193–216

SKIVENES, M. (2010), "Judging the Child's Best Interests: Rational Reasoning or Subjective Presumptions?", *Acta Sociologica*, nr. 53(4), 339-353

STAMPS, L., KUNEN, S. & ROCK-FAUCHEUX, A. (1997), "Judge's beliefs dealing with child custody decisions", *Journal of Divorce & Remarriage*, nr. 27(1-2), pp. 3–16.

VALPUESTA FERNÁNDEZ, M.R. (1984), El trabajo del menor de edad, en *La tutela de los derechos del menor*, 1.º Congreso Nacional de Derecho Civil, Córdoba, marzo.

VALPUESTA FERNANDEZ, M.R. (2012), *La disciplina constitucional de la familia en la experiencia europea*, Tirant lo Blanch, Valencia.

VÁZQUEZ-PASTOR JIMÉNEZ, L., (2009), *La construcción de la ciudadanía del menor*, Tirant lo Blanch, Valencia.

WELLS, E. (2012), "But most of all, they fought together": judicial attributions for sentences in convicting battered women who kill", *Psychology of Women Quarterly*, nr. 36(3), pp. 350–364.

Capítulo I

Claves psicológicas para entender el concepto de madurez

JOSÉ ANTONIO SÁNCHEZ MEDINA
Catedrático de Psicología. Universidad Pablo de Olavide

1. DESARROLLO EVOLUTIVO DEL MENOR

La existencia de todo un sistema legal específico para la infancia y la adolescencia se basa en la premisa, que proviene del sentido común, de que los menores deben alcanzar un cierto grado de madurez para poder actuar con autonomía en el seno del sistema legal. El otorgamiento de la capacidad de actuar con plena autonomía y la consiguiente flexibilización de las medidas de protección están siempre condicionados a que el menor muestre una *madurez suficiente*. Sin embargo, este concepto de *madurez suficiente* es altamente indeterminado y el legislador no ha previsto un sistema para su medición, dejando en manos del juez su valoración en cada caso.

La cuestión que abordamos en este primer capítulo es el análisis detallado de las principales aportaciones de la Psicología del Desarrollo a la capacidad de actuar en el mundo jurídico del menor. Para ello explicaremos con detalle las principales etapas de desarrollo psicológico de los niños y adolescentes, identificando las características principales del funcionamiento psicológico y analizando el papel que juegan las mismas en la adquisición de madurez por los menores. Esta parte de la investigación es fundamental también para abordar el análisis e interpretación de los elementos a los que se ha de atender para interpretar el concepto de Interés Superior del Menor. Asimismo, resulta imprescindible para cuantificar en su justa medida el derecho del menor a ser escuchado y la vinculación del juzgador a los deseos y opiniones del niño o adolescente.

1.1. Condicionantes en el desarrollo psicológico de los niños y adolescentes

Tradicionalmente, cuando desde el Derecho de la persona se ha analizado la capacidad del menor, se ha considerado que la variable crítica es la edad. Bajo esta concepción del desarrollo subyace la idea de que, a medida que el niño va creciendo, va acumulando años de vida, va madurando y por tanto va adquiriendo mayor capacidad de actuación. Ésta es una visión madurativa del desarrollo humano, según la cual es el paso del tiempo, la maduración biológica, la principal responsable de los cambios cualitativos que se van a producir en el modo de pensar, sentir y gestionar las relaciones sociales por parte de los menores.

Sin embargo, en la década de los ochenta del siglo pasado, en una serie de influyentes artículos, el psicólogo alemán Paul B. Baltes señalaba que la edad no es ni la única, ni la más importante, de las variables implicadas en el desarrollo psicológico de los individuos, si bien, en las primeras etapas de la vida es un factor de primer orden (Baltes, Reece y Lippsitt, 1980; Baltes, 1987; Baltes y Smith, 2004).

Baltes et al. (1980) defienden que hay tres grandes factores que, junto a la edad, juegan un papel crítico en el desarrollo y maduración psicológica:

- Factores normativos relacionados con la edad. Estos están estrechamente vinculados a la edad cronológica de la persona, siendo el modo y momento en que los niños adquieren y desarrollan el lenguaje el más relevante de ellos.
- Factores relacionados con eventos vitales. Éstos remiten a eventos particulares que suceden en la vida de un individuo en un momento y lugar determinados y que afectan al curso de la misma. Por ejemplo, un divorcio en la familia o un accidente que pueda causar una discapacidad severa.
- Factores normativos relacionados con el contexto histórico y cultural. Estos remiten a eventos que suceden en un momento histórico concreto y que afectan a la gran mayoría de los miembros de una generación o cohorte. Por ejemplo, la guerra civil en España o las hambrunas en el Cuerno de África en la década de los 70.

Dos son las aportaciones relevantes de Baltes et al (1980) para entender el concepto de madurez: 1) el proceso de desarrollo psicológico no está limitado a un periodo concreto de la vida del individuo, infancia y adolescencia, sino que ocurre durante todo el ciclo vital; y 2) el desarrollo psicológico no se debe únicamente a factores biológicos, esto es a la edad, sino a la interacción entre éstos y factores de orden social y cultural.

Centrándonos en el segundo de los puntos citados, los trabajos de Bronfenbrenner (1979), Bronfenbrenner y Ceci (1994) y Bronfenbrenner y Morris (1998) sobre *La Ecología del Desarrollo Humano* nos permiten entender con mayor profundidad la naturaleza y complejidad de los factores sociales a los que hace referencia Baltes. La idea fundamental del trabajo de Bronfenbrenner es que el contexto en el que se desarrolla un individuo es mucho más complejo de lo que a menudo se piensa, y desde luego, va más allá del escenario concreto y particular en que éste se desarrolla. Bronfenbrenner propone que el entorno ecológico en que se desarrollan los seres humanos consiste en cuatro subsistemas anidados uno dentro del otro y que interaccionan entre sí de modo dialéctico:

1. En la base se encuentra el *microsistema,* que remite a las experiencias del individuo concreto que se desarrolla en un escenario particular. El microsistema remite, por ejemplo, a las interacciones que mantiene el niño con los miembros de su familia en el hogar, las interacciones con sus iguales en diferentes fases de su proceso de desarrollo, o las interacciones con sus profesores en el aula a medida que progresa en el sistema educativo.

2. El siguiente nivel es el *mesosistema* y hace referencia a la interacción entre los diferentes microsistemas en los que el individuo participa. Remite, por ejemplo, a las interacciones que se producen entre la familia y la escuela en el ámbito del desarrollo del niño, o a las interacciones entre la familia y el escenario laboral en el caso de adultos.

3. En el tercer nivel se encuentra el *exosistema,* que hace referencia a los escenarios en los que el individuo no participa directamente pero que juegan un papel importante en el curso de su desarrollo. Por ejemplo, el

tipo y lugar de trabajo de los padres puede jugar un papel importante en las pautas de crianza e interacción que mantienen con sus hijos.

4. Finalmente está el *macrosistema*, que hace referencia a las instituciones sociales e ideologías que están presentes en la sociedad en la que se desarrolla el individuo. Se alude, por ejemplo, al modo en que está organizado el sistema educativo, el mercado de trabajo y sus regulaciones horarias, el sistema judicial en general y que remite a la protección de los menores en particular, las ideas sobre democracia y participación, sobre la igualdad de género o sobre los niveles de aceptación, o no, de la diversidad sexual y su papel en la conformación de nuevas familias, etc.

Una mirada conjunta a los trabajos de Baltes et al. (1980; 1984) y de Bonfenbrenner (1979; et al., 1994;1998) aportan una primera visión compleja sobre el proceso de desarrollo psicológico del niño y que podemos resumir en los siguientes puntos:

1. El desarrollo psicológico, aunque afectado por la edad, esto es, por los procesos madurativos de carácter biológico, no depende exclusivamente de éstos.

2. La maduración biológica de cada individuo se produce en un contexto social que resulta determinante a la hora de definir las destrezas y habilidades que se desarrollan, así como el momento vital en el que se despliegan.

3. El contexto social que condiciona el desarrollo es extraordinariamente rico y diverso y está articulado en diferentes niveles. El contexto social remite tanto a las interacciones que mantiene el niño con personas relevantes de su grupo cultural (familia, profesores, grupo de iguales), como al sistema social en que estas interac-

ciones próximas tienen lugar (momento histórico, contexto socio-político y económico).

4. El desarrollo psicológico es un proceso que no tiene un punto final. Esto es, el individuo se desarrolla a lo largo de todo su ciclo vital, pudiendo experimentar cambios y progresos radicales en cualquier momento de la vida.

La cuestión relevante para el Derecho, asumiendo estos planteamientos, es si se pueden identificar patrones de desarrollo que permitan elaborar, de algún modo, juicios sobre la madurez de las personas en general y de los menores en particular, teniendo en cuenta estos otros factores más allá de la edad.

Tomados los planteamientos anteriores de un modo estricto, se podría llegar a postular que, dada la variedad de interacciones y contextos en los que los menores participan, no es posible desarrollar indicadores de madurez de carácter general, asociados a los procesos de desarrollo, debido a la esperada variabilidad interpersonal. Sin embargo, como numerosos autores han mostrado (por ejemplo, Cole y Scribner, 1974; Rogoff, 2003; Jensen, 2014) dentro de cada sistema social y cultural existen instituciones compartidas (sistema familiar, sistema educativo, servicios sociales, sistema legal) que conforman los escenarios en los que se producen las interacciones próximas que promueven el desarrollo de los individuos. Dicho de otro modo, asumiendo una gran variabilidad en las interacciones próximas en las que se desarrollan los niños, éstas no se producen en *social vacuum*, sino que están condicionadas por los sistemas macrosociales (exo y macrosistemas en terminología de Bonfenfrenner). Si esto es así, podríamos intentar identificar una serie de etapas evolutivas, no de carácter universal, pero sí con cierto carácter normativo para determinados contextos históricos-culturales.

1.2. Etapas evolutivas en el desarrollo humano

Los trabajos del psicólogo suizo Jean Piaget (Piaget e Inhelder, 1969/2016) son, sin duda, los que han proporcionado una descripción más detallada y compleja de las diferentes etapas por las que transita el desarrollo infantil. Basándose fundamentalmente en una metodología de observación naturalista complementada con entrevistas clínicas, Piaget identifica y caracteriza diversas etapas en el desarrollo del niño, tanto en el ámbito cognitivo (destrezas de razonamiento) como en el socioemocional (destrezas de razonamiento moral). Junto a la caracterización de las diferentes etapas, Piaget describe los mecanismos que permiten al niño transitar de una a otra. Con sus trabajos este autor pretende describir una serie de etapas de carácter universal ligadas al proceso de maduración del niño. El psicólogo suizo reconoce el papel que los factores sociales pueden jugar en el desarrollo infantil, pero les dota de un menor valor. El contexto social, que éste sea más o menos estimulante, jugaría meramente un papel de catalizador. Esto es, un contexto más rico y estimulante en términos cognitivos aceleraría el paso de una etapa a otra, pero no alteraría en lo fundamental ni las características de las etapas, ni la secuencia en la que los niños acceden a ellas.

Los trabajos de Piaget han sido ampliamente comentados y criticados en relación con las edades a las que los niños acceden a las diferentes etapas evolutivas o a algunas características definitorias de las mismas. Sin embargo, la crítica más relevante a nuestro juicio es la que cuestiona la universalidad de esas etapas y por ello su vínculo con un proceso eminentemente madurativo de carácter biológico (edad). Estudios realizados en diversas culturas (Segal, Dansen, Berry y Poortinga, 1990; Triandis, 1981; Rogoff, 2003) muestran que el desarrollo psicológico del niño está estrechamente ligado a las prácticas culturales en las que participa, de modo que la secuencia del desarrollo y el contenido de las diversas etapas, si es que pueden reconocerse, carecen del postulado universalismo piagetiano.

Sin embargo, cabe señalar que estas críticas no cuestionan los datos con los que Piaget formuló su teoría sobre las etapas del desarrollo psicológico, sino que únicamente limitan el alcance de la misma. El trabajo empírico sobre el que se sustenta la teoría piagetiana se realizó con niños ginebrinos de clase media que asistían de modo regular a la escuela. Esto es, Piaget describió de un modo muy preciso el efecto que un macrosistema, la cultura occidental literaria, y un mesosistema, el sistema educativo obligatorio vinculado a ese macrosistema, tiene sobre el desarrollo psicológico del niño. Por ello, en el ámbito de la Psicología del Desarrollo, la descripción de etapas evolutivas formulada por Piaget sigue estando vigente y sigue siendo de gran utilidad para describir el desarrollo cognitivo de los niños y adolescentes de culturas occidentales escolarizados. Más cuestionados están, como veremos más adelante, los mecanismos que postuló como responsables del tránsito de una etapa a otra. Con esta salvedad, pasaremos a describir en los subsiguientes apartados las etapas evolutivas en el desarrollo de los niños y adolescentes escolarizados en las culturas occidentales.

Se ha de advertir, en todo caso, que la teoría de Piaget es una teoría eminentemente racionalista, ya que gira en torno al modo en que los humanos creamos los conceptos y los usamos para resolver problemas. El autor defiende que, a medida que el niño va madurando, va adquiriendo nuevas habilidades para relacionarse con el mundo porque cambia el modo en que conceptualiza éste. Este modo de conceptualizar el mundo condiciona el tipo de operaciones que puede realizar sobre él, es decir condiciona el modo en que piensa, razona y decide sobre los eventos cotidianos a los que se enfrenta. En su desarrollo, el niño irá enfrentándose a nuevos objetos, y a medida que aumentan sus capacidades de operar sobre el mundo, las nuevas situaciones desafiarán sus conceptos previos, provocando un desequilibrio entre los nuevos requerimientos y los antiguos modos de pensar que promoverán el desarrollo cognitivo.

Una de las grandes aportaciones de Piaget que, por obvia, a veces pasa desapercibida, es que el pensamiento de un niño no es como el de un adulto, pero con menos información, sino que representa formas genuinamente diferentes de conceptualizar y operar sobre el mundo. Las etapas evolutivas descritas por Piaget tratan de describir formas canónicas de pensamiento y operación ligadas, fundamentalmente, a la edad del niño, esto es a su maduración biológica. Aunque el principal y más extenso desarrollo de las etapas evolutivas descritas por Piaget remiten al desarrollo conceptual y lógico del pensamiento, su trabajo también aborda el desarrollo socioemocional y el desarrollo del pensamiento moral (Piaget, 1932/1976). Si bien, como veremos más adelante, el desarrollo de este tipo de competencias, en la teoría piagetiana, quedan de algún modo supeditadas al desarrollo cognitivo, esto es, al modo en que el niño conceptualiza y opera sobre el mundo.

Realizadas estas precisiones pasemos a caracterizar las etapas del desarrollo identificadas por Jean Piaget.

1.2.1. Etapa senso-motora (desde el nacimiento hasta los dos años)

En esta etapa el niño experimenta el mundo fundamentalmente a través de las percepciones inmediatas y a través de su actividad motora. Esta etapa está caracterizada por la ausencia de pensamiento (en el sentido adulto del mismo). Las principales adquisiciones cognitivas en esta etapa son la *permanencia del objeto* y la *construcción de* la *causalidad*. El principal logro del pensamiento infantil es entender que el mundo existe independientemente de que él pueda percibirlo o no. A esta consecución cognitiva se la reconoce como *permanencia del objeto*. La *construcción de la causalidad* hace referencia al desarrollo incipiente de la capacidad del niño de entender que sus movimientos y actuaciones tienen efecto sobre el mundo físico y social. Aparecen, por ejemplo, los primeros proto-juegos, en los que el niño puede patalear para conseguir que se mueva el móvil de su cuna, o puede llorar, no sólo como manifestación de una cierta necesidad o incomodidad, sino para atraer la atención de sus cuidadores.

Sobre estas habilidades se va a construir el primer vínculo emocional del niño con sus cuidadores, vínculo conocido como *apego* (Bowly, 1998; 2014). El apego va a jugar un papel importante en el desarrollo emocional del niño, y según Bowlby, jugará un papel determinante en el desarrollo de su personalidad y en el modo en que afronte sus futuras relaciones con el mundo social. La naturaleza de apego dependerá del tipo de relación que se establezca entre el niño y sus cuidadores. Si la reacción de los cuidadores ante los comportamientos del niño es afectuosa e interactiva, esto es, se ajusta a las necesidades del niño y se vincula de modo contingente con su comportamiento, el niño desarrollará un *apego seguro.* Este apego seguro, según Bowlby, va a permitir al niño afrontar con seguridad su participación en el mundo social y le permitirá tomar iniciativas sobre una base de seguridad y certeza. En cambio, cuando el comportamiento de los padres no es sensible con las necesidades y estados emocionales del niño, y carece de un mínimo de afecto, se desarrollan patrones de *apego inseguro.* Este tipo de apego se asocia a patrones conductuales de baja expresión emocional, a veces acompañados de agresividad y con grandes dificultades para establecer relaciones sociales. Entre ambos, podríamos ubicar el *apego ambivalente,* que se desarrolla en el seno de interacciones con los cuidadores cambiantes, que pueden pasar de una atención extrema a la desatención, de episodios de relaciones afectivas a otros de gran frialdad, sin que haya marcadores contextuales o emocionales claros que permitan al niño anticipar un tipo u otro de reacción o estilo interactivo. Estos patrones tendrán efecto en los modos de comportamiento futuro del niño, que tenderá a ser retraído en sus interacciones, inseguro y con baja iniciativa y mostrando dificultades para una autorregulación emocional.

En resumen, en esta etapa evolutiva la vida emocional del niño va a estar claramente marcada por la calidad de las interacciones que el bebé mantiene con sus cuidadores, normalmente los padres. Los estilos interactivos que se desarrollan en esta etapa pueden jugar un papel relevante en el desarrollo socio-emocional del niño en las siguientes etapas evolutivas, aunque en ningún caso se tratará de experiencias que determinen de modo rígido el desarrollo posterior.

1.2.2 Etapa pre-operatoria: Primera infancia (desde los 2 a los 6 años)

a) Desarrollo cognitivo

A partir de los 2 años se van a producir importantes cambios en los modos de pensamiento del niño. La capacidad de simbolización, estrechamente ligada a nuevas funcionalidades del lenguaje, permite al niño operar de un modo más complejo sobre la realidad. Este despliegue simbólico se ve complementado por el incremento de las capacidades comunicativas y relacionales con un creciente impacto de los procesos de socialización. Pero si algo caracteriza el pensamiento infantil de esta etapa es el egocentrismo intelectual. Este egocentrismo hace referencia a la fijación del niño en su punto de vista subjetivo, lo que va a dejar una fuerte marca en el modo en que razona y se comunica. De modo simple, podríamos decir que el egocentrismo infantil implica que el niño piensa que sólo hay un modo de operar sobre la realidad y que coincide con el suyo propio. Podemos decir que es incapaz de manejarse con perspectivas diversas sobre un objeto o situación. Veamos con detalle en qué consiste esta transformación del pensamiento del niño a partir de los 2 años.

La consolidación progresiva de la función simbólica en el pensamiento infantil va a permitir al niño liberarse de las ataduras de la inteligencia práctica que ha dominado hasta ahora sus modos de pensamiento. Esta capacidad simbólica va a suponer que el niño va a poder operar no solo sobre el mundo percibido, sino que podrá operar sobre un mundo imaginado. Estas nuevas habilidades están en la base de la aparición de comportamientos nuevos y complejos como son el juego de ficción, la imitación diferida, el dibujo simbólico o usos figurados del lenguaje, aunque aún muy básicos. El niño de esta etapa es capaz de operar sobre objetos que no están presentes, al ser capaz de entender que éstos existen, aunque no los perciba o vea directamente. Igualmente va a poder atribuir a un objeto real propiedades de otro que existe en la mente del niño. Y más que esto, puede liberarse de algún modo de la realidad percibida dotando a un objeto de significados nuevos que alteran la propia realidad. Puede, por ejemplo, jugar con un palo montándolo como si fuera un caballo.

Esta liberación de los límites de la percepción directa (solo existe y puede operar sobre aquello que percibe directamente) presenta aún marcadas limitaciones. El niño de estas edades está atrapado en una mirada al mundo centrada en sus propias perspectivas o puntos de vista, físicos o simbólicos. Esta propiedad del pensamiento infantil tiene como consecuencia una evidente dificultad para separar lo objetivo de lo subjetivo. Dicho de un modo más preciso, para el niño solo existe una mirada o perspectiva sobre el mundo, que es la suya. Esta característica tiene como consecuencia que al niño le cueste comprender las ideas que le transmite un interlocutor, salvo que se trate de instrucciones o sugerencias muy concretas, y a su vez que tenga dificultades para transmitir ideas y pensamientos de una cierta complejidad. Este egocentrismo del pensamiento infantil refleja su escasa capacidad para entender los estados emocionales, cognitivos e intencionales de sus interlocutores, y por tanto la dificultad para entender opiniones distintas a la suya.

Este egocentrismo que caracteriza el pensamiento y modos de operar del niño entre los 2 y los 6 años explica otras características de sus modos de pensamiento que desarrollaremos brevemente.

1. El pensamiento infantil es un pensamiento *centrado*, esto es, se centra en un único aspecto de la realidad y presenta dificultades para considerar simultáneamente dos dimensiones de objetos o situaciones. Por ejemplo, a un niño de estas edades le puede costar comprender que sus abuelos son hermanos o primos de otras personas.
2. Este modo de operar refleja otra característica muy relevante del pensamiento de los niños de estas edades, la *irreversibiidad* de su pensamiento. Esto es, aunque un niño pueda observar directamente una operación, por ejemplo verter el líquido de un vaso en otro, es incapaz de revertir mentalmente la operación, para comprobar que la cantidad vertida es la misma aunque difiera la forma del vaso.
3. Como consecuencia de lo anterior, el niño presenta dificultades para comprender *nociones relativas*, es decir, comprender conceptos que exijan tomar en consideración dos puntos de vista. Por ejemplo, y siguiendo con la comprensión de las relaciones familiares, un niño pequeño puede señalar sin dificultad cuántos hermanos tiene y sin embargo puede tener dificultades para señalar cuántos hermanos tienen sus hermanos, ya que la noción de hermano que maneja es de carácter unidireccional, basada en su propio punto de vista y, por tanto, en su modo de entender el mundo: que él sea hermano de sus hermanos no implica necesariamente lo contrario.

4. El pensamiento infantil es fundamentalmente *sincrético*, esto es, está inclinado a percibir los sucesos de modo global e interconectados, lo que le lleva a interpretar y explicar la realidad sobre la base de la concurrencia de hechos o características. Por ejemplo, un niño puede decir que su hermano juega bien al futbol porque tiene una bicicleta y vive en su casa. Este modo de pensar muestra que el pensamiento infantil carece de una comprensión mínimamente compleja del modo en que funciona la realidad y de una gran dificultad para usar la lógica como mecanismo para explicar el funcionamiento de esa realidad.
5. Este sincretismo se complementa con la de ser un pensamiento *realista*. Esta característica refleja el hecho de que el niño, a la hora de elaborar sus juicios sobre la realidad, se centra en los rasgos más salientes de ésta, aunque resulten cambiantes. Estos rasgos serán los que definan a los objetos y situaciones, mostrando una clara dificultad para distinguir entre significantes y significados. Por ejemplo, si preguntamos a un niño porqué las vacas se llaman vacas, perfectamente pueden contestar que es porque tiene cuatro patas y son blancas y negras.

b) Desarrollo emocional

Las nuevas habilidades intelectuales y comunicativas van a producir una revolución en el desarrollo socio-emocional entre los 2 y los 6 años. Quizá, la característica más sobresaliente de esta etapa es el desarrollo del *yo*. Con la emergencia de las capacidades de simbolización, el acceso a unas habilidades lingüísticas mucho más sofisticadas y la aparición de las destrezas de inferencia mental, las capacidades de interacción del niño con otras personas se disparan en oportunidades y en nivel de sofisticación. Como consecuencia de ello, los niños empiezan a comprender las emociones, propias y ajenas, de un modo más sofisticado, empezando a desarrollar la habilidad de predecir el comportamiento de los demás en función de su estado emocional. A su vez, su pensamiento moral comienza a despertar entendiendo que las relaciones entre las personas deben ajustarse a una serie de normas sociales que trascienden los propios deseos.

Estas habilidades para comprender los estados emocionales y las normas que regulan las interacciones junto a una identificación incipiente de lo que significa ser varón o mujer sientan las bases del desarrollo del *yo*. De modo frecuente, los niños entre los 3 y los 6 años muestran que tienen una conciencia básica de sí mismos a través del uso de diversas formas lingüísticas: pueden decir si son un niño o una niña, los años que tienen, o a qué grupo pertenecen (por ejemplo, si son niños o mayores, cuál es su equipo de futbol o lugar de nacimiento). Resulta frecuente escucharlos hablar de sí mismos en función de los objetos que poseen (*tengo un balón de futbol, mi bici es verde*), porque el *yo* es definido por los objetos que se poseen o por las personas con las que se relacionan (*tengo un patinete, mi padre es ese, o mi seño es la Seño María Luisa*).

Los incipientes rasgos de habilidades mentalistas a partir de los 4 años hacen que las relaciones de amistad cobren poco a poco importancia, sin bien éstas son, a estas edades, aún muy volubles. Ligadas a estas adquisiciones, aparecen las primeras habilidades de *proto-negociación*, ya que entienden que no basta con desear algo para conseguirlo (Sánchez-Medina, Martínez-Lozano, Goudena, 2001; Martínez-Lozano, Sánchez-Medina, Goudena, 2011). Entienden que tienen que desplegar estrategias para convencer a sus interlocutores para conseguir lo que desean. Estas estrategias, aunque rudimentarias, reflejan sus habilidades para atribuir estados mentales, lo que tiene reflejo en el hecho de que emplean estrategias diferentes cuando se relacionan con adultos o con otros niños, llegando a establecer patrones diferenciados si estos niños son amigos o simples conocidos (Dunn, 2004). El descubrimiento de estas nuevas necesidades y de las estrategias para gestionarlas hacen que las relaciones entre iguales comiencen a tomar relevancia en el mundo social del niño. La importancia de este tipo de relaciones irá creciendo progresivamente hasta la adolescencia. De modo paralelo, la importancia de las relaciones paterno-filiales se reajustarán y perderán progresivamente su carácter normativo y prescriptor. De hecho, las relaciones con los padres suponen la principal fuente de motivación y de desarrollo de la autoestima entre los 3 y los 6 años. La valoración que los padres o cuidadores próximos realizan sobre los comportamientos de los niños, el modo en que evalúan el éxito y el fracaso constituyen el principal material y fuente de información que los niños pequeños usan para emitir juicios sobre ellos mismos, y, por consiguiente, para comenzar a elaborar una incipiente autoestima. Es a partir de la escolarización, y de modo muy progresivo, cuando se incorporan los juicios de los compañeros en estos procesos de construcción del yo y de la autoestima.

A estas habilidades mentalistas y de negociación se añaden nuevas destrezas verbales que van a promover un enorme desarrollo de las destrezas emocionales y afectivas de los niños de estas edades. Con el desarrollo acelerado del lenguaje, los niños acceden a un rico vocabulario emocional que les permite acceder y comprender, aunque aún de modo rudimentario, sentimientos y emociones complejos. Se sabe que desde muy pronto, entre los 2 y 3 años, el niño sabe etiquetar emociones básicas como la alegría, el miedo, la tristeza y el enfado. Ahora es capaz de identificar qué factores pueden provocar esos estados y a partir de los 4 años comienzan a comprender, aunque a un ritmo muy ralentizado, que las experiencias pasadas, y los recuerdos que sobre las mismas tenemos, también juegan un papel relevante en las emociones que ellos y los demás pueden experimentar en una situación concreta.

En particular, el desarrollo de las habilidades de atribución intencional, mentalistas, a partir de los 4 años, van a permitir grandes avances en el desarrollo emocional de los niños. Por un lado, al entender que los demás tienen deseos, intenciones o creencias, pueden identificar estos factores como causantes de los estados emocionales de sus interlocutores. Por otro, van a ser capaces de entender que un mismo suceso puede tener efectos diferenciales en distintas personas, al ser capaz de tomar en consideración, precisamente, los estados intencionales de éstas.

Este conjunto de habilidades permite a los niños conseguir grandes avances en el control y expresión de sus emociones, iniciando una incipiente inteligencia emocional que les va a permitir integrar su comportamiento emocional con sus habilidades relacionales. Al final de esta etapa los niños comprenden que, para conseguir determinadas metas, deben controlar sus emociones. Mostrarán por primera vez la habilidad para simular estados emocionales e integrar éstos, de modo rudimentario, en un comportamiento estratégico para influir sobre los demás.

Aunque lo descrito en los párrafos anteriores constituye el patrón estandarizado de desarrollo, las diferencias individuales en el desarrollo emocional son muy amplias: mientras que unos niños muestran habilidades mentalistas y manejo emocional ya sobre los 4 años, incluso algo antes, otros demoran el desarrollo de estas destrezas al final de la etapa, esto es, alrededor de los 6, 7 años. Existen básicamente dos grandes explicaciones de esta gran variabilidad inter-individual. Algunos datos empíricos parecen apuntar a que el desarrollo de un apego seguro en la etapa senso-motora constituyen una buena base que permite a los niños iniciarse en comportamientos y relaciones sociales con más seguridad y regulación emocional (Pons, Lawson, Harris, y De Rosnay, 2003). Una explicación alternativa más compleja al desarrollo de un apego seguro es aquella que relaciona el desarrollo emocional con las nuevas habilidades cognitivas y las interacciones sociales más complejas que éstas permiten. En este sentido, sería el tipo de interacciones que mantiene el niño en, fundamentalmente, el ámbito familiar, el que estaría en la base de un mayor o menor desarrollo emocional. Por ejemplo, autores como Denham (1998) o Dunn, Brown y Beardsall (1991) han encontrado que los niños que se socializan en familias en las que es frecuente hacer referencia a estados emocionales, sus causas y consecuencias, son más hábiles gestores de sus emociones, alcanzando una mayor comprensión y regulación de las mismas. En la misma dirección apuntan estudios que relacionan un mayor desarrollo de las habilidades lingüísticas con mejores actuaciones en tareas de teoría de la mente y en la comprensión de las emociones ajenas (Cutting y Dunn, 1999; Pons, et. al, 2003).

Todas estas ideas están en sintonía con la decisión legislativa y la práctica jurídica de no otorgar relevancia a las posiciones y preferencias expresadas por un menor en edades tan tempranas. Del mismo modo, cuando se alude de un modo más genérico a la oportunidad de valorar la madurez del menor, ésta se ha de medir a partir, como mínimo, de una edad que permita al sujeto valorar distintos puntos de vista, interconectar las diferentes realidades inter-personales, ser capaz de comprender ciertos estados emocionales y necesidades propias, y poseer habilidades básicas de negociación.

1.2.3. Etapa de las operaciones concretas: segunda infancia (de los 7 a los 12 años)

a) Desarrollo cognitivo

A partir de los 7 años se va a producir un cambio sustancial en los modos del niño de operar sobre el mundo. A la vez que su pensamiento se vuelve más lógico, aún con limitaciones, sus capacidades para manejar información se incrementan sustancialmente y emerge la metacognición, esto es, la capacidad para pensar sobre el propio pensamiento.

Como se ha previamente indicado, el niño pre-operatorio ya muestra amplias capacidades para representar simbólicamente la realidad, pero tiene serias limitaciones para operar mentalmente con esas representaciones. La principal característica diferencial del pensamiento en la infancia tardía cs que se trata de un pensamiento que puede operar sobre la realidad y resolver problemas realizando *operaciones mentales* que progresivamente se van haciendo más lógicas y por tanto se desligan de las percepciones inmediatas de la realidad. Este acceso a las formas lógicas de pensamiento hace que el modo de operar de los niños de entre 7 y 12 años se perciba como más flexible y organizado que el de los niños en la etapa pre-operatoria.

A partir de los 7-8 años, los niños pueden resolver problemas manipulando mentalmente los elementos de la realidad, y hacen esto casi con la misma destreza y habilidad que si operasen con objetos físicos (Siegler, 1996). Lo interesante es que, al operar mentalmente sobre la realidad, transformándola, no lo hacen basándose solamente en procesos de carácter intuitivo, sino fundamentalmente lógicos y organizados en estructuras globales. Estas operaciones mentales permiten al niño, deshacer, compensar, anular o combinar varias acciones sin tener que realizarlas físicamente.

Esta habilidad intelectual va a aportar la que quizá sea la mayor diferencia entre el pensamiento pre-operatorio y el de las operaciones formales: las *descentración.* A partir de los 7 años el egocentrismo que ha caracterizado el pensamiento infantil va a ir diluyéndose, lo que le va a permitir manejar más de una dimensión de la realidad de modo simultáneo, y fundamentalmente va a ser capaz de entender y gestionar que existen puntos de vista sobre el mundo diferentes a los suyos. Asociada a esta nueva e importante capacidad de descentración, que permite al niño superar el egocentrismo que caracteriza a la primera infancia, emerge la *reversibilidad* del pensamiento. La reversibilidad se basa en las nuevas habilidades del niño que le permiten, no sólo representar la realidad, sino operar mentalmente sobre ella. Esto es, cualquier acción que se realice, material o mentalmente, puede ser revertida, anulada o cambiada. Estas dos habilidades combinadas, la capacidad de operar lógicamente y la reversibilidad, van a permitir al niño *descentrase* de la realidad, o más precisamente, descentrarse de su perspectiva perceptiva de la realidad, lo que ampliará de un modo sorprendente su capacidad para resolver problemas y para comprender el funcionamiento del mundo físico y también social y emocional.

Finalmente, el dominio de estas habilidades de operar sobre las representaciones, junto con la ruptura con el egocentrismo de la primera infancia, van a dar lugar a otra de las características relevantes del pensamiento operatorio: *la habilidad para diferenciar entre apariencia y realidad.* Al poder distanciarse de sus percepciones inmediatas pudiendo representarlas mentalmente y operar sobre ellas, el juicio sobre la realidad se hace más preciso, integrado y lógico.

Sin embargo, estas nuevas destrezas mentales que el niño desarrolla entre los 7 y los 12 años tiene aún importantes limitaciones. Tanto la capacidad para representar la realidad como para operar sobre la misma están limitadas por el mundo de lo concreto, de lo directamente perceptible. El acceso a formas abstractas de representación junto a la capacidad de operar no solo sobre mundos concretos, sino también hipotéticos, no se consolida hasta la adolescencia, aunque ya empieza a emerger en las últimas fases de la etapa que estamos analizando. Para ilustrar esta característica del pensamiento de las operaciones concretas pensemos en el concepto de amistad que puede manejar un niño de 8 o 10 años. Si se le pide que defina lo que significa la amistad, con toda probabilidad lo hará describiendo a sus amigos y las características de éstos. Digamos que, para un niño de estas edades, la amistad son *sus* amigos. Esto es, su pensamiento, su modo de operar sobre la realidad, se encuentra atrapado en los conocimientos y experiencias concretas con las que cuenta. En cambio, y como veremos en el siguiente apartado, un adolescente podrá definir la amistad en términos de sentimientos abstractos, incluso podría manejarse con conceptos hipotéticos de una amistad perfecta o imperfecta independientemente de que él o ella la haya experimentado. El cambio que se avecina es que los adolescentes no sólo podrán representar la realidad y operar sobre ella, sino que podrá imaginar *realidades* que no tienen por qué existir: la realidad será sólo un subconjunto de los mundos posibles.

Caracterizado de modo genérico, respecto al modo de pensar de los niños en la infancia tardía, cabe hacer mención al importante desarrollo de las destrezas de procesamiento de información que se produce a partir de los 7 años. El avance de las capacidades cognitivas se concentra en tres grandes ámbitos: la atención voluntaria, la memoria y la emergencia de la metacognición.

El desarrollo de la *atención voluntaria* permite al niño liberarse del control que ejercen los estímulos más salientes del medio sobre sus mecanismos atencionales, deviniendo éstos en mucho más selectivos. Cuando los niños de estas edades se enfrentan a cualquier tarea con ciertas demandas atencionales van a mostrar una mayor capacidad para centrarse en los aspectos más relevantes de la misma pudiendo atenuar, incluso ignorar, aquellos que son periféricos y que pueden resultar distractores, a pesar de tener una cierta saliencia medioambiental. Esta habilidad que empieza a desarrollarse en estos años no acaba de consolidarse de modo pleno hasta la adolescencia (Couperus, J., 2011; Murphy, J., Foxe, J., y Molholm, S., 2016).

Las *habilidades memorísticas* de los niños de entre 7 y 12 años también mejoran de un modo ostensible. Esta mejora se apoya en el uso de estrategias cada vez más sofisticadas para memorizar y recuperar información. Las nuevas capacidades representacionales y lógicas del pensamiento infantil permiten al niño organizar la información de modo más eficiente y por tanto acceder a ella con más facilidad. De este modo, la memoria del niño en la segunda infancia es más eficiente, más lógica y se integra progresivamente con el resto de los procesos cognitivos, como son las habilidades atencionales, de razonamiento, o motivacionales.

Pero si algo caracteriza de modo diferencial el pensamiento de la segunda infancia respecto del pensamiento del niño preoperatorio es la emergencia de las *habilidades metacognitivas* (Hobson, 2013; Larson, 2009). La metacognición es la capacidad que demuestran los humanos para conocer y controlar sus propios procesos cognitivos. Esto es, el niño a partir de los 7 años empieza a desarrollar la habilidad de razonar sobre sus destrezas cognitivas, como por ejemplo la atención o la memoria. Con ello el niño comprende que en determinadas circunstancias se distrae o que si hay mucha información y no presta la atención adecuada probablemente no la recordará en el futuro. A este conocimiento se suma, a partir de los nueve años, el desarrollo de estrategias metacognitivas, es decir, el niño no solo sabrá que haciendo determinadas cosas recordará mejor (por ejemplo, ordenar una lista de la compra) sino que será capaz de implementar estas estrategias en su comportamiento cotidiano y progresivamente será capaz de evaluar el resultado que consigue con ellas. La consolidación de la metacognición al final del periodo es una de las más importantes habilidades que van a transformar el pensamiento infantil en pensamiento adulto, algo que se consolidará en los primeros años de la siguiente etapa evolutiva.

b) Desarrollo social y emocional

Al igual que en la cognición, en la etapa de las operaciones concretas vamos a observar grandes cambios en las habilidades socioemocionales del niño. Si tuviésemos que describir estos avances los centraríamos en tres grandes ámbitos:

- Una comprensión más profunda y realista del mundo emocional, tanto ajeno como propio.
- Una integración de los estados emocionales con los rasgos de personalidad propios y los de sus interlocutores.
- Un mundo relacional más sólido, estable e íntimo que el de la primera infancia, donde las amistades entre iguales empiezan a cobrar cada vez mayor relevancia.

Estos cambios, junto con los que hemos descrito respecto de la cognición, van a estar en la base de enormes progresos en la autonomía de los niños y en el desarrollo incipiente de un autoconcepto basado en su realidad psicológica y en una apreciación más ajustada de la imagen que proyectan sobre los demás y que éstos pueden desarrollar sobre ellos mismos. La ruptura definitiva con el egocentrismo infantil, la capacidad para manejar diversos puntos de vista, entender que estos puntos de vista pueden ser diferentes a los suyos, junto con un evidente despegue de sus habilidades mentalistas están en la base del desarrollo del autoconcepto. Ligado a este desarrollo emergerán las visiones críticas y autocríticas sobre las que comenzarán a construir una autoestima, que empieza a pivotar no sobre unas autopercepciones muy subjetivas, sino sobre los juicios críticos de los demás asociados a un progresivo incremento en los niveles de exigencia y a una evaluación del desempeño en todo tipo de tareas mucho más exigentes que aquéllos que realizaban en la primera infancia. A su vez, y asociado a estos cambios en la construcción de la autoestima, se apreciarán importantes modificaciones en la estructura motivacional del niño. En esta etapa se sientan las bases para un tránsito de una motivación preminentemente extrínseca, esto es, vinculada a la obtención de determinados premios o beneficios y a una incipiente motivación intrínseca, articulada sobre la auto-eficiencia percibida. Podemos decir que en esta etapa se sientan las bases socio-emocionales para el tránsito al autoconcepto adulto, el desarrollo de la autoestima y los cambios en la estructura motivacional de la persona que se consolidarán durante la adolescencia.

Veamos con más detalle las principales transformaciones evolutivas que hemos presentado en el párrafo anterior.

c) Desarrollo de la comprensión del mundo emocional

El abandono de la visión egocéntrica del mundo, esto es, la creencia en que sólo hay una perspectiva, la propia, desde la que se observa el mundo y que esta se basa en una única dimensión, abre nuevos caminos para el desarrollo emocional.

A partir de los 6 años los niños dan muestras de que toman en consideración no sólo la situación actual, sino también sucesos pasados para determinar el estado emocional de sus interlocutores (*papá o mamá está enfadada porque me porté mal en casa de la abuela*). Entienden que las normas y los valores sociales juegan un papel en la determinación de las emociones (*papá o mamá están contentos porque me porto bien y no interrumpo cuando hay visitas en casa*). Y empiezan a establecer vínculos entre características personales y estados emocionales, entendiendo que personas distintas pueden reaccionar de modo emocionalmente distinto ante unas mismas circunstancias.

Los niños a partir de los 7 años empiezan a reconocer las diferencias entre emoción manifiesta y emoción real. Esto es, los niños entienden que una persona puede estar experimentando una emoción y expresando otra (Cole, 1986). Es más, ellos mismos empiezan a ser hábiles gestores de la expresión de sus emociones vinculadas a las situaciones en las que se encuentran y a los efectos que éstas pueden tener sobre sus interlocutores (Weiner y Handel, 1985).

Especialmente relevante en esta etapa es la aparición de lo que se conoce como la comprensión de la ambivalencia emocional (Weimer, Sallquist, y Bolnick, 2012). Esta consiste en reconocer que las personas no sólo experimentan una única emoción, se está triste, enfadado, alegre, etc., sino que pueden experimentar emociones múltiples y éstas pueden ser contradictorias. El desarrollo de esta compleja habilidad emocional difícilmente aparece antes de los 10 años y se consolida al final de esta etapa. Antes de este momento los niños entre los 7 y 10 años son hábiles reconocedores de emociones de carácter básico en los demás, reconociendo sin problemas que una persona puede experimentar diversas emociones, pero éstas son percibidas como consecutivas: ahora estoy triste y luego me alegro y luego estoy triste, y entonces me enfado... Sólo con el despliegue de las habilidades mentalistas que se consolidan al final de la etapa, los niños reconocen que estas emociones pueden experimentarse simultáneamente aún a pesar de que sean contradictorias (Harter y Buddin, 1987). Esta capacidad para reconocer estos estados emocionales complejos en los demás, y de nuevo basado en el despliegue de las habilidades mentalistas, van a abrir la puerta a los niños de estas edades a un mejor y más complejo conocimiento de sus propios estados emocionales, aprendiendo poco a poco a integrar estas contradicciones emocionales, lo que va a contribuir a un desarrollo muy importante del auto-concepto al final de la etapa, como veremos en los siguientes párrafos.

d) Importancia de las relaciones con los iguales

Entre los 6 y los 12 años las relaciones con los compañeros van a ir cobrando especial relevancia, sustituyendo poco a poco el papel central de las relaciones familiares, proceso que alcanza su cénit en la adolescencia. Las relaciones con los iguales cumplen un papel diferente y complementario al de las relaciones familiares y suponen un escenario de socialización para nuevas habilidades (Sánchez-Medina, Martínez-Lozano, Goudena, 2010; Corsaro y Eder, 1990; Corsaro, 1992). Las relaciones entre iguales, a diferencia de las relaciones con los adultos, son simétricas por lo que la necesidad de negociación y llegar a acuerdo para mantener las mismas recaen en el propio niño. Además, los interlocutores, es decir los compañeros y amigos, tienen menos sensibilidad a los estados emocionales y menos habilidades para forjar y gestionar acuerdos y desacuerdos. Esta simetría en las relaciones entre iguales hace que el principio de reciprocidad se convierta en una pieza clave del proceso de desarrollo socio-emocional.

e) Desarrollo del autoconcepto

A partir de los 6-7 años el niño comienza a desarrollar un autoconcepto articulado en torno a la auto-asignación de atributos. Esta asignación de atributos está caracterizada por una de las propiedades del pensamiento infantil a estas edades: *pensamiento del todo o nada.* Se trata de un tipo de pensamiento en el que mundo es caracterizado en términos dicotómicos, esto es, se posee o no un determinado atributo. Así el niño puede decidir si una persona es guapa o fea, buena o mala, lista o tonta, etc. Esta modalidad de pensamiento está en la base de la tendencia del niño a auto-atribuirse características positivas lo que genera una representación de sí mismo, un autoconcepto con una nítida orientación positiva y con una clara sobrevaloración de las propias posibilidades de actuación social y cognitiva (Davis-Kean y Sandler, 2001).

A partir de los 8 años el autoconcepto de los niños va a iniciar un cambio de extraordinaria relevancia. Este cambio se sustenta en dos grandes procesos. Por un lado, la valoración del comportamiento del niño por parte de los adultos empieza a resultar más exigente, incluyendo valoraciones críticas sobre comportamientos o consecuciones, algo especialmente evidente en el contexto educativo. La mayor relevancia y autonomía en las interacciones entre iguales abren nuevas vías de comparación con otros y de valoraciones de la actuación del niño por compañeros que no siempre van a estar caracterizadas por el positivismo. Por otra parte, de modo añadido a estas fuentes de comparación y valoración más críticas, la mayor capacidad del niño para comprender el mundo emocional, donde los matices empiezan a ser importantes y, por tanto, lo alejan de ese pensamiento de tipo todo-o-nada, va a dotar de nuevos elementos de juicio y valoración críticas del sí mismo.

Por tanto, la comparación social y una percepción más compleja y menos unitaria de las propias competencias en diferentes ámbitos (físicas, académicas, relacionales) van a liderar un cambio a una auto-percepción más rica y compleja. Aparece un autoconcepto más integrado con los primeros esbozos de desarrollo de elementos identitarios basados en la propia actuación y posición en el mundo y por tanto menos dependiente de los factores contextuales. A su vez, los rasgos que caracterizan ese yo van a ser menos generalizados y dicotómicos (el niño/a puede percibirse como bueno en matemáticas, regular en lengua, pero muy bueno jugando a un determinado deporte). En la definición de estos rasgos, las comparaciones sociales, tanto de adultos como de iguales, irán cobrando cada vez más importancia y el niño progresivamente irá mostrando mayor preocupación por estas comparaciones y valoraciones de los otros.

En resumen, podemos decir que al final de esta etapa el niño empieza a tener una visión compleja de sí mismo sobre la que va a fundamentar una capacidad de juicio propio que se completará y desplegará, con matices que señalaremos, durante la adolescencia.

1.2.4. Etapa de operaciones formales: 12 años en adelante. Preadolescencia y Adolescencia

La etapa previa a la vida adulta es la adolescencia, un periodo marcado por los cambios físicos asociados a la pubertad. En este periodo el cuerpo del adolescente va a cambiar hasta alcanzar la madurez reproductiva. El inicio de estos cambios, que suelen suceder alrededor de los 12-13 años, marcan el inicio de un periodo que se considerará finalizado cuando el individuo asuma las responsabilidades culturalmente asignadas a los adultos y que vienen marcadas por la independencia de los padres, el acceso al mercado laboral y la asunción de autonomía en la toma de decisiones de carácter vital. Por ello, aunque el inicio del periodo ha tendido a mantenerse estable, los estudios psicológicos han ido prolongando la finalización del mismo de modo progresivo durante el siglo XX, pasando de los 16-17 años a la veintena. De hecho, se han propuesto etapas posteriores denominadas como *post-adolescencia* o *adultez emergente* para caracterizar los años que progresivamente se añaden a la adolescencia diferenciándolos de ésta (Arnett, 2004; Coté y Bynner, 2008).

En cualquier caso, señalemos que se trata de un periodo marcado por cambios tanto a nivel físico, como cognitivo, emocional y relacional. Tradicionalmente se han identificado como elementos específicos de la adolescencia los cambios físicos que llevan a la madurez sexual, la importancia que cobra la imagen corporal en la definición del yo, los cambios en las relaciones paterno-filiales, la consolidación como principal referente de socialización del grupo de iguales y la aparición de los primeros vínculos relacionales y emocionales de carácter íntimo.

Veamos en los siguientes párrafos cuáles son los principales cambios que se producen en este periodo en los ámbitos del pensamiento, las emociones y el mundo relacional. Una edad que a efectos jurídicos es especialmente importante pues, a partir de la misma, el Derecho empieza a reconocer efectos a muchos de los actos realizados por los menores y a otorgar valor a sus opiniones y consideraciones sobre aspectos fundamentales de su existencia.

a) Desarrollo cognitivo en la adolescencia

Si tuviéramos que caracterizar la cognición de los adolescentes, diríamos que ésta está marcada por la consolidación del pensamiento abstracto. La capacidad de manejar de modo abstracto la realidad se va a reflejar en toda una serie de habilidades cognitivas y modos de mirar el mundo totalmente diferenciados de los que caracterizan la cognición en la segunda infancia. En terminología de J. Piaget, en esta etapa se adquieren las *operaciones formales*. Éstas se desarrollan sobre la base de las operaciones concretas consolidadas en la etapa anterior, pero van a representar un modo genuino y diferenciado de pensamiento. Un modo de pensamiento que tradicionalmente se ha asociado al pensamiento adulto y que una vez se ha consolidado, señala J. Piaget, va a presidir la cognición durante el resto de la vida. Digamos que al alcanzar estas habilidades, se llega al culmen del desarrollo cognitivo, de modo que lo que va a diferenciar el pensamiento adolescente del adulto, en cualquier etapa de la vida, no es la naturaleza de las operaciones que pueden desarrollarse sino la cantidad de conocimientos que se ponen en juego para razonar, juzgar y tomar decisiones. Este es uno de los postulados más polémicos de J. Piaget y ha sido seriamente cuestionado desde los estudios sobre toma de decisiones (Markovitz, 2014) y desde la psicología transcultural (Scribner y Cole, 1981). En apartados subsiguientes analizaremos con detalle estas críticas.

Como hemos dicho, la capacidad de razonar en abstracto es la que va a marcar las grandes diferencias cualitativas con el pensamiento infantil. Aunque los niños de 9-12 años pueden operar mentalmente, estas operaciones, para ser eficaces, deben remitir a objetos o situaciones concretas. Dicho de otro modo, los niños de la etapa anterior tienen serias dificultades para pensar en abstracto y desprenderse de la realidad. Para el pensamiento del adolescente, lo real es sólo un subconjunto de lo posible, ya que gracias a la nueva capacidad de razonamiento abstracto se puede operar sobre objetos que no tienen, en sentido estricto, por qué existir. El adolescente puede distinguir y operar no solo sobre *lo que es*, sino también sobre lo que *podría ser*. Por tanto, el pensamiento adolescente ya no está atado a la realidad y puede imaginar, y operar, sobre mundos que podrían llegar a ser, esto es, sobre mundos ideales. Como veremos más adelante, esta característica del pensamiento adolescente está en la base de muchos de sus comportamientos relacionales. Esta característica del pensamiento explica que cobre sentido el derecho del menor a ser oído en todas las cuestiones que le afecten, derecho que consagran tanto los textos internacionales como la Ley Orgánica de Protección Jurídica del Menor. Sin embargo, se ha de señalar que los 12 años son sólo el inicio de este proceso cognitivo, que no llega a consolidarse hasta los 16/17 años. Por ello, cuando se tomen en consideración las posiciones de menores entorno a los 12 años, se deben extremar las cautelas interpretativas de las mismas, pues, como hemos señalado, el pensamiento concreto que preside la mente infantil hasta los 12 años aparenta ser más lógico y abstracto de lo que realmente podría ser.

Operar sobre un mundo abstracto y posible se complementa con otra serie de habilidades que, si bien no emergen en esta etapa, sí se consolidan adoptando una clara formalidad. Así, encontramos que los adolescentes no presentan dificultades para generar hipótesis y testarlas de modo sistemático e interpretar los resultados obtenidos. Es lo que se conoce como un pensamiento hipotético-deductivo, frente al pensamiento empírico-deductivo de los niños que se hallan en la etapa de las operaciones concretas. Los niños de la segunda infancia solo pueden operar sobre realidades concretas, de modo que cuando se enfrentan a una situación hipotética que contradice su experiencia práctica presentan enormes dificultades para poner a prueba la hipótesis y, por tanto, para decidir sobre la veracidad o falsedad de la misma. En cambio, los adolescentes pueden operar sobre situaciones que no se dan en la realidad, que son planteadas de modo hipotético, como una mera posibilidad, y son capaces de liberarse de sus experiencias prácticas, y tomar decisiones sobre la veracidad o falsedad de lo planteado sobre la base de lo que podría ser.

Este pensamiento abstracto está articulado sobre la base de las amplias capacidades lingüísticas y representacionales que dominan los adolescentes. Su pensamiento es de carácter verbal, lo que les permite usar una lógica proposicional que les permite plantearse los problemas en términos de búsqueda de *la verdad.*

Tabla 1. Diferencias entre el pensamiento en la etapa de las operaciones concretas el pensamiento en la etapa de las operaciones formales[1]

Pensamiento concreto	Pensamiento formal
Resuelve problemas al azar	Resuelve problemas planteando hipótesis
Apegado a la realidad	Razona sobre lo posible
Utiliza datos inmediatos	Incorpora conocimientos previos
Actuación sobre los objetos	Razonamiento verbal
Combina elementos comparando combinaciones anteriores	Combina elementos de forma sistemática
Multiplicación de ensayos	Aislamiento de factores
Lógica de Clases	Lógica proposicional
Razonamiento empírico-inductivo	Razonamiento hipotético deductivo

1 Tomado de Delgado, 2009, pág. 104.

b) Desarrollo emocional

El acceso al pensamiento abstracto junto a la consolidación de las habilidades mentalistas en los adolescentes va a originar cambios muy relevantes en el desarrollo emocional del adolescente. Este cambio opera tanto en la esfera del conocimiento de las propias emociones como en la capacidad de percibir y atribuir emociones a los otros (Ortiz, 1999; Colom Bauzá, J. y Fernández Bennaser, M.C., 2009).

Los adolescentes van a mostrar una mayor conciencia de sus estados emocionales que los niños de la segunda infancia. Pero, es más, basándose en sus capacidades de abstracción, este conocimiento se articula haciendo referencia a estados mentales. Al contar con un mayor y más abstracto lenguaje emocional, se les abren nuevas posibilidades de autoreflexión y autoconocimiento pudiendo tomar conciencia de estados emocionales complejos y, a veces, ambivalentes. A su vez, sus habilidades de formular hipótesis sobre situaciones posibles les otorgan nuevas destrezas para poder anticipar la reacción de los demás ante sus comportamientos y emociones. Un comportamiento emocional de los demás que es percibido de un modo más complejo. Reconocen que estos estados emocionales pueden ser de carácter situacional, pudiendo diferenciar entre características personales y reacciones emocionales. A diferencia de los niños más pequeños, el adolescente no piensa que una persona que se comporta mal es necesariamente mala, sino que tiene capacidad para distinguir y atribuir rasgos de personalidad de modo diferenciado al análisis que pueda realizar de una reacción emocional en un contexto determinado. A esta habilidad se une la capacidad para reconocer que las reacciones y emociones propias juegan un papel importante a la hora de condicionar y modelar las emociones de sus interlocutores.

Especialmente interesante resultan los trabajos de Rosenblum y Lewis (2004), que a la hora de analizar el desarrollo emocional de los adolescentes ponen el foco no tanto en las competencias emocionales que desarrollan los adolescentes, sino en las demandas sociales que se ejercen sobre las mismas. Estos autores asumen que la adolescencia es la puerta de entrada en el mundo adulto, y por tano en ella deben consolidarse una serie de habilidades y destrezas que les permitan actuar como miembros competentes de la sociedad adulta. Por ello, las *presiones* para logar una adecuada gestión emocional se incrementan en esta etapa. Dentro de estas tareas evolutivas Rosenblum y Lewis (2004) destacan las siguientes:

- Aprender a regular las emociones en un periodo en que éstas tienden a fluctuar de modo rápido y con intensidad. Esto va a exigir el desarrollo de habilidades de regulación emocional que pasarán de la heteroregulación por parte de los adultos, como sucede en la infancia, a una autorregulación marcadamente independiente.
- Desarrollar un conocimiento complejo de las emociones propias, entendiendo que pueden coexistir diversas emociones ante un mismo objeto o situación y que éstas pueden llegar a ser contradictorias.
- Aprender a separar las reacciones emocionales de carácter puntual de las características del yo, tanto propio como de los interlocutores.
- Aprender a gestionar las propias emociones en el curso de la vida cotidiana, aun cuando éstas sean fuertes y puntuales. Esta habilidad es especialmente relevante a la hora de aprender a gestionar las relaciones interpersonales en presencia de estados emocionales intensos y a la hora de saber demorar las recompensas, sabiendo controlar la excitación emocional momentánea.

Rosenblum y Lewis (2004) señalan que, si bien el proceso de maduración de los adolescentes les prepara para dominar estas destrezas, este dominio no sucede de modo automático, como consecuencia del proceso de maduración. Requiere de procesos de enseñanza y aprendizaje en los que el entorno familiar y educativo juega un papel crítico. Numerosas investigaciones muestran que las competencias emocionales están estrechamente relacionadas con el auto-concepto, siendo los adolescentes con mayor capacidad de reconocimiento y regulación emocional los que muestran un auto-concepto más sólido y tienen más habilidades para solicitar apoyo y ayuda en caso de dificultades (Ciarrochi, Wilson, Deane, y Rickwood, 2003).

c) El mundo relacional del adolescente

Al igual que en el ámbito cognitivo y emocional, el mundo relacional del adolescente va a experimentar grandes cambios que se consolidarán en el mundo adulto. Este nuevo escenario va a dotar de nuevas dimensiones a las relaciones familiares, las relaciones con el grupo de iguales y las emergentes relaciones íntimas.

Contrariamente a creencias populares muy extendidas, la familia sigue siendo un escenario privilegiado para el desarrollo social y emocional del adolescente (Lila, Van Aken, Musitu, y Buelga, 2006). Los estudios que se han centrado en analizar las relaciones familiares durante la adolescencia no parecen apoyar la idea de unas relaciones marcadas por el conflicto y por un permanente alejamiento de los adolescentes de sus progenitores (Noller y Atkin, 2014). Sin embargo, esto no quiere decir que estas relaciones no experimenten grandes transformaciones. Las nuevas habilidades cognitivas del adolescente, la capacidad de abstracción, de distanciarse de lo real, de imaginar mundos posibles y/o ideales, hacen que el adolescente, a diferencia del niño, cuestione las normas y valores familiares, presentando su propio punto de vista y argumentos. A medida que este proceso se produce, los padres dejan de estar "idealizados", se contrasta su modo de proceder con ese mundo posible e incluso ideal que los adolescentes pueden imaginar, y aparecen los errores y cuestionamientos a los comportamientos y decisiones de los padres. Este cuestionamiento, además, se hace desde estas recién estrenadas habilidades cognitivas, pero con una evidente falta de experiencia vital, lo que les lleva a presentar sus visiones, planteamientos y argumentos de un modo muy radical y poco permeables a los matices que el acúmulo de experiencias vitales aporta.

Además, junto a estos procesos, se inicia un camino hacia la autonomía personal que en muchos casos supone cuestionar las normas paternas solicitando cambios en las relaciones a las que, con frecuencia, los progenitores se resisten. Como señalábamos, estos cambios inducen a pensar en las relaciones familiares durante la adolescencia como un campo de constante de controversia y conflicto. Sin embargo, los datos empíricos no avalan esta visión[2]. Aunque lo cierto es que las percepciones sobre estas relaciones, posiblemente influidas por los estereotipos que las vinculan al conflicto, se alejan de este cuadro. Los adolescentes tienden a pensar que, a medida que

---

2 En la encuesta publicada por el Instituto de la Juventud de España en 2013 sobre relaciones familiares de los jóvenes encontramos que el 61,8% de los jóvenes afirma que en las cuestiones que les conciernen las decisiones las toman tras discutirlas y llegar a un compromiso con los padres. Frente a este modo de tomar decisiones sólo un 7,6% de los jóvenes manifiestan que sus padres les imponen las decisiones y un 2,7% que son ellos los que imponen sus criterios. O, por ejemplo, al valorar los modos de pensar propios y de los progenitores, un 51,1% reporta que son algo distintos y un 33,8% que son iguales, frente a un exiguo 2,9 que opinan que sus modos de pensar y los de sus progenitores son radicalmente distintos. Y cuando se pregunta a los jóvenes que valoren cómo se llevan en ese momento con sus padres el 45,9% opina que muy bien y el 44,5% que bastante bien, frente a un 2,0% y un 1,3% que opina que bastante mal o muy mal, respectivamente.
INJUVE: http://www.injuve.es/sites/default/files/Sondeo%20 2013-3b.pdf

se hacen mayores, tienen menos cercanía e intimidad con sus progenitores que cuando eran niños (Collins y Laursen, 2004). A su vez, los padres tienden a expresar cierta decepción con el comportamiento de sus hijos adolescentes, pensando que con frecuencia rompen las expectativas que tenían sobre ellos y, es más, que lo hacen de modo intencional (Collins, 1990). Aunque los datos parecen indicar que estas percepciones negativas tienden a disminuir a medida que transcurre la adolescencia y se adentran en el mundo adulto, consiguiendo desarrollar relaciones más igualitarias y menos jerárquicas que las se mantenían en el sistema familiar durante la infancia (Laursen, Coy y Collins, 1998; Branje, 2018).

De modo paralelo a los cambios que experimentan las relaciones familiares, las relaciones con el grupo de iguales van adquiriendo más importancia, madurez y estabilidad. Las relaciones con los iguales durante la adolescencia pivotan de las actividades del juego a la conversación. Los contactos con los iguales se extienden fuera del centro educativo y se amplían a actividades de ocio, aumentando los contactos a través de la TICs. Esta extensión de los contactos y el aumento de las conversaciones, en detrimento del juego, convierten a los grupos de iguales en escenarios de apoyo emocional y autoexploración. Son escenarios en los que los adolescentes se exponen emocionalmente, conocen y empatizan con amigos a la vez que se autorevelan. A la vez, y dada la simetría de las mismas, estas relaciones se convierten en un excelente escenario de socialización, en el que son frecuentes los desacuerdos y conflictos que los adolescentes deben aprender a manejar para preservar la relación (Buhrmester, 1990; Goudena y Sánchez, 1996).

Finalmente, aunque no nos detendremos con detalle en ello, la adolescencia es la etapa evolutiva en la que aparece y se consolida un nuevo tipo de relación: las relaciones de pareja y sexuales. Suelen ser relaciones muy intensas con componentes emocionales que oscilan de la máxima atracción en el inicio de la relación al sufrimiento más profundo si ésta se rompe.

En cualquier caso, y a pesar de esta intensidad emocional, son relaciones que suelen aparecer y desaparecer con cierta frecuencia y que suponen un excelente escenario para el desarrollo de las habilidades de relación e intimidad necesarias para el establecimiento de las relaciones de pareja más estables que tienden a predominar en la etapa adulta.

d) El desarrollo del autoconcepto en la adolescencia

El autoconcepto en la adolescencia va a reflejar los cambios cognitivos y relacionales que se producen en esta etapa evolutiva y que hemos descrito en los párrafos anteriores. Las habilidades de abstracción van a permitir al adolescente percibirse a sí mismo usando términos abstractos, en muchos casos de naturaleza psicológica o mentalista (introvertido, decidido, responsable, arriesgado, idealista) que además están relacionados entre sí formando un complejo más o menos unificado que conformará el núcleo de autoconcepto (Aron, 2003). Este sentido de unidad se consolida a medida que se avanza en la etapa evolutiva. En los primeros años, el adolescente no suele identificar y reconocer incoherencias entre sus diferentes características, lo que le permite experimentar sin que sienta una especial necesidad de integrar de modo coherente las mismas. En un segundo momento, las diferentes autodefiniciones o autoasignaciones se empiezan a relacionar entre sí, evidenciándose estas incoherencias. Este cambio se produce ligado a una clara extensión de los escenarios sociales y culturales en los que el adolescente participa con importantes grados de autonomía. Estos escenarios les van a plantear demandas y requerimientos de habilidades y competencias que les ayudarán a construir, diversificar y perfilar su autoconcepto, pero que, simultáneamente, harán aflorar las incoherencias. Incoherencias que, a veces, son experimentadas con cierta angustia vital. En un tercer momento, en una adolescencia avanzada o post adolescencia, las diferentes facetas del yo se integrarán por medio de la jerarquización, dotando de más relevancia y centralidad a unas características que a otras (Adams y Marshall, 1996). Esto permitirá contar con un autoconcepto diverso, que puede soportar las incoherencias integrándolas como partes de éste y, por tanto, despojando a las mismas de los sentimientos de incongruencia e insatisfacción que caracterizaban los momentos anteriores. Podemos decir que el autoconcepto irá variando a lo largo de toda la vida del individuo, pero su estructura básica tiende a consolidarse al final de la adolescencia (McLean, Pasupathi y Pals, 2007).

1.3. Una visión crítica sobre las teorías de etapas evolutivas. ¿Por qué se produce el desarrollo?

Dos son las grandes cuestiones críticas que se plantean acerca de esta teoría sobre las distintas etapas del desarrollo. La primera de las críticas no la cuestiona en sus fundamentos, pero sí en sus descripciones o predicciones. Estas críticas se centran en cuestionar si las habilidades y competencias descritas para cada etapa del desarrollo se adquieren por todos los individuos y si se hace al ritmo previsto. El segundo bloque de críticas se centra en señalar que esta teoría describe de un modo más o menos acertado las fases del desarrollo, pero no presenta una explicación plausible, más allá de la mera maduración, de por qué se producen los cambios que se observan en los modos de pensar, actuar y sentir de los humanos. Veamos con detalle estas cuestiones críticas.

La investigación ha mostrado de modo consistente que no todos los niños se desarrollan a un mismo ritmo y que la adquisición de determinadas habilidades por un individuo concreto no suceden de modo simultáneo para todas las tareas y escenarios. A este fenómeno se le conoce con el nombre de *decalaje* y supone un reto explicativo para las teorías madurativas. El *decalaje interindividual* es explicado sobre la base de las influencias que el contexto puede ejercer en el desarrollo psicológico. Desde dentro de las teorías madurativas se defiende que el contexto actúa como catalizador del desarrollo, de modo que un contexto más rico y estimulante acelerará los procesos madurativos ya que dará más oportunidades al niño para practicar con las destrezas en desarrollo. A su vez, los contextos poco estimulantes proveen de pocas oportunidades para experimentar con las destrezas en vías de maduración, por lo que el pleno despliegue de las mismas se retrasa dando lugar a patrones evolutivos más lentos.

Esto nos lleva a pensar que, en el plano estrictamente jurídico, no se ha de tomar la edad como un criterio normativo rígido, pues se han de tener en cuenta otros factores concurrentes que condicionan la madurez del menor. Unos factores que deben buscarse más en los escenarios o contextos de desarrollo del menor que en el propio individuo.

De más difícil explicación son los datos que muestran que individuos de diferentes culturas presentan un patrón evolutivo diferente. Abundan los datos que señalan que la etapa de las operaciones formales, tal y como es descrita por la teoría piagetiana, no aparece en culturas no literarias, es decir, en aquellas que no cuentan con un sistema educativo formal propio de las culturas occidentales (Cole y Scribner, 1974; Luria, 1987; Scribner y Cole, 1981). Como han mostrado autores como M. Cole y S. Scribner o B. Rogoff, los datos empíricos muestran que la etapa de las operaciones formales está estrechamente ligada a los procesos de aprendizaje que se producen en el seno de la escolarización formal. De modo que aquellas culturas en las que el aprendizaje se produce en contextos cotidianos, los individuos presentan un desarrollo cognitivo que no se ajusta al normo-modelo desarrollado por Piaget. Buner (1986) señala que, en este tipo de cultura, el pensamiento adulto está presidido por modos de razonamiento narrativos que se organizan cognitivamente de un modo radicalmente diferente a los modos proposicionales que caracterizan a las operaciones formales.

En la misma dirección apuntan los *decalajes intraindividuales.* Estos decalajes hacen referencia al hecho de que, con frecuencia, los niños pueden dominar una determinada competencia cognitiva (reversibilidad, razonamiento hipotético) en un determinado contexto o escenario, pero no en otro. Si entendemos que los modos de pensamiento se desarrollan por procesos madurativos que dan acceso progresivo a destrezas y habilidades cada vez más complejas, sofisticadas y avanzadas, no resulta fácil explicar por qué, adquirida una determinada destreza, que es más avanzada en términos cognitivos, ésta no se emplea en todas las situaciones en las que sea relevante su uso y los niños continúan percibiendo el mundo o resolviendo problemas con competencias menos evolucionadas. La respuesta a estos interrogantes proviene de las teorías socio-constructivistas que como veremos en el apartado siguiente van a asignar al contexto un papel crucial en el desarrollo psicológico.

2. LA MADUREZ DEL MENOR DESDE LA PSICOLOGÍA DEL DESARROLLO

Frente a las teorías *maduracionistas,* que entienden el desarrollo como un producto de la maduración biológica, la Psicología del Desarrollo ha propuesto teorías que entienden el desarrollo psicológico como un producto de la interacción social. El origen de estas teorías se remonta al primer tercio del siglo XX, pero cobran pleno vigor a partir de la década de los 90 del siglo pasado para ser las dominantes y las que acumulan más consenso entre los investigadores en la actualidad. El origen de estas teorías se encuentra en la Escuela Histórico-Cultural desarrollada por L. S. Vygotsky (1989; 1993), A. R. Luria (1987) y A. N. Leontiev (1983). La idea fundamental de estos autores es que las formas sofisticadas del funcionamiento psicológico humano tienen un origen social. La atención voluntaria, la memoria conceptual, el razonamiento teórico o abstracto, las emociones complejas se desarrollan a través de las interacciones que los niños mantienen con miembros competentes de sus grupos culturales (padres, maestros, compañeros más capaces). Estas interacciones próximas se desarrollan en el seno de prácticas culturales que determinan qué tipo de habilidades o destrezas son significativas. El aprendizaje de estas destrezas se produce a través de las interacciones próximas que el niño mantiene con los adultos de su grupo cultural o con compañeros más avanzados. Este aprendizaje se produce en el seno de una interacción social en la que el adulto afianza los procesos de aprendizaje del niño prestándole apoyo estratégico para que el niño pueda llegar a implicarse en la realización de tareas aun cuando no las domina plenamente (Bruner y Weinreich-Haste, 1990).

Vygotsky (1989) explica estos procesos de aprendizaje y desarrollo a través de los conceptos de *zona de desarrollo actual* (ZDA) y *zona de desarrollo próximo* (ZDP). La ZDA hace referencia a las habilidades y destrezas que el niño puede realizar por sí mismo sin ayuda de otros. La ZDP hace referencia a un espacio interactivo, normalmente adulto-niño, en el que el niño, con la ayuda de ese otro más capaz, puede realizar tareas que por sí solo no podría desarrollar. La ZDP representa las potencialidades de desarrollo del niño, si cuenta con el apoyo preciso. A medida que el niño aprende a desarrollar esas tareas, irá adquiriendo autonomía e irá interiorizando las instrucciones del adulto, se irá apropiando de los modos de proceder cuando colabora con los expertos, de modo que aquellas habilidades que sólo era capaz de desplegar en un plano social pasan a realizarse con plena autonomía en un plano individual. Podemos decir que, gracias a estos procesos de apropiación e interiorización, el aprendizaje, como proceso social, se convierte en desarrollo psicológico.

En esta explicación está el argumento que permite situar el contexto social y cultural en el origen del desarrollo psicológico del individuo. En resumen, lo que los niños aprenden, las destrezas, habilidades y competencias que necesitan adquirir están definidas en los contextos sociales y culturales en los que se desarrollan. Por tanto, y en un primer sentido, las habilidades, las destrezas que desarrollamos cada uno de nosotros tienen un carácter social. En un segundo sentido, estas destrezas definidas socioculturalmente se adquieren en primer lugar en un plano social, en interacción con otros y en un segundo momento en un plano individual, por la adquisición progresiva de autonomía en su uso.

A la luz de esta teoría, y como señalábamos al principio de este apartado, los fundamentos de la teoría piagetiana quedan seriamente cuestionados. No tanto así los datos en los que la misma se apoya. De hecho, los *decalajes* que hemos descrito y que aparecen como dependientes del contexto son perfectamente explicables desde la Teoría Socio-Cultural. Pero, es más, la descripción de las etapas que realiza J. Piaget, y que hemos presentado con detalle, sigue plenamente vigente. Sólo hay que entender que el patrón que describe J. Piaget es fruto de la participación de los niños en un contexto cultural muy determinado, como es la escolarización formal, y de las interacciones que mantienen con sus padres y maestros, que han desarrollado un psiquismo igualmente moldeado por la educación formal.

La Teoría Socio-Cultural y los datos empíricos que ha generado muestran que el aprendizaje antecede al desarrollo, dando la vuelta al binomio que se derivaba de la teoría piagetiana, es decir, que el desarrollo precede al aprendizaje. Digamos que el desarrollo psicológico es fruto de los procesos de aprendizaje de habilidades relevantes en un contexto socio-histórico concreto, que el niño adquiere a través de la interacción con otros miembros más capaces de su cultura y del desarrollo de la autonomía individual, para emplear esas habilidades en un plano individual librándose de la tutela o andamiaje de los adultos.

2.1. Sobre desarrollo psicológico y madurez

Los estudios presentados hasta ahora nos permiten contar con una visión precisa de las principales características del pensamiento y vida emocional de los niños a lo largo de la infancia y adolescencia, pero estamos lejos de poder establecer una serie de criterios que nos permitan determinar unos hitos ciertos a partir de los cuales se puede considerar que un menor cuenta con un cierto grado de madurez. Resulta obvio que hasta los 11 o 12 años los niños tienen una capacidad de reflexión y de toma de decisiones limitadas por su modo de percibir y actuar sobre el mundo. Sabemos que estos niños van a presentar dificultades para anticipar posibles situaciones y sus consecuencias, estando de algún modo atrapados en la "realidad que conocen y experimentan" (Lee y Atance, 2016). De hecho, la literatura científica aporta el sorprendente dato de que los niños pequeños son más hábiles calibrando los efectos de posibles decisiones en el futuro de otros niños que de ellos mismos (Bélanger, Atance, Varghese, Nguyen y Vendetti, 2014). La explicación parece estar en que les resulta más difícil distanciarse de sus propias percepciones, emociones y sentimientos a la hora de tomar las decisiones a futuro que cuando lo hacen sobre otro con el que mantienen una cierta distancia psicológica. Por supuesto, esto no quiere decir que los niños pequeños no puedan expresar nítidas preferencias, pero éstas serán muy sensibles al instante y las experiencias cercanas que están viviendo en ese momento.

A partir de los 12 años, con el acceso al pensamiento formal, de carácter abstracto e hipotético, la posibilidad de operar sobre mundos u opciones posibles, tomando decisiones a futuro y evaluando las consecuencias de las mismas en términos hipotéticos se disparan y parecen consolidarse a partir de los 15–16 años. Podría por tanto establecerse este punto evolutivo como un posible hito en el que el pensamiento del niño, adolescente en este caso, es muy similar al del adulto y, por tanto, puede considerarse que ha alcanzado la madurez psicológica. Desde luego, y siempre remitidos a nuestra cultura occidental, podremos afirmar que en cuanto alcanzan las operaciones formales, el psiquismo de los adolescentes no difiere sustancialmente del de los adultos. Ambos pueden pensar de modo abstracto, ambos pueden crear y operar sobre mundos o posibilidades hipotéticas, ambos pueden, al valorarlas, entender las consecuencias de sus acciones a futuro.

Sin embargo, dos datos aconsejan ser prudentes a la hora de establecer estas edades como el punto de corte entre la inmadurez y la madurez psicológica: a) los *reversals* o retrocesos en la capacidad de toma de decisiones que aparecen en la adolescencia; y b) los datos que nos aporta la neurociencia sobre la maduración cerebral de los humanos. Veamos con cierto detalle a qué hacen referencia estas prevenciones.

a) *Reversals* o retrocesos

Tradicionalmente la psicología del razonamiento y de la toma de decisiones ha supuesto que operar de modo racional, sobre la base de una lógica proposicional, representa el culmen del desarrollo (Carretero y García-Madruga, 1995; Santamaría, 1995; Markovits, 2014). Se entiende que el uso de estos mecanismos de carácter universal que aseguran un razonamiento puro libre de contexto y que puede liberarse de las trampas de la experiencia cotidiana, asegura una toma de decisiones ajustada y que permite descubrir la verdadera naturaleza de los problemas y su solución correcta.

Sin embargo, los trabajos de D. Kahneman sobre razonamiento y toma de decisiones, por los que acabó obteniendo el Premio Nobel de Economía, mostraron que los humanos no siempre actuamos de modo racional y lógico al valorar y elaborar nuestros juicios sobre diferentes situaciones (Kahneman y Tversky, 1973; Kahneman y Frederick, 2002). Kahneman señala que, a la hora de valorar una situación concreta en la que tenemos que tomar una decisión, con frecuencia tomamos atajos mentales que nos sacan del razonamiento lógico formal y abstracto para dejarnos llevar por impresiones e intuiciones basadas en nuestra experiencia o en los relatos de otros. A estos atajos mentales los denomina *heurísticos*. Podemos ilustrar el funcionamiento de estos heurísticos con un ejemplo.

Supongamos que tenemos que comprar un coche y tenemos que decidir qué marca y modelo necesitamos. Al tomar nuestra decisión es probable que ignoremos estudios concienzudos de la prensa especializada o los análisis que sobre la fiabilidad o la relación calidad/precio puedan elaborar asociaciones de consumidores; y, sin embargo, nos dejemos llevar por nuestra experiencia con vehículos de esa marca o con lo que nos puedan contar de los mismos amigos o familiares, a pesar de que ésta es de ámbito mucho más reducido que la primera. Al actuar así, ignoramos las conclusiones a las que nos lleva la lógica o el pensamiento abstracto y operamos sobre la base de nuestra experiencia articulada a través de impresiones o intuiciones. La explicación de las reversiones en los adolescentes parece estar vinculada al uso de estos heurísticos (Klaczynski y Felmban, 2014; Reyna, Chick, Corbin y Hsia, 2014). En los primeros años de la etapa, entre los 12 y 14 años, los adolescentes ponen en juego sus recién adquiridas habilidades abstractas que son usadas, y privilegiadas, a la hora de resolver problemas, sobre todo en el ámbito educativo. A medida que los adolescentes crecen y ganan autonomía, y sus ámbitos de toma de decisiones se amplían, sobre todo a escenarios de la vida cotidiana extraescolares, empiezan a recurrir a estos atajos mentales para resolver los problemas haciendo uso de sus propias experiencias vitales. Hay que tener en cuenta en todo caso que esas experiencias vitales son limitadas, por lo que su razonamiento puede llevarles a cometer errores de apreciación, colocándolos en una tierra de nadie entre el razonamiento formal y el uso de formas de razonamiento basadas en la experiencia (Icenogle, Steinberg, Duel, et al., 2019).

A medida que los adolescentes progresan en su desarrollo y comienzan a transitar por la post-adolescencia o los primeros años de la adultez, y acumulan experiencias vitales sobre las que sustentar sus intuiciones y atajos en el razonamiento, sus modos de pensamiento vuelven a acercarse a los propios de un adulto. Podrán así, y dependiendo de los escenarios en los que tengan que operar, optar por un razonamiento más abstracto, basado en la lógica proposicional, o por un razonamiento más intuitivo, basado en el uso de heurísticos. Podríamos concluir este apartado señalando que, por todo lo dicho, es razonable entender que los adolescentes alcanzan la madurez cognitiva antes de que su limitada experiencia vital les permita alcanzar la madurez psicosocial necesaria para afrontar problemas y tomar decisiones de modo autónomo (Icenogle, et al., 2019).

b) Sobre la madurez cerebral de los humanos

Una segunda fuente de datos en la búsqueda de un punto de corte para establecer de modo universal un momento evolutivo en el que se alcanza la madurez proviene de la neurociencia y nos informa sobre los procesos madurativos del cerebro humano (Steinberg, 2009).

El cerebro humano experimenta unos cambios estructurales durante la adolescencia que están muy bien documentados y que parecen asociados al incremento de la capacidad de procesamiento de información y a la emergencia del pensamiento abstracto, esto es, a los procesos vinculados a la madurez cognitiva.

> Durante los primeros años de la adolescencia se observa un decrecimiento de la materia gris en los lóbulos prefrontales, probablemente asociada a los procesos de *poda sináptica* a través de los cuales se eliminan conexiones neuronales que no son usadas, lo que mejora de modo sustancial la capaci-

dad de procesamiento cerebral (Keating, 2004). Un segundo cambio en la actividad cerebral reseñable son las modificaciones de los circuitos dopaminérgicos. Estos cambios hacen referencia a la proliferación de los receptores dopaminérgicos en los primeros años de la adolescencia para posteriormente sufrir una reducción de los mismos acumulándose en las regiones paralímbicas y del cortex prefrontal. Es conocido que los circuitos dopaminérgicos están asociados a los mecanismos de recompensa y gratificación. Esta actividad dopaminérgica que aparece en la adolescencia parece estar asociada una tendencia a experimentar como especialmente gratificantes las experiencias o estímulos positivos, lo que puede conducir a los preadolescentes a valorar especialmente las situaciones que les generan satisfacción y a minusvalorar aquellas que les suponen costes (Erns & Spear, 2009). Un tercer cambio a significar es el incremento de la materia blanca en los lóbulos prefrontales durante la adolescencia. Este incremento está asociado al proceso de mielinización por el cual los axones de las neuronas se recubren con una capa de mielina lo que provoca un incremento muy sustancial en la capacidad para transmitir las señales neuronales y como consecuencia de ello, un notable incremento en las capacidades de procesar información. Cabe señalar que empiezan a acumularse evidencias de que este proceso de mielinización trasciende la adolescencia y se extiende hasta la post-adolescencia en incluso, hasta los primeros años de la adultez (Lenroot, et al. 2007). Finalmente, se ha documentado que durante la adolescencia se incrementan las interconexiones entre las diferentes regiones del cerebro, no solo en las áreas corticales, sino también entre éstas y las subcorticales (Eluvathingal, Hasan, Kramer, Fletcher y Ewing-Cobbs, 2007). Este cambio anatómico resulta especialmente relevante ya que se relaciona con la regulación emocional. La regulación de las emociones se facilita gracias a las crecientes interconexiones entre las áreas subcorticales, en particular la amígdala, especialmente implicadas en el procesamiento de información social y emocional, y las áreas corticales prefrontales especialmente vinculadas con la formulación de planes y la autorregulación del comportamiento. Esta conectividad, al igual que la reorganización de los circuitos dopaminérgicos, va a jugar un papel importante en la regulación de las gratificaciones y en el cálculo de costes asociados a las conductas de riesgo. Pero, igual que en los casos anteriores, estos cambios estructurales, aunque aparecen en la adolescencia se extienden más allá de ésta y no se consolidan hasta los primeros años de la adultez, entre los 25 y 30 años (Steinberg, 2009).

A estos cambios de carácter estructural se añaden cambios aún más relevantes de naturaleza funcional, que remiten a cambios en patrones de funcionamiento de la actividad cerebral.

En primer lugar, durante la adolescencia se observa un desarrollo progresivo de los sistemas cerebrales implicados en los procesos de autoregulación que se acabará consolidando, como en el caso de los cambios estructurales, en la primera mitad de la veintena. Los estudios realizados con técnicas de imagen cerebral muestran que los adolescentes activan de un modo menos eficiente las redes neuronales asociadas al control cognitivo, mostrando una menor capacidad para inhibir respuestas ante estímulos novedosos lo que, parece, puede sobre cargar las zonas cerebrales que se activan para desarrollar una determinada tarea (Durston, Davidson, Tottenham, et al., 2006; Luna, Thulborn, Munoz, et al., 2001). En segundo lugar, los estudios realizados con técnicas de análisis de flujo sanguíneo cerebral muestran elevados niveles de activación en zonas subcorticales asociadas a los mecanismos de recompensa superiores a los que aparecen en niños y adultos. Esta activación parece relacionarse con la mayor sensibilidad y reactividad de los adolescentes en tareas que implican recompensas, presentando más dificultad para regular su comportamiento y demorar las mismas que los adultos jóvenes (Galvan, Hare, Parra, et al., 2006). Y, finalmente, durante la adolescencia comienzan a observarse cambios de patrones de funcionamiento cerebral en áreas implicadas en el procesamiento de información emocional. Contrariamente a lo que se pensaba, no se trata tanto de que los adolescentes sobreactiven las áreas subcorticales asociadas al comportamiento emocional, sino más bien que muestran una menor activación conjunta de áreas subcorticales y corticales cuando afrontan tareas con carga emocional (por ejemplo, tareas que implican demora de recompensa). Este patrón de funcionamiento cerebral no nos indica que los adolescentes sean más emocionales, sino que presentan más dificultades para coordinar emoción y cognición. La activación simultanea y sistemática de áreas subcorticales y corticales en situaciones emocionales se consolida, al igual que el

> resto de los cambios funcionales enumerados, a lo largo de la década de los 20 años, incluso al final de ésta. Dicho de otro modo, los adolescentes y post-adolescentes tienden a ser más impulsivos y a actuar de un modo más reactivo, sin pensar, que los adultos (Steinberg, 2008).

La cuestión, por tanto, es determinar si la neurociencia aporta datos concluyentes acerca de la madurez de los menores, y si informa sobre un punto crítico que debe alcanzarse para considerar a un individuo plenamente maduro. Y la respuesta debe ser necesariamente que no, al menos en términos absolutos. A modo de resumen, podríamos decir que el cerebro del adolescente madura de un modo muy notable, pudiendo afirmar que, en términos de procesamiento de información de carácter básico, es plenamente funcional y maduro. Sin embargo, en lo que refiere a los sistemas cerebrales implicados en el procesamiento integrado de información compleja de carácter social y emocional, en procesos de autorregulación y en las funciones vinculadas a la toma de decisiones, funciones ejecutivas, es claramente un cerebro en formación. Los datos que aporta la neurociencia apuntan claramente a que, sólo mediada la década de los veinte, incluso al final de la misma, podemos considerar que los cambios estructurales y funcionales están consolidados.

Por tanto, ni la psicología del razonamiento y de la toma de decisiones, ni la neurociencia aportan datos concluyentes sobre puntos de corte con relación a la madurez de los menores.

Sin embargo, esta afirmación no debe sorprendernos, porque como hemos señalado anteriormente, la psicología no entiende la madurez como un punto de llegada sino como un proceso al que se accede gradualmente y que, de hecho, puede llegar a extenderse a lo largo de todo el ciclo vital. Sin embargo, el escenario a la hora de abordar la madurez del menor puede cambiar si, en lugar de buscar hitos que marquen tránsitos bruscos, entendemos el problema de la madurez a la luz de las teorías centradas en explicar por qué se produce el desarrollo psicológico (Vygotsky, 1989; Bruner, 1988).

Si analizamos el problema de la madurez desde la perspectiva de la especificidad contextual de las competencias podemos inferir que diferentes derechos y responsabilidades para actuar de modo autónomo requieren del desarrollo de diferentes habilidades y competencias. Dicho de otro modo, un adolescente podría ser cognitiva, emocional y neurobiológicamente maduro en unos ámbitos o escenarios, pero no en otros. Los adolescentes podrían ser maduros para tomar unas decisiones, pero no otras. Y sabemos, por los datos que hemos presentado hasta este momento, que la toma de decisiones sobre problemas y situaciones apegadas a escenarios concretos, en los que la recompensa a obtener no sea un elemento central y en aquellos en los que la decisión se pueda adoptar con baja carga emocional, no presenta una especial dificultad para el adolescente. En estos casos cuentan con la madurez, si pudiésemos hablar de este modo, suficiente para abordarlos de un modo no significativamente diferente a como lo haría un adulto. En cambio, cuando la decisión implica operar sobre situaciones y escenarios con fuerte carga emocional, donde los elementos de recompensa juegan un papel importante, los adolescentes parecen estar menos preparados y podrían necesitar de esos procesos de andamiaje en la toma de decisiones a los que hacen referencia los trabajos de Bruner (1988).

Esto es clave para analizar el comportamiento de los menores en los distintos escenarios jurídicos, en función del grado de conflictividad emocional que presenten unos y otros. No tendría sentido, por tanto, establecer una misma edad o exigir un mismo nivel de maduración cuando se trate de otorgarle capacidad para celebrar un contrato que para ejercitar sus derechos fundamentales (reunión, asociación, consentimiento informado en el ámbito clínico, etc.). , sin embargo, parece que las corrientes seguidas por el legislador es justo la contraria, esto es, se amplía la capacidad de los menores para realizar actos con efectos en su esfera personal, mientras que se mantiene restringida para aquéllos otros que operan en el ámbito patrimonial.

En el siguiente apartado buscaremos alternativas a este aparente problema de indefinición.

2.2. Valorando la madurez del menor

Hemos presentado en los apartados anteriores las dificultades que se presentan cuando tratamos de establecer criterios normativos para determinar la madurez de los menores. Sin embargo, como señala Garber (2010) a lo largo de la historia se han establecido diferentes estándares para establecer la madurez del menor. El que más relevancia tuvo en su momento, al menos en el ámbito anglosajón, fue el conocido como *La Regla de los Siete.* Según este estándar, los niños menores de siete años carecían de capacidad decisoria. Entre los 7 y los 13 años la presunción de que el menor no tenía capacidad para tomar decisiones podía ser cuestionada en un tribunal. Entre los 14 y los 20 años se presuponía una capacidad de toma de decisiones similar a la de los adultos, pero ésta, de nuevo, podía ser discutida en los tribunales. A partir de los 21 años se otorgaba a los individuos la autoridad para tomar las decisiones que estimasen oportunas sin que estas pudieran ser cuestionadas sobre la base de su madurez personal.

Pero la cuestión es que el hecho de que se carezca de unos fundamentos teóricos y empíricos claros que permitan separar la niñez de la adultez (Scott, 2000), ha provocado que estos estándares rígidos se hayan ido cuestionando de modo progresivo convirtiendo los límites entre las distintas etapas en algo difuso, lo que permite cuestionar si un menor, independientemente de su edad presenta la madurez suficiente como para adoptar una determinada decisión. Lo interesante en este punto es que este cuestionamiento se ha dado debido al reconocimiento de que las responsabilidades y los grados de autonomía que se otorgan a los menores cambian de modo radical no sólo en términos histórico-culturales, sino también en escenarios concretos. Esto es, a los jóvenes de 14 años que vivían a principios del siglo XIX, les eran atribuidos grados de responsabilidad y autonomía muy diferentes a los que pueden contar los jóvenes de la misma edad en los primeros años del siglo XXI. Pero, es más, estos grados de responsabilidad y autonomía podían variar, y de hecho variaban, en función del género del joven, del entorno rural o urbano, del escenario en que se encontrasen o de la tarea a realizar (Rogoff, 2003). Dicho de otro modo, a medida que la sociedad cambia, las exigencias sobre los menores cambian, pero, es más, dentro de un mismo periodo histórico y una misma cultura, las demandas y responsabilidades son contextualmente dependientes.

De facto, los sistemas legales actúan bajo este principio de dependencia contextual de la madurez. Como señalan Preston y Crowther (2012), los sistemas legales específicos para la infancia se sustentan sobre el convencimiento de que hay que proteger a los menores tanto de adultos que actúen de mala fe (*crafty adults*), como de sus propios malos juicios. En este contexto se incardina la creencia de los menores son especialmente vulnerables en lo que hace referencia a su capacidad para celebrar contratos, por lo que su capacidad de pronunciarse y tomar decisiones en este ámbito ha de ser limitada. A pesar de ello, y entendiendo que los contratos pueden hacer referencia a una enorme diversidad de situaciones sociales y tener por objeto bienes de más o menos valor, se incorporan determinadas excepciones a este principio general. En cambio, en el ámbito del Derecho de familia, y en particular, con relación a los procedimientos de asignación de custodia, se asume que la opinión del menor debe jugar un papel crítico en la decisión (Garber, 2010), llevando algunas de las partes implicadas a defender que los menores deben ser oídos a edades tan tempranas como los 7 años (Cashmore y Parkinson, 2008).

2.3. Madurez cognitiva frente a madurez psicosocial

A mediados de la primera década del presente siglo se produce un amplio debate, tanto en la sociedad como en los medios académicos y judiciales, entorno a la histórica sentencia del Tribunal Supremo de los Estados Unidos en la que abolía la pena de muerte para los adolescentes, limitando la aplicación de la misma a los mayores de edad, esto es a personas con 18 años (*Roper v. Simmons*, 2005). Hasta la misma, los menores con al menos 16 años podían ser sometidos a la pena capital. La decisión fue adoptada por 5 votos favorables frente a 4 desfavorables. Para adoptar esta decisión el juez Kennedy, ponente de la sentencia, se basó en un documento solicitado a la American Psychological Association (APA) sobre los conocimientos de la Psicología del Desarrollo sobre la madurez de los adolescentes (APA, 2004). Entre sus argumentos, y basándose en el *amicus curiae* de la APA, señalaba que la responsabilidad penal de los adolescentes no puede ser la misma que la de los adultos, debido a la inmadurez que caracteriza a esta etapa del desarrollo y que se evidencia en tres aspectos: a) la dificultad para controlar los impulsos, lo que se vincula a un sentido de la responsabilidad limitado; b) su elevada vulnerabilidad a las influencias externas, y muy especialmente a la de los pares; y c) una personalidad aún en construcción.

Como señalan Steinberg, Cauffman, Woolard, Graham y Banich (2009), la posición de la APA sobre la inmadurez de los adolescentes fue especialmente relevante y discutida, no sólo por la evidente influencia que había tenido en la decisión del Tribunal Supremo, sino porque aparentemente se contradecía con posiciones previas en las que se había informado al orden jurisdiccional en relación con el derecho de las adolescentes a abortar sin informar de modo previo a sus progenitores: en el *caso Hodgson v. Minnesota* (1990) la APA (1987-1989) había argumentado que, dado que la capacidad de los adolescentes para tomar decisiones es comparable a la de los adultos, desde la Psicología del Desarrollo no parecía haber motivos sólidos para impedir que las adolescentes, en caso de aborto, tuvieran que comunicarlo a los padres antes de interrumpir el embarazo. Esta aparente contradicción en los argumentos de la APA considerando en momentos diferentes cuándo los adolescentes son maduros y cuándo no lo son, ha sido fuente de constantes controversias tanto en el ámbito judicial como en el ámbito social.

Desde luego resulta claro que, en el ámbito jurídico, los hechos y consecuencias asociadas a las decisiones de los adolescentes son muy diferentes en un caso de pena capital que en otro de interrupción voluntaria del embarazo. Sin embargo, si abordamos los mismos desde el punto de vista de la madurez del adolescente como un proceso global e independiente del contexto, la ciencia psicológica debiera dar una respuesta única para los dos casos: los adolescentes son o no son maduros y, por tanto, pueden o no tomar decisiones de modo independiente y por tanto ser responsables de las mismas. Desde este prisma, los informes de la APA en los casos de *Roper v. Simmons* (2005) y de *Hodgson v. Minnesota* (1990) sí serían contradictorios.

Sin embargo, si abordamos el problema desde una perspectiva *contextualista* del desarrollo, es fácil reconocer que las decisiones de los adolescentes en un caso (la comisión de un asesinato) y en otro (la interrupción de un embarazo) apelan a competencias psicológicas muy diferentes. Y es por ello, por lo que informes aparentemente contradictorios reflejan de un modo acertado los hallazgos empíricos de la Psicología del Desarrollo (Steinberg, et al., 2009).

En primer lugar, y en relación con la edad, debemos distinguir entre *competencias estrictamente cognitivas*, esto es competencias ligadas al procesamiento de información y razonamiento, y *competencias psicosociales*, que tienen que ver con la actuación y toma de decisiones competente en escenarios reales, en los que entran en juego reforzamientos, recompensas, emociones e influencias sociales. Y en ambos casos parece haber un sólido acuerdo entre los investigadores del desarrollo. Mientras que en el caso de las competencias cognitivas se puede afirmar que no existen grandes diferencias entre el modo de operar de los adolescentes y los adultos, más allá de las diferencias en la experiencia vital acumulada, en el caso de las competencias psicosociales existen marcadas diferencias que hemos señalado en apartados anteriores: habilidades de autocontrol, de integración entre cognición y emoción con el consabido incremento de la regulación emocional, sensibilidad a las recompensas, valoración de las consecuencias del comportamiento propio a largo plazo, están entre las más relevantes para abordar el problema que nos ocupa (Scott, Reppucci y Woolard, 1995; Steinberg y Cauffman, 1996).

En consecuencia, quizá en el ordenamiento jurídico no habría que distinguir según el acto a realizar por el menor tenga consecuencias en su esfera personal o patrimonial; y, dentro de esta última, al consentimiento se le otorgue más o menos trascendencia jurídica. Sino que, a la luz de estas teorías, más bien habría que analizar en qué actos juega un papel predominante el razonamiento lógico, y en qué otros entran en juego aspectos emocionales y de recompensa inmediata.

2.4. Madurez del menor frente a madurez del juicio

Una interesante vía para abordar el problema de la madurez del menor en su tránsito por el sistema legal es la que lidera L. Steinberg y que propone centrar el debate en la madurez del menor para valorar las situaciones y tomar decisiones en el caso concreto y determinado, abandonando los planteamientos generalistas sobre la madurez global del menor (Steinberg y Cauffman, 1996; Steinberg y Scott, 2003; Steinberg, 2008; Steinberg et al., 2009).

El concepto de *madurez del juicio* hace referencia una serie de complejos y sofisticados mecanismos de funcionamiento psicológico relacionados con competencias cognitivas, emocionales y sociales que se ponen en juego para tomar decisiones de carácter individual que afectan a la vida propia y a la de los demás (Steinberg y Cauffman, 1996). Optan Steinberg y sus colaboradores por el concepto de *juicio* que incluiría no sólo aspectos racionales en la toma de decisión, sino también otros elementos propios del ámbito relacional y emocional. A su vez, al referirse a *madurez* del juicio, ponen el énfasis en la adquisición de unos modos de proceder que trascienden la toma de decisiones en una situación concreta y particular. Si bien los juicios se elaboran en escenarios particulares en los que el grado de experiencia puede jugar un papel relevante, pueden, simultáneamente, identificarse una serie de procesos que se adquieren gradualmente y que va a constituirse como un núcleo integrado de procesos psicológicos que soportan la toma de decisiones. En palabras de Steinber y Cauffman (1996), la *madurez del juicio* hace referencia al modo en que los procesos de toma de decisiones cambian con la experiencia (p. 743). Por ilustrar el debate con un ejemplo, al analizar el comportamiento de los menores desde la perspectiva de la *madurez del juicio*, no se trata de establecer si la decisión de un adolescente de robar un objeto en unos grandes almacenes es correcta o no, sino de establecer si, en comparación con los adultos, los menores no maduros presentan una serie de desventajas a la hora de realizar elecciones que puedan afectar de modo serio a su vida o la vida de los demás.

La madurez del juicio supone demostrar competencias en relación a tres factores psicológicos (Cauffman y Steinberg, 2000):

1. *Responsabilidad*, que incluye dimensiones tales como la autosuficiencia, claridad en los procesos identitarios e independencia de juicio.

2. *Perspectiva*, que hace referencia a la probabilidad de considerar situaciones desde diferentes puntos de vista y situarlas en contextos sociales y temporales más amplios.
3. *Templanza*, que se refiere a las tendencias para limitar la impulsividad y evaluar situaciones antes de actuar.

Obviamente estos factores no son independientes y por supuesto requieren del concurso de habilidades cognitivas como la abstracción, la descentración o el pensamiento hipotético deductivo.

El equipo liderado por Steinberg (Steinberg et al., 2009) llega a desarrollar una media empírica para evaluar la madurez psicosocial de los menores que permite atrapar el concepto en una serie de instrumentos que pueden venir a solventar el problema de la validez y alcance de los instrumentos que tradicionalmente se usan para valorar la madurez general de una persona (Garber, 2010).

El modelo empírico de Steinberg et al. (2009) se centra en cinco grandes factores que conforman la madurez del juicio (entre paréntesis ejemplos de ítems de las escalas usadas para medir cada costruto) (pp. 558-589):

a) La *percepción del riesgo*, esto es, hasta qué punto una persona percibe que una actividad peligrosa o perjudicial supone un riesgo que se puede asumir (*¿si hicieses esta actividad - por ejemplo, tener relaciones sexuales sin protección -, cuanto riesgo crees que hubieses corrido y que te pudiera pasar algo malo?*).

b) La *búsqueda de sensaciones*, esto es, hasta qué punto una persona busca activamente experiencias que le generen emociones fuertes y excitación emocional (*A veces me gusta hacer cosas que son un poco aterradoras*).

c) La *impulsividad*, hasta qué punto, una persona actúa de modo reactivo, sin pensar, y tiene dificultades para controlar sus impulsos (*Hago las cosas sin pensar*).

d) La *resistencia a la influencia de los iguales*, esto es, hasta qué punto la persona cambia su comportamiento u opiniones con el objeto de seguir o sentirse más integrado en el grupo de referencia (*Algunas personas piensan que es mejor ser uno mismo, incluso si la gente se enfada contigo por ir en contra de ellos, PERO... otras personas piensan que es mejor seguir al grupo y así evitas que la gente se enfade contigo*).

e) *La orientación al futuro del comportamiento*, es decir, hasta qué punto una persona es capaz de valorar, e integrar esas valoraciones en sus comportamientos y toma de decisiones, las consecuencias futuras de sus comportamientos, la planificación a largo plazo, o la capacidad de pensar y anticipar el futuro (*Algunas personas se toman la vida viviendo el día a día, sin preocuparse por el futuro... SIN EMBARGO... otras personas siempre están pensando en lo que traerá el mañana*).

Partiendo de esta definición empírica de la *madurez del juicio*, Steinberg et al. (2009) realizan un estudio con una muestra de 935 individuos de entre 10 y 30 años de edad provenientes de cinco zonas de los Estados Unidos. Del estudio concluyeron que, alrededor de los 16 años, las habilidades cognitivas de los adolescentes no se diferencian de un modo significativo de las de los adultos. Pero a su vez, en términos de competencias psicosociales, los adolescentes, incluso cuando han alcanzado los 18 años, se muestran menos maduros que los adultos que están en la mitad de la veintena.

Estos datos sugieren que no se puede establecer un único hito que marque la transición entre niñez y madurez. Es más, los datos de la Psicología del Desarrollo parecen indicar que en términos de diseño de políticas y de establecimiento de límites legales, debieran establecerse distintos límites para las actuaciones en diferentes dominios o escenarios[3].

Podemos concluir, sobre la base de estos estudios, que existe una enorme complejidad para definir la "madurez" o la "edad adulta" basándonos únicamente en motivos biológicos o de edad. Icenogle et al. (2019) sugieren que la ciencia podría y debería informar, pero en ningún caso dictar, dónde la ley debe establecer límites de edad. Y parece más aconsejable contar con diferentes edades, dependiendo del tema legal en cuestión. Estos autores, basándose en sus datos empíricos, abogan, al menos, por dos límites diferentes: uno que se aplica a situaciones en las que la presión del tiempo, la excitación emocional y la influencia coercitiva están atenuadas y por tanto no inhiben las capacidades de toma de decisiones, que podrían establecerse alrededor de los 16 años; y un segundo límite que se podría aplicarse a situaciones en que la inmadurez psicosocial puede comprometer el juicio y que rondaría, en su límite inferior, los 18 años.

2.5. Reflexiones finales

Asumiendo la distinción entre *madurez* como constructo unitario y la *madurez del juicio*, y asumiendo que la segunda se ajusta más a los requerimientos que se pueden exigir a un menor para que, en una situación concreta, pueda considerársele

---

3 Icenogle, et al. (2009) replicaron este estudio con una muestra de 5.404 individuos de entre 10 y 30 años provenientes de 11 países diferentes que variaban en función de diferentes dimensiones en su cultura nacional siguiendo el modelo de Hofstede (2011) (individualismo-colectivismo, indulgencia-restricción y producto interior bruto per cápita). Los resultados fueron muy similares a los del estudio original lo que otorga un valor transcultural al concepto de madurez del juicio.

maduro y responsable de las consecuencias de sus actos, debemos tratar de desarrollar una serie de criterios que informen las decisiones de los agentes implicados en el sistema legal. Para hacer esto, y siguiendo a Garber (2010), en primer lugar, tendremos que asumir una serie de principios que parecen sólidamente establecidos en la literatura científica sobre el desarrollo psicológico:

1. La edad biológica nunca puede ser un criterio suficiente para determinar la madurez de un individuo. El desarrollo, como mostraron Baltes (1987) o Bronfenbrenner (1979), no depende de factores exclusivamente individuales, sino que se acompasa con la influencia de factores del contexto familiar y de los contextos sociales e históricos culturales.
2. El desarrollo no es un proceso unitario y singular. El desarrollo se produce en diferentes dominios como son el cognitivo, el comunicativo, emocional, físico o social. Aunque estos dominios son mutuamente dependientes, el cambio en uno de ellos no necesariamente se refleja de modo inmediato en los otros.
3. El desarrollo en una de estas dimensiones no puede ser suficiente para determinar la madurez del menor. Que un niño consiga expresar sus posiciones con una extraordinaria claridad no implica que sea emocionalmente maduro; o que un niño pueda resolver un problema abstracto de gran complejidad no significa que cuente con las habilidades sociales necesarias para desempeñarse en ciertos escenarios o prácticas sociales.
4. El desarrollo no es un proceso unidireccional. En el desarrollo pueden producirse *reversiones*, de modo que actuaciones aparentemente maduras pueden tornarse en comportamientos inseguros y bloqueos a la hora de tomar una decisión o de valorar una previamente adoptada.

5. Si se informa sobre la madurez de un menor, este informe debe estar basado en criterios observables y, de uno u otro modo mesurables, alejándonos por tanto de apreciaciones globales dirigidas por impresiones genéricas, en muchas ocasiones poco fundadas.

Finalmente, y asumiendo estas constricciones la hora de informar sobre la madurez de un menor, debieran tenerse en cuenta los siguientes criterios:

a) Hay que tener evidencias de que el menor puede operar en el ámbito de las operaciones formales cuando actúa en escenarios cotidianos y cuando tiene que tomar decisiones en la vida real. Esto implica que el menor debe ser capaz de prever las consecuencias a futuro de sus acciones, sean estas acertadas o no; ser capaz de controlar los comportamientos y toma de decisiones de modo impulsivo; y tener las competencias de autocontrol necesarias para poder retrasar las gratificaciones y actuar en consecuencia.

b) Hay que contar con evidencias de que el menor, como señala el equipo de trabajo de Steinberg y colaboradores, tiene desarrolladas las competencias de responsabilidad, templanza y perspectiva. Como hemos señalado con anterioridad, el niño ha de ser capaz de inferir las consecuencias de sus acciones y asumirlas. Debe ser capaz de actuar con templanza y autocontrol estableciendo vínculos entre sus habilidades cognitivas y emocionales, derivando en un comportamiento autorregulado y autónomo. Finalmente, debe ser capaz de incorporar las perspectivas de los otros, relacionándolas con los escenarios en los que participa, valorándolas y contrastándolas de modo crítico con las propias.

3. REFERENCIAS BIBLIOGRÁFICAS

ADAMS, G.R., & MARSHALL, S.K. (1996), A developmental social psychology of identity: Understanding the person-in-context, *Journal of Adolescence, nr. 19*(5), pp. 429–442.

AMERICAN PSYCHOLOGICAL ASSOCIATION (1987, March 16), [Amicus curiae brief filed in the U.S. Court of Appeals for the Eighth Circuit in Hodgson v. Minnesota, 497 U.S. 417 (1990)]. Retrieved May, 11, 2023, from http://www.apa.org/psyclaw/hodgson.pdf

AMERICAN PSYCHOLOGICAL ASSOCIATION (2004, July 19), [Amicus curiae brief filed in U.S. Supreme Court in Roper v. Simmons, 543 U.S. 551 (2005)]. Retrieved May 13, 2023, from http://www.apa.org/psyclaw/roper-v-simmons.pdf

ARNETT, J.J. (2004), *Emerging adulthood: The winding road from the late teens through the twenties,* Oxford University Press, Oxford.

ARON, A. (2003), Self and close relationships. In M. R. Leary & J. P. Tangney (Eds.), *Handbook of self and identity* (pp. 442–461), The Guilford Press, New York.

BALTES, P.B. (1987), "Theoretical propositions of life-span developmental psychology: On the dynamics between growth and decline", *Developmental Psychology, nr. 23*(5), pp. 611–626.

BALTES, P.B. & SMITH, J. (2004), "Lifespan psychology: From developmental contextualism to developmental biocultural co-constructivism", *Research in Human Development, nr. 1*(3), 123–144.

BALTES, P.B., REESE, H. W. & LIPSITT, L. P. (1980), "Life-span developmental psychology", *Annual Review of Psychology, nr. 31,* pp. 65–110.

BÉLANGER, M.J., ATANCE, C. M., VARGHESE, A. L., NGUYEN, V. & VENDETTI, C. (2014), "What will I like best when I'm all grown up? Preschoolers' understanding of future preferences", *Child Development, nr. 85*(6), pp. 2419–2431.

BOWLBY, J. (2014), *Vínculos afectivos : formación, desarrollo y pérdida,* Ediciones Morata, Madrid.

BOWLBY, J. (1998), *El apego y la pérdida,* Paidós, Buenos Aires.

BRANJE, S. (2018), "Development of parent–adolescent relationships: Conflict interactions as a mechanism of change", *Child Development Perspectives, nr. 12*(3), pp. 171–176.

BRONFENBRENNER, U. & CECI, S.J. (1994), "Nature-nuture reconceptualized in developmental perspective: A bioecological model", *Psychological Review, nr. 101*(4), pp. 568–586.

BRONFENBRENNER, U. & MORRIS, P.A. (1998), The ecology of developmental processes, in DAMON & LERNER (Eds.), *Handbook of child psychology: Theoretical models of human development* (pp. 993–1028), John Wiley & Sons Inc., New York.

BRONFENBRENNER, U. (1979), *The ecology of human development experiments by nature and design*, Harvard University Press, Cambridge, Massachusetts.

BRUNER, J. (1986), *Realidad mental y mundos posibles. Los actos de la imaginación que dan sentido a la experiencia*, Gedisa, Barcelona.

BRUNER, J. (1988), *Desarrollo cognitivo y educación*, Morata, Madrid.

BRUNER, J.S. y WEINREICH-HASTE, H. (1990), *La elaboración del sentido: la construcción del mundo por el niño*, Paidós, Barcelona.

BUHRMESTER, D. (1990), "Intimacy of friendship, interpersonal competence, and adjustment during preadolescence and adolescence", *Child Development, nr. 61*(4), pp- 1101–1111.

CARRETERO, M. Y GARCÍA-MADRUGA, J.A. (1995), *Lecturas de psicología del pensamiento. Razonamiento, solución de problemas y desarrollo cognitivo*, Alianza Editorial, Madrid.

CASHMORE, J. Y PARKINSON, P. (2008), Children's and parents' perceptions on children's participation in decision making after parental separation and divorce, *Family Court Review*, nr. 46(1), pp. 91-104.

CAUFFMAN, E. & STEINBERG, L. (2000), "(Im)maturity of judgment in adolescence: Why adolescents may be less culpable than adults", *Behavioral Sciences and the Law*, nr. 18, pp. 741–760.

CIARROCHI, J., WILSON, C.J., DEANE, F.P. & RICKWOOD, D. (2003), "Do difficulties with emotions inhibit help-seeking in adolescence? The role of age and emotional competence in predicting help-seeking intentions", *Counselling Psychology Quarterly, nr. 16*(2), pp.103–120.

COLE, M. & SCRIBNER, S. (1974), *Culture & thought: A psychological introduction*, John Wiley & Sons, New York.

COLE, P.M. (1986), "Children's spontaneous control of facial expression", *Child Development, nr. 57*(6), pp. 1309–1321.

COLLINS W.A. Y LAURSEN, B. (2004), Parent-adolescent relationships and influences, in R. LERNER y L. STEINBERG (Eds.), *Handbook of adolescent psychology* (2nd ed, pp. 331-361), New York: John Wiley & Sons.

COLLINS, W.A. (1990), Parent-child relationships in the transition to adolescence: Continuity and change in interaction, affect, and cognition. In R. MONTEMAYOR, G. R. ADAMS & T.P. GULLOTTA (Eds.), *From childhood to adolescence: A transitional period?*(pp. 85–106), Sage Publications, New York.

COLOM BAUZÁ, J. Y FERNÁNDEZ BENNASSAR, M.C. (2009), "Adolescencia y desarrollo emocional en la sociedad actual", *INFAD Revista de Psicología,* nr. 1, pp. 235-242.

CORSARO, W.A. (1992), "Interpretive reproduction in children's peer cultures", *Social Psychology Quarterly, nr. 55*(2), pp. 160–177.

CORSARO, W.A. & EDER, D. (1990), "Children's peer cultures", *Annual Review of Sociology, nr. 16,* pp. 197–220.

CÔTÉ, J., & BYNNER, J. M. (2008), "Changes in the transition to adulthood in the UK and Canada: The role of structure and agency in emerging adulthood", *Journal of Youth Studies, nr. 11*(3), pp. 251–268.

COUPERUS, J.W. (2011), "Perceptual load influences selective attention across development2, *Developmental Psychology, nr. 47*(5), pp. 1431–1439.

CUTTING, A.L. & DUNN, J. (1999), "Theory of mind, emotion understanding, language, and family background: Individual differences and interrelations", *Child Development, nr. 70*(4), pp. 853–865.

DAVIS-KEAN, P. E., & SANDLER, H. M. (2001), A meta-analysis of measures of self-esteem for young children: A framework for future measures. *Child Development, nr. 72*(3), pp. 887–906.

DELGADO, B. (2009), *Psicología del desarrollo (Vol 2), Desde la infancia a la vejez,* McGraw Hill, Madrid.

DENHAM, S. A. (1998), *Emotional development in young children.* Guilford Press, New York.

DUNN, J. (2004), *Children's friendships: The beginnings of intimacy.* Blackwell Publishing, Maiden.

DUNN, J., BROWN, J. & BEARDSALL, L. (1991), "Family talk about feeling states and children's later understanding of others' emotions", *Developmental Psychology, nr. 27*(3), pp. 448–455.

DURSTON, S., DAVIDSON, M., TOTTENHAM, N., GALVAN, A., SPICER, J., FOSSELLA, J. & CASEY, B. J. (2006), "A shift from diffuse to focal cortical activity with development2, *Developmental Science,* nr. 9, pp. 1–20.

ELUVATHINGAL TJ, HASAN KM, KRAMER L, FLETCHER JM, EWING-COBBS L. (2007), "Quantitative Diffusion Tensor Tractography of Association and Projection Fibers in Normally Developing Children and Adolescents", *Cerebral Cortex,* nr. 17 (12), pp. 2760–2768.

ERNST, M. & SPEAR, L. P. (2009), Reward systems. In M. de HAAN & M. R. GUNNAR (Eds.), *Handbook of developmental social neuroscience* (pp. 324–341), The Guilford Press, New York

GALVAN, A., HARE, T., PARRA, C., PENN, J., VOSS, H., GLOVER, G. & CASEY, B. J. (2006), "Earlier development of the accumbens relative to orbitofrontal cortex might underlie risk-taking behavior in adolescents", *Journal of Neuroscience,* nr. 26, pp. 6885–6892.

GARBER, B.D. (2010*), Developmental psychology for family law professionals. Theory, application, and the Best Interest of the Child,* Springer Pub, New York.

GOUDENA, P. Y SÁNCHEZ-MEDINA, J.A. (1996), Peer interaction in Andalucía and Holland: A comparative study, *Infancia y Aprendizaje,* nr. 75, pp. 49-58.

HARTER, S. & BUDDIN, B.J. (1987), "Children's understanding of the simultaneity of two emotions: A five-stage developmental acquisition sequence", *Developmental Psychology, nr. 23*(3), pp. 388–399.

HOBSON, R.P. (2013), "On the nature and development of metacognition", *Infant and Child Development, nr. 22*(1), pp. 108–110.

HODGSON v. MINNESOTA, 497 U.S. 417 (1990)]. Retrieved May, 13, 2023, from http://www.apa.org/psyclaw/hodgson.pdf

HOFSTEDE, G. (2011), "Dimensionalizing Cultures: The Hofstede Model in Context", *Online Readings in Psychology and Culture,* nr. 2, 8.

ICENOGLE, G., STEINBERG, L., DUELL, N., CHEIN, J., CHANG, L., CHAUDHARY, N., DI GIUNTA, L., DODGE, K. A., FANTI, K.A., LANSFORD, J.E., OBURU, P., PASTORELLI, C., SKINNER, A.T., SORBRING, E., TAPANYA, S., URIBE TIRADO, L.M., ALAMPAY, L.P., AL-HASSAN, S.M., TAKASH, H.M.S. & BACCHINI, D. (2019), "Adolescents' cognitive capacity reaches adult levels prior to their psychosocial maturity: Evidence for a "maturity gap" in a multinational, cross-sectional sample", *Law and Human Behavior, nr. 43*(1), pp. 69–85.

JENSEN, L.A. (2015), *The Oxford handbook of human development and culture: An interdisciplinary perspective*, Oxford University Press, Oxford.

KAHNEMAN, D. & FREDERICK, S. (2002), Representativeness revisited: Attribute substitution in intuitive judgment, in T. GILOVICH, D. GRIFFIN & D. KAHNEMAN (Eds.), *Heuristics and biases: The psychology of intuitive judgment* (pp. 49–81), Cambridge University Press, Cambridge, Mass.

KEATING, D. P. (2004), Cognitive and brain development, in R.M. LERNER & L. STEINBERG (Eds.), *Handbook of adolescent psychology* (pp. 45–84), John Wiley & Sons, New York.

KLACZYNSKI, P.A. & FELMBAN, W.S. (2014), Heuristics and biases during adolescence: Developmental reversals and individual differences, in H. MARKOVITS (Ed.), *The developmental psychology of reasoning and decision-making* (pp. 84–111), Psychology Press, New York.

LARSON, C.B. (2009), *Metacognition new research developments,* Nova Science Publishers, New York.

LAURSEN, B., COY, K., Y COLLINS, W.A. (1998), Reconsidering changes in parent-child conflict across adolescence: A meta-analysis. *Child Development,* nr. 69, pp. 817-832.

LEE, W., & ATANCE, C. 2016. "The effect of psychological distance on children's reasoning about future preferences". *PloS one.* Nr. 11(10), pp. 164-382.

LENROOT, R.K., GOGTAY, N., GREENSTEIN, D.K., WELLS, E.M., WALLACE, G. L., CLASEN, L.S., BLUMENTHAL, J.D., LERCH, J., ZIJDENBOS, A.P., EVANS, A.C., THOMPSON, P.M., & GIEDD, J.N. (2007), "Sexual dimorphism of brain developmental trajectories during childhood and adolescence", *NeuroImage,* nr. 36(4), pp. 1065–1073.

LEONTIEV, A. 1(983), *El desarrollo del psiquismo,* Akal, Madrid.

LILA, M., VAN ACKEN, M., MUSITU, G. & BUELGA, S. (2006), Families and adolescence, in S. JACKSON & L. GOOSSENS (eds.), *Handobook of adolescence development.* Hove: Psychology Press

LUNA, B., THULBORN, K., MUNOZ, D., MERRIAM, E., GARVER, K., MINSHEW, N. ET AL. (2001), "Maturation of widely distributed brain function subserves cognitive development2, *Neuroimage,* nr. 13, pp. 786–793.

LURIA, A.R. (1987), *Desarrollo histórico de los procesos cognitivos.* Akal, Madrid.

MARKOVITS, H. (2014), How to develop a logical reasoner: A hierarchical model of the role of divergent thinking in the development of conditional reasoning, in H. MARKOVITS (Ed.), *The developmental psychology of reasoning and decision-making* (pp. 148–164), Psychology Press, London.

MARTÍNEZ-LOZANO, V., SÁNCHEZ-MEDINA, J.A., & GOUDENA, P.P. (2011), "A Cross-Cultural Study of Observed Conflicts Between Young Children", *Journal of Cross Cultural Psychology*, nr. 42(6), pp. 895–907.

MCLEAN, K.C., PASUPATHI, M., & PALS, J.L. (2007), "Selves creating stories creating selves: A process model of self-development", *Personality and Social Psychology Review, nr. 11*(3), pp. 262–278.

MURPHY J.W, FOXE J.J, MOLHOLM S. (2016), "Neuro-oscillatory mechanisms of intersensory selective attention and task switching in school-aged children, adolescents and young adults", *Developmental Science,* nr. 19, pp. 469-487.

NOLLER, P. & ATKIN, S. (2014), *Family life in adolescence.* De Gruyter, Berlin.

ORTIZ, M.J. (1999), El desarrollo emocional, en F. LÓPEZ, I. ETXEBARRIA, M. J. FUENTES y M.J. ORTIZ (Coords.), *Desarrollo afectivo y social,* (pp. 95-124), Pirámide, Madrid.

PIAGET, J. (1932/1976), *El criterio moral en el niño,* ed. Fontanella, Barcelona.

PIAGET, J., INHELDER, B. y LOMELÍ, P. (2016), *Psicología del niño,* Ediciones Morata, Madrid.

PONS, F., LAWSON, J., HARRIS, P.L. & DE ROSNAY, M. (2003), "Individual differences in children's emotion understanding: Effects of age and language", *Scandinavian Journal of Psychology, nr. 44*(4), pp. 347–353.

PRESTON, C.B. & CROWTHER, B. T. (2012), Infancy doctrine inquiries. *Santa Clara Law Review,* nr. 52, pp. 47–80.

REYNA, V.F., CHICK, C.F., CORBIN, J.C. & HSIA, A.N. (2014), "Developmental reversals in risky decision making: Intelligence agents show larger decision biases than college students", *Psychological Science, nr. 25*(1), pp. 76–84.

ROGOFF, B. (2003), *The cultural nature of human development,* Oxford University Press, Oxford.

ROPER v. SIMMONS, 543 U.S. 551 (2005).

ROSENBLUM, G. & LEWIS, M. (2003), Emotional Development, in G. R. ADAMS & M. D. BERZONSKY (eds.), *Blackwell Handbook on Adolescence* (pp. 269-289), Blackwell Publishers, Oxford.

SÁNCHEZ-MEDINA, J.A., MARTÍNEZ-LOZANO, V.M., & GOUDENA, P.P. (2001), "Conflict Management in Pre-schoolers: A Cross Cultural Perspective", *International Journal of Early Years Education*, nr. 9(2), 1pp. 53 y ss.

SANTAMARÍA, C. (1995), *Introducción al razonamiento humano*, Alianza Editorial, Madrid.

SCOTT, E.S. (2000), "The Legal Construction of Adolescence", *Hofstra Law Review*, nr. 29(2), Article 5.

SCOTT, E., REPPUCCI, N. & WOOLARD, J. (1995), "Evaluating adolescent decision making in legal contexts", *Law and Human Behavior*, nr. 19, pp. 221–244.

SCRIBNER, S & COLE, M. (1981), *The psychology of literacy*, Harvard University Press, Cambridge, Mass.

SEGALL, M.H., DASEN, P. R., BERRY, J.W. & POORTINGA, Y. H. (1990), *Human behavior in global perspective: An introduction to cross-cultural psychology*, Pergamon Press, Elmsford, NY.

SIEGLER, R.S. (1996), *Emerging minds: The process of change in children's thinking*, Oxford University Press, Oxford.

STEINBERG, L. (2008), "A social neuroscience perspective on adolescent risk-taking", *Developmental Review*, nr. 28, pp. 78–106.

STEINBERG, L. (2009), "Adolescent development and juvenile justice", *Annual Review of Clinical Psychology*, nr. 5, pp. 459-485.

STEINBERG, L. & CAUFFMAN, E. (1996), "Maturity of judgment in adolescence: Psychosocial factors in adolescent decision-making", *Law and Human Behavior*, nr. 20, pp. 249–272.

STEINBERG, L. & SCOTT, E. (2003), "Less guilty by reason of adolescence: Developmental immaturity, diminished responsibility, and the juvenile death penalty", *American Psychologist*, nr. 58, pp. 1009–1018.

STEINBERG, L., CAUFFMAN, E., WOOLARD, J., GRAHAM, S. & BANICH, M. (2009), Are adolescents less mature tan adults? Minors' access to abortion, the juvenile death penalty, and the alleged APA "flip-flop." *American Psychologist*, nr. 64, pp. 583–594.

TRIANDIS H.C. (1981), *Handbook of Cross-Cultural Psychology*, Allyn and Bacon, Boston.

TVERSKY, A. & KAHNEMAN, D. (1973), "Availability: A heuristic for judging frequency and probability", *Cognitive Psychology, nr. 5*(2), pp. 207–232.

VYGOTSKI, L.S. (1993), Pensamiento y lenguaje, en L.S. VYGOTSKI, *Obras escogidas, II.* Aprendizaje Visor, Madrid.

VYGOTSKY, L.S. (1989), *El desarrollo de los procesos psicológicos superiores* (2ª ed.), Crítica, Barcelona.

WEIMER, A.A., SALLQUIST, J. & BOLNICK, R.R. (2012), "Young children's emotion comprehension and theory of mind understanding", *Early Education and Development, nr. 23*(3), pp. 280–301.

WEINER, B. & HANDEL, S.J. (1985), "A cognition-emotion-action sequence: Anticipated emotional consequences of causal attributions and reported communication strategy", *Developmental Psychology, nr. 21*(1), pp. 102–107.

Capítulo II

El status del menor de edad. La autonomía personal del menor en función de su edad y madurez

LAURA LÓPEZ DE LA CRUZ
Profesora Titular de Derecho Civil. Universidad Pablo de Olavide

1. TRASCENDENCIA JURÍDICA DE LA EDAD

Como es bien sabido, nuestro ordenamiento jurídico atribuye la capacidad de actuar en el mundo del Derecho atendiendo a la aptitud natural y a las condiciones de madurez del sujeto, lo que viene ineludiblemente asociado a la edad. De este modo, el legislador fija una edad concreta en la que se establece que una persona tiene la capacidad natural y la madurez suficientes para poder actuar con plena eficacia jurídica. De hecho, incluso en los casos en que la persona se halle aquejada de alguna patología o deficiencia física y/o mental, la opción del legislador moderno ya no es limitar su capacidad de actuación en términos jurídicos, sino que, tras la reforma operada por la Ley 8/2021, de 2 de junio, *por la que se reforma la legislación civil y procesal para el apoyo a las personas con discapacidad en el ejercicio de su capacidad jurídica*, se aboga por garantizar el ejercicio de la capacidad jurídica de las personas con discapacidad mediante la configuración de un sistema legal que tiene como premisa el respeto de la voluntad y preferencias del sujeto, vinculado a un sistema de apoyos que sitúan la sustitución del mismo como una opción excepcional.

En consecuencia, llegada la mayoría de edad (arts. 12 CE y 315 CC)[4], toda persona puede decidir libremente cómo gestionar sus intereses, tanto en el plano personal como patrimonial. Pero antes de este momento (con posterioridad, sólo en algún caso residual sucede que la norma exige una edad determinada para un determinado acto, ej., art. 175 CC, y no responde a los mismos fines), se despliegan una serie de mecanismos protectores que condicionan y limitan la actuación de los menores.

---

4 En el Derecho aragonés, la capacidad de las personas en función de su edad se encuentra regulada de manera sistemática separada de la regulación de las relaciones familiares y destaca la capacidad del menor cuando contrae matrimonio, que se asimila al mayor de edad y la extinción de la representación legal de los progenitores cuando el menor cumple 14 años, de forma que éste actuará por sí, con la asistencia que en cada caso proceda para la plena validez del acto (arts. 4 y ss. Compilación de Derecho de familia de Aragón). Si el menor ha cumplido catorce años, se presume su aptitud de entender y querer para un acto concreto mientras no se demuestre lo contrario (art. 34). En Navarra, la Compilación del Derecho Civil Foral de Navarra establece la mayoría de edad a los 18 años (art. 50). En Cataluña las normas relativas a los menores de edad y emancipados se encuentran en los arts. 211-5 y ss. del Código Civil de Cataluña, y se otorga especial relevancia al consentimiento del menor que ha cumplido dieciséis años (art. 236-30).

En efecto, la finalidad de las normas limitadoras de la capacidad es siempre de protección, de modo que, a la vez que se restringe la capacidad del menor, se regulan una serie de instituciones (patria potestad, tutela, acogimiento, adopción) dirigidas a velar por su seguridad e interés (art. 39 CE). Con el objetivo de protegerle - pues se parte de la idea de que, al estar en pleno proceso de desarrollo psicológico y no haber alcanzado ciertas cotas de madurez, la libertad personal y la integridad del sujeto podrían verse afectadas-, se restringe su ámbito de acción y se le somete en su actuación a otras personas que lo representan y toman las decisiones en su nombre, y asumen su protección y cuidado. En determinados supuestos, cuando las limitaciones a su capacidad se atenúan, es suficiente con una mera asistencia o acompañamiento del menor, lo que sigue poniendo de manifiesto la preocupación del legislador porque el sujeto aún no plenamente maduro goce de la debida supervisión a efectos de quedar adecuadamente protegido por el ordenamiento jurídico.

Pero lo cierto es que cada vez se reconoce a los menores un mayor ámbito de actuación en el tráfico jurídico y se otorga validez y eficacia a muchos de los actos realizados aun sin supervisión ni control parental. A partir de aquí, los interrogantes que se plantean son de muy diversa índole, pero quizá se podrían reconducir a dos cuestiones fundamentales: por un lado, determinar qué margen de autonomía se reconoce al menor de edad, en qué momento temporal de la vida del menor se le faculta para actuar y en qué sentido; por otro, hasta dónde debe alcanzar la protección que le brinda el ordenamiento jurídico y que restringe sus derechos. Dicho de otro modo, se trata de responder a las preguntas qué, cuándo y cómo: ¿Qué puede hacer el menor de edad? ¿Cuándo lo puede hacer? ¿Cómo lo puede hacer?

Para responder a estos interrogantes sería deseable poder acudir a la normativa reguladora del menor de edad, donde debería estar recogido el margen de actuación que con carácter general se le reconoce y los efectos jurídicos que se atribuyen a sus actos. Pero, como bien explica Parra Lucán (2013, p. 595), aunque cada vez se habla más de un Derecho de Menores[5], no existe un conjunto de normas homogéneo y con una cierta sistemática que comprenda el *estatus* del menor, de modo que de forma expresa y precisa quede claro qué puede hacer por sí solo el menor y cuáles son los límites a la actuación de las personas que tienen encomendado por ley velar por sus derechos e intereses. Cierto es que la regulación de la capacidad y el régimen de protección de los menores se rige por normas nacionales e internacionales inspiradas por los mismos principios informadores, lo que otorga una cierta homogeneidad al sistema. Fundamentalmente, el reconocimiento de capacidad progresiva al menor es interpretado como una manifestación de respeto a su dignidad y al libre desarrollo de su personalidad; y las limitaciones a su ejercicio suponen una salvaguarda de su libertad personal, desde el momento en que sólo cuando un sujeto tiene la madurez suficiente para saber lo que realmente quiere y conoce la trascendencia de sus decisiones, queda asegurada su libertad a la hora de gestionar sus propios intereses (Valpuesta Fernández, 1998, p 324). Pero más allá de estas ideas, no resulta fácil configurar el estatus del menor.

Para una primera aproximación, hemos de situarnos en la evolución que ha experimentado en las últimas décadas el De-

---

5 Una de las cuestiones que abordan los autores es la creación de un Derecho propio de la infancia y la adolescencia, habida cuenta de que las cuestiones que afectan a los menores inciden en áreas muy distintas (y que se han visto afectadas por la reforma de 2015) como son el Derecho Civil, el Derecho procesal, el Derecho Administrativo, el Derecho sanitario, el Derecho del Trabajo y de la Seguridad Social, y desde luego el Derecho Constitucional, lo que justificaría la creación de un sistema completo e integral de atención jurídica a toda la infancia y adolescencia: Villagrasa Alcaide (2016, p. 31).

recho de Familia, y analizar su impacto en la situación jurídica de los menores.

1.1. Transformaciones del Derecho de Familia

La transformación más relevante que se produce en el ámbito del Derecho de Familia viene ineludiblemente vinculada al reconocimiento del sujeto como titular de derechos fundamentales y la penetración de estos derechos en las relaciones familiares, en especial el derecho de igualdad y de libertad personal.

Como nos ilustra el profesor López y López (2015, p. 204), las primeras formulaciones del principio de igualdad se pueden encontrar en las Declaraciones de derechos del siglo XVIII y en las primeras Constituciones revolucionarias francesas, pues es bien sabido que el nacimiento de éstas se enmarca en una época de absoluto rechazo al sistema de privilegios del Antiguo Régimen. Sin embargo, el ideal revolucionario de igualdad y libertad de toda la ciudadanía no se aplicó a la regulación de la familia en los Códigos Civiles, los cuales en esta materia seguían sus propias reglas, debido, entre otras razones, a la naturaleza meramente programática de las Constituciones liberales, con ausencia de un sistema de control de constitucionalidad de la ley ordinaria.

De este modo, el modelo de familia que consagran los Códigos Civiles, y entre ellos también el español, está muy alejado de la actual familia constitucional, y queda caracterizado por los siguientes rasgos:

1°. La familia objeto de regulación es la denominada familia nuclear, esto es, compuesta por los progenitores y sus hijos, y basada en el matrimonio. Un matrimonio que, en el caso de España, es mayoritariamente católico y por tanto condicionado por las normas de Derecho Canónico, lo que se manifiesta fundamentalmente en su carácter indisoluble (exceptuando el breve periodo de la Segunda República)[6].

2°. Se trata de una familia desigual y jerárquica. La dirección de la vida familiar corresponde al marido, quien hace valer su autoridad sobre su mujer y sus hijos menores de edad, que tienen el deber legal de acatar sus órdenes.

3°. Existen distintas categorías de hijos según hayan nacido dentro o fuera del matrimonio, situados en un plano de desigualdad en lo que se refiere a los apellidos, derechos alimenticios y derechos sucesorios. Se prohíbe la investigación de la paternidad en pro del orden moral y de la paz familiar.

4°. El status de la mujer casada implica que ésta se encuentra en una situación de inferioridad jurídica respecto de su marido, no goza de los mismos derechos, ni personales ni económicos, es protegida y mantenida por su esposo y tiene el deber de obedecerle. El marido es el administrador de los bienes de su mujer, su representante legal, y ésta necesita su autorización para poder actuar en el mundo del Derecho (licencia marital).

---

6 Como sabemos, en la Base tercera de la Ley de 11 de mayo de 1888, por la que se autorizaba al Gobierno para la publicación de un Código Civil, se establecía que debían reconocerse dos formas de matrimonio en el texto codificado: un matrimonio canónico, obligatorio para todos aquellos que profesasen la religión católica, que sería regulado por el Derecho Canónico, y uno civil, con carácter supletorio, para aquellos que declarasen ante el juez su aconfesionalidad, y que sería objeto de regulación en el texto codificado. Esta regulación se va a mantener hasta la Constitución de 1978, con la salvedad del período correspondiente a la Segunda República, cuando la Ley de 28 de junio de 1932 impone un matrimonio civil obligatorio para todos los españoles (vigente hasta la Ley de 12 de marzo de 1938). Vid. López y López (1977, pp. 229 y ss.).

5°. La crianza y el cuidado de los hijos es un deber que corresponde a la madre, pero el padre es el único titular de la patria potestad. Hay una clara distribución de roles familiares, a la mujer le corresponde la gestión de la vida doméstica, las tareas de la casa y el cuidado de los hijos (ámbito de lo privado), mientras que el marido desarrolla su actividad en el ámbito de lo público, ejerciendo una actividad remunerada y desarrollando una profesión.

6°. La familia es una institución cuyo interés se superpone a los intereses de los miembros que la componen, quienes están supeditados en su actuación al mantenimiento de la familia. La familia se constituye como una organización intermedia entre el Estado y el individuo, y es una pieza clave de su organización, tanto en el aspecto político, como a la hora de cumplir con su responsabilidad social[7]. La autonomía privada en el ámbito familiar está muy limitada y la naturaleza de sus normas reguladoras tienen un alto componente de orden público.

Este marco legal, que es muy similar en buena parte de Europa, va a cambiar sustancialmente con la entrada en vigor de las Constituciones sociales. Los textos constitucionales incorporan a la familia dotándola de especial relevancia, en la medida en que se la considera un elemento clave en la configuración social democrática, al mismo tiempo que se establece qué modelo familiar es objeto de protección y cuáles van a ser las normas que van a regular las relaciones entre sus miembros. Además, la consagración y el reconocimiento de los derechos fundamentales va a provocar una profunda alteración del or-

---

7 Sobre la familia patriarcal burguesa, Valpuesta Fernández (2005). Sobre la familia y sus funciones, Valpuesta Fernández (2015, pp. 55 y ss.).

den jurídico vigente que sin duda tiene su impacto en el Derecho de Familia.

Desde luego, la aplicación de los derechos fundamentales a las relaciones familiares no ha estado exenta de dificultades, pues tradicionalmente el ámbito familiar ha sido considerado como un espacio puramente privado donde rigen sus propias normas, lo que unido a la consideración de la familia como una entidad superior que trasciende a sus propios miembros, ha provocado que éstos (especialmente las mujeres y los menores de edad) sacrifiquen sus propios intereses personales con el fin de mantener la estabilidad y permanencia de la familia. Pero una vez que se reconoce al individuo como protagonista de la construcción de la nueva realidad política y social, la dignidad de la persona, sus derechos fundamentales y el libre desarrollo de su personalidad se sitúan como las piezas claves del sistema democrático (art. 10 CE). Esto implica también democratizar y dotar de funcionalidad a la familia, cuyo reconocimiento y protección se justifican porque ésta es ahora un ámbito de desarrollo de la personalidad y de satisfacción de las necesidades e intereses de los individuos que la conforman[8].

Este proceso de adaptación de las normas reguladoras de las relaciones familiares a los principios y dictados constitucionales se produce en toda Europa[9], y España no se queda al margen.

---

8 Roca Trías (1990) (1999).

9 En los años 70 en casi toda Europa se producen modificaciones en el Derecho de Familia: En Alemania, ya una Ley de 3 de mayo de 1957 sobre la igualdad de derechos había provocado la derogación de parágrafos del BGB claramente opuestos al principio de igualdad, pero no fue hasta los años 70 cuando las modificaciones de las normas civiles fueron más patentes, así la Ley de 19 de mayo de 1976 de Matrimonio, en la que se iguala a los cónyuges en la edad para contraer matrimonio y se abandona el modelo de esposa ama de casa o la Ley de 19 de agosto de 1969, sobre la situación jurídica de los hijos no legítimos, que equipara a éstos en parte a los

Las distintas leyes que se han sucedido en nuestro país han ido modulando un nuevo Derecho de Familia que se asienta en

---

matrimoniales. En Italia, a pesar de que la Constitución italiana de 1947 proclama el principio de igualdad de los cónyuges, el art. 29 apela al principio de unidad familiar como límite a aquél, lo que en la práctica se tradujo en una intensa labor jurisprudencial de la *Corte Costituzionale* que tuvo que afrontar una extensa casuística en la que aplicar los principios democráticos a pesar de la normativa reguladora de la familia todavía vigente. Asimismo, la protección de la familia legítima en el texto constitucional (art. 30) supondrá una traba a la equiparación real de los hijos nacidos fuera del matrimonio. Las reformas legislativas se producirán en los años 70: Ley de 1 de diciembre de 1970, que introduce el divorcio o Ley de 19 de mayo de 1975, que consagra la igualdad de los cónyuges, permite la investigación de la paternidad y equipar a los hijos naturales y legítimos. En Francia, la Ley de 13 de julio de 1965, sobre los regímenes económicos matrimoniales supone una quiebra de la unidad de la familia y dirección del marido, la Ley de 4 de junio de 1970 habla de autoridad parental en vez de patria potestad y la reconoce a ambos progenitores, la Ley de 3 de enero de 1972, sobre igualdad de los hijos o la Ley de 11 de julio de 1975 que incide en las reformas sobre equiparación de derechos de los cónyuges. En Austria se aprueban las leyes de 30 de octubre de 1970 y 30 de junio de 1977, sobre filiación y equiparación de los hijos; con la Ley de 11 de julio de 1975 se regulan los efectos personales del matrimonio y con la Ley de 15 de junio de 1978, el divorcio. En Bélgica, la Ley de 1 de julio de 1974 sustituyó la patria potestad por la autoridad parental; La Ley de 14 de julio de 1976 aplica el principio de igualdad en las relaciones conyugales; y se modifica el divorcio, reconociendo el mutuo consentimiento y la separación de hecho como causas el mismo en las leyes de 1972, 1974 y 1975. En Reino Unido se promulgan las *Matrimonial Proceding and Property Act* de 1970 y *Matrimonial Causes Act* de 1973, con las que se modifican las relaciones entre esposos, señaladamente después del divorcio; la igualdad de los progenitores se introduce con la *Guardianship Act* de 1973. En Suiza una ley de 1974 modifica las reglas sobre los efectos del matrimonio y el divorcio y en 1976 se establece la igualdad de los hijos: Valpuesta Fernández (2012, pp. 161 y ss.).

dos claves fundamentales: la igualdad y la libertad personal[10].

[10] La entrada en vigor de la Constitución Española de 1978 y en particular, el principio de igualdad consagrado en el art. 14 CE, con carácter general y en el art. 32 CE, con relación al matrimonio, hace insostenible la permanencia del Derecho de Familia codificado declarado a partir de ahora inconstitucional. Se procede pues a su reforma, lo que tiene lugar con dos leyes: La Ley 11/1981, de 13 de mayo, *de modificación del Código Civil en materia de filiación, patria potestad y régimen económico del matrimonio*, y la Ley 30/1981, de 7 de julio, *por la que se modifica la regulación del matrimonio en el Código Civil y se determina el procedimiento a seguir en las causas de nulidad, separación y divorcio*. La primera norma citada es especialmente importante en cuanto al tema que estudiamos, pues atribuye la patria potestad sobre los hijos menores a ambos progenitores (art. 154 CC), así como su ejercicio (art. 156 CC), y se proclama la igualdad jurídica de todos los hijos, matrimoniales y no matrimoniales o adoptivos (art. 108 CC). Igualdad jurídica que ya había sido proclamada en la Constitución en su art. 39, especialmente importante además por desvincular la protección de la familia del reconocimiento del derecho al matrimonio. Tras las leyes reformadoras de 1981, y a pesar de su gran relevancia, subsisten aún preceptos en el Código Civil que reflejan patentes desigualdades, lo que motivará la creación de sucesivas leyes al objeto de eliminar estas discriminaciones aún presentes en el texto legal, algunas (Ley 11/1990, de 15 de octubre, *sobre reforma del Código Civil en aplicación del principio de no discriminación por razón de sexo*) con más fortuna que otras (Ley 40/1999, de 5 de noviembre, *por la que se regulan los nombres y apellidos y el orden de los mismos*). La última gran reforma en aplicación del principio constitucional de igualdad ha tenido lugar con la Ley 13/2005, de 1 de julio, *por la que se modifica el Código Civil en materia de derecho a contraer matrimonio*, por la cual se permite que el matrimonio sea celebrado entre personas del mismo sexo. Con esta Ley, los efectos del matrimonio son atribuidos con independencia del sexo de los contrayentes y se produce una plena equiparación de derechos y obligaciones entre las parejas heterosexuales y las homosexuales (art. 44.2 CC) (vid. STC 198/2012, de 6 de noviembre, que resolvió el recurso de inconstitucionalidad presentado por 61 diputados del Grupo Popular contra la Ley 13/2005, por considerarla contraria al art. 32 CE).

Y este nuevo marco constitucional, en el que se desvincula la protección de la familia del derecho a contraer matrimonio (arts. 39.1 y 32 CE), se consagra el principio de igualdad entre hombres y mujeres (arts. 14 y 32.1 CE), se reconoce la igualdad de todos los hijos con independencia de su filiación y se permite la investigación de la paternidad (art. 39.2 y 3 CE) y se extiende el ejercicio de los derechos fundamentales al ámbito privado de la familia, ha propiciado el reconocimiento de un nuevo sujeto de derecho, el menor de edad, al que en una primera etapa se le democratiza a través del reconocimiento de los principios de igualdad y no discriminación, para progresivamente ir dotándole de una mayor autonomía en función de los sucesivos avances democráticos.

1.2. La capacidad del menor para ejercer sus derechos en función de su madurez y desarrollo: progresiva autonomía del menor

Hoy en día nadie duda de que las actuales tendencias del Derecho de Familia abogan por un progresivo reconocimiento de capacidad a los menores, a quienes se les considera cada vez más maduros y capaces de desenvolverse en sociedad con altas

---

En lo que se refiere a la libertad personal consagrada como derecho fundamental en la Constitución, en su vertiente familiar, a la ley reguladora del divorcio de 1981 le sucede la Ley 15/2005, de 8 de julio, *por la que se modifican el Código Civil y la Ley de Enjuiciamiento Civil en materia de separación y divorcio,* que consagra en nuestro Derecho de Familia un divorcio sin causa, como máximo exponente de la autonomía personal de los cónyuges. Un divorcio que parte de una concepción de matrimonio muy distinta a la tradicional, y que supone de nuevo una vuelta de tuerca a la concepción tradicional de la familia y de las funciones que le corresponden (sobre el tema, López de la Cruz, 2009).

dosis de autonomía y un cierto grado de responsabilidad[11]. La noción moderna de la minoría de edad implica reconocer a los menores una cada vez más amplia esfera de participación, abandonando de este modo la tradicional visión paternalista que impedía a los menores actuar en la vida pública. A partir de una cierta edad, fundamentalmente los doce años - lo que coincide con el periodo de pre-adolescencia -, se les empieza a liberar de su estado de dependencia y se les permite, con determinadas cautelas, ejercitar sus derechos y defender sus intereses.

En este sentido, la Ley Orgánica 1/1996, de 15 de enero, *de Protección Jurídica del Menor, de modificación parcial del Código Civil y de la Ley de Enjuiciamiento Civil* consagra el criterio de la capacidad progresiva del menor en función de su madurez, lo que ha de ser interpretado en el sentido de permitir su participación en los distintos actos y negocios jurídicos atendiendo a su grado de desarrollo cognitivo y emocional, que se manifiesta a través de muy distintos parámetros: experiencia, conocimiento, capacidad de tomar decisiones y analizar sus consecuencias, capacidad de evaluación del riesgo, etc., siempre atendiendo al interés y beneficio del menor. Es más, se podría decir que se han invertido los parámetros por los que se guiaba la participación de los menores en el mundo del Derecho: de afirmar que hasta alcanzar la mayoría de edad, el menor no puede actuar

---

11 Hace tiempo que quedó superada la idea de que la minoría de edad consista en una incapacidad. Tal corriente interpretativa nace de la decisiva aportación de De Castro, que significó un punto de inflexión en la consideración del menor de edad dentro de nuestro ordenamiento jurídico. El autor concibe al menor de edad, no como un incapacitado absoluto, sino como una persona con capacidad (de obrar) si bien limitada por diversas causas legales (De Castro, 1984, pp. 175-176). Asimismo, cabe destacar en esta línea a Díez-Picazo (1978, pp. 273-274), cuyas primeras aportaciones en este sentido fueron igualmente importantes.

con plena autonomía y eficacia jurídica, y solo en determinados casos, si se acredita una determinada madurez, se puede atribuir validez y eficacia al acto realizado, se ha pasado en la actualidad a presumir que el menor, especialmente a partir de cierta edad, es capaz para actuar jurídicamente, hasta el punto de que las limitaciones a su capacidad de obrar deberán ser interpretadas de forma restringida (art. 2.1 párr. 2º LOPJM).

Cierto es, y se debe matizar, que esta ampliación de su capacidad aparece bastante más atenuada en relación al ejercicio de derechos de contenido patrimonial o económico (arts. 1263, 247, 1301 y ss. CC) y es mucho más patente en lo referente a ámbitos de relación que contribuyen al desarrollo del menor y posibilitan la formación de su personalidad, de modo que la atribución de derechos y la definición de sus obligaciones se hace en función de sus propias aptitudes y necesidades, lo que sucede especialmente cuando nos situamos en la órbita de los derechos fundamentales (STS de 5 de febrero de 2013). Así se desprende de instrumentos normativos como la Convención sobre los Derechos del Niño adoptada por la Asamblea General de las Naciones Unidas el 20 de noviembre de 1989 (Instrumento de ratificación BOE 31 de diciembre de 1990), la Carta Europea de los Derechos del Niño de 1992 (DOCE nº C 241, de 21 de Septiembre de 1992), el art. 162.1.º CC, los arts. 3 y ss. LOPJM, el art. 3.1 de la Ley 1/1982, de 5 de mayo, *de protección civil del honor, intimidad personal y familiar y de la propia imagen*; el art. 2 de la Ley 8/1985, de 3 de julio, *reguladora del derecho de educación*; el art. 1 de la Ley Orgánica 1/1990, de 3 de octubre, *de Ordenación General del Sistema Educativo* y los arts. 3 y 4 de la Ley Orgánica 2/2006, de 3 de mayo, de Educación (modificada por Ley Orgánica 3/2020, de 29 de diciembre); el art. 9 de la Ley 41/2002, de 14 de noviembre, *básica reguladora de la autonomía del paciente y de derechos y obligaciones en materia de información y documentación clínica*, o el art. 7 de la Ley Orgánica 3/2018, de 5 de diciembre, *de protección de datos personales y garantía de los derechos digitales*, como ejemplos más patentes.

Una decisión ésta de política legislativa que hay que valorar en relación a lo establecido en el capítulo primero de esta obra, donde se ha demostrado que, en lo que se refiere a la capacidad del menor de edad, hay que diferenciar entre aquellas competencias del menor estrictamente cognitivas, ligadas al proceso de información y razonamiento, donde no existen grandes diferencias entre los menores a partir de cierta edad y los adultos; y las competencias psicosociales, donde hay marcadas diferencias entre los sujetos en cuanto a las habilidades propias de autocontrol, regulación emocional, valoración de las consecuencias del comportamiento a largo plazo, etc. Es por ello que se sugiere desde la Psicología que la diferencia fundamental se marque según que en el acto para el que se exige una determinada capacidad, se otorgue un papel preferente al razonamiento lógico, o entren además en juego otros aspectos de naturaleza emocional.

1.2.1. La actuación del menor de edad: delimitación de supuestos

Como se ha dicho, no nos encontramos ante un modelo rígido en el que se contraponga la minoría a la mayoría de edad, sino que, de forma paulatina, se han ido introduciendo tanto en la legislación estatal como en la autonómica, distintos hitos intermedios en los que se reconoce autonomía personal al menor de edad. En este sistema de atribución de capacidad progresiva, unas veces el legislador fija edades concretas para permitir la actuación de los menores, lo que aporta seguridad jurídica, y otras opta por una referencia genérica a su edad, madurez, desarrollo o evolución personal, de modo que será necesario determinar caso por caso la validez que se ha de otorgar a sus manifestaciones de voluntad. De hecho, este aspecto es especialmente relevante al objeto de nuestro análisis, en la medida en que este modo de proceder del legislador coincide con las teorías psicológicas que determinan que la madurez no implica un punto de inflexión, ni es adquirida de forma automática y global, sino que se trata de un proceso gradual que se desarrolla en un contexto específico.

Pero es que, además, a la intervención del menor no se le reconoce siempre la misma entidad o trascendencia jurídica, sino que el legislador ha optado por otorgar distintos efectos a los actos protagonizados por menores. Desde este punto de vista, si nos detenemos en las distintas posibilidades de actuación del menor que recogen el Código Civil y las normas que conforman su estatuto jurídico, podemos distinguir tres tipos de actos de distinta naturaleza: por una parte, se encuentran aquellos casos en los que la intervención del menor se limita a una audiencia; en segundo lugar, podemos considerar todos aquellos supuestos en los que el menor se halla legitimado para iniciar un procedimiento o solicitar la tutela de un derecho propio; y por último, en un tercer grupo, podríamos incluir los casos en los que el consentimiento del menor es requisito de validez y eficacia del negocio jurídico celebrado, lo que amplía considerablemente su margen de actuación.

a) En el primero de los casos mencionados el menor debe ser escuchado, esto es, el menor manifiesta su opinión a otro sujeto que es quien finalmente adopta una decisión. Es decir, se trata de una declaración de voluntad del menor que carece de efectos jurídicos propios, cuyo contenido no vincula al órgano decisorio, único facultado para resolver el conflicto jurídico.

   El reconocimiento progresivo de la capacidad del menor al que hemos hecho referencia se pone de manifiesto en la inclusión en los distintos textos normativos del concepto «ser escuchado si tuviera suficiente madurez». En este sentido, la Convención sobre los Derechos del Niño de 1989 reconoce el derecho del niño a expresar libremente su opinión en todos los asuntos que le incumban, y el derecho a que tales opiniones sean tenidas en cuenta, en función de la edad y madurez del niño; y añade que, a tal fin, se le dará la oportunidad de ser escuchado, por sí o a través de representante legal, en todo procedimiento judicial o administrativo que le afecte[12].

Así, el art. 12 de la Convención sobre los derechos del niño establece que "1. Los Estados parte garantizarán al niño que esté en condiciones de formarse un juicio propio el derecho de expresar su opinión libremente en todos los asuntos que afecten al niño, teniéndose debidamente en cuenta las opiniones del niño, en función de la edad y madurez del niño. 2. Con tal fin, se dará en particular al niño oportunidad de ser escuchado, en todo procedimiento judicial o administrativo que afecte al niño, ya sea directamente o por medio de un representante o de un órgano apropiado, en consonancia con las normas de procedimiento de la ley nacional".

El propio Comité de los Derechos del Niño ha señalado al art. 12 como uno de los cuatro principios generales de la Convención, junto con el derecho a la no discriminación, el derecho a la vida y el desarrollo, y la consideración primordial del interés superior del niño. Ello implica no solo el reconocimiento explícito de este derecho a ser escuchado, sino que ha de ser también tenido en cuenta para interpretar y aplicar el resto de los derechos de los menores (Introducción a la Observación General nº 12).

---

12 Vid. Observación General nº 12 del Comité de los Derechos del Niño de 2009, en la que se explica (Introducción) que "se trata de una disposición sin precedentes en un tratado de derechos humanos, apunta a la condición jurídica y social del niño que, por un lado, carece de la plena autonomía del adulto pero, por el otro, es sujeto de derechos".

Especialmente importante nos parece la interpretación literal que el propio Comité de los Derechos del Niño realiza en la Observación General nº 12 (2009). En la misma, se parte de la expresión "el niño que esté en condiciones de formarse un juicio propio", para reconocerle el derecho a ser escuchado, y se recalca que los Estados parte no pueden partir de la premisa general de que el niño es incapaz de expresar sus opiniones, sino al contrario, deben dar por supuesto que tiene capacidad para formarse sus propias opiniones y derecho a expresarlas. Además, desaconseja a los Estados el establecer un límite de edad que restrinja el derecho del niño a ser escuchado en los asuntos que le afecten. También en la Observación General nº 14 (2013) se establece (Párrafo 15) que los Estados deben adoptar una serie de medidas para garantizar que se respeta el interés del menor. Destaca el apartado g: "proporcionar a los niños información adecuada utilizando un lenguaje que puedan entender" y "crear las condiciones necesarias para que los niños expresen su punto de vista y velar porque a sus opiniones se les dé la importancia debida".

Como consecuencia, el art. 9 de la Ley Orgánica de Protección Jurídica del Menor garantiza el derecho de éste a ser oído y escuchado «tanto en el ámbito familiar como en cualquier procedimiento administrativo, judicial o de mediación en que esté afectado y que conduzca a una decisión que incida en su esfera personal, familiar o social, teniéndose debidamente en cuenta sus opiniones, en función de su edad y madurez», y añade que «siempre que en vía administrativa o judicial se deniegue la comparecencia o audiencia de los menores directamente o por medio de persona que le represente, la resolución será motivada en el interés superior del menor y comunicada al Ministerio Fiscal, al menor y, en su caso, a su representante, indicando explícitamente los recursos existentes contra tal decisión» (art. 9.3 LOPJM. Vid. art. 2.5, a) de la misma norma).

A partir de estas directrices normativas, los distintos textos legales han consagrado el derecho del menor a ser oído y escuchado, aunque lógicamente se supeditan los efectos de su declaración a la edad y madurez del sujeto.

Como ejemplos en el Código Civil, nos encontramos con el derecho del menor a ser escuchado en los casos de separación, nulidad y divorcio de sus padres cuando el juez deba adoptar medidas relativas a su custodia, cuidado o educación (art. 92.2 y 6 CC). Los menores, si tienen suficiente madurez, deben ser oídos por sus progenitores cuando éstos, en el ejercicio de la patria potestad, adopten decisiones que les afecten, y se recalca por parte del legislador que, en todo caso, "se garantizará que puedan ser oídos en condiciones idóneas, en términos que les sean accesibles, comprensibles y adaptados a su edad, madurez y circunstancias, recabando el auxilio de especialistas cuando ello fuera necesario" (art. 154 CC). También en caso de desacuerdo de los padres en el ejercicio de la patria potestad, el juez debe dar audiencia al menor de edad si tuviera suficiente juicio, y en todo caso al mayor de 12 años, antes de atribuir la facultad de decidir a uno de los progenitores (art. 156 CC). Para dictar las medidas que recoge el art. 158 CC, la autoridad judicial deberá garantizar la audiencia del menor de edad. En caso de atribuir el cuidado del menor de edad a uno u otro de los progenitores cuando éstos viven separados, el juez oirá con carácter previo a los hijos que tuvieran suficiente juicio y, en todo caso, a los mayores de doce años (art. 159 CC).

Para que la Entidad Pública pueda acordar la suspensión temporal de las visitas y comunicaciones del menor en situación de desamparo con su familia biológica, se requiere, entre otras medidas, la audiencia previa del menor si tuviere suficiente madurez, y, en todo caso, si fuera mayor de doce años (art. 161 CC). Del mismo modo, en materia de guarda y acogimiento de menores, el art. 172 ter.3 CC establece el derecho del menor, en estas mismas circunstancias de edad y madurez, a ser oído antes de adoptar medidas relacionadas con estancias, salidas de fin de semana o vacaciones con personas o entidades distintas a las de acogida.

Para formalizar la adopción se requiere la audiencia del adoptando menor de 12 años, de acuerdo con su edad y madurez (art. 177.3, 3.º CC), Asimismo, para la constitución de la tutela, el órgano judicial debe dar audiencia al menor tutelado si tuviere suficiente madurez o fuere mayor de 12 años (art. 219 CC), etc.

También se reconoce el derecho del menor a ser oído en la tramitación de expedientes de jurisdicción voluntaria: arts. 18, 25, 30, 37.3, 42.4, 45.2, 47.1, 48.1, 49.1, 50.2, 51.2, 64.1, 85.1, entre otros, de la Ley 15/2015, de 2 de julio, de jurisdicción voluntaria, cuyas normas prescriben con carácter general la audiencia del menor si tuviere suficiente madurez y, en todo caso, si fuere mayor de doce años.

En el ámbito sanitario, los representantes legales del menor que no es capaz intelectual ni emocionalmente de comprender el alcance de la intervención otorgan el consentimiento informado tras haber escuchado la opinión del menor de edad[13]. También cuando se trate de una actuación de grave riesgo para la vida o salud del menor (art. 9.3 c) y 4 de la Ley 41/2002, de 14 de

---

13 Lo que no tiene mucho sentido si no "es capaz intelectual ni emocionalmente de comprender el alcance de la intervención".

noviembre, *básica reguladora de la autonomía del paciente y de derechos y obligaciones en materia de información y documentación clínica*).

Y en la Ley de Enjuiciamiento Civil también encontramos preceptos en los que se faculta al órgano judicial para la audiencia del menor y se le impone dicha obligación cuando el menor ha alcanzado la edad de doce años para los procedimientos de separación o divorcio contenciosos (art. 770, 4ª), o se contempla la posibilidad de oír a los menores en los procedimientos de mutuo acuerdo, cuando así lo estime el órgano judicial de oficio, a petición del fiscal, partes, miembros del equipo técnico judicial o el propio hijo (art. 777.5 LEC).

b) En el segundo grupo de supuestos se eleva la capacidad de actuación del menor, a quien se le permite una intervención directa mediante el inicio de un procedimiento o la solicitud de un pronunciamiento administrativo o judicial encaminado a la protección de su persona o de su patrimonio.

Son los casos contemplados, entre otros, en los arts. 158 y 167 CC, respecto a las medidas que la autoridad judicial puede dictar para la protección de la persona o bienes del menor, y que pueden ser establecidas a instancia del propio hijo. También para la solicitud de remoción del tutor, que puede realizar el menor de edad si tuviera suficiente madurez (art. 223 CC). En el caso de la emancipación por concesión judicial, cuando la pide el hijo mayor de dieciséis años (art. 244 CC) o del beneficio de la mayor edad (art. 245 CC). Y la opción de la nacionalidad española por el menor con 14 años cumplidos (art. 20.2 b) CC).

Asimismo, la Ley Orgánica de Protección Jurídica del Menor establece que para la defensa y garantía de sus derechos, el menor de edad puede solicitar la protección y tutela de la entidad pública competente (art. 10.2.a) LOPJM); poner en conocimiento del Ministerio Fiscal las situaciones que a su juicio atenten contra sus derechos, a fin de que se promuevan las oportunas actuaciones (arts. 10.2.b), y 4.4 LOPJM); plantear sus quejas al Defensor del Pueblo o instituciones autonómicas homólogas (art. 10.2.c) LOPJM); solicitar los recursos sociales disponibles de las Administraciones Públicas (art. 10.2.d) LOPJM); o presentar denuncias individuales al Comité de Derechos del Niño, en los términos de la Convención sobre los Derechos del Niño y de la normativa que la desarrolle (art. 10.2.f) LOPJM, introducido por la Ley 26/2015, de 28 de julio, *de modificación del sistema de protección a la infancia y a la adolescencia*).

c) En tercer lugar, encontramos una serie de supuestos en los que el actual régimen jurídico del menor le reconoce a éste la capacidad para prestar el consentimiento para la realización de actos o la celebración de negocios jurídicos:

   Entre éstos, gozan de especial relevancia los actos relativos a los derechos de la personalidad excluidos de la representación legal (art. 162. 2.°, 1 CC), para los que se sigue el criterio de la progresiva capacidad del menor en función de su edad y madurez, y respecto de los que únicamente se limita su ejercicio en su propio beneficio (Interés Superior del Menor). Como ejemplo de los citados derechos, la Ley Orgánica de Protección Jurídica del Menor contempla el derecho al honor, a la intimidad y a la propia imagen, respecto de los cuales se refuerza la protección del menor (art. 4); el derecho a la información (art. 5), la libertad de ideología, de conciencia y religión (art. 6), derechos de participación, asociación y reunión (art. 7) o la libertad de expresión (art. 8)[14].

El menor con suficiente juicio ha de prestar su consentimiento para la celebración de contratos por los que se obligue a realizar prestaciones personales (art. 162, in fine CC). Y se permite el consentimiento prestado por el menor de dieciséis años para la administración ordinaria de los bienes fruto de su propio trabajo o industria (art. 164.3.º CC).

Como ejemplo de actos en los que la declaración de voluntad del menor adquiere plenitud de efectos jurídicos en el Código Civil (aun con la concurrencia de otros consentimientos o autorización judicial) también se han de citar: el consentimiento prestado por el menor que tenga dieciséis años cumplidos para que tenga lugar la emancipación por concesión de quienes ejercen la patria potestad (art. 241 CC). El consentimiento del menor para que se produzca el acogimiento, cuando el menor tenga suficiente madurez, y siempre si es mayor de doce años (art. 173.2 CC), así como para la adopción del mayor de doce años (art. 177.1 CC). También para mantener los vínculos con la familia de origen en caso de adopción (art. 178.4 CC).

Asimismo, se incluyen el reconocimiento de hijos extramatrimoniales, con aprobación judicial (art. 121 CC) y las decisiones respecto al ejercicio de la patria potestad sobre sus propios hijos, aunque con la asistencia de los representantes legales del menor o con la del juez (art. 157 CC); el menor de catorce años cumplidos puede hacer testamento (salvo el ológrafo) (arts. 663.1º y 688

---

[14] Sobre el contenido de estos derechos y su ejercicio por los menores, Vázquez-Pastor Jiménez (2009).

CC) y (asistido) optar por la vecindad civil (art. 14.3 CC) y optar y solicitar la nacionalidad española (arts. 20.2 b) y 21.3 b)). Los menores pueden también aceptar donaciones (arts. 625 y 626 CC).

El menor de edad, y sobre esta cuestión volveremos más tarde, goza de capacidad para celebrar, en el ámbito patrimonial, los contratos relativos a bienes y servicios de la vida corriente propios de su edad, de conformidad con los usos sociales, así como aquellos que le permitan las leyes con carácter particular (art. 1263 CC).

Fuera del ámbito del Derecho Civil, el menor con 16 años puede celebrar contratos de trabajo con autorización expresa o tácita de su representante legal o cuando viva de forma independiente (arts. 6 y 7 Real Decreto Legislativo 2/2015, de 23 de octubre, *por el que se aprueba el texto refundido de la Ley del Estatuto de los Trabajadores*; art. 56.1 c) Real Decreto Legislativo 5/2015, de 30 de octubre, *por el que se aprueba el texto refundido de la Ley del Estatuto Básico del Empleado Público*).

En el ámbito del Derecho sanitario, el menor con 16 años puede otorgar el consentimiento informado, con las limitaciones que impone el art. 9 de la Ley 41/2002, de 14 de noviembre, *básica reguladora de la autonomía del paciente y de derechos y obligaciones en materia de información y documentación clínica*, etc.[15].

---

15 Lacruz (2004, p. 126) añade todos aquellos actos que serán reputados válidos si el sujeto tiene *aptitud psíquica para entender y querer*, y cita entre otros, la adquisición de la posesión de las cosas (art. 443 CC), que implica el poder apropiarse de sus frutos, ocupar bienes como medio de adquirir la propiedad, apoderarse de las cosas halladas o del tesoro descubierto, adquirir por usucapión, así como aquellos actos para la defensa de sus derechos: interrumpir la pres-

Y en el entorno digital, el menor con 14 años puede otorgar consentimiento para el tratamiento de sus datos personales (art. 7 Ley Orgánica 3/2018, de 5 de diciembre).

1.2.2. Claves interpretativas

Como bien puede observarse, en todas las situaciones descritas, se constata la pérdida de vigencia de la visión meramente defensiva del menor en pro de una concepción más activa que promueve su autonomía como sujeto de derechos y le reconoce capacidad para concretar y defender sus intereses de forma paulatina, en función de la progresiva madurez que va adquiriendo con el paso de los años y sus experiencias vitales, siempre en atención a su propio beneficio. Una participación que se acentúa en el ámbito de los derechos fundamentales y los derechos de naturaleza personal o familiar, donde el interés del menor cobra especial relevancia para permitirle su goce efectivo. En este sentido, siempre que la madurez del menor lo permita, y su interés lo aconseje, se le faculta para decidir y actuar según sus propias convicciones. Ello no obstante, también se ha de señalar que el propio contenido y ejercicio de los derechos aludidos puede en muchos casos ser modulado o restringido en lo que se refiere al menor de edad, precisamente con el objetivo de protegerle y dotarle de las máximas garantías en su actuación.

En lo que se refiere a los actos en los que se contempla la mera audiencia del menor de edad, como bien ha podido observarse, a la hora de otorgar al menor el derecho a ser escuchado se establece también el deber de tener en cuenta sus opiniones en función de su edad y madurez, (término el de *madurez* que sustituye al de *juicio*, tanto en la ley orgánica como en

---

cripción, denunciar los vicios de la cosa comprada, revocar donaciones, etc.

la ley ordinaria de modificación del sistema de protección a la infancia y a la adolescencia), tal y como establece el art. 12 de la Convención sobre los Derechos del Niño. Al respecto, el Comité (Observación General nº 12) aclara que las opiniones del niño tienen que tomarse seriamente en consideración a partir de que éste sea capaz de formarse un juicio propio. En concreto, el propio art. 9.1 LOPJM establece en las comparecencias o audiencias del menor se realizarán "de forma adecuada a su situación y desarrollo evolutivo" y se garantizará que el menor pueda ejercitar el derecho a ser escuchado por sí mismo cuando tenga la suficiente madurez, la cual deberá ser valorada por personal especializado, "teniendo en cuenta tanto el desarrollo evolutivo del menor como su capacidad para comprender y evaluar el asunto concreto a tratar en cada caso. Se considera, en todo caso, que tiene suficiente madurez cuando tenga doce años cumplidos" (art. 9.2 LOPJM).

Tal y como se ha visto en el primer capítulo de esta obra, los doce años suponen un hito en el desarrollo del niño en el que empieza a asumir de forma gradual las responsabilidades que culturalmente se asignan a los adultos. Los cambios cognitivos que se producen a partir de esta edad, así como las transformaciones desde el punto de vista emocional y relacional, invitan a considerar que la opinión del menor esté sustentada en parámetros ciertos, aunque esta decisión deba ser siempre asumida con cautela. Como se ha señalado, los doce años son sólo el inicio de este proceso cognitivo, que no llega a consolidarse hasta los 16 o 17 años. Por ello, cuando se tomen en consideración las opiniones de menores con poco más de 12 años, se debe ser muy restrictivo en cuanto a su interpretación, y se ha de cuestionar el peso que se debe otorgar a las mismas en la decisión final del juzgador.

Llegados a este punto, tres cuestiones al respecto se suscitan desde la Psicología del Desarrollo. En primer lugar, en qué sentido la voluntad expresada por el menor responde a una perspectiva o intereses sólidamente fundados, o es más bien consecuencia de las circunstancias concretas que vive el menor en el momento en que su posición es requerida. La segunda cuestión es la capacidad del menor para evaluar las consecuencias a medio o largo plazo de la voluntad expresada y la reversibilidad de estas consecuencias. Y, finalmente, el efecto que puede ejercer sobre su sistema cognitivo-emocional tener que pronunciarse sobre unas situaciones, habitualmente complejas y cargadas emocionalmente, definidas de modo difuso y que no presentan una solución que pueda valorarse en términos de corrección y/o validez.

Esta incertidumbre se acentúa cuando se escucha al menor que no ha cumplido doce años, pero al que se le presupone la *suficiente madurez*. Pero incluso partiendo únicamente de la edad de los doce años, las investigaciones han demostrado que no todos los niños se desarrollan a un mismo ritmo y que la adquisición de determinadas habilidades no suceden de modo simultáneo para todas las tareas y escenarios. Es decir, para determinar la propia madurez del sujeto concurren otros elementos además de la edad, como es el contexto en el que nos movemos, las prácticas culturales y las interacciones que el menor mantiene con las personas de su entorno, que también inciden en su propio proceso de maduración personal.

Todas estas cuestiones deben ser analizadas además incorporando un nuevo elemento como es la adecuada interpretación del Interés Superior del Menor, y el significado que se atribuya al mismo, lo que viene a complicar más el asunto.

Es quizá por ello que el legislador español ha decidido no pronunciarse sobre los efectos de la opinión del propio menor, estableciendo en el último inciso del art. 9.3 LOPJM que "en las resoluciones sobre el fondo habrá de hacerse constar, en su caso, el resultado de la audiencia del menor, así como su valoración", dejando por tanto en manos del órgano judicial o administrativo la tarea de decidir, caso por caso y en función de las circunstancias, el peso y la validez que otorga a las declaraciones del menor de edad.

Cuando se otorga al menor el derecho a iniciar un procedimiento o solicitar la tutela de un derecho propio y, sobre todo, cuando se le reconoce la capacidad para ejercitar derechos o celebrar determinados negocios jurídicos, la clave reside en saber si, desde el punto de vista de la Psicología Evolutiva, los hitos madurativos aludidos en las normas jurídicas se corresponden efectivamente con la adquisición de habilidades y destrezas por parte del menor en sus distintas fases de crecimiento, y si realmente tiene sentido fijas ciertas edades a la hora de reconocer mayor capacidad a los menores de edad.

Desde esta perspectiva, y partiendo de lo establecido en el capítulo primero sobre el desarrollo evolutivo del menor, en la edad de los dos hasta los seis años, el menor carece de la capacidad suficiente para entender los estados emocionales o cognitivos de sus interlocutores distintos a los suyos propios, y tienen especial dificultad para comprender realidades que exijan atender a dos puntos de vista distintos. Carecen de un pensamiento lógico y este, a su vez, es extremadamente realista. Además, comienza a desarrollarse su estado emocional, pero aún se encuentra en una fase muy temprana, en la que, si bien se empiezan a adquirir habilidades de negociación y de expresar estados emocionales básicos, estos son todavía incipientes y muy relacionados con los propios sentimientos. Ello conduce a considerar acertado, desde el punto de vista jurídico, no atender a las opiniones y deseos del menor que se encuentra en esta fase de edad y no otorgarles capacidad para actuar en el mundo del Derecho.

La fase posterior, la que comprende de los siete a los doce años, es especialmente relevante para el Derecho, pues es en esta donde adquiere todo su significado el hecho de que el juzgador o intérprete de la norma atienda a la *suficiente madurez del menor*. En efecto, a partir de los siete años se produce un cambio sustancial en el modo de razonar de los niños. Su pensamiento se vuelve más lógico, se incrementa su capacidad para procesar la información, adquiere habilidades intelectuales que le permiten asumir que existen distintos posicionamientos vitales distintos a los propios; y, lo que es especialmente importante para atender a sus opiniones, es capaz de representar la realidad y operar mentalmente sobre ella. Esto le va a permitir imaginar una situación y sus consecuencias, a la vez que es capaz de diferenciar entre lo que es real y puramente imaginario. No obstante, nos situamos aún en una fase muy primaria del desarrollo cognitivo de los menores, pues no es hasta la adolescencia cuando el menor afianza la habilidad de operar sobre mundos hipotéticos y se consolida el pensamiento abstracto. Es por ello que, tanto la Ley Orgánica de Protección Jurídica del Menor, como el resto de normas reguladoras, reconocen el derecho del menor a ser oído y escuchado en función de su edad y madurez, pero son mucho más cautas a la hora de reconocer otros derechos de mayor entidad.

Y es precisamente a partir de los 12 años cuando la Psicología Evolutiva sitúa un modo genuino y diferenciado del pensamiento del menor semejante al pensamiento adulto (no sin críticas o matizaciones). El pensamiento del adolescente le permite operar sobre mundos no sólo reales, sino también ideales o abstractos. A estas edades, el menor puede realizar hipótesis y tomar decisiones no sobre lo que realmente es, sino sobre la base de lo que podría ser o podría ser posible. Sus habilidades cognitivas le permiten cuestionar las normas (jurídicas o sociales), y presentar sus propios argumentos y puntos de vista. Sin embargo, al mismo tiempo que se consolidan estas destrezas de pensamiento lógico, carece de experiencias vitales que le permitan plantear argumentos sólidos y contrastados. La diferencia en consecuencia con el pensamiento adulto no radica en la capacidad de razonamiento, sino en la ausencia de una experiencia vital sobre la que basar sus decisiones. Tres son las grandes diferencias entre la capacidad de razonar y decidir del adolescente y del mayor de edad: a) la dificultad para valorar las consecuencias de los propios actos a largo plazo; b) la propensión a elegir los beneficios inmediatos frente a la demora de las ventajas en el futuro; c) y, debido al proceso de formación de la personalidad y de una identidad propia, el menor es especialmente influenciable por las opiniones de otros menores.

Todas estas cuestiones deben ser tenidas en cuenta por el juzgador o intérprete del Derecho para considerar adecuadamente si el menor tiene o no la suficiente madurez, y además, debe asegurarse de que la decisión que adopte proteja adecuadamente el Interés Superior del Menor.

2. CAPACIDAD E INTERÉS SUPERIOR DEL MENOR

Llegados a este punto, es destacable que el art. 2.1 de la Ley Orgánica 1/1996, de 15 de enero, *de Protección Jurídica del Menor, de modificación del Código Civil y de la Ley de Enjuiciamiento Civil* (LOPJM), reformada por la Ley Orgánica 8/2015, de 22 de julio, *de modificación del sistema de protección a la infancia y a la adolescencia*[16], establece, en su segundo párrafo, que "las limitaciones a la capacidad de obrar de los menores se interpretarán de forma restrictiva y, en todo caso, siempre en el interés superior del menor"[17]. Al margen de la cuestión dialéctica sobre

---

16 También por la Ley 26/2015, de 28 de julio, de idéntica denominación.

17 El interés del menor es un principio axiológico aplicable a toda clase de intervención con menores de edad. El Tribunal Constitucional ha establecido en la STC 4/2001, de 15 de enero (RTC 2001, 4) que "El componente axiológico que anida en la tutela del interés superior del menor viene íntimamente ligado al libre desarrollo de la personalidad (art. 10 CE)". Ello supone preguntarnos en qué momento empieza a gestarse la conformación de la personalidad de

la sustitución de la denominación "capacidad de obrar" por el término omnicomprensivo "capacidad jurídica", el legislador proporciona dos claves para abordar el asunto de la autonomía personal de los menores de edad: por una parte, se reitera la idea de la adquisición progresiva de capacidad del menor y de que toda limitación a esta capacidad ha de ser interpretada de modo restrictivo. En segundo lugar, se establece un parámetro claro de interpretación: el Interés Superior del Menor[18].

2.1. Significado del concepto de Interés Superior del Menor

Como bien se sabe, y se ahondará en el capítulo que sigue, el Interés Superior del Menor es un concepto que ya aparecía en la Declaración de los Derechos del Niño de 1959, si bien no tenía el carácter vinculante que le otorga la Convención de los Derechos del niño de 1989. Este texto supera el objetivo de los textos internacionales y de las declaraciones anteriores, cuya máxima prioridad reside en proteger a la infancia en un momento de máxima vulnerabilidad como son las etapas de postguerra. Como con más detalle se expondrá, uno de los grandes avances de la Convención de 1989 es reconocer a los niños y

los menores, y si el desarrollo de esta personalidad es cambiante o sigue unos mismos patrones sucesivos y previsibles a lo largo del crecimiento del niño o de la niña.

18 Para la redacción del nuevo art. 2 LOPJM se tuvieron en cuenta los informes siguientes: Informe al Anteproyecto de Ley Orgánica de Protección a la Infancia, CGPJ, 30 de septiembre de 2014; Dictamen del Consejo de Estado, 27 de noviembre de 2014; Informe del Consejo Fiscal al Anteproyecto de Ley Orgánica complementaria de la Ley de la Infancia, 11 de julio de 2014. Fue en este último Informe donde el Consejo Fiscal propuso incluir en el art. 2 que las limitaciones a la capacidad de obrar del menor se interpretarán de forma restrictiva y siempre en su propio interés superior (Guilarte Martín-Calero, 2016).

niñas como sujetos de derecho, y consagrar la obligatoriedad de los Estados de respetar a los menores en su individualidad como miembros activos de la sociedad, así como protegerlos. Se plasma asimismo el concepto de Interés Superior del Menor (*Best Interests of the Child*, en su versión original) que ha de ser tenido en cuenta para la aplicación de las normas y la toma de decisiones que conciernan a los menores de edad[19].

La Convención de las Naciones Unidas sobre los Derechos del Niño de 20 de noviembre de 1989, en su art. 3, párrafo 1, reconoce el derecho del menor a que, en todas las medidas que le conciernan adoptadas tanto en el ámbito público como privado, se atienda como consideración primordial al interés superior del niño. Además, el Comité de los Derechos del Niño ha añadido que este precepto establece uno de los cuatro principios generales de la Convención, especialmente relevante en la interpretación y aplicación de todos los derechos del niño, aplicándose como un concepto dinámico que debe evaluarse adecuadamente en cada contexto. El objetivo del concepto, como explica el propio Comité, es garantizar el disfrute pleno y efectivo de todos los derechos reconocidos por la Convención y el desarrollo holístico del niño (párrafos 1 y 4 de la Observación General nº 14 de 2013 sobre el derecho del niño a que su interés superior sea una consideración primordial, del Comité de los Derechos del Niño ONU).

---

19 Literalmente, en la versión española, el art. 3.1 de la Convención dispone: "En todas las medidas concernientes a los niños que tomen las instituciones públicas o privadas de bienestar social, los tribunales, las autoridades administrativas o los órganos legislativos, una consideración primordial a que se atenderá será el interés superior del niño". El vocablo "niño" debe ser interpretado como toda persona menor de 18 años sujeta a la jurisdicción de un Estado parte de la Convención (Observación General nº 14 de 2013).

Como tantas veces se ha indicado, nos encontramos ante un concepto jurídico indeterminado con una triple dimensión: se trata de un derecho sustantivo; también de un principio jurídico interpretativo; y de una norma de procedimiento (párrafo 6, de la Observación General nº 14 de 2013)[20]. Pero esta necesaria indeterminación para que pueda ser aplicado a una gran variedad de situaciones, hace necesaria dotar al intérprete de

[20] Párrafo 6 de la Observación General nº 14 de 2013: " El Comité subraya que el interés superior del niño es un concepto triple: a) Un derecho sustantivo: el derecho del niño a que su interés superior sea una consideración primordial que se evalúe y tenga en cuenta al sopesar distintos intereses para tomar una decisión sobre una cuestión debatida, y la garantía de que ese derecho se pondrá en práctica siempre que se tenga que adoptar una decisión que afecte a un niño, a un grupo de niños concreto o genérico o a los niños en general. El artículo 3, párrafo 1, establece una obligación intrínseca para los Estados, es de aplicación directa (aplicabilidad inmediata) y puede invocarse ante los tribunales. b) Un principio jurídico interpretativo fundamental: si una disposición jurídica admite más de una interpretación, se elegirá la interpretación que satisfaga de manera más efectiva el interés superior del niño. Los derechos consagrados en la Convención y sus Protocolos facultativos establecen el marco interpretativo. c) Una norma de procedimiento: siempre que se tenga que tomar una decisión que afecte a un niño en concreto, a un grupo de niños concreto o a los niños en general, el proceso de adopción de decisiones deberá incluir una estimación de las posibles repercusiones (positivas o negativas) de la decisión en el niño o los niños interesados. La evaluación y determinación del interés superior del niño requieren garantías procesales. Además, la justificación de las decisiones debe dejar patente que se ha tenido en cuenta explícitamente ese derecho. En este sentido, los Estados parte deberán explicar cómo se ha respetado este derecho en la decisión, es decir, qué se ha considerado que atendía al interés superior del niño, en qué criterios se ha basado la decisión y cómo se han ponderado los intereses del niño frente a otras consideraciones, ya se trate de cuestiones normativas generales o de casos concretos". Vid. Preámbulo de la LO 8/2015.

las herramientas adecuadas para su correcta interpretación y aplicación[21].

En el párrafo 16 de la Observación General nº 14 de 2013 se adelantan ciertas claves para la adecuada interpretación del concepto de Interés Superior del Menor, y en concreto, se dice que "al dar pleno efecto al interés superior del niño, deben tenerse en cuenta los parámetros siguientes: a) el carácter universal, indivisible, interdependiente e interrelacionado de los derechos del niño; b) el reconocimiento de los niños como titulares de derechos; c) la naturaleza y el alcance globales de la Convención; d) la obligación de los Estados partes de respetar, proteger y llevar a efecto derechos de la Convención; y e) los efectos a corto, medio y largo plazo de las medidas relacionadas con el desarrollo del niño a lo largo del tiempo". Especialmente importantes resultan las dos primeras y la última.

---

21 Así, mientras algunos autores como Varela Castro (2016, p. 22) identifican el Interés Superior del Menor en su vertiente de derecho sustantivo con un derecho subjetivo, otros discrepan, como García Rubio. En opinión de esta autora, parecería más bien un mandato dirigido a todos y en especial a los Estados. Como principio interpretativo, se trata de una regla de interpretación de las normas que aboga por la interpretación más beneficiosa para el menor, y cabría incluso añadir una función integrativa de las normas y hasta correctora. Como norma de procedimiento, estaríamos ante una norma aplicable a todo proceso de toma de decisiones que puedan incidir sobre el menor, de modo que la consideración al Interés Superior del Menor deba hacerse con las garantías oportunas. La autora recuerda que el ISM ha sido reconocido como un "bien constitucional" (STC 99/2019, de 18 de julio), y como "principio de orden público" (Instrucción de 23 de octubre de 2018, sobre cambio de nombre de las personas transexuales) (García Rubio, 2020, pp. 21 y ss.). Para Villagrasa Alcaide (2016, p. 24), la delimitación del Interés Superior del Menor responde a su relación proporcional con lo que resulte beneficioso al libre desarrollo de su personalidad e inversamente proporcional a todo lo que pueda perjudicarle.

Pero es en el párrafo 32 donde el Comité establece unas pautas para la correcta interpretación del concepto de "Interés Superior del Niño". Cabe destacar lo siguiente:

1. El concepto de Interés Superior es complejo y su contenido debe determinarse caso por caso.
2. El concepto es flexible y adaptable, permite su adaptación a la situación propia de cada niño y la evolución de los conocimientos en materia de desarrollo infantil.
3. Debe ajustarse y definirse de manera individual, con arreglo a la situación concreta del menor o de los menores afectados y teniendo en cuenta el contexto, la situación y las necesidades personales (si la decisión es colectiva, se atenderá a las circunstancias del grupo concreto o los menores en general).
4. En todo caso, la evaluación y determinación debe hacerse respetando plenamente los derechos que figuran en el Convenio y sus Protocolos facultativos.

En definitiva, y en lo que a la Convención sobre los Derechos del Niño se refiere:

1. La Convención consagra el Interés Superior del Niño como criterio de decisión fundamental en la resolución de todos aquellos asuntos que afecten a los menores.
2. Proporciona unas pautas genéricas para delimitar y aplicar el concepto.
3. Establece una prioridad de los intereses del niño sobre los de otras personas con los que pudiesen concurrir[22].

---

[22] Al respecto Rivero Hernández (2007, p. 75) ha siempre matizado que esta prevalencia no es absoluta, quedando moderada por el principio de proporcionalidad.

4. Reconoce el derecho del menor a ser escuchado como elemento indispensable para la adecuada interpretación y aplicación del Interés Superior.

Llegados a este punto, resulta oportuno dirigirnos a la reforma de la LOPJM operada por la Ley Orgánica 8/2015, de 22 de julio, de modificación del sistema de protección a la infancia y a la adolescencia.

2.1.1 La Ley Orgánica de Protección Jurídica del Menor y la reforma de 2015

La Convención de las Naciones Unidas sobre los Derechos del Niño tuvo su desarrollo en nuestro país a través de la Ley Orgánica 1/1996, de 15 de enero, de Protección Jurídica del Menor, de modificación del Código Civil y de la Ley de Enjuiciamiento Civil. Y, como se ha dicho, fue objeto de una profunda modificación en 2015, fruto de la cual, se da un nuevo contenido al art. 2 LOPJM en el que se incluye un listado de criterios generales para interpretar y aplicar el interés del menor[23]- y que recoge tanto la jurisprudencia del Tribunal Supremo, como los propios criterios de la Observación General nº 14 del Comité de los Derechos del Niño -, así como elementos generales de ponderación.

Sin entrar en el análisis exhaustivo de los criterios generales de interpretación y elementos generales de ponderación (art. 2.2 y 3 LOPJM), sobre los que ya existe una profusa bibliogra-

---

[23] Como afirma Varela Castro (2016, p. 14), nos encontramos ante principios generales del Derecho, ya que estos criterios han de presidir la interpretación y aplicación del Interés Superior del Menor. Verdera (2019, p. 154) afirma que el legislador ha realizado una enumeración de los criterios de forma ascendente, de modo que el primero recoge un mínimo vital o necesidades básicas, y a partir de ahí, se alude a criterios de menor importancia vital.

fía, sí corresponde destacar, como criterio general de interpretación del Interés Superior del Menor, "la consideración de los deseos, sentimientos y opiniones del menor, así como su derecho a participar progresivamente, en función de su edad, madurez, desarrollo y evolución personal, en el proceso de determinación de su interés superior" (art. 2.2, b) LOPJM)[24]. Criterio este que procede del art. 12 de la Convención sobre los Derechos del Niño, y que lleva a plantear la cuestión de hasta qué punto los deseos y opiniones del menor se corresponden con sus intereses, y como interactúa en este punto la madurez del niño.

La alusión a su "edad, madurez y desarrollo" supone que el legislador se aparta de la idea de fijar una edad concreta para tener en cuenta los deseos y opiniones de los menores, y opta por atender al nivel de desarrollo y madurez del menor, lo que implica que el juzgador deba analizar en cada caso las circunstancias concretas de cada persona para comprobar su capacidad de forma particularizada. Cierto es que a partir de los 12 años se considera legalmente que el menor tiene suficiente madurez para ser escuchado (art. 9 LOPJM), por lo que la tarea del juez se circunscribe a los menores de edad inferior. En opinión de Verdera (2019, p. 165), "este sistema es un ata-

---

24 Entre los elementos generales de ponderación que también incluye el art. 2 LOPJM en su punto 3, se alude a la "edad y madurez del menor". Es importante señalar que el legislador se refiere a la edad y madurez como criterio de interpretación y como elemento de ponderación del Interés Superior del Menor. La diferencia estriba en que, al constituir también un elemento de ponderación, cualquier criterio que se utilice para interpretar en cada caso concreto cuál sea el Interés Superior del Menor (sus deseos, sentimientos y opiniones, su permanencia en la familia de origen, la preservación de su identidad cultural, o de su identidad y orientación sexual, etc.) debe ser ponderado en función de su edad y madurez (Verdera, 2019, pp. 218 y ss.).

vismo y, en cierto sentido, va en contra de la seguridad jurídica al recoger en su texto un concepto jurídico indeterminado”[25].

Lo que se deba entender por “madurez” también resulta una cuestión controvertida, a pesar de que es un término habitual en los tratados y convenciones internacionales sobre los derechos de los menores de edad. La Observación General nº 12 del Comité de los Derechos del Niño sobre el derecho del niño a ser escuchado dispone en su párrafo 30 que “<<Madurez”>> hace referencia a la capacidad de comprender y evaluar las consecuencias de un asunto determinado, por lo que debe tomarse en consideración al determinar la capacidad de cada niño. La madurez es difícil de definir; en el contexto del artículo 12, es la capacidad de un niño para expresar sus opiniones sobre las cuestiones de forma razonable e independiente. Los efectos del asunto en el niño también deben tenerse en consideración. Cuanto mayores sean los efectos del resultado en la vida del niño, más importante será la correcta evaluación de la madurez de ese niño”. En el ámbito doctrinal, muchos autores se han manifestado sobre cuál deba ser el significado que se ha de atribuir al concepto de madurez[26], pero lo cierto

---

[25] Resulta interesante constatar que existe jurisprudencia en la que los deseos manifestados por los menores no se identifican con su interés superior y, por tanto, no condicionan la decisión sobre lo que más les interesa: En este sentido, vid. STC 221/2002, de 25 de noviembre; STS de 12 de septiembre de 2016; STS de 11 de abril de 2018; ATS de 7 de junio de 2017.

[26] Algunos consideran que el menor sólo es maduro si es capaz de adoptar decisiones como lo haría si fuese mayor de edad, esto es, con la racionalidad propia del adulto. Frente a este criterio, se colocarían quienes consideran que esa madurez se adquiere cuando el individuo es capaz de decidir por sí mismo, de forma libre, con las características propias de la minoría de edad (Aláez Corral, 2003, p. 153). De la Iglesia Monge opina que la madurez alude a la capacidad del menor para expresar sus opiniones sobre las cuestiones del asunto en que esté implicado de forma razonable e independiente

es que no es posible dar una definición acertada sin atender a los resultados de investigación de la Psicología Evolutiva.

Hablar en términos psicológicos de la capacidad para evaluar adecuadamente los propios intereses requiere de una serie de habilidades que sólo se consolidan al final de la adolescencia y principios de la edad adulta, y que son nítidos marcadores de un comportamiento maduro. Como establece Sánchez Medina en el capítulo anterior, la madurez se caracteriza por la capacidad de demorar las recompensas, la capacidad de establecer un criterio propio con independencia de influencias externas de figuras de autoridad o del grupo de iguales, la capacidad para gestionar las decisiones de riesgo y la capacidad de operar en situaciones hipotéticas, como requiere la evaluación de los efectos de decisiones concretas en escenarios futuros. Frente a estos requerimientos para operar en situaciones de valoración de los propios intereses, la mente del menor preadolescente está condicionada por modos de funcionamiento psicológico que hacen que sus decisiones sean más volubles y más dependientes de la situación concreta y, por tanto, esos deseos y opiniones que manifiesta en una edad temprana no están vinculados a lo que pueda percibir como lo más adecuado a sus intereses. La Psicología del Desarrollo ha mostrado

(De la Iglesia Monje, 2017). Verdera (2019, pp. 227-228) establece que "la madurez nos sitúa ante aquella capacidad del menor de poder conocer o ser consciente de las consecuencias de su actuar y poderlas asumir dentro de los márgenes de su responsabilidad, es decir, su capacidad intelectual y volitiva; pudiendo errar y equivocarse al igual que un adulto". "La madurez irá muy unida con las experiencias de vida de los menores y con las oportunidades y condiciones que se les haya dado para desarrollar sus capacidades y la posibilidad de asumir responsabilidades, formándoles y capacitándolos de esta forma para la edad adulta". Para Parra Lucán (2015, p. 15), "la capacidad exigible, la madurez, el juicio para la toma de decisión está en relación directa con la trascendencia del acto para el interés del menor".

que el niño hasta los 12-14 años es muy sensible a la gratificación inmediata, teniendo más dificultades que un adulto para adoptar decisiones cuyos beneficios se demoran en el tiempo; sus opiniones tienden a ser más influenciables por las personas de su entorno, y muy especialmente por la del grupo de iguales, tendiendo a tomar decisiones que responden más a criterios de deseabilidad social que a sus propias necesidades; finalmente, y como hemos señalado anteriormente en este capítulo, tienen serias dificultades para operar en escenarios de futuro hipotéticos, alejados de la realidad inmediata en la que vive el menor y en el seno de la cual debe tomar las decisiones.

2.2. La capacidad contractual del menor

Si bien a lo largo de todo el articulado del Código Civil, además de leyes especiales, el legislador ha sido bastante específico y concreto a la hora de determinar qué actos podía o no realizar el menor de edad en los distintos ámbitos de actuación relacionados con sus derechos personales y familiares, cuando aborda su capacidad contractual, se decanta por una fórmula genérica recogida en el art. 1263 CC. A tenor de este artículo, "los menores de edad no emancipados podrán celebrar aquellos contratos que las leyes les permitan realizar por sí mismos o con asistencia de sus representantes y los relativos a bienes y servicios de la vida corriente propios de su edad de conformidad con los usos sociales". El precepto ha sido redactado, en su última versión, por la Ley 8/2021, de 2 de junio, *por la que se reforma la legislación civil y procesal para el apoyo a las personas con discapacidad en el ejercicio de su capacidad jurídica,* a pesar de que excluye de su letra a las personas con discapacidad.

El art. 1263 CC hay que ponerlo en relación con los arts. 1300 y ss. CC, que regulan la nulidad y anulabilidad de los contratos. En el ámbito propio de actuación del menor de edad, el tipo de ineficacia que afecta, en su caso, al contrato celebrado es la anulabilidad, lo que implica que el menor, a través de sus representantes legales, o él mismo cuando alcance la mayoría de edad, puede anular el negocio celebrado en el plazo de cuatro años establecido en el art. 1301 CC y con unos efectos propios señalados en el art. 1304 CC. La elección por parte del legislador del régimen de la anulabilidad tiene lugar en aras de una mejor protección del menor de edad, a quien se le permite, llegado el momento, valorar la oportunidad de dejar o no el contrato sin efecto en función de sus propios intereses[27].

Existen sin embargo contratos que no quedan sometidos al régimen de la anulabilidad: en general, todos aquellos que las leyes expresamente permiten a los menores celebrar por sí mismos; también aquellos contratos que la legislación permite celebrar a los menores con la asistencia de sus representantes legales, cuando esta tiene lugar; y finalmente aquellos contratos relativos a bienes y servicios de la vida corriente del menor, propios de su edad, y de conformidad con los usos sociales (art. 1263 CC). Es quizá este último aspecto el que mayor inseguridad jurídica aporta, pues no se trata de establecer qué contratos puede realizar el menor y cuáles no, sino que la clave reside en determinar qué contratos están sujetos al régimen de ineficacia del art. 1301,3º CC y cuáles se consideran válidos y eficaces y, por tanto, excluidos de la posibilidad de impugnación, a pesar de haber sido celebrados por un sujeto que no tiene reconocida en términos generales la plena capacidad que otorga la mayoría de edad. Esto es, se crea la regla de la capacidad automática del menor para celebrar contratos relativos a su vida cotidiana, y por tanto excluidos de la representación legal que corresponde a sus progenitores (art. 162 CC), y que

---

27 Con anterioridad a la reforma operada por la Ley 26/2015, de 28 de julio, *de modificación del sistema de protección a la infancia y a la adolescencia,* se aceptaba que los contratos celebrados por el menor de edad de escasa cuantía económica o propios de su vida cotidiana estaban excluidos de las causas de impugnación de los arts. 1300 y ss. CC por aplicación del art. 3.1 CC (vid. STS de 10 de junio de 1991) (Vázquez-Pastor Jiménez, 2023, p. 5770).

convive con la regla de la ineficacia relativa de los contratos en los que participa con carácter general. A ello habría que añadir los negocios jurídicos excluidos del ámbito de actuación de los menores emancipados recogidos en el art. 247 CC, precepto que, es obvio, vincula también a todo menor de edad no emancipado, y que proporciona un elenco de supuestos en los que el menor de edad no emancipado debe ser legalmente representado para su conclusión.

Resulta interesante recordar que el art. 162 CC, con anterior a la reforma operada por la Ley 26/2015, de 28 de julio, *de modificación del sistema de protección a la infancia y a la adolescencia*, excluía de la representación legal no sólo los actos relativos a los derechos de la personalidad del menor, sino también otros actos que el hijo, de acuerdo con las leyes y con sus condiciones de madurez, pudiese realizar por sí mismo. Una vez desaparecido este texto legal, el art. 162 CC se detiene únicamente en los actos y negocios celebrados por el menor cuyos efectos recaigan en su esfera personal o familiar, y deja al art. 1263 CC toda la regulación referente al ámbito negocial-patrimonial.

Es llamativo que el legislador no alude a la madurez del menor en el art. 1263 CC, pero sí hace referencia a que los contratos sean "propios de su edad de conformidad con los usos sociales". En todo caso, no cabe duda de que para determinar la validez y eficacia de los contratos celebrados por el menor relativos a su vida cotidiana, habrá que acudir nuevamente a los dos textos legales fundamentales: la LOPJM y la Convención de Naciones Unidas sobre los derechos del Niño, que como se ha reiterado en estas páginas, consagran la nueva filosofía en relación con el papel que desempeña el menor en la sociedad y en el tráfico jurídico, parte de un pleno reconocimiento de sus derechos y de una capacidad progresiva para ejercitarlos, de acuerdo a sus condiciones de madurez, y siempre desde la perspectiva de la protección del Interés Superior del Menor. Además, el art. 2.1, párrafo segundo de la LOPJM consagra el mandato de la interpretación restrictiva de las limitaciones a la capacidad (de obrar) del menor, en su nueva redacción dada por la ya citada LO 8/2015, de 22 de julio, precepto que también debe ser traído a colación en el tema que nos ocupa[28].

Como consecuencia, para poder afirmar la validez y eficacia del contrato celebrado por el menor de edad, habrá que valorar caso por caso, no sólo si este tiene por objeto bienes y servicios de la vida cotidiana acordes a su edad (para cuya interpretación se acude a los usos sociales ex art. 3.1 CC), sino también, la madurez del menor que le permita ser consciente de la trascendencia del negocio que está realizando. La cuestión de esa valoración nos lleva a cuestionarnos a quién corresponde ese control de legalidad, y si debe ser previo a la celebración del contrato[29]. Afirmar que la persona que contrata con el menor debe asegurarse de que este tenga la suficiente madurez para celebrar el negocio de que se trate no es razonable, ni realista, y proporciona una enorme inseguridad jurídica.

Y ello porque, como se ha reiterado en el capítulo primero de esta obra, la madurez del menor no se corresponde con una edad concreta y precisa, sino aproximada, y no sólo depende de condicionantes biológicos, sino también de otros elementos relacionados con sus propias experiencias vitales, así como del contexto histórico o cultural, donde juega además un papel fundamental las responsabilidades y los grados de autonomía que se le han ido otorgando al menor a lo largo de su existencia.

---

[28] Una interpretación restrictiva de las limitaciones a la capacidad de actuar del menor que ya en su día fue establecida tanto por el Tribunal Constitucional, como por el Tribunal Supremo: STC 174/2002, de 9 de octubre y STC 7/2011, de 14 de febrero; STS de 30 de junio de 2004.

[29] En algún caso se ha procedido a la ficción de una autorización tácita por parte de los progenitores representantes legales del menor para declarar válido el contrato celebrado de acuerdo con los usos sociales: vid. STS de 10 de junio de 1991.

Situándonos, además, como único elemento de valoración en la edad del menor, ha resultado probado que junto a las competencias estrictamente cognitivas que caracterizan a un menor relativamente maduro, coexisten otras competencias de naturaleza psicosocial que tienen que ver con la actuación y toma de decisiones en escenarios reales y concretos, y en los que entran en juego reforzamientos, premios o retribuciones, emociones e influencias sociales. Y es en lo que respecta a estas últimas donde se constatan grandes diferencias entre menores de una misma edad, en función de sus habilidades de autocontrol, de regulación emocional, sensibilidad a las recompensas y valoración de las consecuencias del comportamiento propio a largo plazo, entre las más relevantes. Por tanto, la diferencia a la hora de determinar la madurez de un menor de edad para celebrar un negocio jurídico no estriba tanto en si sus efectos redundan con mayor intensidad en su esfera personal o patrimonial, sino en qué actos juega un papel predominante el razonamiento lógico, y en qué otros entran en consideración aspectos más emocionales y de recompensa inmediata, para los que el menor puede que no tenga la suficiente madurez.

En definitiva, solo cuando se tengan evidencias de que el menor sea capaz de prever las consecuencias a futuro de la celebración del contrato, sean estas acertadas o no; sea capaz de inferir las consecuencias de celebrarlo y asumirlas; sea capaz de controlar sus propios comportamientos y toma de decisiones de modo impulsivo; tenga las competencias de autocontrol necesarias para poder retrasar las gratificaciones o contraprestaciones y actuar en consecuencia; y sea capaz de incorporar en sus decisiones en relación a la celebración del contrato las perspectivas propias y las ajenas, relacionándolas, valorándolas y contrastándolas de modo crítico, podremos afirmar que goza de la madurez suficiente para contratar, en el marco de bienes y servicios de su vida cotidiana, y esos contratos deban gozar de plena validez y eficacia, de conformidad con los usos sociales.

3. REFERENCIAS BIBLIOGRÁFICAS

ALÁEZ CORRAL, B. (2003), *Minoría de edad y derechos fundamentales*, Tecnos, Madrid.

CABEDO MALLOL, V. - RAVETLLAT BALLESTÉ, I. (2016), coord., *Comentarios sobre las leyes de reforma del sistema de protección a la infancia y la adolescencia*, Tirant lo Blanch, Valencia.

DE CASTRO, F. (1984) (ed. 2008), Derecho Civil de España, Thomson-Cívitas, Madrid

DE LA IGLESIA MONJE, M.I. (2017), "El derecho a ser escuchado y la madurez del menor: su protección judicial en la esfera familiar", *Revista Crítica de Derecho Inmobiliario*, año 93, nº 759.

GARCÍA RUBIO, M.P. (2020), "Qué es y para qué sirve el interés del menor", *Actualidad jurídica Iberoamericana*, 13, pp. 14-49.

GUILARTE MARTÍN-CALERO, C. (2016), El interés superior del niño: la nueva configuración del art. 2 de la Ley Orgánica, de 15 de enero, de protección jurídica del menor, en CABEDO MALLOL, V. - RAVETLLAT BALLESTÉ, I., coord., *Comentarios sobre las leyes de reforma del sistema de protección a la infancia y la adolescencia*, Tirant lo Blanch, Valencia.

LÓPEZ DE LA CRUZ, L. (2009), "La libertad individual como elemento integrante del concepto de matrimonio. Su especial manifestación en la disolución del vínculo conyugal", *Anuario de Derecho Civil*, vol. 62, nº 2, abril-junio, pp. 713 a 781.

LÓPEZ LÓPEZ, A. (1977), "Reforma y criptoreforma del sistema matrimonial español", *Revista General de Legislación y Jurisprudencia.*

LÓPEZ LÓPEZ, A. (2015), *Derecho civil constitucional*, Universidad de Sevilla, Sevilla.

NIETO ALONSO, A. (2016), "Capacidad del menor de edad en el orden patrimonial civil y alcance de la intervención de sus representantes legales", Revista de Derecho Civil, vol. III, nº 3, julio-septiembre, pp. 1 a 47.

OLIVA BLÁZQUEZ, F. (2014), "El menor maduro ante el Derecho", *EIDON Revista Española de Bioética*, nº 41.

PARRA LUCÁN, M.A. (2013), Minoría de edad, *Tratado de Derecho de la persona física*, T. I, dir. GETE-ALONSO Y CALERA, M.C. y Solé Resina, J., Cizue Menor, Civitas Thomson Reuters.

PARRA LUCÁN, M.A. (2015), *La voluntad y el interés de las personas vulnerables*, Ed. Jur. Ramón Areces, Madrid.

PIZARRO MORENO, E. (2020), *El interés superior del menor: claves jurisprudenciales*, REUS, Madrid.

RAMÓN FERNÁNDEZ, F. (2016), El derecho del niño a ser oído y escuchado en todos aquellos asuntos que le afecten, en CABEDO MALLOL, V. - RAVETLLAT BALLESTÉ, I., coord., *Comentarios sobre las leyes de reforma del sistema de protección a la infancia y la adolescencia*, Tirant lo Blanch, Valencia, pp. 118 y ss.

RIVERO HERNÁNDEZ, F. (2007), *El interés del menor*, 2ª ed., Madrid, Dykinson.

ROCA TRÍAS, E. (1990), "Familia, familias y Derecho de familia", *Anuario de Derecho Civil*, t. XLIII, fasc. IV, enero-marzo.

ROCA TRÍAS, E. (1999), *Familia y cambio social. De la casa a la persona*, Civitas, Madrid.

VALPUESTA FERNÁNDEZ, R. (2005), "La encrucijada de la familia: entre la realidad social y el Derecho", Revista de Derecho Comparado, nº 9, Derecho de Familia I, Buenos Aires y en el Libro Homenaje al profesor Puig Ferriol, Barcelona.

VALPUESTA FERNÁNDEZ, R. (2005), Otras miradas a la familia: las familias y sus funciones, en Libro Homenaje al profesor Albaladejo, vol. I, Murcia.

VALPUESTA FERNANDEZ, MR. (2011), Comentario a los artículos 1263 y 1264 del código Civil, en *Código Civil comentado*, dir. CAÑIZARES LASO, A. y otros, vol. III, Cizur Menor, Civitas Thomson Reuters, Navarra.

VALPUESTA FERNANDEZ, MR. (2012), *La disciplina constitucional de la familia en la experiencia europea*, Tirant lo Blanch, Valencia.

VARELA CASTRO, I. (2016), "El interés del menor como derecho subjetivo. Especial referencia a la capacidad para contratar del menor", *Boletín del Ministerio de Justicia*, mayo, pp. 1-61.

VÁZQUEZ-PASTOR JIMÉNEZ, L. (2009), *La construcción de la ciudadanía del menor*, Valencia, Tirant lo Blanch.

VÁZQUEZ-PASTOR JIMÉNEZ, L. (2023), Comentario del art. 1263 CC, en CAÑIZARES LASO, A., dir., *Comentarios al Código Civil*, Tirant lo Blanch, Valencia, pp. 5770-5774.

VÁZQUEZ-PASTOR JIMÉNEZ, L. (2009), "El interés superior del menor de edad en situación de desprotección como principio rector de la actuación de los poderes públicos", *Boletín del Ministerio de Justicia,* año LXXIII, julio 2019, pp. 3 a 78.

VERDERA IZQUIERDO, B. (2017), El interés del menor versus interés familiar e interés particular de los progenitores, en MAYOR DEL HOYO, M.V., *El nuevo régimen jurídico del menor. La reforma legislativa de 2015,* Thomson Reuters Aranzadi, Navarra.

VERDERA IZQUIERDO, B. (2019), *La actual configuración jurídica del interés del menor,* Aranzadi, Pamplona.

VILLAGRASA ALCAIDE, C. (2016), El derecho de la persona menor de edad: hacia una disciplina autónoma desde el Derecho Civil, en CABEDO MALLOL, V. – RAVETLLAT BALLESTÉ, I. (2016), coord., *Comentarios sobre las leyes de reforma del sistema de protección a la infancia y la adolescencia,* Tirant lo Blanch, Valencia.

Capítulo III

Evolución de la protección de la infancia hasta nuestros tiempos: marco jurídico

MAXIMILIANO ANDRÉS GARCÍA-CARMONA

Licenciado en Servicios Sociales, Trabajador Social. Doctorando en Ciencias Sociales Universidad Pablo de Olavide.

INTRODUCCIÓN

El concepto "Interés Superior del Menor" (en adelante ISM) cómo se conoce hoy, no ha sido estático ni rígido y tiene que ver con la concepción de los derechos que ha tenido la figura del niño y la niña o la infancia (para efectos de este documento, al utilizar las palabras "niños", "menores", "infantes" nos estaremos refiriendo tanto a las como a los menores de edad). De esta manera, ha ido tomando cada vez más forma, jurídicamente hablando, tanto en su contenido como en su interpretación.

Sin embargo, es precisamente la complejidad de los elementos que lo conforman y que dan cuerpo a su contenido lo que hace muy dificultoso su observación a la hora de tener que aplicar criterios valorativos. Precisamente porque los Ministros, Jueces y/o abogados conocen la normativa, saben que si no está debidamente clarificado –el concepto- se puede caer en una ambigüedad interpretativa dependiendo de la mayor o menor fundamentación en variables y elementos que dan cuenta del ISM, pero como en la legislatura y en las normativas no se hace una mención más detallada a estos aspectos psicosociales, la mejor opción es mencionarlo tal cual, e invocar el ISM como un gran concepto que se da conocido por todos.

Si observamos a lo largo de la historia de la civilización, podemos percatarnos que existen 4 fases de la evolución de cómo se entendía la niñez o el concepto de infancia, para llegar al ISM de nuestros días.

El concepto "Infancia", en una primera fase no existía como tal, y donde se le comprende sólo desde la importancia en la preparación y educación para la adultez.

En una segunda fase al niño se le reconoce como una persona, pero de poca importancia, sin poder definir con exactitud la representación de esta, y se evidencia la intención de ahondar sólo aspectos propios de la educación formativa, aquí aparecen los reformadores sociales que permitirán ir generando un cambio de mentalidad.

Una tercera fase de desarrollo de este concepto tiene que ver con las declaraciones -de carácter simbólico en un comienzo- y convenciones y tratados internacionales, que permiten formular e incorporar articulados en las normativas de los distintos países. Pero incluso la forma en que surgen estas declaraciones y la manera en que se incorporan en las normativas de algunos países, deja de manifiesta esa visión de derecho estricto y positivo, de forma indeterminada.

Hoy en día nos situaríamos en una cuarta fase, que representa un nuevo paradigma y desafío, el cual referiría la necesidad de ir más allá de la satisfacción de derechos sociales, de necesidades básicas y proteccionistas, pero que también refleja la complejidad que poseen los aspectos psicosociales en el desarrollo humano, lo cual va de la mano con la capacidad intersubjetiva de cada sujeto de construir su propia realidad y, por ende, de entender subjetivamente el concepto del ISM, es decir escuchar genuinamente la opinión de un niño o niña para que él o ella misma incida en una decisión para su propia persona. Esto es muy complejo pues aún no dejamos de pararnos desde el adulto supremo que "sabría" lo mejor para ese niño, desde la norma o la ciencia, pero que a la larga sólo favorece la elaboración e imposición adulta desde un constructo cognitivo basado en valores propios de acuerdo a su respectiva socialización primaria y formal que hace interpretar, con ese filtro subjetivo, esas realidades para tomar una decisión que sería de interés superior para el menor, pero cabe la pregunta ¿estamos escuchando realmente a nuestros niños?.

1. FASE I: EDAD ANTIGUA Y EDAD MEDIA

1.1. Edad Antigua

La construcción figurativa y simbólica de la imagen del niño o la niña, inevitablemente está al arbitrio de la concepción de sociedad de cada época, ya que es un constructo cognitivo, por tanto, cada sociedad en su etapa de madurez intelectual y cultural aborda y refleja la imagen de esa figura de infancia o de niñez.

Desde esa lógica es necesario mencionar lo difícil que resulta escudriñar en el pasado de la civilización para revisar los vestigios acerca de la figura de la infancia, principalmente porque no se tienen registros suficientes. Resulta incomprensible que, mientras la literatura científica de las Ciencias Sociales aborda la evolución de la infancia, sólo a mediados del s. XIX con la aparición de la Historia Social (Ulivieri, 1986) aparece el estudio de la niñez como tal, junto con otras temáticas como del estudio del rol de la mujer y la madre.

Con el transcurrir de los años y con los descubrimientos arqueológicos se han podido rescatar indicios de cómo han abordado el concepto de niñez o infancia algunas civilizaciones antiguas, como el caso de Egipto, dónde se habían creado escuelas para niños, o en Mesopotamia, dónde se había creado la escritura para que sea enseñada a los menores (Zermatten, 2003). De alguna forma esto da a entender que había una preocupación por parte de la sociedad de entonces respecto de las figuras de los niños.

Lo anterior refleja que, desde tiempos remotos, cada sociedad, cada nación cada pueblo, ha buscado la manera de abordar la crianza, pero en los hallazgos se evidencia que era sin reconocer la persona del niño, sino más bien identificándolo como un pequeño adulto, sin considerarla como una etapa de desarrollo humano, donde el individuo tuviera sus propias características y cualidades y la infancia como constructo social no habría aparecido en escena sino hasta el siglo XVII (Enesco, 2008).

En la Grecia clásica y la antigua Roma se observan los primeros indicios tangibles respecto de la figura de la niñez, centrada básicamente en la manera de criar y educar, pero donde los niños estaban despojados completamente de derechos. Si bien se reconocía la presencia de elementos emocionales y afectivos, el niño no existía como individuo; de hecho, era considerado un pequeño hombrecito que no podía bastarse a sí mismo, ni tampoco sustentaba personalidad propia y era dependiente completamente de los adultos, siendo su vida poco importante, como incluso se toleraba y aceptaba en el Derecho de la antigua Roma donde se permitía el abandono del niño (Marrou, 1985).

Para la sociedad de la Grecia Clásica, el niño era un individuo incompleto que debía ser dirigido y conducido hacia la adultez, ya que estaba desprovisto de todo lo interior, de allí la importancia que le atribuían a la educación desde temprana edad, pero una educación adultizada. Marrou (1985) lo retrata muy bien:

> "El objeto propio de la educación no es el niño que babea ni la adolescente de manos enrojecidas ni siquiera el joven ansioso por sumergirse de lleno en la vida, sino simplemente el Hombre, verdadero y único objeto de la educación; ésta no se ocupa del niño, si no en la medida necesaria para enseñarle a superar su condición infantil" (p. 286)

Esta figura del niño sin intelecto y vacío se refleja en la palabra que utilizaban en Grecia para referirse a ellos, tanto en Esparta como en Atenas se les decía "pais", palabra que a veces era utilizada en un sentido peyorativo para hacer referencia a esclavos, oprimidos, criados o servicio doméstico (Gutiérrez & Pernil, 2013).

Se entendía la importancia de educar, pero para la adultez, por tanto el sistema educacional no reconocía etapas de desarrollo como la infancia, asumía una escolarización de tipo informal en un comienzo, que llegaba hasta la pubertad dónde se instruía para aprender a leer, escribir y la educación física, lo que se denomina una educación liberal de cuerpo y mente, y en una segunda etapa una instrucción formal donde se impartía la aritmética, la filosofía, ciencias, literatura y se les instruía en el servicio militar (Enesco, 2008).

La educación se remitía solo a la obediencia, desarrollar la paciencia, tolerar la fatiga y el cansancio y vencer en la batalla. Es por esto que la formación de esta época era más bien un entrenamiento cada vez más riguroso a medida que crecían; se les afeitaba la cabeza, se les acostumbraba a caminar descalzos y a jugar desnudos la mayor parte del tiempo (Gutiérrez & Pernil, 2013).

Esta visión es ratificada a través autores como Aristóteles que en *Ethique à Nicomaque*, compara a los niños con animales que no pueden ser felices exponiendo: "Por la misma causa, tampoco el niño es feliz, pues no es capaz todavía de tales acciones por su edad..." (Aristóteles, 1985, p. 72).

En consecuencia, la figura del padre en la sociedad de Grecia antigua era aquella que concentraba todos los principios del Derecho de la familia, aglutinaba los roles de marido, padre, educador, donde esta figura ha trascendido casi hasta nuestros tiempos. Los efectos jurídicos en aquella sociedad, no son solo aquellos al no reconocimiento de los derechos de los niños, sino que era muy contrario al concepto que se pueda entender de sociedad y de familia, ya que no es un Estado el que se hace cargo de la institución familiar, prevalecía la autoridad del padre, llegando incluso a no garantizar derechos del niño pues la alimentación y la educación quedaban al arbitrio de la relación o al sentido de amor que el padre pudiera tener a sus hijos, no siendo entonces garantizados (Zermatten, 2003).

De igual manera en Roma se pierde la importancia de la educación liberal, la idea era formar buenos oradores, practicar la retórica, y habían desarrollado un sistema de educción bien definido, aunque no universal, pero que permitía el acceso hasta los 12 años tanto a niños como niñas en la escuela elemental (7 a 12 años), luego eran separados y proseguían sus estudios solo aquellos varones de familias acomodadas (Enesco, 2008).

En esta época también se logra identificar, tanto en Grecia como en Roma, la objetivación sexual de los niños y niñas, la manera y frecuencia de esta utilización dependía del lugar, pero era muy frecuente tanto en Creta como en Beocia y Atenas, donde existían burdeles para alquilar muchachos. También en la época era común que las familias permitieran que otros adultos tocaran las partes íntimas de los jóvenes. Incluso los niños, junto con tener que cumplir una labor de servidumbre a los adultos, también se les exigía andar semidesnudos. También se lograba evidenciar la asociación del castigo físico en las escuelas para someter la voluntad de los niños y niñas y así también utilizar la autoridad de los tutores para cometer actos de sodomización (DeMause, 1974).

El escritor Marrou (1985) se refiere a la familia romana como un instrumento de formación y el medio natural donde debe crecer y formarse el niño ejemplificando que cuando este nace, es depositado a los pies del páter familias y solo si este lo eleva y lo presenta en el calor del hogar ante el fuego declarándolo hijo suyo, recibiría la atención necesaria para sobrevivir, y por el contrario, de no hacerlo, era puesto en columnas de templos o en la vía pública dónde moriría de hambre a no ser que alguien lo recogiera y la adoptase.

Ya entrado el siglo II y III d. C., el matrimonio asume una dimensión psicológica y moral que no tenía en la Roma antigua. Se aprecia un cambio en la concepción del matrimonio, la familia y el niño, no generado por el cristianismo como se pudiera pensar, sino más bien por un carácter sagrado que la iglesia y el estado no impusieron, fue probablemente por el propio consenso de la comunidad. El niño se aprecia entonces como fruto de una unión consagrada por un Dios y que por tanto favorecerá la promoción y difusión para evitar y prevenir los abusos sexuales que se podían cometer tanto por maestros cómo por familiares y personas cercanas. No es hasta posterior a estos siglos, que en Roma se sancionan el infanticidio y el aborto, incluso entre los judíos de esa época ya veían con malos ojos el abandono de los niños y niñas deformes, no obstante llama la atención un doble estándar, ya que finalmente en la época de la República, y bajo la necesidad de contar con hombres para la guerra, y observándose la baja natalidad, se empieza a prestar atención a la figura del niño cómo una etapa diferente, pero claramente por un interés que no era en razón directa por la preocupación natural hacia la infancia (Gutiérrez & Pernil, 2013).

1.2. Edad Media

En esta etapa y hasta avanzada la alta edad media, no se aprecia cambios sustanciales en la imagen y la figura que representa la infancia para la sociedad. Diversos autores describen precisamente al niño de esa época como quien debía dedicarse a la familia, sin derecho a hablar y sin personalidad propia, donde la educación debería estar dirigida precisamente a formarlos en los oficios que desde pequeño ya debían empezar a aprender para desempeñarlos en la vida adulta (Zermatten, 2003).

Dos autores, con distinta posición teórica ante la historia de la infancia, coinciden en un mismo elemento. Lloyd DeMause y Philippe Ariès describen una imagen de la infancia en esta época como un estadio que debe finalizar con la obtención del hombre adulto sin considerar la infancia misma y poniendo el énfasis en el resultado de la adultización inmediata, sin intermedios (Gutiérrez & Pernil, 2013).

De Mause (1974) en su libro "Historia de la Infancia", ya nos exponía que en la edad medieval se empieza a dar un principio psicológico que denomina "doble imagen" (p. 29), donde por una parte se aprecia al niño como un ser maligno o deforme e inacabado y otra como un adulto.

Philippe Ariès (1998, p. 10) en su libro "El niño y la vida familiar en el antiguo régimen" menciona que no se reparaba en lo absoluto respecto de la imagen del niño como una etapa, ni siquiera se visibilizaba, era alguien que debía entrar rápidamente al mundo del adulto, "El bebé se convertía en seguida en un hombre joven sin pasar por las etapas de la juventud las cuales probablemente existían antes de la Edad Media y que se han vuelto esenciales hoy día en las sociedades desarrolladas".

A comienzo de la alta edad media, la imagen que se tenía de la infancia, como constructo social, heredaba de la edad antigua los vicios y representaciones negativas. La educación debía cumplir un rol preponderante para preparar de manera eficiente y eficaz para la rápida transición a la adultez, de allí que los niños de 7 años ya compartían un mundo de adultos con las amistades, con los familiares, en el trabajo (Zermatten, 2003), lo que facilitaba la ocurrencia de situaciones vejatorias hacia ellos.

Era recurrente entonces, en los primeros siglos de la edad media cometer actos impropios o violentos hacia la infancia, como el castigo físico, los encierros, los fajamientos a bebés y otros actos que claramente hoy por hoy los catalogamos como negligencia, agresividad y violencia (De Mause, 1974).

Llegados a este punto, es importante mencionar el rol de la educación como institución. Si en la antigüedad tenía un cariz centrado en preparar físicamente y de formar librepensadores "varones" (no olvidar que tanto niños como niñas participaban de la educación hasta los 12 años, luego continuaban solo los jóvenes varones), en la edad media no se buscaba exaltar esa capacidad, sino que, muy ligado al ámbito eclesiástico, debía formar niños y niñas que sirvieran a Dios y a la Iglesia y lo que ésta representaba y su autoridad (Enesco, 2008), no existía un patrón entre ambas épocas, no hubo una conexión (Marrou, 1985) y lenta pero profundamente la educación dio un giro hacia el concepto del "pecado original", lo que profundiza aún más esa idea de que la infancia es negativa, perversa que debe ser guiada, o como dice Ilena Enesco, "socializada" (2008, p. 2).

Ya entrada la alta edad media, el niño deja de trabajar en el campo y en las labores domésticas, siendo el mundo eclesiástico quien lo acoge con una mirada más benevolente. La figura de la infancia entra al mundo de las representaciones, se le presenta como heredera de la figura de los ángeles, aparece la figura del monaguillo, vinculados a misterios religiosos ligados al culto mariano (Ariès, 1998).

Si bien aún se le consideraba un ser vacío al nacer, se le podía liberar del pecado original a través del bautismo, se empieza a consolidar la idea de que el niño es bueno lo que va de la mano con la concepción de que es fruto de una unión sagrada como el matrimonio. Es en esta línea en que la Iglesia posiciona fuertemente su liderazgo para educar, para enseñarles desde el dogma, perdiendo espacio la educación "profana" o laica -que más tarde retomaría fuerzas en la Ilustración-. Esto cambiará el entramado social, las familias comienzan a ser partícipes de la experiencia escolar de sus hijos, dejando aparte la figura exclusiva del padre, para centrarse también en la figura del menor. La imagen del niño luego deja esa iconografía canónica -a fines de la E. Media (S. XIII – S. XIV)-, para trasladarse a figuras universales en textos, cuentos y leyendas de la época, matizando la imagen de la infancia de forma significativa (Ariès, 1998).

En esta época, la peste negra asola Europa en el año 1.348, disminuyendo la población a casi la mitad y, por ende, también era necesario cuidar a los niños que debían incorporarse forzosamente al mundo del trabajo, en particular los más pobres y de familias humildes, mientras las niñas debían dedicarse a las labores domésticas en otras casas que no fueran la suya, o incluso se veían obligadas a casarse antes de los 15 años (Ulivieri, 1986).

Finalizando ya la edad media y pasadas las enfermedades, con los adelantos mercantiles y la migración a las ciudades, el niño poco a poco deja efectivamente de desempeñar trabajos para dedicar más tiempo a la escuela, se iniciará la fase de reflexión y conceptualización de la infancia, a partir del S. XVI, donde comienzan a aparecer leyes que reconocen la figura del niño, aunque si bien no en un sentido de sus derechos, sí de manutención y reconocimiento de paternidad.

Aparecen las antiguas leyes de los pobres en Inglaterra, La ley de 1576 fijó por primera vez la responsabilidad de los progenitores para la manutención de los hijos nacidos fuera del matrimonio, pensiones cuyos montos podían variar según las capacidades de los padres, fijaban una edad límite para percibir esa ayuda –que, aunque para los efectos era muy por debajo de lo actual, 11 o 12 años- establecían esa obligatoriedad "social" de hacerse responsables (Pinchbeck, 1957).

2. FASE 2: REFORMADORES SOCIALES Y EL SURGIMIENTO DEL CONCEPTO INFANCIA

En esta etapa aparecen destacados personajes históricos de distintas áreas del pensamiento, como la filosofía, la política, la religión o educación. Estos reformadores sociales se han definido de acuerdo con la literatura especializada y por expertos en la historia de la infancia, como son Aries, P. (1986), De Mause, L. (1974), Enesco, I. (2008), Lansdown, G. (2005), Marrou, H. (1985), Zermatten, J. (2003).

Comprende aquel período de transformación en la historia que va desde comienzos de la Baja Edad Media (S. XI) (Rodríguez & Rigueiro, 2015) hasta la Edad Moderna (S. XVIII) con especial mención del Humanismo, el Renacimiento y la Ilustración. Surgen las primeras leyes de los pobres y las posteriores leyes Isabelinas, siendo un primer paso en el establecimiento de normas jurídicas que abordaron la situación de pobreza y el bienestar de la población. Igualmente fueron el primer peldaño para reconocer algunos derechos de los niños nacidos fuera del matrimonio, como la manutención que debían pagar los padres ausentes. Huelga mencionar que esto tenía la finalidad de disminuir la mendicidad en las parroquias donde se concentraba el mayor número de pobres (Pinchbeck, 1957).

La sociedad comienza paulatinamente a aplicar elementos diferenciadores a la infancia, (S. XVI-XVII), comienzan a vestir a los niños con pantalones cortos, más frecuente en las familias acomodadas, mientras en los estratos socioeconómicos bajos aún vestían adultizando a sus hijos. También estas familias solían aceptar varios hijos, en contraposición a las familias acomodadas y la nobleza que intentaban reducir el número de integrantes (Ariès, 1986).

En esta época la infancia debió abrirse paso ante una crisis económica que amenaza con expandirse desde Inglaterra a toda Europa occidental, profundizada por las migraciones del campo a la ciudad, derivada de la tecnificación del trabajo en el campo y la agricultura a fines del 1.700, y por procesos inflacionarios no previstos que comenzaban a surgir por la expansión del comercio. Esto, junto a deficientes condiciones laborales (Boyer, 1990), van disminuyendo el trabajo infantil y surge la escolarización como una institución que favorece la ocupación de esos niños ya "sin oficios" y que busca, a través de un modelo autoritario y rígido, incidir y profundizar en la disciplina de los niños preparándolos para la vida adulta (Ulivieri, 1986).

A partir del siglo XVI y hasta el S. XIX, con la aparición de los reformadores sociales, se comienza a visualizar la figura de la infancia como una "persona" diferente del adulto, que tiene que ser educado y cuidado para que pueda ser, posteriormente, un buen ciudadano.

Desiderio Erasmo de Rotterdam. (1466 – 1536)

Criticó las formas de educar de su tiempo. Logra colocar como tema central la educación para la infancia, sosteniendo que ésta debía impartirse desde los primeros años, lo que favorecería la conducción futura de la existencia de las personas (Barceló, 2001).

Comprende la importancia de "inocular" de valores a los niños desde muy temprana edad, y ello lo proponía a través de la lectura de obras antiguas que exponían temáticas como la humildad, la justicia, y la sabiduría, rechazando la violencia (Rada, 2010).

En su obra "De Pueris" (1529), describe las condiciones que debía poseer el educador/a, colocando la importancia y el énfasis en la moral y la ética. El pedagogo debía poseer dominio no sólo del conocimiento que enseñaba, debía ser un erudito, tener dedicación, ser sereno, flexible, con criterio, creativo en sus métodos y contenidos escolares y no utilizar los castigos físicos, algo muy común por entonces como método para corregir la conducta en clases. Para Erasmo, al mismo tiempo que se educaba a un niño se estaba educando a sus padres y a su familia, tanto en la libertad como en la rectitud, y por consiguiente se podía llegar a alcanzar la virtud humana (Passeggi & Souza, 2009).

Tomás Moro (1478 - 1535)

A través de su libro Utopía expone la hipocresía de la sociedad y la manera en que se gobernaba, describiendo la importancia del ser humano, la justicia y en especial la igualdad de género ante la educación (Eltón, 2017), por otra parte el autor Keith Watson en su artículo Tomas Moro (1478-1535) nos explicita una de las ideas centrales del libro Utopía: "La segunda idea es que los niños y los adultos deben relacionarse libremente entre sí y aprender mutuamente, idea que sólo se ha empezado a aplicar de verdad a finales del siglo XX" (Watson, 1999, p. 12). Esto, a mi entender, es lo que sería siglos más tarde la igualdad de derechos y el respeto a la infancia.

Precisamente para Tomás Moro, los niños eran casi literalmente un regalo de Dios hacia los padres, pero no tan solo a ellos, sino a la sociedad y por tanto era necesaria una buena educación la que debía ser brindada tanto por sus progenitores como por un estado, con profesores debidamente cualificados.

Juan Luis Vives (1493 – 1540)

Es uno de los primeros en reconocer la infancia como una etapa de especial preocupación, lo anterior se desprende, al dedicarle un apartado completo a la niñez en una de sus principales obras, "Del socorro de los pobres" (Vives 1781).

Allí nos expone que debe haber una preocupación hasta los 6 años, para posteriormente cursar estudios en las escuelas públicas. Expone que a través de la educación se pueden entregar valores cristalinos, puros y cristianos, donde no solo deben aprender a escribir y a leer, sino que, a formarse un juicio recto de las cosas, mencionando que, en estos centros educacionales debían contar con los mejores maestros. De igual forma en el apartado "Sensores y Censura", sugiere prestar atención y observar –por prevenir- a qué se dedican los niños, esto se debería a que les atribuye una bondad y transparencia que debe ser moldeable hacia un adulto bondadoso y recto.

Jan Amos Komenski o Comenio (1592 – 1670)

Expone que el ser humano debe cultivarse de forma "universal", sin distinción, tanto ricos y pobres, "nobles y plebeyos", incorporando la igualdad de género en la educación tanto niños, niñas y mujeres (Comenio, 1998). Identifica cuatro etapas de la infancia en el proceso educativo: La Infancia, la Puericia, la Adolescencia y la Juventud en el libro "Didáctica Magna"; y otras cuatro fases en "Panorthosia or Universal Reform" (Glenn, 2018).

Logra colocar como elemento principal en sus obras, la figura del niño como aquella piedra bruta que se debe trabajar con flexibilidad, con herramientas que no lo desincentiven de obtener el conocimiento, la didáctica agradable, armoniosa, pero que al fin y al cabo cumpla el objetivo de forjar al ser humano desde pequeño (Runge, 2012).

John Locke (1632 - 1704)

Logra transmitir la importancia de lo cotidiano y la intersubjetividad en la construcción de la realidad. Sitúa la figura del niño como un ser moldeable, en contraposición a las ideas cartesiana innatas de su época. La educación, de acuerdo con este autor, debía estimular el desarrollo natural del educando, por tanto, importaba fortalecer su voluntad, y para ello habían de fomentarse la salud y la robustez corporal con un régimen y ejercicios apropiados (Várnagy, 2000).

El autor reconoce en los niños la capacidad de generar ideas y construir conocimiento a través de la intersubjetividad y la interacción permanente y cotidiana con el medio y, a través de la educación (familiar e institucional), se puede estimular la capacidad de abstracción (Darós, 2000).

Jean-Jacques Rousseau (1712 – 1778)

Considera la figura de la infancia como un estado natural, apartándose de los tecnicismos pedagógicos de su época, dejando plasmado que el niño no debía ser otra cosa que sí mismo. Rousseau en su obra Emilio, destacó la relación del bebé con su madre a través de la lactancia (Marrades Puig, 2002), exponiendo que la infancia permite entender las carencias que puede llegar a tener el ser humano futuro y que por ello se le debe educar. Hace una crítica pública a las costumbres de la época de fajar a los recién nacidos, así como la labor de las nodrizas, no por el trabajo de ellas, sino centrándose en la responsabilidad de las madres en la labor de amamantar y lo que ello favorecería en la relación, que hoy en día se estudia en la teoría de apego y vínculo.

Describe los aspectos afectivos que debiera existir entre los progenitores con sus hijos, obviamente por la época atribuyendo esa función a la madre.

Por último, logra poner en el centro de la sociedad, la figura del menor, con su realidad, sus necesidades y los requerimientos que debiera provisionar su contexto, no solo alimentarios, también educativos, pero sobre todo en el entendimiento del ser infante, para comprenderle como un ser en una etapa de desarrollo diferente y especial.

Johann Heinrich Pestalozzi (1746 - 1827)

Entendía la necesidad del reconocimiento del menor en su contexto, en la familia y desde allí construir un colectivo social, lo cual le asigna, implícitamente, pleno derecho en la sociedad. Como expone el mismo: "En la compleja agrupación de niños y de adultos, en la muchedumbre desamparada, en la vida social, que es la que educa", "no trata de formar un gentil hombre, sino a un pueblo" (Citado en Salit & Gabbarini, 2013, p. 56).

Expone que debía entenderse la infancia desde el punto de vista del propio niño, el educador o pedagogo no sólo debía formarse valóricamente y adquirir una metodología intachable, sino que también debían comprender esta infancia desde la mirada del niño y la niña, lo cual representa un mayor entendimiento de una etapa de vida.

Esto propiciará que las visiones posteriores que se observen de la infancia tenderán a referirse a ella no solo desde un prisma pedagógico, sino sociológico y psicológico.

Dietrich Tiedemann (1748 - 1803)

Identifica, a través de la observación empírica, las características que se presentan en el crecimiento de un niño. Esto permite describir la diferenciación con el mundo del adulto en la praxis y en la interacción social.

La relevancia del papel de Tiedemann estriba en lograr encuadrar y describir por una parte el comportamiento infantil, y por otra el crecimiento sensorial, el motriz, el lenguaje y el intelecto de su hijo (Dietrich, 1976).

Friedrich Fröebel Bardeen (1782 – 1852)

Pedagogo alemán, creó el concepto de jardín de infancia y desarrolló la teoría del juego (Soëtard, 2013).

Reconoce un estadio, una etapa de desarrollo distintiva de la niñez. Esto permitió comprender a futuro que efectivamente se debía respetar al menor en esa capacidad lúdica que servía como medio para un aprendizaje a través del sistema sensorial y que posteriormente transitaría a otra nueva etapa de comprensión de elementos más abstracto.

Eso dará paso más adelante a la fase siguiente que exponemos en este documento, donde se empiezan a sentar los cimientos para los que son las primeras aproximaciones a los conceptos legales y jurídicos respecto de la infancia.

3. FASE 3: PIONERO/AS E INTERNACIONALIZACIÓN

En esta fase destaca la Convención de los Derechos del Niño como el gran hito de la historia en el reconocimiento de la infancia. Sin embargo, también hay que entender que es el comienzo de una ardua labor para aunar criterios e instalar en las distintas naciones las reformas necesarias o la creación de normativa que ratificara en la "praxis" esta Convención[1].

Va quedando en evidencia que por más que se intente identificar al niño como un sujeto de derecho, se va objetivando como un ser al cual hay que proteger, no como un ciudadano, no como un integrante más de la comunidad, no como a una persona que pueda por sí sólo hacer valer sus derechos idénticos al resto de su sociedad[2].

En esta Fase, desde el punto de vista jurídico, se reconocen los importantes avances, pero efectivamente aún hay resabios de la visión adultizada de la fase anterior. Todavía los adultos se erigen con el deber moral, pero desde la subjetividad, de interpretar la norma so pretexto de proteger y así poder decidir en representación de un niño o una niña.

Pero llegado a ese momento, se debe reflexionar acerca de los contextos históricos que desencadenan la urgente necesidad de cambio de mentalidad, como para que personajes históricos, que les denomino Pioneros[3], hayan tenido que poner sobre relieve el respeto de nuestros niños y niñas.

---

1 Llama la atención que se presenten 2 fenómenos que indican los resabios que aún persisten de las fases anteriores en esta época. Por un lado, que en la Declaración de los Derechos Humanos no se haya incorporado al menor, y luego, han debido pasar 30 años (lo que es casi media generación) para que desde la declaración de los Derechos del Niño (1959) se haya podido celebrar la CDN de 1989.

2 Debo puntualizar que efectivamente hay naciones, una más que otras, que logran asumir con mayor celeridad el estudio, revisión, reformas y creación de normativa respecto a ese "ciudadano" llamado niño o niña, más allá de esa visión protectora del adulto, pero hay otras que se han demorado, basta comparar las constituciones europeas para ver como abordamos los derechos de nuestra infancia.

3 Pionero, persona que da los primeros pasos en alguna actividad humana (Real Academia Española (RAE), n. d.).

Precisamente son las guerras de comienzo del S. XX (1904-1905 Rusia-Japón, Revolución Rusa de 1905, la Primera Guerra Mundial de 1914-1918 y la Independencia de Polonia de Rusia en 1918) que desvelan los horrores a la humanidad, y dentro de éstos a los/as más expuestos, desprotegidos y abandonados, los niños y huérfanos.

En ese contexto aparecen tres personajes históricos que, observando precisamente a los niños que quedan huérfanos y abandonados "los hijos de la guerra", comienzan a realizar actos concretos, acciones loables, que movilizan a la sociedad hacia ese cambio de mentalidad, más allá de las reflexiones axiológicas y valóricas que se venían dando, me refiero a Ellen Key, Eglantyne Jebb y Janusz Korczak, que exponen con valentía que los cambios hacia el respeto y cuidados de los niños se podían realizar, y comienzan a ser señeros en ese camino, cada cual con sus propios matices, pero los tres de forma decisoria. Son pioneros por lo mismo, porque son los primeros en efectuar acciones concretas y consecuentes con sus valores y principios, que demuestran que se puede respetar a los niños desde la esencia de ellos mismos (Hägglund & Thelander, 2011).

3.1. Pioneras/os

Ellen Karolina Sofía Key (1849 – 1926). Intelectual sueca que abordó temáticas como la religión, la política, la educación, arte y literatura, los derechos del niño y de la mujer, entre otros (Lengborn, 2011). Aborda de forma crítica los valores de la sociedad en torno a la figura del niño y la mujer, asignándoles un lugar principal en la generación de las políticas sociales y en la educación, planteando urgente necesidad de reformas educativas y nuevos procesos de enseñanza aprendizaje que visualicen a la figura del niño como un individuo y como un sujeto con derechos (Blanco & Mayoral, 2022).

En su libro, *El siglo de los niños*, expone la necesidad de que los menores tengan los mismos derechos y deberes que sus padres (Key & Domenge, 2021).

Junto con Korczak coinciden en el énfasis del reconocimiento de la individualidad del menor como ser humano, reconociendo el derecho a ser tal cual se es y, por ende, el derecho a ser escuchado, el derecho a la individualidad que aprendió de Rousseau (Lengborn, 2011).

Eglantyne Jebb (1876 – 1928). Inglesa, que destaca por dos aspectos, uno es porque no se quedó en la discusión intelectual y filosófica respecto de la situación de los niños y niñas post Primera Guerra Mundial, como la hambruna y orfandad, sino que realizó acciones concretas de gran envergadura que involucró y movilizó a la ciudadanía a participar en la atención de los niños. Fundadora en Inglaterra Save the Children Fund en 1919 y, entendiendo que la problemática ameritaba un compromiso superior y universal producto de las guerras internacionales, fundaría más tarde Save the Children International Union en 1920 (Kerber-Ganse, 2015).

En 1923 genera un documento en el seno de Save The Children International donde declaraban los primeros derechos del niño. Un año después, y concientizada respecto de la necesidad de aglutinar esfuerzos, propicia que la Sociedad de las Naciones[4] proclamara la Declaración de Ginebra.

Si bien ese documento apunta a la protección y satisfacción de necesidades del mismo, no es menos cierto que su gran labor precisamente fue el conseguir aunar a distintos países en el reconocimiento por primera vez de derechos fundamentales,

---

4 La Sociedad de las Naciones fue la primera organización de países a nivel internacional desde 1919, posteriormente, en 1946 pasaría a llamarse Organización de las Naciones Unidas.

antes que la misma Carta de Declaración de los Derechos Humanos de 1948.

Henryk Goldszmit "El Doctor Janusz Korczak" (1868 – 1942). Investigador empirista, tiene el reconocimiento de haber realizado en la praxis un trabajo de observación y de seguimiento de las características de los niños y las niñas, y la potencialidad interna que ellos tienen de entender el medio y auto gestionarse.

Hablar de Korczak posee una doble connotación. Por una parte, se posee una visión de él centrada su biografía y la manera en que trágicamente muere a mano de los nazis. Por otro lado, se le refiere como el padre de la pedagogía moderna, y más allá de eso, nos clarifica el concepto que hasta el día de hoy entendemos de lo que es la infancia.

Korczak poseía el firme convencimiento de que el menor poseía derechos propios y por tanto creía en su capacidad de autogestión, se le debía respetar como un ser pensante y sensible, y que la diferencia que tenía con un adulto era sus emociones las que se debían estudiar para entenderle, pero desde el propio contexto de la infancia, sin adultizarlo (Lewowicki, 1994). No sólo creía en la emancipación y el respeto hacia sus derechos del niño, sino que promovía la auto organización en sus orfanatos (Gunderman, 2021).

Critica la Declaración de Ginebra de 1924 por considerar que no es universal ni que posea carácter obligatorio para las naciones, no respeta a los niños, obligando a una revisión más allá del filantropismo sobreprotector que obligaba a los padres a cumplir obligaciones, sino al derecho de las y los niños a manifestarse y expresar sus pensamientos, a reconocerles participación y ser considerados en la sociedad (Feldman, 2016).

Por último, es interesante observar un paralelismo entre la Declaración de derechos de los niños de Korczak y la Convención de las Naciones Unidas sobre los Derechos del Niño de 1989.

3.2. Internacionalización de fines de s. XIX y comienzos del s. XX

Autores como Dávila & Garmendia (2000) identifican que desde fines de s. XIX hasta el primer tercio del s. XX, se gestan tres avances a nivel internacional. El primero es la aparición en escena de las primeras políticas nacionales en algunos países tendentes a la protección de los niños, tanto en Europa occidental como en América. El segundo avance es la generación de un progreso extendido a nivel internacional de esas mismas políticas nacionales apoyadas fuertemente por congresos internacionales y asociaciones; y un tercer avance sería la aparición de los organismos representativos internacionales que comienzan a desarrollar cada vez más una fuerte misión en pro de las defensas de los derechos de la infancia, a través de tratados y convenciones.

En los primeros congresos, participaron países como Francia, Italia, Estados Unidos, Inglaterra y España. También se realizaron los primeros Congresos Panamericanos que pueden agruparse dando cuenta de la evolución en la mirada de la infancia (Dávila & Garmendia, 2012).

El primer momento concentró congresos y conferencias que abordaron la necesidad internacional de proteger al niño desvalido, desprotegido y fuertemente vulnerado en sus necesidades más básicas, aquí situamos el primer Congreso Internacional de Protección a la Infancia celebrado en Paris en 1883. El segundo momento aborda la preocupación por el desarrollo fisiológico, con la pediatría, la higiene, la medicina infantil, acá aparecen tres Congresos Internacionales de la Gotas de Leche París, 1905; Bruselas, 1907 y Berlín 1911 con la participación de Francia, Bélgica, Alemania, Reino Unido, España, Argentina, Holanda, Italia y, el tercer momento, aborda las temáticas jurídicas, tocando aspectos educativos, tribunales tutelares de menores, justicia del menor, pornografía infantil, alcoholismo (Dávila et al., 2006).

Bajo la visión de Rollet (2001), se evidencia que estos eventos no se apartan de las dos vertientes, la proteccionista y de satisfacción de necesidades fisiológicas por un lado, y las jurídicas por otro, pero que generan una cultura común.

De esta manera, los congresos internacionales de Europa se expandieran a América, como el de Washington de 1910, posteriormente los congresos Panamericanos, el primero en Buenos Aires, Argentina en 1916, los que no han cesado hasta nuestros días siendo el último el de octubre de 2019 en Cartagena de Indias, en Colombia.

De los congresos panamericanos se dio paso a la creación del Instituto Internacional Americano de Protección a la Infancia en 1927, quien centralizó los estudios regionales e internacional en materia de protección de los niños niñas, hasta su incorporación a la OEA en 1949 (Rojas, 2018).

Declaraciones:

Declaración de Moscú sobre los Derechos del Niño (1917). Primer documento formal sobre los derechos del niño. Elaborada durante la Revolución Rusa de octubre de 1917[5], en la Conferencia de la Organización Proletkult en Moscú, don-

---

5 Nota aclaratoria del autor. La revolución rusa de 1917 es una suma de varios eventos cívicos y militares, dónde distintas organizaciones sociales, entre el pueblo civil, partidos políticos, ejército y otras entidades –más o menos representativas- derrocan, deponen e instalan en el gobierno a distintas figuras de esa época, resultado finalmente la instalación de Lenin en el poder (MrówczySki-Van Allen, 2017) (Silva, 2017).

de pedagogos y artistas apuntaban al respeto de la libertad de expresión, vinculándola a los derechos sociales y económicos como un actor activo (Liebel, 2019).

Se observa entre sus 17 artículos que, en aquellos que mencionan la "libertad", en cualquiera de sus formas (de expresión, de ideas, de religión, de desempeño laboral, entre otras), va de la mano con la frase "las restricciones al respecto tendrán que ver exclusivamente con el bienestar del niño y la niña y de su normal desarrollo físico y mental y serán definidas con exactitud por las leyes correspondientes" (Liebel, 2018), reconociendo la figura del menor desde un punto de vista muy liberal, jurídicamente hablando, y lo pone a la par de la figura del adulto, reconociéndole abiertamente esa capacidad de ejercicio de su derecho.

Declaración de Ginebra (1924). Posterior a la Gran Guerra, la Revolución Rusa y en un escenario calamitoso en que se encontraban los países vencedores y vencidos, los más afectados fueron los niños.

En ese contexto, Eglantyne Jebb promueve esta declaración que si bien en un comienzo fue un programa de acción de Save the Children Fund, pronto observó la necesidad de que esa carta no quedara en un espacio reducido de activismo filantrópico, sino que debía asumir un carácter mucho más amplio, acudiendo a la Sociedad de Naciones para que esta se adhiriera y tomara forma de una declaración, que por muy simple que fuera, fuese universal (Cots, 1985).

Fue firmada el 28 de febrero de 1924, en la 5ª Asamblea General de la Sociedad de las Naciones constituida a esa fecha por 66 países que más tarde conformarían la Organización de las Naciones Unidas ONU.

Si bien posee sólo 5 artículos, la importancia de esta declaración es lo señera para su tiempo, logrando colocar los derechos de los menores en la retina de todo el mundo con la conciliación y participación en su aprobación de 66 países en pro de una decisión no menor: proteger la infancia en su desarrollo espiritual, material, de auxilio, derecho a la educación, no explotación, en su necesidad básica de alimentación y ser atendido para su estimulación y en situación de abandono.

Declaración de los Derechos Humanos (1948). Elaborada posterior a otro hecho doloroso para la humanidad, como lo fue la II Guerra Mundial, es indudable que ha incidido en la evolución del concepto de infancia hasta nuestros días por tres aspectos:

El primero es porque sienta las bases de lo que sería un reconocimiento formal y universal de los derechos naturales o fundamentales del ser humano, entendiendo éstos como una doctrina de tipo ético y jurídico que defiende la existencia de ciertos derechos propios y particulares de la condición humana, sentando los primeros principios del Derecho, “concebidos por la razón y fundados en la naturaleza del hombre, considerada en sí misma y en sus relaciones con el orden universal de las cosas” (Casado, 2008, p. 129).

El segundo aspecto es que en sus articulados se desprende y se hace mención indirecta[6] al derecho natural que tienen los niños. En lo puntual el art. 1 menciona la igualdad de las personas “en dignidad y derechos”; el art. 2 expone que no se podrá hacer discriminación, se entiende que ni por edad, “sin distinción alguna de raza, color, sexo, idioma, religión, opinión política o de cualquier otra índole, origen nacional o social, posición económica, nacimiento *o cualquier otra condición*” (ONU, 1948), art. 6 al 8 mencionan que todos tienen derecho y son iguales ante la ley, así como el derecho a la defensa ante

6 Aunque se refiere genéricamente con el vocablo “Hombre” y no expone explícitamente la palabra niños o niñas, se entiende los incorpora.

un tribunal; el art. 10 señala que toda persona tiene derecho a ser escuchado y hacer valer sus derechos, y los arts. 22 y 25 expresan el derecho a la protección del Estado.

Por último, el tercer aspecto que pone de relieve es la forma en que se logra concienciar y trabajar para llegar a un resultado como aquel, con lo difícil que es aunar opiniones, idiosincrasia, culturas y las normativas de cada país.

Declaración de los Derechos del Niño (1959). La importancia de este documento está dada por 3 elementos. El primero es que reconoce que los y las niños/as son sujetos de derecho. El segundo es que expone la obligatoriedad de la sociedad de protegerlos. Y el tercero es que pone en escena el concepto del Interés Superior del Menor.

Se traduce en diez principios que, si bien no fijaba normativa jurídica explícita para las naciones firmantes, o no establecía leyes u obligatoriedad en su implementación, es firmado por numerosas naciones que se adhieren a la protección hacia los niños y niñas reconociendo explícitamente eso como un derecho.

El hecho de poner en el tapete el concepto del Interés Superior del niño permitiría en adelante un arduo análisis reflexivo que concluirá con la necesidad de especificar, ese sujeto de derecho que le corresponde ser reconocido a nuestra infancia a través de la Convención de los Derechos del Niño, documento que tendrá un carácter vinculante a diferencia de esta declaración.

De esta manera se aprecia que el ISM que se menciona en esta declaración es utilizado como un derecho a la protección, y no se debe confundir como el derecho a ser reconocido como sujeto de derecho, por más que se anteponga la palabra derecho, todos los artículos (o mejor dicho principios) apuntan a la protección de los niños.

Convención de los Derechos del Niño (CDN) (1989). Si bien la Declaración de los Derechos del Niño fue un primer paso, al no poseer jurídicamente un carácter vinculante, evidenció cada vez más lo necesario de asegurar un real estatus de sujeto de derecho al niño o a la niña.

De esta forma, el hito fundamental de la CDN es que supera los objetivos de las declaraciones anteriores, ya que éstas apuntaban a aspectos proteccionistas y a la satisfacción de necesidades del niño, como lo exponen Hägglund & Thelander (2011b), estos documentos se ocuparon de la vulnerabilidad de los niños en tiempos de guerra y la precarización de los servicios sociales y de atención de salud de las y los niños.

Para la aplicabilidad de la CDN se creó el Comité de los Derechos del Niño, que está conformado por 18 expertos independientes representantes de distintos grupos regionales de las Naciones Unidas, que tienen la función de supervisar la aplicabilidad de la misma Convención entre los países partes firmantes, siendo elegidos por un período de 4 años (ONU, 1991).

De igual forma, para reforzar la obligatoriedad contenida en sus artículos, se generaron tres protocolos facultativos, dos en el año 2000, es decir once años después, y un tercero el año 2011, veinte años más tarde de la proclamación de la CDN.

El primer protocolo menciona la necesidad de proteger a los menores de 18 años ante los conflictos armados, así como el de procurar otorgar la suficiente atención de los niños que han sido víctimas de estos mismos conflictos de guerra a través de la rehabilitación física, psicológica y la reintegración social, fomentando y promoviendo programas de información y educación sobre este tema (ONU, 2014a).

El segundo protocolo profundiza respecto de poner fin a la explotación y abusos sexuales de la infancia dando definiciones de delitos puntuales que puedan recoger los Estados firmantes, conceptos como venta de niños, prostitución y pornografía infantiles, de tal manera que otorga una guía respecto de cómo abordar estas definiciones jurídicas en la legislación en cada nación (ONU 2014b).

El último protocolo, expone un mecanismo que permite presentar quejas en casos de violación de los derechos del niño ante el mismo Comité (ONU, 2014c). Este es un hito fundamental porque faculta a un organismo internacional, que han reconocido varios Estados, para conocer y deliberar respecto de la temática que estamos tratando en este documento.

Llegados a este punto, destacan tres elementos importantes de la CDN: primero, los principios que la guían; segundo, los grupos de derechos en que se aglutinan sus artículos; y por último, la reconfiguración del Interés Superior del Menor (ISM) como concepto jurídico objetivo.

Los cuatro principios que guían los artículos de la CDN son, por una parte, la no discriminación, el segundo el Interés Superior del Menor para la aplicabilidad de leyes y medidas que les involucren, el tercero es la protección de su bienestar y desarrollo garantizado por los Estados, y el último, el derecho a la participación y ser escuchados ante eventuales decisiones que les conciernan (Rojas - Flores, 2014).

De igual manera, los distintos artículos se pueden agrupar en cuatro tipos de derechos, que según Pastor Seller et al., (2018) serían: los derechos de supervivencia los art. 6, 18, 24, 26 y 27; derechos de desarrollo en los art. 7, 15, 17, 18, 28, 29 y 31; derechos de protección en los art. 16, 19, 22, 23, 33, 35, 37, 38 y 40; y derechos de participación en art. 12, 15 y 17 (p. 69-70).

Lo que dice relación al ISM, la CDN se traduciría finalmente en:

a) Que cualquier medida que ataña o afecta a un menor, por parte de cualquier institución o autoridad, deberá hacer prevalecer el ISM: artículo 3 numeral 1.

b) Los países firmantes deberán velar por el ISM, cuando estos se vean afectados por delitos que aborda la misma CDN: artículo 8 numeral 3.

c) Que observando el ISM se podría adoptar medidas que separasen al niño/a de sus padres sin el consentimiento de éstos últimos, respetando por parte de los países firmantes del tratado el derecho del niño a ver a uno o ambos en el caso respectivo, pero incluso expone que se podría privar la visita de ambos o de alguno de sus padres en casos específicos. Expone ejemplos cuando se presenten situaciones de maltrato, descuido, o ante separaciones de los padres y deba decidirse acerca de la residencia del menor: artículo 9 numerales 1 y 3.

d) La principal preocupación de los cuidadores de los menores será el Interés Superior del mismo, siendo obligación de ambos progenitores la crianza y desarrollo del niño: art. 18 numeral 1.

e) Le corresponderá al Estado proteger a los menores si a éstos se le ha debido apartar, por el ISM, de su respectivo seno familiar: art. 20 numeral 1.

f) Los Estados, en casos de adopción, deberán velar por el ISM, traduciéndose concretamente en que sea autorizada por las entidades competentes, de acuerdo y en cumplimiento a las normativas legales, y en adopción internacional reconociendo este procedimiento al agotarse las alternativas de colocación familiar o adopción en el país de origen; de igual forma deberá velar de que no existan beneficios económicos o financieros para los participantes del proceso: art. 21, letras a, b, c, d y e.

g) Los Estados velarán, en caso de menores que infrinjan la ley, a que se les garantice el trato legal por una autoridad competente, imparcial y equitativa, de acuerdo con la ley, con un asesor jurídico, y salvo el ISM, sea considerada su edad, sus padres o representantes legales.

De este análisis, un aspecto significativo es que, sin ser un objetivo explícito, la CDN dio pie e inició un período de discusión, análisis y revisión del ISM que, desde su aparición en la declaración de 1959 sólo había quedado suscrito a un ámbito proteccionista. Así entonces la CDN sólo fue el comienzo de lo que hoy entendemos por ISM.

4. FASE 4: INTERÉS SUPERIOR DEL MENOR V/S INDETERMINISMO

Como se ha visto en el apartado anterior, la misma CDN deja sin definir el ISM o, en el mejor de los casos, no lo encuadra ni delimita a ningún aspecto o ámbito del ser humano; ni biológico o psicológica, ni social o económico. Lo expone deliberadamente como un fin último, un objetivo que se debe alcanzar, cuidar, proteger y garantizar en favor del niño y de la niña. De allí que comience esta Cuarta Fase de análisis y reflexión que va facilitando una reconfiguración de este concepto a nivel internacional.

Después de la firma de la CDN, se produce un periodo de luces y sombras, ello porque, por una parte, la realidad de la situación de vulnerabilidad persistente que afecta a los menores desde los `90 en adelante, así como la forma en que los distintos países van concretizando la CDN y, producto de lo anterior, la necesaria creación de cuerpos legales, tratados y cartas internacionales para delimitar los derechos de la infancia y no dejar su interpretación a situaciones coyunturales como guerras, tráfico de menores, prostitución infantil entre otros temas.

Esta época se caracteriza por tres líneas de acciones internacionales que incluso llegan a solaparse unas con otras. La primera son los Protocolos Facultativos de la Convención sobre los Derechos del Niño que fueron necesarios aprobar en los años 2002 y 2012 por la Asamblea General de las Naciones Unidas. Un segundo grupo de líneas o acciones son las veinticinco Observaciones que hace el Comité de los Derechos del Niño, la último realizada en el año 2021. El tercer grupo de acciones internacionales son todos aquellos tratados, cartas que se redactan y se firman a nivel internacional tanto en la ONU, como en la Unión Europea y en los países latinoamericanos.

El conjunto de estas acciones, demuestran la clara necesidad de articulación y complementariedad para aunar criterios entre todos los Estados y organismos, producto de la gran diversidad cultural, social y económica.

4.1. Protocolos Facultativos de la CDN

La propia ONU establece que un protocolo se utiliza para referirse a acuerdos de menor formalidad que los propios tratados, convenciones o convenios y que, los protocolos facultativos establecerían derechos y obligaciones adicionales respecto del tratado o la convención original. Así, al ser complementarios contribuyen a esclarecer o profundizar o complementar la convención de 1989 (ONU, n.d.).

Dos de los tres protocolos fueron aprobados por la Asamblea de las Naciones Unidas y entraron en vigor más de diez años posterior a la firma del CDN y el último más de veinte años después en 2012, pero claramente fueron necesarios para profundizar, aclarar y abordar, de manera urgente, la falta de cumplimiento en la aplicabilidad de esta CDN.

I. **Protocolo Facultativo de la Convención sobre los Derechos del Niño relativo a la participación de niños en los conflictos armados**. En vigor desde el 12 de febrero de 2002, se sanciona con miras a evitar que participen en conflictos armados, ya sea para reclutarlos, adiestrarlo o utilizarlos en este tipo de acciones bélicas, debiendo cada Estado generar las condiciones para evitarlo (ONU, 2014a).

II. **Protocolo Facultativo de la Convención sobre los Derechos del Niño relativo a la venta de niños, la prostitución infantil y la utilización de niños en la pornografía**. Entró en vigor el 18 de enero de 2002, tiene el objeto de ampliar las medidas de la CDN en lo que respecta a estas materias, así como sensibilizar o concienciar a las personas para reducir el acceso a este tipo de mercado ilegal. Pero lo más significativo es en materia de Derecho internacional, ya que define los delitos de venta de niños, prostitución y pornografía infantiles, de tal forma de no dejar sombras en la interpretación de esas acciones (ONU, 2014b).

III. **Protocolo Facultativo de la Convención sobre los Derechos del Niño relativo a un procedimiento de comunicaciones del 2012**. Insta a generar los mecanismos respectivos para que los menores a quienes no se les respeten sus derechos, de la propia CDN como de los dos protocolos anteriores, puedan presentar comunicados a través del acceso a instancias en sus respectivos países, protegiendo la identidad e información personal de los involucrados. Se debe resaltar que este último protocolo reafirma "la condición del niño como sujeto de derechos y ser humano con dignidad y con capacidades en evolución" (ONU, 2014c, p. 2), y en su artículo 2 explicita que para el ejercicio de protección a través de este protocolo se debe guiar por el principio del Interés Superior del niño (ONU, 2014c, p. 3).

4.2. Observaciones Generales del Comité de los Derechos del Niño de las Naciones Unidas (CRC)

Desde la CDN de 1989 hasta hoy se han sancionado, por parte de la Asamblea General de las Naciones Unidas, 25 Observaciones Generales (en adelante OGs) evacuadas por el Comité de los Derechos del Niño (en adelante, el Comité). La primera el año 2001, más de 10 años posteriores a la propia Convención, y la última el año 2021[7].

Cabe la pregunta ¿por qué es necesario elaborar este número de Observaciones con tan amplio margen de tiempo? Consideremos que han transcurrido más de 30 años y aun es inprescindible realizar aclaraciones respecto de los derechos de los y las niñas y, por seguir esta línea de análisis, una Observación General a la CDN, según lo expone el propio Comité, es una "recomendación sobre cualquier cuestión relacionada con los niños a la que, en su opinión, los Estados partes deberían prestar más atención" (Comité de los Derechos del Niño de las Naciones Unidas (CRC) n.d.).

Precisamente esta es una de las principales características de esta cuarta fase denominada ISM v/s Indeterminismo, que va más allá de las propias y naturales diferencias culturales y sociales entre países.

En esta etapa se busca ir acotando ese concepto abstracto pero por todos dado como definido, y que en definitiva genera demasiada ambigüedad, ya que queda al arbitrio de los modelos sociales de cada país y la capacidad de discusión de ellos en torno a esta temática, con mayores avances uno que otros, dependiendo de otros factores que no entraré a dilucidar en

---

7 A la fecha de este capítulo se encontraba en elaboración un Proyecto de observación general N° 26 en temática de Los derechos del niño y el medio ambiente, con especial atención al cambio climático (*ACNUDH | OGs*, n.d.).

este artículo, pero que sin duda dejan más sombras que luces, ya que supuestamente se posee la capacidad para entender lo que cada país ha firmado y ratificado en la CDN.

La tabla siguiente presenta el resumen de esas observaciones y la temática en particular en la que se centran.

Tabla 1. OGs a la CDN y sus temáticas emitidas por el Comité de los Derechos del Niño, ordenadas por año.

TEMA	AÑO
1: Propósitos de la educación.	2001
2: El papel de las instituciones nacionales independientes de derechos humanos en la promoción y protección de los derechos del niño.	2002
3: El VIH/SIDA y los derechos del niño.	2003
4: La salud y el desarrollo de los adolescentes en el contexto de la Convención sobre los Derechos del Niño.	2003
5: Medidas generales de aplicación de la Convención sobre los Derechos del Niño.	2003
6: Trato de los menores no acompañados y separados de su familia fuera de su país de origen.	2005
7: Realización de los derechos del niño en la primera infancia.	2005
8: El derecho del niño a la protección contra los castigos corporales y otras formas de castigo crueles o degradantes.	2006
9: Los derechos de los niños con discapacidad.	2006
10: Los derechos del niño en la justicia de menores.	2007
11: Los niños indígenas y sus derechos en virtud de la Convención.	2009
12: El derecho del niño a ser escuchado.	2009
13: Derecho del niño a no ser objeto de ninguna forma de violencia.	2011
14: El principio del Interés Superior.	2013
15: El derecho del niño al disfrute del más alto nivel posible de salud.	2013

16: Obligaciones del Estado en relación con el impacto del sector empresarial en los derechos del niño.	2013
17: El derecho del niño al descanso, el esparcimiento, el juego, las actividades recreativas, la vida cultural y las artes.	2013
18: Prácticas nocivas. *	2014
19: Presupuestos públicos para hacer efectivos los derechos del niño.	2016
20: La aplicación de los derechos del niño y niña durante la adolescencia.	2016
21: Sobre los niños en situación de calle.	2017
22: Principios generales relativos a los derechos humanos de los niños en el contexto de la migración internacional. **	2017
23: Obligaciones de los Estados relativas a los derechos humanos de los niños en el contexto de la migración internacional en los países de origen, tránsito, destino y retorno.	2017
24: Los derechos del niño en el sistema de justicia juvenil.	2019
25: Relativa a los derechos de los niños en relación con el entorno digital.	2021
Los derechos del niño y el medio ambiente, con especial atención al cambio climático. ***	

Notas:

* *Observación general adoptada de manera conjunta siendo la N 31 del Comité para la Eliminación de la Discriminación contra la Mujer.*

** *Observación general adoptada de manera conjunta, siendo la N 3 del Comité de Protección de los Derechos de Todos los Trabajadores Migratorios y de sus Familiares.*

*** *Aún sin publicar a la fecha del capítulo.*

Fuente: De Ferrari Vial & Curihuinca (2018) y Comité de los Derechos del Niño de las Naciones Unidas (CRC). (n. d.).

Las OGs, exponen sugerencias concretas, obligaciones y modificaciones que incluyen elementos psicosociales específicos que integran y son parte del concepto ISM, aunque no logran determinar el propio concepto.

En las OGs se visualiza el ISM como un derecho sustantivo, como un principio jurídico interpretativo y una norma de procedimiento (CRC, 2016), por tanto requiere necesariamente, ser protegido, promoverse, gestionar y otorgar los recursos necesarios para su atención y desarrollo y fomentarlo a través de la educación.

En definitiva, las OGs, debido a que son documentos que involucra a distintas Naciones, culturas y tipos de sociedades, intenta dejar en el más amplio espectro posible el entendimiento del ISM, sin definirlo concretamente, pero enunciando como fin básico proteger y cuidar al niño o la niña para que sea un/a ciudadano/a reconocido como tal el día de mañana, a través del respeto de sus derechos. No obstante, estos dos objetivos, por un lado, intentar proteger y por otro hacer valer los derechos de los niños, se sobreponen a la propia definición del ISM, ya que ambos son profusa y cuidadosamente definidos y abordados, desarrollados, comprendidos y compartidos, mientras que el ISM se encuentra indeterminado y no definido a lo largo de estos documentos. No obstante, y ante esta misma carencia, sí explicitan su principal característica, a modo de discriminación positiva, que debe prevalecer por sobre cualquier otro principio, lo que a su vez hace más urgente generar un procedimiento para determinarlo, quedando su definición enmarcada en la CDN, pero al arbitrio de cada sistema jurídico en cada Estado.

4.3. Tratados, Convenios, y otros Documentos Internacionales post CDN:

A diferencia de lo que son las OGs y los Protocolos Facultativos que emanan desde una entidad técnica centralizada internacional que analiza y expone sus contenidos desde la perspectiva general de la CDN, estos tratados o convenios e iniciativas nacen desde el interés propio de algunos países.

De este periodo podemos destacar los siguientes documentos internacionales:

Carta Europea de los Derechos del Niño. Si bien no menciona explícitamente el ISM, su relevancia radica en que es uno de los primeros textos legales emanados de la Unión Europea en materia de niños niñas y adolescentes. Expone la necesidad del respeto de los derechos intrínsecos que están contemplados en la CDN (Parlamento Europeo, 1992).

Convenio de la Haya del año 1993, relativo a la protección del niño y a la cooperación en materia de adopción internacional, cuyo uno de sus objetivos es velar por que en las adopciones internacionales se tenga presente el ISM y el respeto a los derechos del niño (Conferencia de La Haya de Derecho Internacional Privado, 1993).

Convenio Europeo sobre el ejercicio de los derechos del niño de 1996. Establece objetivos claros para garantizar el ISM como la promoción de los derechos procesales del menor y el ejercicio de estos por parte de los propios niños o sus representantes, la debida información para que participen (artículo 2), derecho a recibir toda la información, ser consultado y expresar su opinión y ser informado de las posibles consecuencias de cualquier resolución (artículo 3). Otros artículos como el 4° y el 5° garantizan la designación de representantes y otros derechos procesales como la asistencia de profesionales o personas de confianza. Destaca de este documento, su artículo 6° ya que explicita que en el caso de las autoridades judiciales estas deben proveerse de la información necesaria y suficiente con el fin de tomar una resolución que considere el ISM (Consejo de la Unión Europea, 1996).

Convenio de La Haya de 19 de octubre de 1996 relativo a la competencia, la ley aplicable, el reconocimiento, la ejecución y la cooperación en materia de responsabilidad parental y de medidas de protección de los niños. Sus principales objetivos son (Conferencia de La Haya de Derecho Internacional Privado, 1996, p. 2) a) determinar autoridades competentes para las medidas de protección o de los bienes del niño, b) determinar la ley aplicable por estas autoridades en el ejercicio de su competencia; c) determinar la ley aplicable a la responsabilidad parental; d) asegurar el reconocimiento y la ejecución de las medidas de protección en todos los Estados contratantes; e) establecer entre las autoridades de los Estados contratantes la cooperación necesaria para conseguir los objetivos del Convenio.

Convenio 182 sobre las peores formas de trabajo infantil, 1999 de la OIT. Si bien este documento no aborda el concepto del ISM, su relevancia radica en la eliminación y prohibición de las peores formas de trabajo infantil (Organización Internacional del Trabajo, 1999).

Decisión del Consejo Europeo de 29 de mayo de 2000 relativa a la lucha contra la pornografía infantil en Internet.

Protocolo para prevenir, reprimir y sancionar la trata de personas, especialmente mujeres y niños, que complementa la Convención de las Naciones Unidas contra la delincuencia organizada transnacional de 2000. Convoca la creación o reforzamientos de instancias y medidas con el fin de evitar la victimización, prevenir la concurrencia de factores de pobreza y desigualdad social como el subdesarrollo que les hacen más vulnerables (ONU, 2000).

Carta de derechos fundamentales de la Unión Europea del año 2000. En su artículo 24, apartados 1 y 2 expone como principios básicos a respetar en materia de la infancia, el derecho a la libre expresión y que el ISM deberá tener una "consideración primordial" (Consejo de la Unión Europea, 2000, p. 13).

Resolución de la Asamblea General de las Naciones Unidas, "Un mundo apropiado para los niños" (A/RES/S-27/2) de 2002. Aborda dos aspectos relevantes. El primero, identifica y menciona elementos significativos que contribuyen a entender el concepto del Interés Superior del Menor y, el segundo, expone de forma concreta un plan de acción para la "Creación de un mundo apropiado para los niños" (ONU, 2002).

Resolución A/RES/61/146 de la Asamblea General de las Naciones Unidas sobre los derechos del niño del año 2006. Insta a los países de las Naciones Unidas a atender y orientar esfuerzos para reafirmar la Convención de 1989. Uno de esos aspectos es la invariabilidad del contexto social, económico, cultural y de desarrollo, así como de explotación, tráfico y abuso en la que se encuentra aún la situación de la infancia en algunas partes del Mundo (ONU, 2006). El segundo, la necesidad de reafirmar el respeto irrestricto de los principios fundamentales que emanan de la CDN, y realiza un llamado a organismos, entidades y profesionales expertos en materia de la infancia y de la CDN para la elaboración periódica de informes de seguimiento de la situación y evolución del cumplimiento de la Convención.

Declaración de la reunión plenaria conmemorativa de alto nivel dedicada al seguimiento de los resultados del período extraordinario de sesiones sobre la infancia, del año 2008 (Resolución A/RES/62/88 aprobada por la Asamblea General el 13 de diciembre de 2007). Al igual que el documento anterior, esta declaración reafirma los objetivos y principios, así como el compromiso de los países partes de la ONU con el documento ratificado por la misma Asamblea "Un mundo apropiado para los Niños" *(A/RES/S-27/2).*

Situación de la Convención sobre los Derechos del Niño, Informe del Secretario General del 2014. Presenta los avances en la aplicación de la Convención, los temas pendientes en su aplicabilidad y lo que se denomina "lagunas en la efectividad de los derechos del niño" (ONU, 2014d, p. 9). Expone propuestas para la utilización de los recursos y nuevas formas de promoción de los derechos de los niños, niñas y adolescentes.

CONCLUSIONES

El presente capítulo es un marco de referencia que permite posicionarnos en la situación actual a nivel internacional en que se encuentra el concepto de la infancia, los derechos del niño y el ISM.

Es indudable que los últimos treinta años los avances han sido vertiginosos en comparación con el resto de la historia. A esto han ayudado como ejes rectores los Protocolo Facultativos y las Observaciones Generales de la CDN que buscan encuadrar el ISM, así como otros documentos europeos, americanos, Tratados y Convenios internacionales de diversos organismos a nivel mundial. Pero el avance se debe observar directamente en cada país, en cada Nación, se debe identificar como articulan todos estos elementos jurídicos normativos en favor del ISM en sus respectivos cuerpos legales, partiendo desde la Constitución y de allí bajar a la orgánica jurídica no solo en estructuras u organizaciones sino también en normativas, la identificación de los elementos que conforman ese interés primordial por sobre otros, de cómo se circunscribe ese ISM de aquellas personas que el día de mañana tendrán que hacerse cargo de la sociedad.

REFERENCIAS BIBLIOGRÁFICAS

ARAÚJO, M. (2009), "Escrituras de sí: relatos de inmortales que se hicieron narrativas educacionales para un otro", *Memoria docente, investigación y formación (CLACSO)*, pp. 313-337.

ARIÈS, P. (1986), "La Infancia", *Revista de Educación MEC, 281*, pp. 5–19.

ARIÈS, P. (1998), *El niño y la vida familiar en el antiguo régimen*, Taurus, Madrid.

ARISTÓTELES (1985), *Ética Nicomaquea Ética Eudemia*, Gredos, Madrid.

BARCELÓ, J. (2001), "Selección de escritos de Erasmo de Rotterdam", *Centro de Estudios Públicos*, 61.

BLANCO, C.S. - MAYORAL, J.L.R. (2022), "Ellen Key y los derechos de la Infancia", *Construyendo juntos una escuela para la vida,* 1, pp. 220–226.

BOYER, G. (1990), *An Economic History of the English Poor Law, 1750–1850,* Cambridge University Press, Cambridge.

COMENIO, J.A. (1998), *Didáctica Magna,* Porrúa, Huixquilucan.

COTS, J. (1985), "El Defensor de los Menores", *Educación Social,* 38, pp. 26–46.

CASADO, M.L. (2008), *Diccionario jurídico (6a. ed.),* Valletta, Buenos Aires.

DARÓS, W.R. (2000), "La construcción de los conocimientos en los niños según el empirismo de John Locke", *Invenio Revista de Investigación Académica,* 4, pp. 57–76.

DÁVILA, P. - LUIS, B., - NAYA, L. (2006), "La Evolución de los Derechos de la Infancia: Una Visión Internacional", *Encuentros sobre Educación,* 8, pp. 71-93.

DÁVILA, P., - NAYA, L.M. (2000), *Derechos de la Infancia y Educación Inclusiva en América Latina,* Granica, Buenos Aires.

DE FERRARI VIAL, L.I., - CURIHUINCA, E. (2018), *Compendio de Observaciones Generales del Comité de los Derechos del Niño,* Centro Iberoamericano de Los Derechos Del Niño, Chile.

DE MAUSE, L. (1974), *La evolución de la infancia. Historia de la infancia,* Alianza, Madrid.

DIETRICH, D.J. (1976), "Dietrich Tiedemann: Child Psychologist in the Eighteenth Century", *Historian,* 38, pp. 455–473.

ELTÓN, M. (2017), "La Utopía y los actuales desafíos de la educación. En La Utopía de Tomás Moro Estudios jurídicos, filosóficos y literarios a 500 años de su publicación", *Cuadernos de Extensión Jurídica Universidad de Los Andes,* pp. 106-113.

ENESCO, I. (2000), "El Concepto de la Infancia a lo largo de la Historia", *Desarrollo cognitivo,* Universidad Complutense de Madrid, pp. 52–55.

FELDMAN, D. (2016), "Honrando el derecho del niño al respeto: Janusz Korczak como educador del Holocausto", *El león y el unicornio,* 40, pp. 129-143.

GLENN, J.L. (2018), "The intellectual-theological leadership of John Amos Comenius", *Perichoresis,* 16, pp. 45–61.

GUNDERMAN, R.B. (2021), "Courage and the care of children: Janusz Korczak", *Pediatric Radiology,* 51, pp. 519–520.

GUTIÉRREZ, A. - PERNIL, P. (2013), *Historia de la infancia: itinerarios educativos*, UNED, Madrid.

HÄGGLUND, S., - THELANDER, N. (2011), "Children's rights at 21: policy, theory, practice Introductory remarks", *Education Inquiry*, 3, pp. 365–372.

KERBER-GANSE, W. (2015). "Eglantyne Jebb - A Pioneer of the Convention on the Rights of the Child", *The International Journal of Children's Rights*, 23, pp. 272–282.

KEY, E. - DOMENG, M. (2021), *El siglo de los niños*, Morata, Madrid.

LANSDOWN G. (2005), "La Evolución de las Facultades Del Niño", *UNICEF Centro de Investigaciones Innocenti.*

LENGBORN, T. (2011), "Ellen Key", *Perspectivas: Revista Trimestral de Educación Comparada*, 3, pp. 873-886.

LEWOWICKI, T. (1994), "Janusz Korczak: 1878–1942", *Prospects*, 24(1–2), pp. 37–48.

LIEBEL, M. (2018), "Cien años de la Declaración de los Derechos del Niño y la Niña de Moscú. Una memoria", *Sociedad e Infancias*, 2, pp. 329–332.

LIEBEL, M. (2019), "Janusz Korczak, los derechos y el protagonismo de la infancia", *RES Revista de Educación Social*, 28, pp. 33–62.

MARRADES PUIG, A.I. (2000), *La maternidad, ¿discriminación o derecho?*, Ilustrada, València.

MARRADES PUIG, A.I. (2002), *Luces y sombras del derecho a la maternidad: Análisis jurídico de su reconocimiento*, Ilustrada, València

MARROU, H.I. (1985), *Historia de la educación en la Antigüedad*, Akal, Madrid.

MIGUELENA TORRADO, J., DÁVILA BALSERA, P., - NAYA GARMENDIA, L. M. (2021), "Los inicios transnacionales de los derechos de la infancia (primer tercio del siglo XX)", *Espacio, Tiempo y Educación*, 8, pp. 121-145.

MRÓWCZYSKI-VAN ALLEN, A. (2017), "La Iglesia, la sobornost' de Khomiakov y la Revolución Rusa de 1917", *Scripta Theologica*, 49(1), pp. 59–84.

PASTOR SELLER, E., PRADO CONDE, S., - MORAÑA BOULLOSA, A. (2018), "Impacto de la Convención Sobre los Derechos del Niño, en los Estados de Argentina, Brasil, Chile, España y Uruguay". *Prisma Social*, 23, pp. 66–100.

PINCHBECK, I. (1957), "The State and the Child in Sixteenth-Century England II", *The British Journal of Sociology*, 1, pp. 59-74.

RADA, J. P. (2010), "Las ideas políticas en la educación del príncipe cristiano de Erasmo de Rotterdam", *Revista de Filosofía*, 66, pp. 25–49.

RODRÍGUEZ F. - RIGUEIRO, J. (2015), *Manual de Historia Medieval, Siglos III a XV*, GIEM, Mar del Plata.

ROJAS, M. S. (2018), "La infancia como una preocupación social en américa. El caso del Instituto Internacional Americano de Protección de la Infancia (1927 1949)", *Revista de Ciencias Sociales*, 159, pp. 13–27.

ROJAS, R. M., - FLORES, C. (2014), "Derechos del niño, participación infantil y formación ciudadana desde espacios educativos no formales: la experiencia del Consejo Consultivo de Niños , Niñas y Adolescentes de la comuna de Coquimbo, Chile", *Temas de Educación*, 20, pp. 123–141.

ROLLET, C. (2001), "La santé et la protection del'enfant vues a travers les congrès internationaux", *Annales de Demographie Historique*, 101, pp. 97–116.

RUNGE, A. (2012), "El pensamiento pedagógico y didáctico de Juan Amós Comenio: su papel en la pansofía triádica", *Pedagogía y Saberes*, 86, pp. 93–107.

SALIT, C., & GABBARINI, P. (2013), "Johann Heinrich Pestalozzi", *FFyH Universidad Nacional de Córdoba*, 2013, pp. 53-68.

SILVA, R. (2017), "Presentation: On the studies about the Russian Revolution of 1917 conducted in Latin America", *Historia Crítica*, 64, pp. 13–26.

SOËTARD M. (2013), "Grandes de la educación: Friedrich Fröebel", *Padres y Maestros*, 350, pp. 45–48.

ULIVIERI, S. (1986), "Historiadores y Sociólogos en busca de la Infancia: apuntes para una Bibliografía Razonada", *Revista de Educación MEC*, 281, pp. 47–88.

VÁRNAGY, T. (2000), "El pensamiento político de John Locke y el surgimiento del liberalismo", *La filosofía política moderna. De Hobbes a Marx, CLACSO*, pp. 541–559.

VIVES, J.L. (1781), *Tratado del socorro de los pobres.* Repositorio Documental Biblioteca del Banco de España.

WATSON, K. (1994), "Sir Tomas Moro (1478-1535)". *Perspectivas* vol. 24, n. 1, pp. 185-202.

ZERMATTEN, J. (2003), "El interés superior del niño. Del análisis literal al alcance filosófico", *Institut Internacional Des Droits de l'Enfant*, 3, pp. 1–30.

Capítulo IV

La protección de los derechos del menor en los nuevos ámbitos de relación: el entorno digital

LUCÍA VÁZQUEZ-PASTOR JIMÉNEZ

Profesora Titular de Derecho Civil. Universidad Pablo de Olavide

1. PLANTEAMIENTO

El presente capítulo pretende analizar un problema especialmente relevante que se está planteando en el siglo actual, derivado del uso de las nuevas tecnologías de la información y comunicación por los menores de edad.

En rigor, el acceso a las nuevas tecnologías se configura para los menores de edad como un derecho emergente que les habilita para ser sujetos activos y participativos en la sociedad de la información y les permite satisfacer sus necesidades de información y expresión; dicho sea de otro modo, les permite ser ciudadanos de pleno derecho. El artículo 5.1 de la Ley Orgánica de Protección Jurídica del Menor recoge entre los derechos del menor "*la alfabetización digital y mediática de forma adaptada a su capacidad evolutiva*", de manera que los menores puedan desarrollar su pensamiento crítico y tomar parte activa en una sociedad participativa y en un mundo actual que no puede entenderse al margen de las nuevas tecnologías de la información y de la comunicación (Exposición de Motivos).

Con todo, a pesar de que la utilización de las nuevas tecnologías ofrece grandes posibilidades y ventajas, no puede obviarse igualmente que estas nos sitúan en la denominada sociedad del riesgo[1], toda vez que pueden entrañar múltiples situaciones no siempre controlables, entre las que cobra una especial relevancia la posibilidad de vulneración de la privacidad de los menores, esto es, de sus derechos fundamentales a la intimidad, el honor, a la propia imagen y a la protección de los datos personales, bien individualmente considerados o bien de forma conjunta, acrecentándose exponencialmente los citados riesgos entre menores y adolescentes.

Como apunta Gil Antón (2014), en el mundo en que vivimos, en nuestro entorno inmediato, el impacto tecnológico es tan intenso y apresurado que nos condiciona decisivamente y hace que cambien, cada vez más rápidamente, las coordenadas

---

1 Nuestra sociedad actual ha sido definida por el sociólogo Ulrich Beck (2018, p. 188) como "la sociedad del riesgo". El riesgo constituye un ingrediente no eliminable de las formas de vida de las sociedades tecnológicamente avanzadas y, en cierto modo, representa el reverso negativo de los aspectos positivos del desarrollo.

en las que nos movemos. Así, ahora se ha empezado a utilizar la expresión "Sociedad Red" para reflejar estas transformaciones. En concreto, esta expresión pretende manifestar su estructura articulada por una malla densa de nodos a través de los que discurre la información, y se adoptan decisiones sobre los más variados asuntos o sobre todas las cuestiones que puedan suscitarse en las relaciones sociales.

En este contexto, resulta especialmente destacable cómo el entorno digital ha pasado a formar parte de la vida cotidiana para la mayoría de la población menor de edad. De hecho, como señala la profesora Gete-Alonso (2018, pp. 271 y ss.), nadie mejor que las personas nacidas en este siglo para moverse en general en los espacios virtuales y en el manejo de los instrumentos y técnicas digitales. En este sentido, los nacidos a partir de 1995 reciben el nombre de nativos digitales, mientras que aquellos que han nacido antes y acceden a este entorno se denominan inmigrantes digitales. El término "*digital babies o digital natives*" lo acuñó el tecnólogo Marc Prenssky en 2001 para definir a aquellas personas que no han conocido, ni conciben, un mundo sin Internet y sin telefonía móvil[2].

Actualmente, añade Gete-Alonso (2018, pp. 271 y ss.), los niños, adolescentes y jóvenes que tienen acceso a la red (Internet, dispositivos móviles, etc.) son los actuales nativos digitales, porque reúnen una serie de características propias que les diferencian de las generaciones precedentes, son interactivos, multifuncionales y multitareas; se trata de una generación creativa que produce sus propios contenidos, crean sus propios lenguajes, son especialistas en la socialización, tienen cientos de "amigos" con quienes hablan y comparten confidencias en redes

---

2 Una adaptación al castellano del texto original "*Digital Natives, Digital Inmigrants*", puede verse en https://marcprensky.com/writing/PrenskyNATIVOS%20E%20INMIGRANTES%20DIGITALES%20(SEK).pdf

sociales, en medio de una partida de sus juegos online preferidos o a través de los programas de mensajería instantánea instalados en sus teléfonos móviles de última generación. Por lo tanto, son realmente nativos digitales, verdaderos expertos de las nuevas tecnologías y sus herramientas[3].

Asimismo, no se ha de obviar, como apunta Sánchez Gómez (2017, pp. 102 y ss.), que el contenido (oral, audio, escritos, imágenes) de este mundo contribuye a formar las ideas, los valores y convicciones de los menores, interviene en su comportamiento, en la manera de vestirse, de hablar e incluso de alimentarse y de cuidar por su salud, y por supuesto, en cómo se presentan en la sociedad, ya sea frente a todos, ya en el ámbito más próximo en el que se desenvuelven. En efecto, el protagonismo y la omnipresencia de las tecnologías de la información y la comunicación (TIC) en la actualidad han determinado que el menor las incorpore a su vida cotidiana desde edades muy tempranas para desplegar una cantidad enorme de actividades que contribuyen al desarrollo de su personalidad. De ahí que los derechos del menor sean ejercidos en este nuevo ámbito de una manera radicalmente distinta a como venía siendo habitual durante el siglo XX.

---

3 Pérez Díaz (2018, p. 179). En palabras de Lorente López (2015, p. 206), a grandes rasgos puede decirse que las tecnologías de la información y de la comunicación desempeñan un papel fundamental en la construcción de la identidad personal de los menores, precisamente, porque estos han nacido en la nueva "Sociedad Red", y desde que empiezan a tener uso de razón se encuentran rodeados de dispositivos (portátiles, teléfonos móviles, tablets...) hacia los que desarrollan una gran atracción y sobre los que ostentan una sorprendente habilidad. Por lo tanto, es precisamente con las TIC como los *nativos digitales* o *nativos hablantes del lenguaje digital* satisfacen sus necesidades de entretenimiento, diversión, comunicación, información e incluso de formación.

Ante esta nueva realidad surge la cuestión de la capacidad del menor para actuar en el mundo digital, el ejercicio de sus derechos, tanto fundamentales como patrimoniales, y la madurez que se ha de exigir para dar validez y eficacia a los actos realizados por este en el entorno digital.

Es bien sabido que el menor de edad, como titular de los derechos de la personalidad, podrá ejercitarlos por sí mismo siempre que cuente con la capacidad de entendimiento y juicio necesarias para comprender el alcance y consecuencias del acto de que se trate, adoptando una decisión responsable, lo que no obsta para que los representantes legales del menor puedan completar su capacidad o puedan ejercitar determinadas acciones en su interés. Sin duda, como señala Lorente López (2015, pp. 90-93), esta capacitación progresiva gradual para el ejercicio personal y directo de los derechos fundamentales representa la fórmula de autoprotección más importante que se pueda otorgar al menor. Con la adopción del criterio de la madurez suficiente, el autogobierno o capacidad natural, se evita que el menor sea titular del derecho pero no pueda ejercitarlo, ya que, de esta forma, el niño o adolescente que tenga suficiente madurez podrá disponer libremente de su derecho. Con todo, no podemos olvidar que el menor es una persona de corta edad, y tomará sus decisiones de acuerdo con la poca experiencia que haya podido adquirir con los años. Exigir al menor una capacidad de decidir conforme a criterios propios del mayor de edad, equivale a negarle la capacidad de autoprotegerse y a considerar que la titularidad y ejercicio de los derechos fundamentales corresponde, en último extremo, a los mayores de edad o a los menores que sean capaces de actuar como mayores. Por ello no debemos utilizar la racionalidad de la decisión como criterio para definir la adquisición de madurez o de suficiente autonomía volitiva para ejercer los derechos por uno mismo.

En este sentido, tal y como sostiene Aláez Corral (2003, pp. 152-155), la madurez del menor como requisito para poseer la capacidad de obrar *iusfundamental* y pretender el ejercicio autónomo de los derechos fundamentales, lejos de estar vinculada a la racionalidad debe estarlo a la capacidad de querer y de entender el significado de sus actos dentro de un proyecto vital propio, asumiendo de igual forma que los individuos mayores de edad, el riesgo de errar en su decisión. Partiendo de todo ello, se hace necesario en un trabajo como este concretar la posibilidad de actuaciones que tiene el menor sobre sus derechos en la era digital, lo que nos llevará precisamente a dedicar un epígrafe al estudio del ejercicio de la capacidad jurídica del menor de edad en el entorno online.

Por otro lado, como nos recuerda Gil Antón (2014), no todos los impactos y consecuencias que se derivan del uso de Internet son positivos, pues la tecnología, al tiempo que da seguridad a algunos, produce inseguridad a muchos más. La vida privada y la autodeterminación son bienes valiosos que se ven en peligro como consecuencia de las posibilidades que ofrecen las técnicas aplicadas a la información, educación y a las telecomunicaciones. En realidad, hemos llegado a un punto en que han desaparecido casi todas las barreras físicas y temporales que impedían o dificultaban el acceso por terceros al conocimiento de la vida ajena, la acumulación de esa información y su utilización inmediata, así como su conservación por tiempo ilimitado. Lo cierto es que constatamos día tras día cómo los medios que existen para captar, almacenar, elaborar y transmitir datos, no solo hacen posible la intromisión no autorizada en la vida privada de los individuos, sino que permiten el acopio de todo tipo de información relativa a una persona identificada o identificable y utilizarla inmediatamente sin su conocimiento, ni por supuesto, su control. Y en esa denominada Sociedad Red, la demanda de intimidad y la necesidad de controlar el uso que terceros hacen de los datos personales de todo tipo y de la propia privacidad, han pasado a constituir una exigencia prioritaria.

Ante estas realidades, se pone en entredicho la seguridad de la privacidad de la persona: los derechos al honor, a la intimidad personal y familiar, a la propia imagen y a la protección de los datos personales requieren de un marco jurídico de protección definido y que aporte soluciones a los nuevos problemas que se plantean actualmente en torno a estos derechos de la personalidad, cuestión esta que adquiere, si cabe, mayor trascendencia cuando hablamos de personas menores de edad.

Por todo ello, como concluye la Profesora Gete-Alonso (2018, pp. 271 y ss.), de la misma manera que cuando se generalizaron los medios audiovisuales se suscitó la polémica y discutieron los medios de protección de los menores, lo que dio lugar a abundante normativa, a establecer reglas y códigos de conducta, hoy se manifiesta idéntica preocupación ante el entorno digital. No olvidemos que la forma en que los menores y adolescentes se mueven por Internet facilita en mayor medida la vulneración de sus derechos al honor, la intimidad, la propia imagen y la protección de datos. En este sentido, el escenario *online* se erige como la plataforma preferida por el menor para el ejercicio de sus derechos (tales como el derecho a la expresión, acceso a la información, educación, etc.), en la que su intimidad, su imagen, sus datos, esto es, su privacidad, se exponen de manera casi continua, perdiendo en este ámbito el valor e incluso el recelo con que fueron configurados en el siglo pasado por el legislador (Sánchez Gómez, 2017, pp. 102 y ss.).

Así las cosas, estamos asistiendo a cambios fundamentales a un ritmo vertiginoso en la manera en que el menor se relaciona o ejerce sus derechos dentro de la arquitectura digital que le hacen también especialmente vulnerable. En este contexto, y ciñéndonos al ámbito de lo civil, hay diversas cuestiones dignas de atención que serán objeto de estudio en el presente trabajo en el que subyace la compleja dicotomía entre la protección del menor de edad y su autonomía en el entorno digital. En concreto, nos acercaremos a los derechos al honor, a la intimidad, a la imagen y a la protección de datos personales del menor en este ámbito del uso de las nuevas tecnologías de la información y comunicación, analizando de forma pormenorizada la problemática que surge como consecuencia de su participación activa en el entorno digital.

2. DERECHOS POTENCIALMENTE VULNERABLES EN EL ENTORNO DIGITAL

La facilidad con la que se ha accede a Internet a edades cada vez más tempranas, la rapidez con la que se difunde la información y el escaso control que tenemos de nuestros datos, entre otros factores, hacen que Internet se configure como marco idóneo para la lesión de nuestros derechos. Algunos de los más proclives a sufrir importantes vulneraciones o lesiones, como bien sabemos, son el derecho al honor, a la intimidad personal y familiar y a la propia imagen, así como el derecho a la protección de los datos personales, es decir, los denominados derechos de la personalidad consagrados en el artículo 18, apartados 1 y 4 CE.

Los primeros fueron desarrollados por la Ley orgánica 1/1982, de 5 de mayo, sobre protección civil del derecho al honor, intimidad personal y familiar y a la propia imagen (LOPDH), cuando el uso de Internet era prácticamente inexistente o no estaba, ni mucho menos, tan extendido como en la actualidad. Y, de otro lado, en 1999 se aprobó la Ley Orgánica de Protección de Datos de Carácter Personal (LOPD)[4]. En palabras de Sánchez Gómez, no cabe duda de que por aquel

---

[4] Norma derogada por la Ley Orgánica 3/2018, de 5 de diciembre, de Protección de Datos Personales y garantía de los derechos digitales (LOPDGDD).

entonces el legislador no fue consciente de la manera en que el imparable desarrollo de las nuevas tecnologías y la era de Internet iban a poner en entredicho la protección proporcionada por aquellas normas a los referidos derechos. Y ello pese a que nuestro legislador constitucional contempló el uso de la informática como un factor perturbador en la integridad de tales derechos haciendo una llamada a la ley para que regulara su uso. Hoy, después de más de treinta años, estamos inmersos en la web o universo 3.0 que poco tiene que ver con aquella previsión sobre innegables amenazas para la privacidad de las personas (2017, pp. 170-171) [5].

Por lo que respecta al derecho al honor[6], tradicionalmente las intromisiones en el citado derecho provenían, de for-

---

5 El neologismo web 3.0 surge en el año 2006 a raíz de un artículo de un estudioso de los estándares web como superación al concepto de web 2.0 que había comenzado a emplearse en el año 2004 para referirse a las webs que permiten interactuar a los ciudadanos en tiempo real y de una forma pública bien con fines profesionales o particulares a través de motores de búsqueda, de las redes sociales, compartiendo imágenes o vídeos, etc. Esta nueva plataforma tecnológica no sólo permitía una comunicación multidireccional entre los internautas sino también facilitaba la acumulación grandes cantidades de información sobre los mismos sin ningún tipo de control. Las webs inteligentes 3.0 o programas inteligentes presentan un nuevo reto jurídico al constituir una verdadera intromisión sobre la intimidad personal ya que permiten crear grandes bases de datos a partir de las preferencias de los usuarios configuradas con la información guardada obtenida de sus búsquedas personalizadas [López Portás (2015, p. 9)].

6 El derecho al honor se concibe como el derecho a que los demás no condicionen negativamente la opinión que se tiene de nosotros (STC 49/01, de 26 de febrero) impidiendo la difusión de expresiones o mensajes insultantes, insidias infamantes o vejaciones que provoquen objetivamente el descrédito (STC 216/2006, de 3 de julio), aun cuando habremos de considerar que el concepto de honor es de naturaleza cambiante según los valores e ideas sociales vigentes

ma mayoritaria, de manifestaciones realizadas a través de los medios de comunicación escritos o audiovisuales. La aparición de Internet y la expansión de herramientas y aplicaciones de transmisión de información (especialmente de opinión, como webs, chats, foros, blogs o redes sociales), han supuesto que las posibilidades de vulnerar el derecho al honor sean mayores y puedan tener mayor repercusión. Así, es habitual encontrar comentarios que son verdaderas injurias y calumnias y que menoscaban la reputación de la persona contra la que van dirigidos. La proliferación de conductas que atentan contra el derecho al honor se ve propiciada y facilitada por dos factores. En primer lugar, por el anonimato que ofrece Internet, si bien es cierto que se trata de un anonimato aparente[7]. En segundo lugar, el aumento de conductas que atentan contra el derecho al honor se ve favorecido por la gran capacidad que presentan buscadores como Google para referenciar e indexar información y mostrárnosla por orden de relevancia.

En relación con el derecho a la intimidad[8], es importante tener presente que con la aparición de las tecnologías de la

---

en cada momento (SSTC números 185/1989; 223/1992; 170/1994; 76/1995; 139/1995;176/1995; 180/1999; 112/2000; y 49/2001).

7 Puesto que todo usuario de Internet está identificado por un número IP único que queda grabado y, a través de la correspondiente operadora de la red administradora del mismo, es posible identificar al sujeto concreto que llevó a cabo una conducta determinada.

8 El derecho a la intimidad es el ámbito propio y reservado de las personas cuya efectiva existencia es necesaria para alcanzar una calidad mínima de vida humana (STC 231/88, de 12 de diciembre), como una realidad intangible, de un contenido-multiforme y variado- cuya extensión ha de determinarse atendiendo a las ideas y convicciones más generalizadas en la sociedad y en cada momento histórico (STC 171/1990, de 12 de diciembre). Doctrinalmente se define como el poder concedido a la persona sobre el conjunto de actividades que forman un círculo íntimo, personal y familiar, poder que permite excluir a los extraños de entrometerse en él y de darle

información y comunicación surgen nuevas maneras de injerencia en este derecho reconocido en la Constitución como derecho fundamental, ya que cada vez que navegamos por la red (visualizamos publicidad, descargamos la película de vídeo, música o visitamos una página web) dejamos un rastro con una información valiosísima que desvela, sin darnos cuenta, nuestra vida privada; y ello es debido a que proporcionamos una serie de datos que se recogen, almacenan y controlan (como son nuestro nombre, preferencias, dirección o ideología, etc.), que permiten conocer a las empresas las preferencias de los potenciales consumidores a la hora de hacerles llegar una publicidad determinada, y todo ese control se prolonga en el tiempo sin que la persona afectada se dé cuenta de ello (Pérez Díaz, 2018, pp. 182-183). En esta línea, cabe destacar el fenómeno de las llamadas redes sociales, cuya existencia trae consigo un cambio de paradigma del concepto de intimidad, que deja de ser una esfera de reserva sustraída al conocimiento de los demás para convertirse en un perfil donde las personas, y más concretamente los menores, exteriorizan de forma voluntaria su personalidad y facilitan datos personales para construir un nuevo concepto opuesto a la intimidad: el de la "extimidad" (Pérez Díaz, 2018, pp. 182-183).

---

una publicidad que no desee el interesado [O`Callagham Muñoz (1996)]. La STC nº 134/1999, de 15 de julio declara que "lo que el art. 18.1 garantiza es un derecho al secreto, a ser desconocido, a que los demás no sepan qué somos o lo que hacemos, vedando que terceros, sean particulares o poderes públicos, decidan cuáles sean los lindes de nuestra vida privada pudiendo cada persona reservarse un espacio resguardado de la curiosidad ajena, sea cual sea lo contenido en ese espacio". A diferencia con el derecho al honor, la veracidad no es relevante si el hecho no era conocido. Si los datos son públicos y notorios no hay intromisión en el círculo íntimo de la persona, aunque el factor tiempo puede introducir matizaciones en lo anterior (derecho al olvido).

El principal problema que eso nos plantea es del cómo proteger a quien voluntariamente desvela su intimidad en la red. En efecto, los menores no identifican realmente los riesgos que suponen las redes sociales para su privacidad y otorgan voluntariamente su consentimiento para adherirse a ellas. Este consentimiento tiene un papel fundamental en los distintos usos que se dé a sus datos en el entorno *online*. Por ello, la cuestión no es fácil de resolver cuando se trata de menores de edad que están en pleno desarrollo, pues no olvidemos que ser menor no elimina el derecho de la persona a su autodeterminación y al libre desarrollo de su personalidad, de manera que los padres y poderes públicos deberán respetar la personalidad del menor cuando tomen decisiones que les afecten, como es el caso. Pero sobre esta cuestión volveremos más adelante.

En cuanto al derecho a la propia imagen[9], el aumento de herramientas y aplicaciones que permiten publicar fotografías y vídeos, así como la gran capacidad de difusión de dichos contenidos a través de Internet, provocan que, una vez introducidos en la red, miles de usuarios puedan acceder a ellos, con el riesgo que esto implica para el derecho a la propia imagen. En

---

9 El derecho a la imagen se define como el derecho a disponer de la representación gráfica del aspecto físico que permita la identificación lo que conlleva tanto el derecho a determinar la información gráfica generada por los rasgos físicos que le hagan reconocible que puede ser captada o tener difusión pública, como el derecho a impedir la obtención, reproducción o publicación de su propia imagen por un tercero no autorizado (SSTC 156/01, de 2 de julio y 83/02, de 22 de abril). En concreto, "el derecho a la propia imagen pretende salvaguardar un ámbito propio y reservado, aunque no íntimo, frente a la acción y conocimiento de los demás"; necesario, "según las pautas de nuestra cultura, para mantener una calidad mínima de la vida humana [...]. El aspecto físico de la persona ha de quedar protegido incluso cuando, en función de las circunstancias, no tiene nada de íntimo o no afecta a su reputación" (STC nº 208/2013).

este ámbito se plantean dos grandes problemas: por un lado, la publicación por parte de terceros de imágenes de una persona sin su consentimiento y, por otro lado, la utilización en otros ámbitos ajenos a la red social de las imágenes publicadas.

En íntima conexión con estos derechos de la personalidad se encuentra el derecho a la protección de los datos personales del menor. Tal como se viene diciendo, el uso de Internet por los menores de edad conlleva importantes riesgos para su privacidad. Y ello se refleja exponencialmente con el uso de las redes sociales, entre las que destacan Facebook, YouTube, Instagram, WhatsApp y Tik Tok[10]. Aunque, como regla general, estas plataformas cumplen con la normativa, sigue siendo muy fácil acceder a los datos personales o confidenciales, principalmente de los niños y adolescentes que no son plenamente conscientes de los riesgos y consecuencias que puede ocasionar el tratamiento de sus datos. En este sentido, tal y como establece el Reglamento General de Protección de Datos (RGPD), los menores, por el mero hecho de serlo, son considerados personas vulnerables. Por ello, sus datos personales merecen una protección específica, ya que pueden ser menos conscientes de los riesgos, consecuencias, garantías y derechos concernientes al tratamiento de los datos personales y que, dicha protección, debe aplicarse en particular a la utilización de sus datos con fines de mercadotecnia o elaboración de perfiles de personalidad o de usuario. En consecuencia, todas las comunicaciones que impliquen un tratamiento de sus datos personales deben

---

10 De acuerdo con el Estudio de redes sociales 2021, elaborado por IAB Spain y Elogia y patrocinado por PredActive, WhatsApp (83%), Facebook (69%) y YouTube (63%) lideran como las redes sociales más utilizadas, sin embargo, Facebook y YouTube han bajado su penetración. Por otro lado, Instagram, Telegram, TikTok, Pinterest y Twitch son las redes sociales que han mostrado un mayor crecimiento este año, con especial énfasis en TikTok que subió 9 puntos porcentuales, tras haber crecido 10 en la edición anterior.

ser proporcionadas en un lenguaje claro y sencillo a fin de que puedan comprenderlo fácilmente (Brito Izquierdo, 2018, p. 3)[11].

Partiendo de todo lo expuesto, se puede concluir que el siglo actual y, más concretamente, el veloz e imparable desarrollo de las nuevas tecnologías de la información y comunicación conllevan un cambio de paradigma por lo que respecta a los derechos al honor, a la intimidad, a la propia imagen y a la protección de datos personales, especialmente, por lo que aquí nos interesa, cuando el titular es un menor de edad.

3. EL EJERCICIO DE LA CAPACIDAD JURÍDICA DEL MENOR DE EDAD EN EL ENTORNO ONLINE

3.1. Consideraciones previas

Como bien sabemos, y se ha señalado en las páginas precedentes, uno de los sectores en el ámbito del Derecho de la persona que ha experimentado una mayor evolución en los últimos tiempos es el relativo a la figura del menor de edad y el tratamiento que el ordenamiento jurídico depara a sus de-

---

[11] En palabras de la citada autora, se dibuja un escenario de cambios constantes, y donde los niños cada vez son más protagonistas resultando un "*target*" muy interesante de usuarios para las grandes *tech* que operan a nivel global. Los menores de edad constituyen, en gran medida, el centro de su negocio actual y futuro, de forma que cuanto más se les conozca es evidente que más fácil resultará interactuar con ellos, ahora y en el futuro y, por consiguiente, ofrecerles distintos servicios, productos y bienes que pudieran resultar de su interés. La cuestión es, por tanto, determinar dónde están los actuales límites legales y éticos en lo que concierne al tratamiento de los datos personales de los menores de edad, así como los retos y desafíos regulatorios a que se enfrentan las entidades que manejan y tratan esta información personal.

rechos y al ejercicio de su capacidad jurídica, cada vez más amplio. Efectivamente, ya se ha dicho que hasta bien entrado el siglo XX, todas las normas relacionadas con el menor de edad se formulaban substancialmente a los únicos fines de protegerlo y representarlo dada su debilidad e imperfección, lo cual le convertía, en último término, en una persona absolutamente dependiente de aquellos que ejercían la patria potestad o, en su caso, la tutela, opacando plenamente su consideración como un sujeto autónomo. No se deparaba pues en las necesidades de autonomía y desarrollo que podía tener la persona del menor (De Castro y Bravo, 1984, p. 169)[12]; únicamente se contemplaba al mismo como objeto de protección. Ello se explica por la consideración de la minoría de edad como *status* del individuo, semejante al género o al estado civil, durante el cual primaba el aspecto de imperfección de la personalidad y, con ella, la necesidad de protección y cuidado. Los derechos del menor aparecían como auténticos derechos reflejos del interés paterno o social en dicha protección y no del interés propio del menor en desarrollar su autonomía (Mendizábal Oses, 1977, pp. 38-40).

Esta posición se mantuvo en los ordenamientos del siglo XIX y está presente también en nuestro Código civil, ciertamente atenuado de rigores antiguos pero todavía muy contundente en su consideración del menor como sujeto incapaz

---

12 De Castro y Bravo señala que en los antiguos regímenes, en los que la familia era una unidad cerrada, en la cual dominaba el jefe o el consejo de ancianos, la menor edad tenía una importancia limitadísima, pues su principal eficacia era endofamiliar (aptitud para ser jefe o para formar parte del consejo) y se atendía menos a la edad que a la aptitud individual. Por su parte, Mendizábal Oses (1977, p. 138) afirma que, durante siglos, la minoría de edad fue una situación que careció absolutamente de importancia, pues era la etapa en la que se encontraban quienes no tenían la aptitud individual necesaria para asumir las funciones del adulto.

(Pérez Díaz, 2018, p. 13). En particular, a raíz de la entrada en vigor de la Constitución de 1978, la concepción del menor y de las relaciones paterno-filiares hasta entonces vigentes se hacen insostenibles por su contradicción manifiesta con los valores y principios que propugna (artículos 10, 14, y 39 CE, entre otros) y con el modelo de Estado que la Norma fundamental incorpora en nuestro país: el Estado Social (artículo 1.1). De ahí que, a partir de entonces, la concepción del menor como sujeto de derechos deviene incuestionable dentro de nuestro ordenamiento jurídico. Con posterioridad a la a la entrada en vigor de la Constitución, se aprobó por la Asamblea General de las Naciones Unidas la Convención de los Derechos del Niños, de 20 de noviembre de 1989, la cual refleja por vez primera de forma expresa una concepción del menor como sujeto de derechos fundamentales. Más concretamente, la Convención deja atrás la imagen del niño objeto de protección, representación y control por parte de los padres o del Estado que ha inspirado, desde sus inicios, la legislación referente a menores en el mundo, y reconoce explícitamente al menor como auténtico sujeto de derechos. En suma, la Convención reconoce que el menor es portador de unos intereses propios, autónomos, distintos de los que puedan tener al respecto sus padres o tutores, y los poderes públicos a los que compete también su protección, lo que implica, correlativamente, el reconocimiento de su individualidad como sujeto de derechos, esto es, de su subjetividad jurídica.

Con todo, hay que recordarlo en todo momento, el punto de inflexión en nuestro derecho se produce con la Ley Orgánica 1/1996, de 15 de enero, de Protección Jurídica del Menor (LOPJM), claramente representativa de la tendencia moderna que concibe a los menores de edad como sujetos activos, participativos y creativos, con capacidad de modificar su propio medio personal y social; de participar en la búsqueda y satisfacción de sus necesidades y en la satisfacción de las necesidades de los demás.

En esta línea, ya se ha aludido al artículo 2, segundo párrafo de la mencionada Ley de Protección, modificada por la Ley Orgánica 8/2015, de 22 de julio[13], a cuyo tenor "*las limitaciones a la capacidad de obrar de los menores se interpretarán de forma restrictiva y, en todo caso, siempre en el interés superior del menor*".

Así las cosas, estamos de acuerdo con Pérez Díaz (2018, pp. 13-15) cuando afirma que las fronteras entre la mayoría de edad, como territorio natural del pleno ejercicio de la capacidad jurídica, y la minoría de edad, como lugar carente de él, son muy poco nítidas. Al argumento aludido con anterioridad, basado en la moderna concepción de la minoría de edad como estado al que debe reconocerse una titularidad amplia de derechos, así como la progresiva capacidad para ejercitarlos, se suma el reconocimiento progresivo y concreto de derechos a los menores que siempre se hizo y que ha contribuido a limar las diferencias con los mayores de edad. Las últimas reformas del ordenamiento han avanzado en esta línea. Las leyes sobre protección de la infancia y la adolescencia dictadas en el año 2015[14] han contribuido a dotar de mayor grado de autonomía al menor. Todo esto ayuda a desdibujar la realidad en la que se mueve el menor, a caballo, por un lado, entre la autonomía de movimientos y la pérdida de autoridad paterna y, por otro, la realidad que marca una inevitable dependencia paterna, que es la propia de un colectivo esencialmente vulnerable y necesitado de asistencia constante.

Y precisamente, uno de los escenarios donde el ejercicio de la capacidad jurídica del menor de edad se articula con mayor intensidad es el conformado por el uso de las nuevas tec-

---

13 Ley Orgánica 8/2015, de 22 de julio, de modificación del sistema de protección a la infancia y a la adolescencia.

14 La Ley Orgánica 8/2015 arriba citada y la Ley 26/2015, de 28 de julio, de modificación del sistema de protección a la infancia y a la adolescencia.

nologías de la información y comunicación (TIC), a las que aquellos acceden desde edades muy tempranas[15] y que proporcionan oportunidades más propicias para que se vulneren sus derechos de la personalidad; nos referimos, efectivamente, a la actuación del menor en el entorno virtual.

En este orden de ideas son dos las cuestiones que, con carácter principal, se suscitan en el marco de este trabajo, ambas referidas a la actuación autónoma del menor en un escenario *online*, e incluso se podría decir que están concatenadas entre sí, pero conviene abordarlas por separado, pues se trata de actos distintos que afectan a diversos derechos del menor. Así, por un lado, trataremos el consentimiento del menor para darse de alta en una red social, acto este que está relacionado principalmente con el derecho a la protección de los datos personales. Y, por otro, veremos la actuación del menor ya como usuario de una red social, la cual, como se podrá comprobar, afecta fundamentalmente a sus derechos al honor, a la intimidad y a la propia imagen.

3.2. Consentimiento para darse de alta en una red social

Todo acceso a una red social implica la aceptación de una serie de condiciones o cláusulas generales en las que se consiente el tratamiento de los datos personales por parte de dicha red (como pueden ser el nombre y los apellidos, correo

---

15 En palabras de Lorente López (2015, pp. 205-206), uno de los principales rasgos de la nueva era de la información y de las telecomunicaciones es el deseo o más bien necesidad de que los menores puedan ser cada vez más libres en el desarrollo de su personalidad. En aras de esa pretendida autodeterminación, se les va dotando de mayor independencia a edades más tempranas. Sin menospreciar la capacidad de obrar del menor en otras áreas, debemos destacar que en el entorno tecnológico el menor se mueve con especial libertad.

electrónico, fecha de nacimiento, número de teléfono, ciudad, etc.), razón por la cual se ha considerado necesario establecer un marco jurídico básico que regule las condiciones para que un menor pueda ser usuario de una red social, así como los requisitos para poder tratar su información.

En este sentido, hay que tener presente especialmente la normativa reguladora de la protección de datos personales, esto es, la Ley Orgánica 3/2018, de 5 de diciembre, de Protección de Datos Personales y garantía de los derechos digitales (LOPDGDD). Concretamente, el artículo 7.1 (titulado Consentimiento de los menores de edad), dice "*El tratamiento de los datos personales de un menor de edad únicamente podrá fundarse en su consentimiento cuando sea mayor de catorce años. Se exceptúan los supuestos en que la ley exija la asistencia de los titulares de la patria potestad o tutela para la celebración del acto o negocio jurídico en cuyo contexto se recaba el consentimiento para el tratamiento*". Si se trata de menores de catorce años, el mismo artículo añade que su consentimiento para el tratamiento de sus datos personales solo será lícito si consta el de los padres o tutor, con el alcance que determinen estos últimos (artículo 7.2 LOPDGDD).

Por tanto, si el menor es mayor de catorce años podrá prestar su consentimiento siempre que no exista ley que diga lo contrario solicitando la autorización de los representantes. Si es menor de esa edad, de cualquier manera, se requerirá dicha autorización. Se establece así una diferencia entre los mayores y los menores de catorce años, teniendo los primeros capacidad suficiente para consentir en lo que afecte a su derecho a la protección de datos personales y requiriendo los segundos el consentimiento de sus representantes legales si quieren transferir cualquier dato de carácter personal y acceder a cualquier red social. Como vemos, el artículo 7 LOPDGDD recoge un criterio objetivo a la hora de fijar la capacidad del menor para consentir por sí solo el tratamiento de sus datos de carácter personal, desmarcándose así de las normas que atienden al criterio de la madurez, sin establecer una edad concreta para valorar la misma, como el artículo 162 CC[16].

El principal escollo que nos plantea este precepto es el solapamiento que se puede producir con otras normas a tener presente en este particular contexto. Nos referimos, por un lado, al artículo 3.1 LOPH, que permite otorgar el consentimiento para la intromisión al derecho a la propia imagen a los menores desde que sus condiciones de madurez lo permitan, utilizando un criterio distinto al de la LOPDGDD. Por otro lado, hay que tener también en cuenta el artículo 162 CC que como, bien sabemos, contempla la posibilidad de que el menor pueda ejercer por sí solo actos relativos a sus derechos de la personalidad, de acuerdo con su madurez. Es decir, de acuerdo con Martínez Vázquez de Castro (2020, p. 239), es posible hablar de dos criterios distintos que se barajan al unísono: el criterio cronológico puro (o de la edad fija) y el criterio de la madurez. La principal ventaja del criterio cronológico es la seguridad jurídica que aporta a los equipos intervinientes en protección de datos, y la ventaja que aporta el criterio de madurez es el respeto a los derechos del menor y la propia tendencia del ordenamiento de proteger a los menores de acuerdo con el principio del interés superior del menor y el principio de libre desarrollo de la personalidad.

Ante esta dualidad de criterios, si atendemos a la norma más reciente, que regula específicamente la cuestión que nos ocupa, esto es la LOPDGDD, cabe afirmar que es el criterio de la edad el que debe primar, de tal forma que habrá que esperar a los catorce años para que el menor pueda prestar su consentimiento para adherirse a una red social.

---

16 Como es sabido, este artículo excluye de la representación legal de los hijos menores de edad los actos relativos a los derechos de la personalidad que el hijo, de acuerdo con su madurez, pueda ejercitar por sí mismo.

A ello hay que sumar que, en la práctica, tener que cerciorarse caso por caso de la madurez del menor puede ser tarea imposible, dado el creciente fenómeno del cual hablamos de acceso a las redes sociales. Por ello, sin perjuicio de que prime la LOPDGDD por la especialidad de la materia, es verdad que la edad de catorce años debe utilizarse a los efectos de presumir que el menor goza efectivamente de la madurez necesaria a esa edad, salvo prueba en contrario, pues otra cosa sería inviable.

Lo dicho sobre la autonomía del menor de catorce años para darse de alta en una red social nos lleva a preguntarnos si, en tal caso, se le aplica el mismo régimen que a una persona mayor de edad. La respuesta, como señala Gete-Alonso y Calera (2020, p. 89), es claramente negativa. El hecho de que desde una edad se consienta y acceda al mundo virtual de manera independiente de la patria potestad o tutela, al igual que ocurre en otros ámbitos de actuación, no elimina las funciones de vigilancia y control de las autoridades parental o tutelar, y de ahí su intervención cuando proceda. No solo porque la actuación autónoma de la persona conforme a su capacidad natural no supone la extinción de la potestad en general, sino además porque sus titulares, mientras persista la minoría de edad, han de cumplir las funciones de protección generales y continúan obligados a desplegar una particular actividad para evitar riesgos y peligros[17], cuestión esta sobre la que volveremos más adelante. Todo ello sin olvidar las normas que imponen obligaciones de establecer controles de acceso y de contenido en relación con la minoría de edad a las personas que operan

17 No en vano, el citado artículo 162.1º CC, después de reconocer la capacidad de los menores de edad para ejercitar por sí mismos sus derechos de la personalidad, añade "*No obstante, los responsables parentales intervendrán en estos casos en virtud de sus deberes de cuidado y asistencia*".

y prestan servicios en la red; cuestión aparte es la efectividad mayor o menor, la intensidad y el alcance de estos.

En otro orden de ideas, cabe referirse al Reglamento que desarrolla la LOPD[18], que regula los requisitos que se deben cumplir a la hora de proteger los datos del propio menor, estableciendo la necesidad de que la información dirigida a los menores debe ser comprensible por ellos y exigiendo que se compruebe de modo efectivo la edad de aquel (artículo 13 apartados 3 y 4 RLOPD). Pero lo cierto es que este último requisito es un problema por lo que a la verificación respecta. En este sentido, hay un Informe de la Agencia Española de Protección de Datos (Informe 0046/2010), que advierte sobre la falta en la norma de un procedimiento concreto para la verificación de la edad el menor. En el informe se plantean dos posibilidades que se refieren, bien a que la solicitud sea realizada por los representantes legales del menor, o bien a que aquellos autoricen la solicitud realizada por el menor. En ambos casos la Agencia aconseja que el citado documento se acompañe de fotocopia del DNI de los representantes legales a fin de verificar que la firma coincide con la solicitud presentada[19].

Cabe apuntar sobre este particular, que se ha llegado a pedir la nulidad de este artículo 13.4 RLOPD, pero no se ha accedido a dicha demanda. En concreto, la Sentencia del Tribu-

---

18 Real Decreto 1720/2007, de 21 de diciembre, por el que se aprueba el Reglamento de desarrollo de la Ley Orgánica 15/1999, de 13 de diciembre, de protección de datos de carácter personal.

19 Ante la dificultad de control, dada la falta de generalización del DNI electrónico, Tuenti, por ejemplo, implantó un protocolo de borrado de menores de catorce años explicándolo de la siguiente forma "igualmente contamos con un protocolo acordado con la AEPD desde 2009, por el cual desactivamos durante 15 días a aquellos menores que hayan podido mentir en su edad hasta que nos envíen la documentación acreditando ser mayores de 14 años o contar con autorización paterna. Transcurrido ese plazo la cuenta se elimina".

nal Supremo de 15 de julio de 2010, percibió la complejidad de esta labor de comprobación por el responsable del fichero, pero al mismo tiempo determinó que "*ello no debe de servir de excusa para la adopción de las medidas de garantía adecuadas que, en definitiva, es lo único que exige el precepto reglamentario impugnado*".

Llegados a este punto, tenemos que hacer mención también al Reglamento General de Protección de Datos (RGPD)[20], que nace con la aspiración de unificar los regímenes de todos los Estados Miembros sobre la materia.

De acuerdo con su Considerando 38, los niños merecen una protección específica de sus datos personales, ya que pueden ser menos conscientes de los riesgos, consecuencias, garantías y derechos concernientes al tratamiento de estos datos. Dicha protección específica debe aplicarse en particular, a la utilización de datos personales de niños con fines de mercadotecnia o elaboración de perfiles de personalidad o de usuario, y a la obtención de datos personales relativos a niños cuando se utilicen servicios ofrecidos directamente a un niño. El consentimiento del titular de la patria potestad o tutela no debe ser necesario en el contexto de los servicios preventivos o de asesoramiento ofrecidos directamente a los niños

Este Reglamento europeo establece la edad mínima para consentir el tratamiento de datos en dieciséis años. No obstante, dispone que los Estados Miembros podrán fijar una edad inferior, que no podrá situarse por debajo de los trece años (artículo 8.1). En nuestro país, como se ha podido comprobar, la edad mínima sigue siendo de catorce años, de acuerdo con la LOPDGDD.

---

20 Reglamento (UE) 2016/679 del Parlamento Europeo y del Consejo, de 27 de abril de 2016, relativo a la protección de las personas físicas en lo que respecta al tratamiento de datos personales y a la libre circulación de estos datos y por el que se deroga la Directiva 95/46/CE.

Por otra parte, este Reglamento establece la obligación a cargo de los responsables de tratamiento de verificar que concurre de forma efectiva el consentimiento de los representantes legales del menor cuando resulte necesario recabarlo, teniendo en cuenta la tecnología disponible (artículo 8.2). No se habla en este caso de la obligación de verificación de la edad efectiva del menor de edad. Y tampoco se establece criterio, recomendación o pauta alguna sobre los mecanismos, procedimientos o métodos más adecuados a tal fin, rigiendo un principio de libertad de forma en este ámbito[21].

Sea como fuere, lo cierto es que este marco regulatorio tiene que convivir al mismo tiempo con las políticas de privacidad de las empresas que prestan estos servicios. En la actualidad, si se leen las políticas de privacidad de las diversas redes sociales, se constata que la edad mínima para darse de alta en una red social oscila entre los trece y dieciséis años. Sin embargo, la realidad es que los controles para comprobar esta edad son escasos por parte de las empresas que tan solo se limitan a declarar en sus políticas de privacidad que se debe ser mayor de catorce años para utilizar el servicio, como ocurre en el caso de Instagram. De ahí la posibilidad de que un menor que no alcance la edad mínima requerida se registre con una identidad simulada o, más fácil todavía, constatando una fecha de nacimiento falsa. Este es, sin duda, un dato a tener presente; nos referimos a que en este contexto son ineludibles las dificultades para ve-

---

21 En este contexto, Brito Izquierdo (2018, pp. 9 y ss.) trae a colación normativa norteamericana de protección en línea del derecho a la privacidad de los niños, más conocida como COPPA (Children's Online Privacy Protection Act of 1998), toda vez que ha sido pionera aportando ciertos criterios sobre el particular (criterios de verificación del consentimiento paterno), los cuales, podrían inspirar el modo de proceder o de actuar de los responsables de tratamiento europeos en estos casos, siempre que ello fuera coherente con la normativa que les resulte de aplicación en cada caso.

rificar la edad y, por consiguiente, para comprobar que ha sido válida la prestación del consentimiento.

Y enlazando con lo anterior hay otro dato importante que no debemos perder de vista y es la facilidad para poder realizar este acto de registrarse en una red social. Y lo realmente preocupante, más que dicha facilidad para adherirse a la red, son las consecuencias que se derivan de dicha adhesión. No olvidemos que cuando el menor se registra o se da de alta en una red social aporta un gran número de datos personales y acepta las condiciones y la política de privacidad de la red social en cuestión. De esta manera, el consentimiento que otorga opera como un título que legitima el tratamiento de sus datos personales. Cosa distinta es si tal aceptación es realmente consciente y voluntaria, es decir, si el menor conoce realmente el alcance de su consentimiento, lo cual genera bastante duda.

3.3. Actuación del menor como usuario de una red social

Las redes sociales ofrecen a los usuarios una plataforma de comunicación a través de Internet para que estos generen un perfil con sus datos personales, facilitando la creación y participación en grupos en base a criterios comunes que les permitan la conexión con otros usuarios y su interacción.

Una vez que el menor se registra en una red social, está legitimado para desarrollar la actividad propia dentro de la misma, como publicar fotos y vídeos, manifestar sus intereses, gustos, preferencias, etc. A partir de aquí comienza a ejercer por sí mismo los derechos a su intimidad personal y familiar o a su propia imagen, al tiempo que permite también el tratamiento de sus datos personales por terceros. No en vano, la red social está diseñada para incentivar al usuario para que inserte información personal de sí mismo y de sus relaciones, cosa que el menor hace de forma masiva y sin aprovechar las herramientas de control que el servicio pone a su disposición[22].

Lorente López (2015) ha delimitado con precisión los principales riesgos derivados de la participación de menor de edad como usuario de una red social.

- Falta de concienciación de los usuarios de las redes sociales en las buenas prácticas en materia de privacidad. La gran mayoría de los usuarios, máxime si son menores de edad, confían en que su navegación a través de la red social sea segura y exenta de todo riesgo. Esto se debe, fundamentalmente, a una falta de concienciación y educación en el correcto uso de dichas redes e Internet en general.
- Uso inadecuado de los datos de los usuarios por terceros. Como afirma la autora, una de las cuestiones que

22 En palabras de Martínez Vázquez de Castro (2020, p. 225), las redes sociales en las que se mueve habitualmente el menor se generan de forma espontánea en los grupos y su presencia imprime un clima de camaradería e identificación. En estas redes sociales los usuarios pueden publicar sus fotografías, vídeos, reflexiones, afirmaciones y preferencias de todo tipo. Desde sus películas favoritas hasta la religión que profesan la orientación política. Es el caso paradigmático de *Facebook*. Son plataformas en las que los usuarios se puede dar de alta en el servicio libremente, o a través de invitación y encontrar conocidos o invitarles a formar parte de su intimidad. Si se profundiza un poco más en la dinámica de las redes sociales se observa cómo desde el primer momento en que uno se registra ya se ve obligado a facilitar información personal, por ejemplo, el nombre, apellidos, número de teléfono o correo electrónico, fecha de nacimiento, sexo y, por supuesto, una contraseña. Además, como la mayoría de las redes sociales cuentan con una sección denominada "perfil" en la que se sugiere que se aporte otro tipo de datos personales, como el lugar de estudio o de trabajo, aficiones, datos de contacto, familiares, situación sentimental, etc., que muchas veces se dan sin pensar en las consecuencias reales que ello puede suponer.

suscita más preocupación es la relativa a la divulgación de datos referentes a terceros, tanto de personas que son usuarias de las redes, como de personas que son completamente ajenas a las mismas. No podemos pasar por alto el hecho de que la principal actividad que se realiza a través de las redes sociales tipo Facebook consiste en la exposición de imágenes y comentarios a través de un muro (*social wall*). De este modo, aunque un menor no tenga una cuenta propia, su imagen puede ser expuesta sin su consentimiento a través de la de un amigo, un familiar o un conocido.

- Instrumentalización de la identidad. Las redes sociales virtuales permiten a los usuarios confeccionar una identidad digital, aunque sea ficticia. Esto permite suplantar la identidad de un usuario de manera sencilla, es decir, adoptar una identidad virtual ficticia a partir de la identidad real de un tercero. El principal riesgo de la suplantación de identidad son los daños irreparables a la privacidad del usuario suplantado.
- Descontextualización de la información. El mayor riesgo de las redes sociales es la descontextualización de los datos que aparecen publicados. Se produce la descontextualización de los datos o comportamientos cuando estos son utilizados en un contexto distinto de aquel para el cual se emitieron. En los espacios *online* que constituyen las redes sociales lo que es dicho para un grupo cerrado de amigos, queda a disposición de la comunidad entera[23].

Ciñéndonos en estas páginas al supuesto en el que menor publica sus fotos o vídeos, el problema que se plantea, de acuer-

---

23 Sobre los riesgos que comporta para los menores el uso de las redes sociales, véase también Martínez Otero (2013, pp. 57-60).

do con Sánchez Gómez (2017, pp. 114-115), es que para dichos actos que conforman intromisiones en sus propios derechos, el menor no presta consentimiento alguno en el sentido del artículo 3.1 LODH. Cabe pensar que aquel consentimiento lo otorgó cuando se dio de alta en la red social aceptando sus condiciones. Esto significaría que por el acto de registro el menor está consintiendo no solo la posibilidad del tratamiento de sus datos, sino todavía más, las intromisiones en sus derechos. De ahí que la prestación del consentimiento para darse de alta en la red social, inicialmente relacionado con el tratamiento de datos, va más allá y se extiende peligrosamente y de una manera genérica a las intromisiones en sus derechos. Dicho sea de otro modo, este consentimiento, el que exige la Ley Orgánica 1/1982, cabe deducirlo del acto de aceptación de la política de privacidad y de sus condiciones generales para darse de alta. En principio, no habría problema para reconocer su validez, pues se deduce, como dice el Tribunal Supremo, de actos o conductas de inequívoca significación, no ambiguas o dudosas; en suma, el razonamiento podría ser válido en el sentido de entender que se ha dado cumplimiento a lo previsto en la LODH. Pero el problema surge respecto al alcance de dicho consentimiento, pues al fin y al cabo se ha prestado de manera general. Esta forma de proceder choca frontalmente con lo que se ha mantenido por la doctrina y la jurisprudencia. Como sabemos, respecto al alcance de dicho consentimiento es unánime la opinión según la cual no es posible que sea general, sino que debe referirse a cada acto concreto de intromisión.

En este sentido, Lorente López (2015, pp. 101-102) sostiene que no cabe la posibilidad de otorgar un consentimiento genérico o generalizado, para que una productora, un anunciante o un medio de comunicación disponga libremente de él. Por el contrario, cada nuevo acto exige un nuevo consentimiento. Máxime, cuando de un menor se trate, pues ayer pudieron prestar consentimiento por él sus progenitores y hoy puede encontrarse en condiciones de hacerlo por sí mismo, motivo por el que es doblemente exigible que cada nuevo acto exija un nuevo consentimiento. Ello no obsta para que, en el supuesto de que se haya prestado consentimiento para la captación de una imagen y su posterior publicación, el medio de comunicación que haya "comprado" la fotografía pueda usarla las veces que quiera mientras que el consentimiento inicial no sea revocado. Es el caso de las denominadas "imágenes de archivo". Por su parte, Castilla Barea (2011, p. 141) insiste en la necesidad de que el consentimiento prestado se interprete restrictivamente, de suerte que el titular del derecho deberá autorizar separadamente cada uno de los actos sin que quepa extender al resto la autorización que solo se dirigió a legitimar una conducta en concreto.

Partiendo de todo lo expuesto, Sánchez Gómez (2017, pp. 114-115) concluye la evidente contravención del referido artículo cuando estamos ante un extremo tan importante para legitimar una intromisión en los derechos fundamentales del menor, pues en este ámbito de las redes sociales no presta el consentimiento de manera concreta y específica para cada acto de intromisión que consienta. Se pone de manifiesto así un primer obstáculo difícil de sortear si se pretende aplicar la Ley Orgánica 1/1982 respecto al consentimiento de los menores para llevar a cabo intromisiones en sus derechos de la personalidad como usuarios de las redes sociales, pues aquel no puede ser genérico, sino que cada acto exige un nuevo consentimiento. De ahí que nos cuestionemos si tales actos que realiza el menor en este ámbito son válidos desde el punto de vista de la normativa existente.

La citada autora se ha planteado si no resultaría aplicable analógicamente el artículo 3 de la Ley Orgánica 1/1996, que considera intromisión ilegítima en aquellos derechos al honor, la intimidad y la imagen del menor cualquier utilización de su imagen o nombre en los medios de comunicación que pueda implicar menoscabo de su honra o reputación, o que sea contrario a su intereses, incluso si consta su consentimiento, al entorno virtual del menor, toda vez que las redes sociales de comunicación son también medios de comunicación de una dimensión universal, global y transfronteriza, en los que dichos derechos pueden ser vulnerados fácilmente mediante expresiones, imágenes o mensajes. Pero lo cierto es que no resulta razonable abogar por esta aplicación analógica, pues ello supondría invalidar cualquier actuación del menor del siglo XXI en el entorno virtual. Eso corrobora la necesidad de buscar otros mecanismos de protección específicos ante la ausencia de normativa aplicable al efecto (Sánchez Gómez, 2017, p. 115).

4. PROTECCIÓN JURÍDICA DEL MENOR DE EDAD EN EL ENTORNO VIRTUAL

4.1. Cuestiones previas

Como se ha apuntado previamente, una cuestión de primer orden en el tema que nos ocupa la conforman los mecanismos de protección del menor de edad que se articulan en el entorno virtual. Ya sabemos que uno de los ámbitos donde se refleja con mayor claridad el ejercicio evolutivo de la capacidad jurídica del menor de edad es el de las TIC, pues, como apunta Lorente López (2015), los niños de hoy en día han nacido en la nueva "Sociedad Red", lo cual implica que desde que empiezan a tener uso de razón se encuentran rodeados de dispositivos (ordenadores, teléfonos móviles, tablets ...) hacia los que desarrollan una gran atracción y una habilidad consumada. No es de extrañar, por lo tanto, que sea precisamente con las nuevas tecnologías como estos nativos digitales satisfacen sus necesidades de entretenimiento, información, comunicación, e incluso de formación. Ahora bien, a pesar de la indudable capacidad de desenvolvimiento del menor con las TIC, no debemos olvidar que si en cualquier ámbito el niño merece especial protección, más aún en entornos vinculados a estas nuevas tecnologías, dado que la globalidad e inmediatez de la Red hacen que la misma conducta realizada por un menor (pensemos en la captación de una foto comprometida), no tenga el mismo alcance en su ámbito social real, que en el virtual, donde en cuestión de segundos puede tener una difusión local e incluso mundial, repercutiendo de forma directa en su "biografía digital", y futura reputación.

Cada vez son más los riesgos de vulneración de los derechos a la intimidad y protección de datos personales, al honor y a la propia imagen de los menores de edad, debido a la globalización de la información, la facilitación e inmediatez de la comunicación y la progresión de medios e instrumentos técnicos que permiten recabar y transmitir datos personales por la red (Solé Resina, 2020, p. 23).

Por consiguiente, es necesaria una prevención, límites y control, de acceso y de contenidos, no solo por las especiales características de la capacidad de estos sino por las circunstancias intrínsecas del propio entorno digital (Lambea Rueda, 2019, p. 177). La finalidad última es la de conseguir un uso seguro de las TIC, para lo cual se necesita la actuación de los padres o guardadores legales, los poderes públicos y de los agentes de la industria[24].

---

[24] Cabe destacar en este sentido el Código civil catalán; concretamente, el artículo 236-17, párrafo 5, a cuyo tenor "Los progenitores deben velar por que la presencia del hijo en potestad en entornos digitales sea apropiada a su edad y personalidad, a fin de protegerlo de los riesgos que puedan derivarse. Los progenitores también pueden promover las medidas adecuadas y oportunas ante los prestadores de servicios digitales y, entre otras, instarlos a suspender provisionalmente el acceso de los hijos a sus cuentas activas, siempre y cuando exista un riesgo claro, inmediato y grave para su salud física o mental, habiéndolos escuchado previamente. El escrito dirigido a los prestadores de servicios digitales debe ir acompañado del informe del facultativo en que se constate la existencia de ese riesgo. La suspensión del acceso queda sin efectos en el plazo de tres meses a

Resumiendo, pues, la protección de los derechos al honor, intimidad, imagen y tratamiento de datos personales de los menores de edad en dispositivos móviles, Internet y redes sociales requiere inexorablemente de un esfuerzo por parte de todos los agentes implicados[25]. En las siguientes páginas nos centra-

---

contar del momento de su adopción, salvo que sea ratificada por la autoridad judicial". Lo mismo se establece en sede de tutela en el artículo 222-36, párrafo 3. En esta misma línea, la Ley 9/2019, de 19 de febrero, de la atención y los derechos de la infancia y la adolescencia de las Illes Balears, se ocupa igualmente de ese asunto en su artículo 60, que impone a los padres y madres o las personas que tengan atribuida la tutela o la guarda de las personas menores de edad, los responsables de la educación y los poderes públicos en el ámbito de sus competencias, el deber de velar para que los niños, niñas y adolescentes hagan un buen uso de Internet y de las TIC de acuerdo con los principios constitucionales y los derechos que recoge esta ley. Y añade que en los establecimientos en que se ofrezcan servicios telemáticos, se tienen que instalar los medios técnicos de contenido necesarios para limitar el acceso de los niños, niñas y adolescentes a las páginas cuyo contenido resulte perjudicial para el desarrollo de su personalidad.

25 El artículo 16 de la Convención de los Derechos del Niño de 20 de noviembre de 1989 proscribe las intromisiones en la intimidad del menor al declarar que ningún niño será objeto de injerencias arbitrarias o ilegales en su vida privada, su familia, su domicilio o su correspondencia, ni de ataques ilegales a su honra y reputación. Lo contemplan igualmente el artículo 10 del Convenio Europeo de Derechos Humanos de 1950 y el artículo 17 del Pacto Internacional de Derechos Civiles y Políticos de 1966. También el punto 8.29 de la Resolución A3-0172/92, de 8 de julio de 1992, del Parlamento Europeo, sobre una Carta Europea de los derechos del niño, declara que todo niño tiene derecho a no ser objeto por parte de un tercero de intrusiones injustificadas en su vida privada, en la de su familia, ni a sufrir atentados ilegales contra su honor y el punto 8.43 otorga protección frente a utilizaciones lesivas de la imagen del menor. Las Reglas Mínimas de las Naciones Unidas para la administración de la Justicia de Menores, aprobada por Asamblea General en 1985 también lo recogen en el artículo 8.

remos, concretamente, en el papel de los padres y tutores, por un lado, y de los poderes públicos, por otro, como mecanismos esenciales de protección de los derechos del menor. Se tratará de explicar cuál o cuáles son las funciones de protección del menor que les competen en este escenario de las TIC, así como los principales conflictos de derechos derivados del ejercicio de dichas funciones. Pero antes de ello conviene aludir, siquiera sea muy brevemente, al marco jurídico de protección de los derechos al honor, intimidad e imagen y la protección de datos del menor en la esfera de las TIC.

Como apuntábamos más arriba cuando tratamos los derechos potencialmente vulnerables en el entorno digital, los derechos al honor, intimidad e imagen y la protección de datos personales que consagra el artículo 18 CE (apartados 1 y 4)[26], son objeto de regulación específica en la LOPDH[27] y la LOPD.

---

26 En estrecha conexión con este artículo se encuentra el artículo 20 CE que, además de reconocer una serie de libertades entre las que se incluyen la libertad de expresión e información, directamente relacionadas con el uso de las TIC, establece en su apartado cuatro que "*Estas libertades tienen su límite en el respeto a los derechos reconocidos en este Título, en los preceptos de las leyes que lo desarrollen y, especialmente, en el derecho al honor, a la intimidad, a la propia imagen y a la protección de la juventud y de la infancia*". De una interpretación sistemática de los art. 18 y 20.1.d) CE se desprende sin duda una hiperprotección del derecho a la intimidad y a la propia imagen proyectado sobre los menores de edad. La Instrucción de la Fiscalía General del Estado 2/2006, de 15 de marzo, sobre el Fiscal y la protección del derecho al honor, intimidad y propia imagen de los menores explica el porqué de esta hiperprotección: "*estas garantías adicionales se justifican por el plus de antijuridicidad predicable de los ataques a estos derechos cuando el sujeto pasivo es un menor, pues no solamente lesionan el honor, la intimidad o la propia imagen, sino que además pueden perturbar su correcto desarrollo físico, mental y moral, y empañar en definitiva su derecho al libre desarrollo de la personalidad y a la futura estima social*".

27 Véase especialmente el artículo tercero de la citada Ley, a cuyo tenor:

Además, teniendo en cuenta que nuestro trabajo se centra en la persona menor de edad como titular de dichos derechos, cabe mencionar también la LOPJM. Concretamente, el artículo 4 LOPJM dispone:

"1. *Los menores tienen derecho al honor, a la intimidad personal y familiar y a la propia imagen. Este derecho comprende también la inviolabilidad del domicilio familiar y de la correspondencia, así como del secreto de las comunicaciones.*

2. La difusión de información o la utilización de imágenes o nombre de los menores en los medios de comunicación que puedan implicar una intromisión ilegítima en su intimidad, honra o reputación, o que sea contraria a sus intereses, determinará la intervención del Ministerio Fiscal, que instará de inmediato las medidas cautelares y de protección previstas en la Ley y solicitará las indemnizaciones que correspondan por los perjuicios causados.

3. Se considera intromisión ilegítima en el derecho al honor, a la intimidad personal y familiar y a la propia imagen del menor, cualquier utilización de su imagen o su nombre en los medios de comunicación que pueda implicar menoscabo de su honra o reputación, o que sea contraria a sus intereses incluso si consta el consentimiento del menor o de sus representantes legales.

4. Sin perjuicio de las acciones de las que sean titulares los representantes legales del menor, corresponde en todo caso al Ministerio Fiscal su ejercicio, que podrá actuar de oficio o a instancia del propio menor o de cualquier persona interesada, física, jurídica o entidad pública.

"*Uno. El consentimiento de los menores e incapaces deberá prestarse por ellos mismos si sus condiciones de madurez lo permiten, de acuerdo con la legislación civil.*

Dos. En los restantes casos, el consentimiento habrá de otorgarse mediante escrito por su representante legal, quien estará obligado a poner en conocimiento previo del Ministerio Fiscal el consentimiento proyectado. Si en el plazo de ocho días el Ministerio Fiscal se opusiere, resolverá el Juez".

> *5. Los padres o tutores y los poderes públicos respetarán estos derechos y los protegerán frente a posibles ataques de terceros".*

Como vemos, no hay referencia alguna en este precepto al entorno virtual, lo que ha sido objeto de crítica por la doctrina[28]; más aún cuando esta LOPJM ha sido objeto de reforma en el año 2015. En este sentido, de acuerdo con Sánchez Gómez (2017, p. 180), después de veinte años de vigencia de la LOPJM y más de treinta de la LOPHII, quizá hubiera sido la reforma de 2015 el momento oportuno (por el tiempo transcurrido) y el lugar idóneo (una Ley Orgánica del menor), para tomar conciencia de manera concreta y específica de los problemas que plantea el fenómeno virtual para los derechos del menor en el artículo 4.

En cualquier caso, la duda que se nos plantea partiendo de esta redacción de la norma es si Internet y las nuevas tecnologías de información y comunicación se pueden considerar como un medio de comunicación a los efectos de la misma. Para Pérez Díaz (2018, p. 222), naturalmente que los lugares virtuales (redes sociales, blogs, páginas dirigidas a menores) deben entenderse en un amplio sentido como medios de comunicación y, por ende, quedan incluidos en la citada norma. La autora menciona una sentencia de un juzgado de Madrid[29] que ha negado que Internet sea un medio de comunicación social en sentido estricto y ha calificado la red de redes como un medio de comunicación universal. No obstante, en esta sentencia se admite tácitamente que Internet al menos es un medio

---

28 Pérez Díaz (2018, p. 222) critica la ausencia de referencia alguna a los entornos virtuales, pues pese a existir un Internet incipiente en aquel momento, ya se sabía que iba a constituirse en la rama de formación y socialización del futuro.

29 Sentencia del Juzgado de lo Penal número 16 de Madrid, de 18 de diciembre de 2009 (Fundamento Jurídico 3º).

de comunicación y, por tanto, cabe aplicar el citado precepto, ya que se refiere con carácter general a los medios de comunicación sin añadir el adjetivo social, lo que activaría las especiales garantías que se reconocen a los derechos de los menores, en especial, la legitimación del Ministerio Fiscal para revocar un consentimiento prestado en perjuicio del interés superior del menor[30].

4.2. El papel de los padres o tutores del menor en el ámbito digital

4.2.1. El deber de velar y supervisar al menor

Los padres o tutores son los primeros obligados en velar por el menor que actúa en el ámbito digital. En este sentido, basta citar el artículo 84.1 de la Ley Orgánica 3/2018, de 5 de diciembre, que bajo el título de Protección de los menores en Internet, dispone: "*Los padres, madres, tutores, curadores o representantes legales procurarán que los menores de edad hagan un uso equilibrado y responsable de los dispositivos digitales y de los servicios de la sociedad de la información a fin de garantizar el adecuado desarrollo de su personalidad y preservar su dignidad y sus derechos fundamentales*".

De otro lado, como se apuntó brevemente en líneas anteriores, tras la reforma de 2015, el artículo 5 LOPJM alude expresa-

---

30 Por su parte, Martínez Otero (2013, p. 444) considera que la respuesta a la pregunta no puede ser apriorística, sino que dependerá del nivel de publicidad que tenga el perfil que recoge los datos o imágenes del menor. No puede tratarse de la misma manera un perfil totalmente restringido, uno abierto tan solo a los amigos, o un perfil totalmente público, que puede ser indexado por los buscadores de Internet. Si los dos primeros pueden asemejarse a un álbum de fotos familiar disponible *online*, el segundo sí puede ser equiparado con un medio de comunicación, al menos en la medida en que su contenido está disponible a todo aquel que quiera consultarlo.

mente al uso por los menores de las TIC y la necesidad de protegerlos. En concreto, establece en su apartado primero: "*Los menores tienen derecho a buscar, recibir y utilizar la información adecuada a su desarrollo. Se prestará especial atención a la alfabetización digital y mediática, de forma adaptada a cada etapa evolutiva, que permita a los menores actuar en línea con seguridad y responsabilidad y, en particular, identificar situaciones de riesgo derivadas de la utilización de las nuevas tecnologías de la información y la comunicación, así como las herramientas y estrategias para afrontar dichos riesgos y protegerse de ellos*". En este contexto, corresponde a los padres o al tutor el deber de velar porque la información a la que el menor accede sea veraz, plural y respetuosa con los principios constitucionales. Así lo establece expresamente en su segundo apartado el citado artículo 5 LOPJM.

Como vemos, de acuerdo con las normas citadas, los menores tienen derecho al uso de las nuevas tecnologías, si bien este uso deberá ser supervisado por sus guardadores legales que tienen la obligación de velar por ellos. Mas, sin perjuicio de estos concretos preceptos legales, el deber de protección de los padres y tutores en relación con la actividad digital de sus hijos menores deriva sustancialmente de las funciones de protección y asistencia de todo orden que les competen en relación con su hijo o pupilo. En efecto, los artículos reguladores de la patria potestad y la tutela confieren a sus titulares un conjunto de facultades y deberes, esencialmente tuitivos, para el cuidado y la capacitación del menor, entre los que nos interesa destacar ahora los deberes de velar por él y procurar su formación integral (artículos 154 y 269 CC), porque de ellos puede derivarse, precisamente, el deber de proteger a los hijos de los riesgos que puedan derivarse de su presencia en los entornos digitales. Como nos explica Solé Resina (2020, p. 28), esta vigilancia que les corresponde abarca todos los ámbitos -material y moral- y también el control de la relación/presencia del hijo en los medios digitales, para lo que tendrán que poder conocer sus actividades en Internet. Para referirse a este deber de los padres de velar por el buen uso de Internet de sus hijos algunos autores han acuñado el término de patria potestad digital.

4.2.2. Límites del deber de protección al menor

No obstante todo lo expuesto hasta aquí, no debemos olvidar que el ejercicio de la patria potestad debe realizarse en interés de los hijos "*de acuerdo con su personalidad, y con respeto a sus derechos, su integridad física y mental*" y "*si los hijos tuvieran suficiente madurez, deberán ser oídos siempre ante de adoptar decisiones que les afecten*" (artículo 154 CC). Además, las limitaciones al ejercicio de la capacidad jurídica de los menores se interpretarán de forma restrictiva y, en todo caso, siempre en interés superior del menor (artículo 2.1 LOPJM).

Llegados a este punto, la cuestión que se nos plantea es la de los límites de este deber de control y supervisión de los padres y tutores; en otras palabras, cuáles son los márgenes en los que aquellos pueden revisar o controlar la actividad de los menores en Internet sin que ello suponga a su vez una intromisión por parte de los titulares de la patria potestad o tutela contra el derecho a la intimidad de los menores, precisamente porque dicho control se justifica como medida de protección del menor (Solé Resina, 2020, p. 28), o vulnere cualquier otro derecho del menor.

En este contexto, ante la ausencia de normativa legal expresa, tendrá que ser la jurisprudencia la que delimite este margen de actuación de control o responsabilidad de los guardadores legales. Para empezar, hay dos resoluciones del Tribunal Supremo que conviene tener presentes.

La primera es la STS 864/2015, de 10 de diciembre. El supuesto de hecho que da origen a esta resolución se inicia cuando un varón, mayor de edad, conoce a una menor de quince años y le envía una petición de amistad por la red social Facebook, la cual fue aceptada por la menor, siendo pleno conocedor de su minoría de edad. A través de dicha red mantuvo conversaciones con ella, que acabaron derivando en una situación de *grooming* (acoso sexual a menores por Internet), llegando a implicar a otra menor de siete años de edad en los hechos. Por lo que aquí nos interesa, el demandado alega infracción de los artículos 18.1 y 18.3 CE (derechos a la intimidad y al secreto de las comunicaciones). Concretamente, impugna la validez de la prueba consistente en los mensajes tanto de Facebook como de WhatsApp cruzados por el demandado con la menor. La inutilidad de esa prueba arrastraría la invalidez de las posteriores que traen causa de aquella, pues se habría accedido al contenido de esos mensajes sin contar con autorización de ninguno de los comunicantes.

El Tribunal declara que ninguna duda puede arrojarse sobre la titularidad por parte de la menor del derecho a la intimidad:

> "Aquí nos tenemos que plantear si por el hecho de ser menor de edad, es posible que la madre de la misma pueda desvelar las conversaciones que la menor haya podido tener con otras personas. Sobre dicha cuestión tenemos que indicar que el artículo 4.1 de la Ley de Protección del Menor 1/1996 dispone que: "*Los menores tienen derecho al honor, a la intimidad personal y familiar y a la propia imagen. Este derecho comprende también la inviolabilidad del domicilio familiar y de la correspondencia, así como del secreto de las comunicaciones*". El artículo 4.5 dispone: "*Los padres o tutores y los poderes públicos respetarán estos derechos y los protegerán frente a posibles ataques de terceros*". Se tiene que aplicar lo dispuesto en el artículo 3 de la Ley 1/1982, de 5 de mayo de Protección Civil del Derecho al Honor, a la Intimidad y a la Propia Imagen que establece que el consentimiento deberá prestarse por ellos mismos (menores) si sus condiciones de madurez lo permiten, de acuerdo con la legislación civil, para en los restantes casos otorgarse mediante escrito de su representante legal, quien estará obligado a poner en conocimiento previo del Ministerio Fiscal el consentimiento proyectado. Así pues, consideramos que una menor de 15 años de edad, sin que conste en la misma elemento alguno para pensar que no se encuentra en una situación de madurez, tiene que otorgar el consentimiento a

los padres o tutor para que por estos se pueda desvelar los mensajes que en la cuenta de su perfil de Facebook dispone".

Está claro que los menores deben dar su consentimiento para el control y acceso a sus cuentas en redes sociales; eso no es discutible. Sin embargo, estos derechos fundamentales no son absolutos y pueden ceder, como así lo recoge la sentencia, en defensa de otros intereses constitucionalmente protegibles a la vista del carácter no ilimitado o absoluto de los derechos fundamentales, de forma que el derecho a la intimidad personal, como cualquier otro derecho, puede verse sometido a restricciones.

"Aunque la Sala expresa que no se ha determinado cómo llegó a conocimiento de la madre la clave a través de la que accedió a la cuenta de Facebook de la menor, es palmario que contaba con ella [...]. Es inferencia fundada que la contraseña pudo ser conocida a raíz de una comunicación voluntaria de la propia menor titular, bien directamente; bien a través de su hermana [...]. Es sabido que el artículo 18 CE no garantiza el secreto de los pensamientos que una persona ha transmitido a otra, por lo que el receptor es libre de transmitir estas comunicaciones a terceros [...]. Además, estamos hablando de la madre -y no cualquier otro particular-. Es titular de la patria potestad concebida no como poder sino como función tuitiva respecto de la menor. Es ella quien accede a esa cuenta ante signos claros de que se estaba desarrollando una actividad presuntamente criminal en la que no cabía excluir la victimización de su hija. No puede el ordenamiento hacer descansar en los padres unas obligaciones de velar por sus hijos menores y al mismo tiempo desposeerles de toda capacidad de controlar en casos como el presente en que las evidencias apuntaban inequívocamente en esa dirección. La inhibición de la madre ante hechos de esa naturaleza contrariaría los deberes que le asigna por la legislación civil. Se trataba además de actividad delictiva no agotada, sino viva: es objetivo prioritario hacerla cesar. Tienen componentes muy distintos las valoraciones y ponderación a efectuar cuando se trata de investigar una actividad delictiva ya sucedida, que cuando se trata además de impedir que se perpetúe, más en una materia tan sensible como esta en que las víctimas son menores".

En este mismo orden se pronuncia el Auto del Tribunal Supremo 1136/2018, de 11 de octubre. En este caso el demandado mantuvo relaciones sexuales completas con un menor de trece años, que accedió a ello al ser amedrentado, diciéndole el acusado que de lo contrario revelaría a su madre su condición homosexual, que no iba a aceptar, doblegando su voluntad y accediendo a sus exigencias, aprovechándose de su corta de edad y de su sentimiento de culpabilidad, que le impedía poner en conocimiento de terceras personas estos hechos. Posteriormente, el acusado mantuvo contacto telefónico con el menor mediante WhatsApp, instándole a repetir sus encuentros accediendo el menor, por la presión ejercida por el acusado de revelar a su madre su condición homosexual y en alguna ocasión agarrándole de las manos. A consecuencia de estos hechos, el menor presenta baja autoestima, tristeza, bajo rendimiento académico, fracaso escolar, angustia, sentimiento de culpa, miedo desconfianza e interferencia en su desarrollo psicosexual. La madre del menor denunció estos hechos. Por lo que respecta a la vulneración de los derechos a la intimidad y al secreto de las comunicaciones, este Auto vuelve a incidir en el mismo fundamento que la resolución anterior.

> "El Tribunal tras elaborar un análisis de la doctrina y la jurisprudencia sobre los derechos constitucionales invocados, descartó nulidad alguna y precisó que la madre era la titular de la patria potestad, concebida no como poder sino como función tuitiva respecto del menor. Que fue ella quien accedió a esa cuenta ante los signos claros de que se estaba desarrollando una actividad presuntamente criminal, en la que no cabía excluir la victimización de su hijo. Se trataba de una actividad delictiva no agotada, sino viva, por lo que era objetivo prioritario hacerla cesar. A ello añade el Tribunal que no puede olvidarse que el propio menor, no solamente no ha protestado por esta intromisión a la intimidad, sino que además en el juicio ratificó los mensajes, admitiendo la existencia de los mismos y contestado a las preguntas que le formularon las partes en lo referente a su contenido, lo que autoriza su valoración plena y autónoma como prueba de cargo, al ser introducida en el plenario y por tanto al haberse roto toda conexión de antijuricidad".

Con respecto al acceso de la policía a los números de teléfono que aparecían en los contactos del terminal del menor, que fue entregado por su madre a los agentes, ninguna irregularidad se detecta, pues respecto a esta cuestión es clara la jurisprudencia.

> "El Tribunal Supremo recuerda que ya la sentencia 115/2013 de 9 de mayo del Pleno del Tribunal Constitucional, dictada en un caso que presenta similitudes con el que ahora nos ocupa, condensa la doctrina en relación a la legitimidad constitucional de la consulta por parte de la policía de la lista de contactos de un terminal telefónico sin autorización judicial ni de su titular. Concluye que siempre que la consulta se haya limitado exclusivamente al listado de contactos, y no haya accedido a funciones del aparato que pudiesen desvelar procesos comunicativos, no afecta al derecho fundamental al secreto de las comunicaciones porque no suministra información concerniente a un proceso de comunicación emitida o recibida mediante dicho aparato, sino únicamente a un listado de números de teléfono introducidos voluntariamente por el usuario del terminal, equiparable a los recogidos en una agenda de teléfonos en soporte de papel. Sí puede verse afectado el derecho a la intimidad (artículo 18.1 CE), derecho que puede ceder ante intereses constitucionalmente relevantes, siempre que el límite que aquel haya de experimentar se revele como necesario para lograr un fin constitucionalmente legítimo y sea proporcionado".

Por otra parte, en cuanto al acceso al contenido de los WhatsApp del teléfono del menor que fue entregado por su madre a los agentes, tampoco puede aceptarse que pueda haber constituido prueba ilícita.

> "En el presente caso el acceso que la policía realizó del terminal telefónico lo fue porque se lo entregó la titular de la línea, la madre del menor, de la que consta que era la titular de la patria potestad. De su acceso se extrajeron los números de teléfono del acusado, puesto que este se había puesto en contacto con el menor, tal y como se describe en los hechos probados, así como los mensajes de contenido sexual que le mandaba a este. Es cierto que esta actuación afectó a los datos que tenía el menor en su teléfono, pero no puede considerarse que se haya producido una intromisión ilegítima en el derecho del acusa-

> do. Este trasmitió sus pensamientos, siendo el menor libre para facilitárselos a un tercero. Aun cuando la madre y los agentes accedieron a los mismos sin su consentimiento expreso, no consta oposición alguna por su parte a la conducta efectuada, a lo que debe añadirse que se trató de una actuación proporcional, dada la gravedad de los hechos, que se encontraban en fase de ejecución, de los que la madre tenía indicios de su comisión, pues había detectado en el menor un cambio de comportamiento que afectó a sus resultados académicos. De manera que fue necesaria su actuación, ante los peligros que pudieran estar afectando el libre desarrollo de la personalidad de su hijo, del que era garante. Y la Policía actuó en ejercicio de las facultades que la habilitan para recoger los efectos, instrumentos y pruebas del delito y ponerlos a disposición judicial y para practicar las diligencias necesarias para la averiguación del delito y el descubrimiento del delincuente. En este marco, la mínima injerencia en el derecho a la intimidad del menor o a sus comunicaciones estaba justificada por razones de urgencia y permitió corroborar la identidad de la persona que finalmente fue identificada como el autor de las conductas de contenido sexual, que fueron relatadas por el propio menor en el acto de la vista, tal y como se describe en la sentencia, de quien no consta reclamación alguna por el acceso analizado. La actuación, por tanto, se ajustó a los estándares de proporcionalidad que legitiman su constitucionalidad".

En suma, hasta ahora la jurisprudencia parece inclinarse hacia un papel intervencionista de los padres o tutores en aras a la protección del menor y al amparo de sus funciones de guarda. En efecto, el deber de velar y proteger a los menores legitima a los progenitores para vigilar y supervisar cuestiones que afectan a la vida privada de sus hijos y, más aún, en circunstancias que pudieran revestir peligro para aquellos.

4.2.3. Conflictos entre los guardadores legales y el menor de edad

Por otro lado, en este mismo contexto de la actuación del menor en entornos digitales, es posible que surjan conflictos entre los padres o el tutor y el propio menor con suficiente juicio cuando aquellos le restringen el acceso a Internet o el uso a las nuevas tecnologías por el perjuicio que le pueden ocasionar. Indudablemente, el menor de edad ha de ser especialmente protegido frente al uso de los medios digitales, habida cuenta los riesgos derivados del mismo, que pueden resultar perjudiciales para su formación o desarrollo, pues no olvidemos que el menor es esencialmente más vulnerable frente a los condicionamientos externos que una persona mayor, dada la falta de recursos intelectivos y volitivos que le permitan seleccionar la información que le llega y, por ende, rechazar aquella que pueda desvirtuar el libre desarrollo de su personalidad. En este sentido, sabemos que los guardadores del menor son quienes tienen la función de controlar o supervisar la actuación del menor en el entorno digital, lo que implica, correlativamente, la facultad de decidir lo que puede ser o no perjudicial para él.

Con todo, es cierto que no podemos identificar este deber de los padres o el tutor de velar por el menor en el ámbito digital con la potestad para vetarle el acceso o la utilización de las TIC. La facultad de aquellos de supervisar al menor se halla condicionada, en todo caso, por su interés o beneficio; tengamos en cuenta que hablamos de uno de los deberes inherentes a la patria potestad y a la tutela, *oficios* protectores que, como se ha dicho, han de ejercerse siempre en beneficio del propio menor y de acuerdo con su personalidad (artículos 154 y 216 CC). En consecuencia, solo cuando una actuación del menor sea objetivamente perjudicial para el interés del mismo cabrá admitir su restricción por parte de los guardadores legales. Además, no olvidemos que el menor deberá ser oído, si tuviera suficiente madurez, siempre ante de adoptar decisiones que le afecten; si bien, esto no impide que los padres puedan decidir algo en discordancia con su voluntad.

Por consiguiente, los guardadores que adoptan tal decisión han de atender la opinión del menor aunque ello no signifique que efectivamente haya de prevalecer la voluntad de este por encima de la de sus guardadores, pues también es cierto que todas y cada una de sus funciones de guarda requieren necesariamente de un margen de discrecionalidad a la hora de ejercerlas, lo cual, en relación con la función de control que ahora estudiamos, se cifra en un margen de libertad para valorar si el menor tiene la aptitud y la madurez necesarias para hacer un uso equilibrado y responsable de las TIC. Por supuesto, esta discrecionalidad de la que hablamos estará en todo caso limitada por el interés o el beneficio del menor: es decir, que los padres o el tutor tengan una cierta libertad para adoptar sus decisiones no implica que estas puedan ser arbitrarias. De lo que se trata es de que, con su decisión, sea cual fuere, protejan el interés del menor[31]; esto es, han de velar porque la presencia del hijo en entornos digitales sea apropiada a su edad a fin de garantizar el adecuado desarrollo de su personalidad y preservar su dignidad y sus derechos fundamentales.

4.3. El papel de los poderes públicos

4.3.1. La intervención del Ministerio Fiscal

El artículo 84.2 de la Ley Orgánica 3/18, de 5 de diciembre, de Protección de Datos, determina la intervención del Ministerio Fiscal en los casos en que se detecte cualquier utilización o difusión de imágenes o información personal de menores en las redes sociales y servicios de la sociedad de la información equivalentes que puedan implicar una intromisión ilegítima en sus derechos fundamentales. El Ministerio Fiscal, de este modo, se verá obligado a instar las medidas cautelares y de protección previstas en la Ley Orgánica de Protección del Menor.

---

[31] Como es bien sabido el interés del menor ha de primar sobre cualquier otro interés legítimo que pudiera concurrir (artículo 2 LOPJM).

Por su parte, esta Ley Orgánica 1/1996 establece en su artículo cuatro:

> *"2. La que la difusión de información o la utilización de imágenes o nombre de los menores en los medios de comunicación que puedan implicar una intromisión ilegítima en su intimidad, honra o reputación, o que sea contraria a sus intereses, determinará la intervención del Ministerio Fiscal, que instará de inmediato las medidas cautelares y de protección previstas en la Ley y solicitará las indemnizaciones que correspondan por los perjuicios causados.*
>
> *3. Se considera intromisión ilegítima en el derecho al honor, a la intimidad personal y familiar y a la propia imagen del menor, cualquier utilización de su imagen o su nombre en los medios de comunicación que pueda implicar menoscabo de su honra o reputación, o que sea contraria a sus intereses incluso si consta el consentimiento del menor o de sus representantes legales.*
>
> *4. Sin perjuicio de las acciones de las que sean titulares los representantes legales del menor, corresponde en todo caso al Ministerio Fiscal su ejercicio, que podrá actuar de oficio o a instancia del propio menor o de cualquier persona interesada, física, jurídica o entidad pública".*

Como señala Martínez Otero (2013, p. 140), el Ministerio Público efectúa así una suerte de *segundo control*, quedando legitimado para intervenir si considera que el acto puede ser perjudicial para el interés superior del menor, aun existiendo condiciones de madurez suficientes en el menor o habiéndose prestado el consentimiento por parte de sus padres o representantes legales. En este último caso, cuando sean los representantes legales quienes hayan prestado el consentimiento, este se supedita a la opinión del Ministerio Fiscal. Esta intensificación en el nivel de protección y fiscalización se justifica teniendo en cuenta que la entidad del daño se multiplica exponencialmente cuando el ataque a los derechos del menor se realiza a través de los medios de comunicación. Ahora bien, la intervención autónoma del Ministerio Fiscal deberá ser cautelosa, prudente y excepcional, ya que es un arma de tan grueso calibre que debe realizarse con mesura, ponderando todos los intereses en conflicto[32].

La cuestión que se nos plantea entonces es si el Ministerio fiscal podría impedir la publicación de contenidos relativos a los derechos de la personalidad del menor en una red social de acuerdo con la amplia legitimación que, como vemos, le confieren los apartados dos y cuatro del citado artículo. En este sentido, conviene traer a colación la Instrucción 2/2006, de 15 de marzo, sobre el Fiscal y la protección del derecho al honor, intimidad y propia imagen de los menores. Dicha Instrucción, ya en ese año, hace una referencia al problema de Internet y los derechos al honor, intimidad y propia imagen del menor.

> "La extraordinaria expansión de las redes de telecomunicaciones y, en especial, de Internet como vehículo de transmisión e intercambio de todo tipo de información está generando sin duda innumerables ventajas, en todos los ámbitos de la vida.
>
> Sin embargo, son también evidentes las posibilidades de que su uso desemboque en comportamientos antijurídicos. Entre estos comportamientos antijurídicos por lo que ahora interesa debe ponerse el acento en los ataques a los derechos al honor, intimidad y propia imagen del menor a través del contenido de páginas web".

Ante este panorama, lo destacable es que dicha Instrucción legitima a los Fiscales para que puedan tomar las medidas que detalla con precisión y que se pondrán en marcha cuando los prestadores de servicios de la sociedad de la información inserten contenidos atentatorios contra los derechos del menor. No perdamos de vista que la Ley 34/2002, de 11 de julio, de servicios de la sociedad de la información y de comercio elec-

---

32 Instrucción 2/2006, de 15 de marzo, sobre el Fiscal y la protección del derecho al honor, intimidad y propia imagen de los menores.

trónico (LSSI), se refiere expresamente en su artículo 8 a la protección de la juventud y de la infancia como principio digno de protección que en ningún caso puede ser vulnerado por los servicios de la sociedad de la información.

> "A tales efectos, los Sres. Fiscales, cuando dentro del ámbito de aplicación de la LSSI, tengan conocimiento de la existencia de una página web con contenidos que exijan el ejercicio de acciones conforme a lo dispuesto en la LO 1/1996, en el curso de las Diligencias que incoen, se dirigirán formalmente al prestador de servicios, comunicándole los contenidos que se estiman antijurídicos y advirtiéndole que de no retirar dichos contenidos en el plazo prudencial que se señale, se procederá al ejercicio de las correspondientes acciones en defensa de los derechos del menor.
>
> De no atenderse al requerimiento, la demanda que en su caso se interponga podrá dirigirse además de contra el autor y titular de la página web en la que se inserten los contenidos atentatorios contra los derechos del menor, contra el prestador del servicio".

En suma, el Ministerio Fiscal goza de una amplia legitimación para actuar en defensa del interés del menor en este ámbito digital, que confirma la Instrucción de 2006 mediante una llamada a los prestadores de servicios de la sociedad de la información implicados en el almacenamiento de datos o contenidos que puedan resultar lesivos para los derechos fundamentales del menor y, en su caso, para el ejercicio de las acciones pertinentes conforme a la Ley Orgánica 1/1996. Cuestión distinta es que en la práctica ello sea posible, más aún si atendemos a la ingente actividad que se desarrolla en el entorno virtual, lo que dificulta en gran medida el control que sería deseable.

4.3.2. El fenómeno del sharenting

En este contexto, queremos abordar un fenómeno social ampliamente extendido en la actualidad conocido por el anglicismo *sharenting*, que puede definirse como "la práctica de los padres de utilizar las redes sociales para comunicar información personal, especialmente imágenes, sobre sus hijos menores de edad" (en inglés, "sharing representations of one's parenting or children online")[33]. La particularidad de este fenómeno reside en que son los propios progenitores quienes exponen públicamente la imagen de sus hijos menores de edad.

De acuerdo con Cabedo Serna (2020, p. 979), el análisis del *sharenting* desde un punto de vista jurídico presenta un doble interés. Por un lado, puede hablarse de una dicotomía entre la realidad social y jurídica del citado fenómeno, ya que lo que los padres hacen o creen que pueden hacer no coincide en la mayoría de las ocasiones con lo que legalmente les está permitido[34]. Como apunta Tintoré Garriga (2017, pp. 2-3), la

---

33 Cabedo Serna (2020, p. 978); Planas Ballvé (2020, pp. 40-41); Tintoré Garriga (2017, p. 2); Ammerman Yebra (2018, p. 254).

34 Ya en 2016 las empresas Nominet y Parent Zone, a través de su estudio Share With Care, contabilizaron que los padres publicaban alrededor de 300 fotografías de sus hijos por año. Asimismo, en 2017, el regulador de comunicaciones de Reino Unido llamado Ofcom elaboró un estudio sobre sharenting en el que preguntaban a los padres si creían que en el futuro a sus hijos les parecería bien esa sobreexposición desde pequeños. Sorprendentemente más de la mitad de las personas entrevistadas dijeron que sí. Solamente al 15% les preocupaba la opinión futura de sus hijos. Actualmente en EEUU el 92% de los menores de dos años ya tienen una presencia digital. Además, según la NBC, antes de que cumplan cinco años los padres ya han subido más de 10.000 fotografías de sus hijos a redes sociales como Facebook o Instagram. Y un tercio de las madres de menos de 34 años tienen cuentas en Facebook a nombre de sus hijos antes de su primer cumpleaños.

mayoría de los padres no son conscientes de que con sus actos pueden estar vulnerando la intimidad y la propia imagen del hijo, su privacidad, o quizás incluso poniendo en riesgo su integridad física y psíquica. Es más, ni siquiera se cuestionan que su conducta puede dar lugar a todas estas consecuencias. Por todo ello, es necesario que los tribunales delimiten con claridad el régimen jurídico aplicable al *sharenting*.

Por otro lado, el *sharenting* no es un fenómeno inofensivo, sino que puede acarrear consecuencias negativas para el menor. Tanto es así, que puede afirmarse que esta conducta ha influido en la percepción que los menores tienen de su propia imagen. Los expertos advierten que la falta de control sobre esta práctica conducirá probablemente a la circulación en redes sociales de un exceso de información acerca de los menores de edad, lo que se conoce como *oversharenting* (Planas Ballvé, 2020, p. 40). Este fenómeno puede conllevar desde el desagrado del propio menor a ser objeto de exposición pública, hasta los daños que puedan causar terceras personas haciendo un uso indebido o delictivo de las imágenes y datos publicados, pasando por la vulneración del derecho a la propia imagen (así como a la intimidad) y a la protección de datos de carácter personal (Cabedo Serna, 2020, p. 980).

Por consiguiente, los responsables parentales del menor de edad pueden cometer intromisiones ilegítimas del derecho a la intimidad del menor y a su propia imagen, aunque no sean conscientes de ello, cuando comparten información personal, especialmente imágenes de su hijo, a través de su actividad en las redes sociales[35]. Recordemos que, de acuerdo con el art. 4.3 LOPJM, "*se considera intromisión ilegítima en el derecho al honor, a la intimidad personal y familiar y a la propia imagen del menor, cual-*

---

[35] Los padres no son conscientes de que cada vez que un contenido es publicado en la Red se crea una huella digital del menor que nunca se va a borrar y que puede traerle consecuencias en su vida adulta.

quier utilización de su imagen o su nombre en los medios de comunicación que pueda implicar menoscabo de su honra o reputación, o que sea contraria a sus intereses incluso si consta el consentimiento de menor o de sus representantes legales". En relación a los menores de edad, los niveles de protección se intensifican y ello se justifica teniendo en cuenta que "la naturaleza del daño se multiplica exponencialmente cuando el ataque a los derechos del menor se realiza a través de los medios de comunicación" (STS 387/12, de 11 de junio). Por tanto, en la medida en que, efectivamente, hayan cometido una intromisión ilegítima del derecho a la intimidad y propia imagen de sus hijos con el *sharenting*, aquellos serán los responsables civiles por el daño ocasionado.

Las acciones para resarcir el daño derivado de la intromisión ilegítima son, de un lado, la prevista en el artículo 9 LOPDH para el cese y la compensación del daño por intromisión ilegítima en los derechos al honor, a la intimidad y a la propia imagen[36] y, de otro lado, la acción de responsabilidad extra-

---

[36] De acuerdo con el citado artículo noveno: "*Uno. La tutela judicial frente a las intromisiones ilegítimas en los derechos a que se refiere la presente ley podrá recabarse por las vías procesales ordinarias o por el procedimiento previsto en el artículo cincuenta y tres, dos, de la Constitución. También podrá acudirse, cuando proceda, al recurso de amparo ante el Tribunal Constitucional. Dos. La tutela judicial comprenderá la adopción de todas las medidas necesarias para poner fin a la intromisión ilegítima de que se trate y restablecer al perjudicado en el pleno disfrute de sus derechos, así como para prevenir o impedir intromisiones ulteriores. Entre dichas medidas podrán incluirse las cautelares encaminadas al cese inmediato de la intromisión ilegítima, así como el reconocimiento del derecho a replicar, la difusión de la sentencia y la condena a indemnizar los perjuicios causados. Tres. La existencia de perjuicio se presumirá siempre que se acredite la intromisión ilegítima. La indemnización se extenderá al daño moral que se valorará atendiendo a las circunstancias del caso y a la gravedad de la lesión efectivamente producida, para lo que se tendrá en cuenta en su caso, la difusión o audiencia del medio a través del que se haya producido. También se valorará el beneficio que haya obtenido el causante de la lesión como consecuencia de la misma. Cuatro.*

contractual por culpa del artículo 1902 CC[37]. Como señala Planas Ballvé (2020, p. 271), conviene tener en cuenta que no se requiere en la intromisión ilegítima una intención especial de querer perjudicar *(animus injuriandi)*. La voluntad o no de causar el daño es irrelevante y de hecho en muchos casos los padres desconocen que con sus publicaciones lo están causando.

Por lo que respecta a la legitimación para interponer la acción, como sabemos bien, los menores de edad podrán com-

---

El importe de la indemnización por el daño moral, en el caso del artículo cuarto, corresponderá a las personas a que se refiere su apartado dos y, en su defecto, a sus causahabientes, en la proporción en que la sentencia estime que han sido afectados. En los casos del artículo sexto, la indemnización se entenderá comprendida en la herencia del perjudicado. Cinco. Las acciones de protección frente a las intromisiones ilegítimas caducarán transcurridos cuatro años desde que el legitimado pudo ejercitarlas". Por tanto, la acción de cese conlleva que se eliminen las publicaciones con datos y/o imágenes de los menores de edad. El problema puede aumentar si no se ha llevado a cabo es positivo control de las mismas, por ejemplo, porque la cuenta es pública y terceros han utilizado esas imágenes. De ahí la importancia de la prevención y de controlar *a priori* los datos que compartimos [Planas Ballvé (2020, p. 272)].

37 A tenor del artículo 1902 CC, "*El que por acción u omisión causa daño a otro, interviniendo culpa o negligencia, está obligado a reparar el daño causado*". Respecto a esta acción se deberá el daño moral, entendido en este supuesto como la posibilidad de que el menor no pueda desarrollar su personalidad y que, contra su voluntad, se hayan hecho públicos datos de vida privada. En el caso de que, como consecuencia de estas intromisiones ilegítimas, los responsables parentales hayan obtenido una ganancia por su explotación comercial, este beneficio se deberá tener también en cuenta. Esto será especialmente relevante en los casos en los que sean padres influencers, esto es, con perfiles con muchos seguidores. Por ejemplo, en EE. UU., con el fenómeno *Dady Of Five*, se llegó a retirar la patria potestad. Estos padres publicaban en su canal de *YouTube* vídeos y fotografías de una actitud muy burlesca y gran parte del contenido fue viralizado. En este caso se les llegó a acusar de maltrato infantil [Planas Ballvé (2020, p. 272)].

parecer en juicio mediante la representación, asistencia o autorización exigidos por la ley (ex artículo 7 LEC). Por tanto, la legitimación para reclamar corresponde al Ministerio Fiscal mientras el afectado sea menor y la intromisión haya sido llevada a cabo por ambos progenitores. Si se hubiera llevado a cabo por uno solo de ellos, la legitimación le corresponderá al otro en representación.

5. A MODO DE CONCLUSIÓN: UN HORIZONTE PARA CONTINUAR TRABAJANDO

Para terminar este trabajo, nos gustaría hacer alusión muy brevemente a la Observación General número 25, que ha publicado recientemente el Comité de Derecho del Niño, por tratarse de una prueba evidente de cómo la Convención de los Derechos del Niño de 1989 se intenta adaptar al mundo tecnológico en el que vivimos en la actualidad[38]. Esta Observación recoge los derechos de la infancia en el entorno digital y considera que la protección de los menores en dicho entorno es fundamental[39].

---

38 El Comité de los Derechos del Niño es el grupo de expertos independientes que supervisa la aplicación de la Convención de Naciones Unidas sobre los Derechos del Niño de 1989 (CNUDN) por sus Estados Partes, un tratado que hasta ahora no especificaba cómo garantizar los derechos de la infancia en el ámbito *online*: "Cuando la Convención se escribió, el entorno digital aun no existía y nadie imaginaba cómo de importante sería en cada aspecto de nuestras vidas", ha señalado Amal Al-Dossari, una de las coordinadoras del Grupo de Trabajo sobre la Observación General número 25 de la CNUDN.

39 El texto de la Observación General número 25 puede consultarse en español en el siguiente sitio web: https://docstore.ohchr.org/SelfServices/FilesHandler.ashx?enc=6QkG1d%2FPPRiCAqhKb7yhsqIkirKQZLK2M58RF%2F5F0vEG%2BcAAx34gC78FwvnmZXGFO

La Observación es fruto de un proceso de consultas de tres años en el que han participado los Gobiernos de cuarenta países, cientos de organizaciones y empresas, cincuenta expertos de veintiocho países y, muy especialmente, ha contado con la participación de más de setecientos menores y adolescentes de todo el mundo, que han podido expresar sus preocupaciones e ideas.

La Observación General que nos ocupa se configura como una herramienta para que menores y adolescentes exijan el cumplimiento de sus derechos en el ámbito digital. No en vano, les permite conocer, promover y exigir el cumplimiento de sus derechos en este ámbito.

Pero, la publicación de esta Observación no es solo la culminación de un proceso de consultas, sino, que constituye el punto de partida para que diferentes actores (incluidas las instituciones educativas) se impliquen en el desarrollo de:

- medidas de prevención y educación dirigidas tanto a los propios niños como a sus familias y educadores, así como la sensibilización del conjunto de la sociedad;
- mecanismos legislativos y políticas que promuevan la protección de la infancia en el entorno digital, teniendo en cuenta las oportunidades, riesgos y retos a los que nos enfrentamos como sociedad para garantizar el ejercicio de los derechos de niños y adolescentes en las redes.

A través de este documento se trata de promover el desarrollo de políticas respetuosas y que garanticen los derechos de los menores por parte de todas las instituciones y personas

---

6kx0VqQk6dNAzTPSRNx0myCaUSrDC%2F0d3UDPTV4y05%2B9GME0qMZvh9UPKTXcO12 implicadas: Gobiernos, entidades públicas y privadas, familias, educadores y las empresas del sector.

Para garantizar el ejercicio de los derechos de los menores de edad en el entorno digital, esta Observación contempla:

- Que se protejan los derechos de los niños también en el entorno digital.
- Desarrollar normas y regulación que promuevan los derechos de la infancia en el entorno digital.
- Asegurarse de que todos los actores implicados conocen estas normas y las aplican, incluyendo entidades del Gobierno, empresas del sector, familias, educadores y los propios niños y adolescentes.
- Escuchar a los menores cuando se encuentran ante un problema en su navegación en internet o redes sociales.
- La garantía de los derechos de la infancia es prioritaria en el desarrollo de la actividad online.
- Asegurar que existan mecanismos de regulación y control frente a la vulneración de los derechos de niños y adolescentes en el ámbito online.
- Asegurarse de informar a los menores sobre las medidas que se han tomado por parte de las autoridades para garantizar sus derechos en el entorno digital y promover que se sientan seguros en su navegación en internet y en el uso de plataformas digitales.

Así las cosas, esta Observación nos orienta sobre cómo los derechos fuera de línea se pueden materializar en un entorno *online* y proporciona claridad para integrar a los menores en el debate sobre la gobernanza de Internet, la ética de la Inteligencia Artificial, la protección de datos o la libertad de expresión, entre otros. A través de este documento se promueve el desarrollo de políticas que garanticen los derechos de los niños por parte de todas las instituciones y personas implicadas y, en definitiva, es una herramienta que les permite a los menores conocer, promover y exigir el cumplimiento de sus derechos en el ámbito digital. En suma, esta Observación establece "una visión de un entorno digital inclusivo, seguro y justo, accesible y diseñado para todos los niños". De ahí que el presidente del Comité de los Derechos del Niño, haya llamado a los participantes a "hacerla suya" y difundirla en todos los rincones del mundo, para mejorar la participación, protección, privacidad de los niños y niñas en un mundo digital[40].

6. REFERENCIAS BIBLIOGRÁFICAS

ALÁEZ CORRAL, B. (2003), *Minoría de edad y derechos fundamentales*, Tecnos, Madrid.

AMMERMAN YEBRA, J. (2018), "El régimen de prestación del consentimiento para la intromisión en los derechos de la personalidad de los menores. Especial referencia al fenómeno del sharenting", *Actualidad Jurídica Iberoamericana*, núm. 8 bis (extraordinario), julio, pp. 253-264.

BRITO IZQUIERDO, N. (2018), "Tratamiento de los datos personales de menores de edad en la nueva normativa europea protectora de datos personales", *Actualidad Civil*, número 5.

CABEDO SERNA, Ll. (2020), "El sharenting y el ejercicio de la patria potestad: primeras resoluciones judiciales", *Actualidad Jurídica Iberoamericana*, número 13, pp. 976-1003.

CASTILLA BAREA, M. (2011), *Las intromisiones legítimas en el derecho a la propia imagen. Estudio de las circunstancias que legitiman la intromisión en la LO 1/1982, de 5 de mayo, de Protección Civil del Derecho al Honor, a la Intimidad Personal y Familiar y a la Propia Imagen*, Aranzadi Thomson Reuters, Pamplona.

DE CASTRO Y BRAVO, F. (1952), *Derecho civil de España. Derecho de la persona*, tomo II, Civitas Madrid, reimpresión de 1984.

---

40 http://oped.educacion.uc.cl/website/index.php/noticias/10-noticias/247-derechos-del-nin-en-el-entorno-digital

GETE-ALONSO y CALERA, M.C. (2020), "Aproximación a la identidad digital. Situación de la persona menor de edad", en SOLÉ RESINA, J. y ALMADA MOZETI, V. (coords.), *Protección de los menores de edad en la era digital,* Juruá, Oporto, pp. 73-95.

GETE-ALONSO y CALERA, M.C. (2018), "Los menores de edad en los entornos digitales: las funciones de los padres y los tutores", en SOLÉ RESINA, J. Y ALMADA MOZETI, V. (coords.), *Derechos fundamentales de los menores. Desarrollo de la personalidad en la infancia y la adolescencia,* Dykinson, pp. 271-288.

GIL ANTÓN, A. (2014), "Redes sociales y privacidad del menor: un debate abierto", *Revista Aranzadi de Derecho y Nuevas Tecnologías,* número 36.

LAMBEA RUEDA, A. (2019), "Protección de los menores en el entorno digital", en BASTANTE GRANELL, V. Y LÓPEZ SAN LUIS R. (dirs.), *La protección del menor: situación y cuestiones actuales,* Comares, Granada.

LÓPEZ PORTÁS, B. (2015), "La protección de datos personales en el Universo 3.0: el derecho al olvido en la Unión Europea tras la sentencia del TJUE de 13 de mayo de 2014", *Revista Aranzadi de Derecho y Nuevas Tecnologías,* número 38/2015.

LORENTE LÓPEZ, M.C. 2015, "La vulneración de los derechos al honor, a la intimidad y a la propia imagen de los menores a través de las Nuevas Tecnologías", *Revista Aranzadi Doctrinal,* número 2.

LORENTE LÓPEZ, M.C. (2015), *Los derechos al honor, a la intimidad personal y familiar y a la propia imagen del menor,* Thomson Reuters Aranzadi, Pamplona.

MARTÍNEZ OTERO, J.M. (2013), *La protección jurídica de los menores en el entorno audiovisual. Respuesta desde el Derecho a los desafíos de los nuevos medios audiovisuales y digitales,* Thomson Reuters Aranzadi, Cizur Menor (Navarra), 2013.

MARTÍNEZ VÁZQUEZ DE CASTRO, L. (2020), "Consentimiento del menor, protección de datos y redes sociales", en Solé Resina, J. y ALMADA MOZETI, V. (coords.), *Protección de los menores de edad en la era digital,* Juruá, Oporto, pp. 223-247.

MENDIZÁBAL OSES, L. (1977), *Derecho de menores,* Pirámide, Madrid, 1977.

O`CALLAGHAM MUÑOZ, X. (1996), "Personalidad y Derechos de la Personalidad (Honor, Intimidad e Imagen del menor), según la Ley de Protección del Menor", *La Ley,* Año XVII, número 4077.

PÉREZ DÍAZ, R. (2018), *Los derechos al honor, a la intimidad personal y familiar y a la propia imagen del menor en el siglo XXI*, Thomson Reuters Aranzadi, Pamplona, 2018.

PLANAS BALLVÉ, M. (2020), "Sharenting: intromisiones ilegítimas del derecho a la intimidad de los menores de edad en las redes sociales por sus responsables parentales", *CEFLegal: revista práctica de Derecho. Comentarios y casos prácticos*, núm. 228.

SÁNCHEZ GÓMEZ, A. (2017), "Las nuevas tecnologías y su impacto en los derechos al honor, intimidad, imagen y protección de datos del menor. Mecanismos jurídicos de protección: carencias, interrogantes y retos del legislador", *Revista Boliviana de Derecho*, número 23, pp. 170-171.

SÁNCHEZ GÓMEZ, A. (2017), "Los derechos al honor, intimidad y propia imagen del menor", en BERROCAL LANZAROT, A. I. Y CALLEJO RODRÍGUEZ, C. (coords.), *La protección jurídica de la infancia y la adolescencia tras la Ley Orgánica 4/2015, de 22 de julio y la Ley 26/2015, de 28 de julio*, Wolters Kluwer, Madrid.

SOLÉ RESINA, J. (2020), "Emancipación digital y potestad parental", en Solé Resina, J. y Almada MOZETI, V. (coords.), *Protección de los menores de edad en la era digital*, Juruá, Oporto, pp. 15-34.

TINTORÉ GARRIGA, M.P. (2017), "Sharenting y la responsabilidad parental (1)", *La Ley Derecho de Familia: Revista Jurídica sobre Familia y Menores*, núm. 14, pp. 43-50.

Capítulo V

Supuestos jurisprudenciales de aplicación del interés superior del menor en casos de violencia de género

ISABEL Mª NICASIO JARAMILLO
Magistrada 1ª Instancia

EUGENIO PIZARRO MORENO
Profesor Titular de Derecho Civil. Universidad Pablo de Olavide

CARESTÍA DE ARGUMENTOS. 5.3. CUESTIÓN DE INCONSTITUCIONALIDAD PROMOVIDA POR EL JUZGADO DE PRIMERA INSTANCIA, SECCIÓN 7 DE MÓSTOLES, CON FECHA 22 DE MARZO DE 2022 (ROJ: AJPI: 22/2022). *ANEXO.* - EL TRIBUNAL SUPREMO, A ESCENA. 6. REFERENCIAS BIBLIOGRÁFICAS.

1. BREVE INTRODUCCIÓN

Es casi de obligado cumplimiento, en el seno de cualquier investigación, acudir a la regulación que ofrece el Derecho positivo, más aún si, como es el caso, ésta ha sido modificada recientemente con normas que pretenden un largo alcance; y es que, en no pocas ocasiones, como bien dice el prof. Ángel M. López y López, el Código civil -o la legislación especial, en su caso- es el mejor manual que existe: "No procederá la guarda y custodia conjunta cuando el Juez advierta, de las alegaciones de los padres y las pruebas practicadas, la existencia de indicios fundados de violencia doméstica" (art. 92.7). Ésta es una norma que suele llamarse de "delegación judicial", pues se difiere al juez la facultad de concreción y resolución en cada caso lo que, en un sistema caracterizado por la ausencia de la doctrina del precedente en la jurisprudencia menor, permite que en las primeras instancias suelan acogerse –si bien son los menos casos- situaciones indeseables.

La norma encierra pues dos criterios propios de la concepción tradicional de los sistemas jurisdiccionales no solo del amplio espectro anglosajón, sino también del continental-europeo: la delegación judicial aludida y la consecuente facultad-deber de ponderación de los intereses en conflicto por parte de la autoridad judicial. La referencia a la eventual existencia indiciaria de violencia no podía encontrar otra puerta de entrada[1], pero tampoco otra puerta de salida[2].

La nueva regulación -art. 94 CC- incide sobre todo en el establecimiento o en la determinación del régimen de visitas del progenitor, con lo que es fácil deducir que está -permítase la expresión- afectando por rayos equis al establecimiento o determinación de la guarda y custodia conjuntas; el legislador ha pretendido elevar a su enésima potencia el cerco sobre las actitudes o presuntas actitudes de violencia sobre la mujer, al módico precio de una imputación-investigación, y haciendo recaer en los hijos menores las consecuencias de una decisión que puede pugnar con su interés superior, ineluctable núcleo en la toma de decisiones actual cuando hablamos de conflictos familiares. La cuestión es discutida y discutible.

---

1 A la valoración al caso de la posible existencia de violencia de género.

2 Al eventual establecimiento de una medida solutoria con la situación familiar -custodia, visitas, sobre todo-, de las víctimas directas o primarias*.

* Esta diferenciación, que puede parecer confusa, está motivada porque en la práctica forense se ha identificado ya la denominada <<victimización secundaria>> para referir el estigma -principalmente psíquico- que el procedimiento de violencia de género provoca en la víctima (vgr., tendríamos así una "víctima directa" que sufre una <<victimización secundaria"); pero esas consecuencias también se proyectan en otros miembros de la familia, normalmente hijos: para distinguirla del caso anterior, hemos optado por aludir en estos casos a una <<victimización primaria>>. De formas que las víctimas directas o primarias pueden -casi siempre es así- sufrir las consecuencias de la victimización secundaria. Es una poderosa y lamentable realidad la llamada violencia vicaria, que es una forma de violencia de género por la cual los hijos e hijas de las mujeres víctimas de violencia de género son instrumentalizados como objeto para maltratar y ocasionar dolor a sus madres. Haremos constantes alusiones a ella.

2. CRÓNICA LEGISLATIVA Y JURISPRUDENCIAL

En contra de lo que suele pensarse, puede que sea el relato fáctico lo más jurídico que tiene una sentencia: el resumen de la situación -que es invariable al margen de eventuales reformas legislativas- podría ser el acontecido en prácticamente la mayoría de la jurisprudencia[3] del TS sobre violencia de género, al menos hasta el momento[4]: la sentencia de 1ª instancia otorga la custodia a la madre, pero la apelación no aprecia la existencia de indicios racionales de violencia domestica, con lo que se establece un régimen de visitas o, eventualmente, una guarda y custodia compartidas: la representación procesal de la madre[5] lo combate en casación ante la Sala Primera[6].

---

3 Para la valoración dogmática de la situación previa a la reforma, puede consultarse Múrtula Lafuente (2016).
Incluso si pensamos en fechas anteriores a las reformas sobre la infancia y la adolescencia, es muy recomendable la lectura de Consejo General del Poder Judicial (2011), *Informe del grupo de expertos y expertas en violencia doméstica y de género del Consejo General del Poder Judicial acerca de los problemas técnicos detectados en la aplicación de la Ley Orgánica 1/2004*. Madrid: Consejo General del Poder Judicial.

4 Es dable pensar que la reforma pueda alterar esta inercia; al menos ese parece ser su propósito.

5 No se olvide que, según la ley, la violencia de género solo puede ser ejercida por el hombre sobre la mujer que sea pareja o lo haya sido; este grave error legislativo -que impedía, por ejemplo, que se aplicara el rigor de la ley cuando la relación sentimental había sido puntual (así, hombre y mujer que se relacionan un día)- fue corregido por la jurisprudencia del TS. Por todas, la STS 19.XI.2018 fija que la agravante de género puede darse fuera del contexto de la expareja (Convenio de Estambul): "La agravación por discriminación por razón del sexo de la víctima puede ser apreciada fuera del ámbito de las relaciones de pareja".

6 En mayo de 2016, día 26, se plantea la custodia compartida del hijo menor en el contexto de un procedimiento penal contra el marido por un delito de violencia en el ámbito familiar. El asunto se

La sentencia a la que nos referimos -cit., nota 5- se ajustaba a la jurisprudencia sobre la procedencia de la guarda y custodia compartida, pero con posterioridad el padre había sido condenado de conformidad por delito de violencia de género, fundándose la condena en que amenazó a la excónyuge con "arrancarle la piel a tiras" si no conseguía la guarda y custodia compartidas. Debe darse entonces respuesta a hechos indiscutidos, así lo manifiesta el TS, de violencia en el ámbito familiar, con evidente repercusión en los hijos, que viven en un entorno de violencia, del que son también víctimas, directa o indirectamente, y a quienes el sistema de guarda compartida propuesto por el progenitor paterno y acordado en la sentencia de apelación les colocaría en una situación de riesgo por extensión al que sufre su madre, directamente amenazada. La lógica e indeseable conflictividad entre los progenitores como consecuencia de la ruptura no tiene que ver con que sus relaciones se vean afectadas por una injustificable condena por un delito de violencia de género que aparta al padre del entorno familiar y de la comunicación con la madre, lo que van a imposibilitar el ejercicio compartido de la función parental adecuado al interés de los hijos menores.

Este íter judicial se relata, como hemos dicho, en la STS 04.II.2016: para el Alto Tribunal, es suficiente traer a colación el art. 2 de la LO 8/2015 de 22 de julio, de modificación del sistema de protección a la infancia y a la adolescencia, que exige que la vida del menor se desarrolle en un entorno "libre de violencia " y que "en caso de que no puedan respetarse todos los intereses legítimos concurrentes, deberá primar el interés

---

centra en la posibilidad de aportación de documentos durante la tramitación del recurso de casación, y conviene también observar la influencia de la incoación del procedimiento penal en la posibilidad de atribución de custodia compartida en relación con el interés superior del menor.

superior del menor sobre cualquier otro interés legítimo que pudiera concurrir"; criterios que aun expresados en una ley posterior a la demanda, incorpora los que la Sala ha tenido reiteradamente en cuenta a la hora de integrar el interés del menor. Corolario lógico de lo dispuesto en el artículo 92.7 CC.

Particularmente llamativo en esta resolución fue la admisión de documentos en fase de casación (testimonio del auto de incoación no firme de una causa penal contra el esposo), aunque el nudo gordiano que había que resolver era si había sido respetado o no el interés del menor. El TS realiza un enfoque sinóptico para resumir, una vez más, los requisitos para la adopción del régimen de custodia compartida: a) actitud razonable y eficiente de los padres para el desarrollo del menor; b) relación de mutuo respeto entre los padres en beneficio del menor y que no perturben su desarrollo emocional; c) primacía del interés del menor. Ni que decir tiene que el concepto de interés del menor y los aspectos que lo configuran se extraen de la regulación de la Ley Orgánica 8/2015, de 22 de julio de modificación del sistema de protección a la infancia y a la adolescencia, no aplicable por razones de vigencia –por la fecha en que se planteó el asunto y en que se resolvió en las instancias-, pero sí como canon hermenéutico. En el caso, no procedía la custodia compartida ya que constaba un auto no firme de procedimiento abreviado contra el padre por indicios de violencia doméstica donde se mantenía que el padre deslizaba hacia la madre una relación de falta de respeto, abusiva y dominante que afectaría negativamente al menor. Se estima por tanto el recurso, se atribuye la custodia a la madre y se fija en ejecución de sentencia el sistema de visitas, alimentos, gastos y medidas derivadas.

Otro asunto para reflejar en esta crónica previa a la reforma se dio en una sentencia poco anterior en el tiempo a la que acabamos de analizar: fue la sentencia la STS 162/2016, de 13 de marzo de 2016, que puso en liza un importante matiz: la absolución del delito de maltrato habitual al cónyuge constituye un cambio de circunstancias esencial a valorar, con lo que procedería –en ese caso- plantearse el establecimiento del régimen de custodia compartida.

Así, se demandaba la modificación de medidas definitivas acordadas en divorcio con custodia materna en pro de una atribución de la custodia paterna y, subsidiariamente, la atribución de un régimen de custodia compartida. Se desestima en la instancia por no apreciarse variación de las circunstancias y por la existencia de conflictividad entre los progenitores. La custodia compartida -razona la sentencia- conlleva como premisa la necesidad de que entre los padres exista una relación de mutuo respeto que permita la adopción de actitudes y conductas que beneficien al menor, que no perturben su desarrollo emocional y que, pese a la ruptura afectiva de los progenitores, se mantenga un marco familiar de referencia que sustente un crecimiento armónico de su personalidad. El remozado y extenso artículo 90 CC[7] recoge la postura jurisprudencial que daba preeminencia al interés del menor al considerar que las nuevas necesidades de los hijos no tengan que sustentarse en un cambio sustancial, pero sí cierto. Se estima el recurso por cambio de circunstancias, modificación de requisitos para la adopción de la custodia compartida como sistema normal, aumento de edad del menor, absolución del delito de maltrato habitual al cónyuge por ser uno de los elementos que motivaron la denegación de la custodia compartida. Se otorga la custodia compartida, no existe una residencia familiar sino dos, por lo que, ante la paridad económica, la madre podrá man-

---

[7] Número 2 del artículo 90 redactado por el apartado uno del artículo primero de la Ley 17/2021, de 15 de diciembre, de modificación del Código Civil, la Ley Hipotecaria y la Ley de Enjuiciamiento Civil, sobre el régimen jurídico de los animales («B.O.E.» 16 diciembre). Vigencia: 5 enero 2022.

tenerse en la vivienda familiar durante un año, transcurrido el cual la vivienda quedará supeditada al régimen legal.

En fin, sirva también como paradigmática de la jurisprudencia previa a la reforma[8], la STS 433/2016, de 27 de junio de 2016, en la que se condena en 1ª inst.. al padre como autor de un delito de lesiones en el ámbito familiar con pena de prisión, orden de alejamiento y prohibición de comunicarse con su exesposa, que, posteriormente, es revocada por la AP absolviendo al padre de dicho delito. Los criterios utilizados por la sentencia recurrida para adoptar la medida que ahora se cuestiona no son contrarios al interés de la hija, sino al revés, en tanto que se ha valorado la prueba documental, los interrogatorios de las partes y las dos periciales practicadas, y se ha tenido además en cuenta la edad de la menor, la importancia que en esa edad tiene la relación continuada y frecuente con los dos progenitores para un correcto desarrollo de su personalidad y todas aquellas otras circunstancias que pueden ser determinantes para adoptar la medida que más interesa a la menor, como la distancia entre los domicilios de ambos progenitores, su idoneidad para cuidar y atender a la niña en todas sus necesidades y ha resuelto –la Audiencia Provincial- en función de este mayor beneficio para la niña. La valoración de la prueba es función de las instancias, y tan sólo cabe, excepcionalmente, justificar un recurso por infracción procesal basado en la existencia de un error patente o arbitrariedad en la valoración realizada por la sentencia recurrida que comporte una infracción del derecho a la tutela judicial efectiva. Cosa que, aquí, no ocurre. Se desestima entonces el recurso ante el TS.

La STS de 23 de octubre de 2021, posterior a la reforma del artículo 94 del Código Civil, por la Ley 8/2021 de 2 de junio,

---

8 Aunque ya veremos que la interpretación que se está haciendo de la norma que entró en vigor en septiembre del año pasado puede tener, aún, elementos sorpresivos.

afronta nuevamente la cuestión de la custodia compartida establecida en la sentencia de apelación, en un supuesto en que el padre había sido condenado por delitos de violencia de género, maltrato y delito leve de vejaciones injustas. La sentencia de instancia, atendido al enfrentamiento entre los progenitores que se hacía constar en el informe psicosocial, estimaba que las dificultades de relación entre los padres impedirían el régimen de custodia compartida. Por el contrario, la Audiencia valoraba que el régimen de custodia compartida se había venido desarrollando sin incidencias para los niños durante 11 meses, a raíz de su establecimiento en el auto de medidas provisionales, por lo que consideraba más conforme al interés de los menores su mantenimiento. Ninguna de las sentencias valoraba las sentencias condenatorias del padre, por no haberse introducido oportunamente dichas resoluciones en el proceso. El Alto Tribunal se refiere a sus sentencias anteriores, 350/2016 de 26 de mayo, que tiene en cuenta el auto de incoación de procedimiento abreviado y la influencia de los hechos enjuiciados en las condiciones en que debe ejercerse la custodia; la ST 23/2017 de 17 de enero, que valora la condena por amenazas en el ámbito familiar, con prohibición de comunicación, que impide la posibilidad de diálogo; la ST 175/2021 de 29 de marzo, que tiene en cuenta una condena de maltrato y el mal pronóstico en la forma en que deben coordinarse para el cuidado de los hijos; y la ST 31/2021 de 31 de mayo, que aprecia indicios de criminalidad en el auto del juzgado de violencia de género, que son incompatibles con una relación razonable que permita un intercambio fluido de información y consenso necesarios exigidos para adoptar la custodia compartida. Y concluye que las sentencias condenatorias del padre en el caso concreto muestran una falta de actitud del padre para cooperar y respetar a la madre, no siendo en el caso el régimen más aconsejable para los niños, pues no se trata de un mero reparto del tiempo con los menores, sino de un "sistema de guarda que requiera una cooperación entre ambos, una implicación mutua en el compromiso de crianza y el desarrollo de los hijos comunes tras la ruptura". En el caso de autos, el desprecio del padre a la madre, el tono vejatorio y humillante con que se dirigía a ella, hace inimaginable, a juicio de la Sala, el necesario intercambio de información en las cuestiones que afectan a los niños, ni el apoyo o respeto mutuo, ni la comunicación en un clima de lealtad mutua.

La interpretación de la Sala parece cerrar la vía de la custodia compartida en supuestos de condena por violencia de género, pese a la anterior jurisprudencia, pues la falta de lealtad y comunicación fluida entre los progenitores, al margen de la relación del padre con los hijos, aparecerá normalmente, impidiendo el desarrollo del régimen de custodia compartida. E incluso, parecería que la doctrina puede extenderse a supuestos de proceso abiertos, aun cuando no haya recaído aún sentencia condenatoria.

3. SEDE: LOS JUZGADOS DE VIOLENCIA DE GÉNERO Y SU COMPETENCIA

Es conveniente hacer alguna puntualización a este respecto: se ha puesto de manifiesto con denodada habitualidad la "anomalía" o "singularidad" -por usar dos términos poco nocivos- que representa el hecho de que estos juzgados asuman una amplia gama de competencias civiles y penales[9]. Como muestra, parece suficiente rendirse a esta particularidad a través de la doctrina que, a veces, lo ha calificado como "juzgado amorfo" (*sic, in voce*) y en otras, muy recientemente, como auténtico

9 Quizá la existencia de juzgados mixtos pueda rebajar la tensión que puede generar este eventual conflicto competencial.

"juego de tronos" (Guerra Pérez, M., y Canturiense Santos, A., 2021)[10]. Volveremos sin duda sobre este punto[11].

El artículo 49 bis introducido por el artículo 57 de la L.O. 1/2004, de 28 de diciembre, de Medidas de Protección Integral contra la Violencia de Género[12], pretendió aportar claridad sobre la situación de los juzgados de violencia de género y su competencia para actuar cuando, como suele ocurrir en la práctica, se entremezclan asuntos que afectan a órdenes jurisdiccionales tan sensibles y *sui generis* como el civil y el penal (además del procesal[13]).

El precepto aludido se refiere a los supuestos de pérdida de la competencia cuando se produzcan actos de violencia sobre la mujer, para aclarar[14] en su párrafo primero que, cuando un Juez, que esté conociendo en primera instancia de un procedimiento civil, tuviese noticia -lo que implica forzosamente que una de las partes procesales lo haya puesto de manifiesto por el cauce oportuno- de la comisión de un acto de violencia de los definidos en el artículo 1 de la Ley Orgánica de Medidas de Protección Integral contra la Violencia de Género, que haya dado lugar a la iniciación de un proceso penal o a una orden de protección, tras verificar la concurrencia de los requisitos previstos en el apartado 3 del artículo 87 ter de la Ley Orgánica

---

10 Consultado online a 02.01.2022: https://blog.sepin.es/2021/05/juzgados-civiles-y-violencia-contra-la-mujer/.

11 Ya anticipatorio era el trabajo de Planchadell, A (2018, pp. 519-572).

12 BOE 29 de diciembre de 2005; corrección de errores BOE de 12 de abril de 2005). Vigencia: 29 junio 2005.

13 Mal llamado, en ocasiones, derecho adjetivo.

14 Su contenido aparecerá intertextualizado, pues se irán añadiendo matices y glosas para una adecuada interpretación.

del Poder Judicial[15], deberá inhibirse, remitiendo los autos en el estado en que se hallen al Juez de Violencia sobre la Mujer que resulte competente, salvo que se haya iniciado la fase del juicio oral.

---

15 Dado que a este artículo se alude en varias ocasiones, es conveniente reproducirlo:
<<3. Los Juzgados de Violencia sobre la Mujer tendrán de forma exclusiva y excluyente competencia en el orden civil cuando concurran simultáneamente los siguientes requisitos:
a) Que se trate de un proceso civil que tenga por objeto alguna de las materias indicadas en el número 2 del presente artículo.
b) Que alguna de las partes del proceso civil sea víctima de los actos de violencia de género, en los términos a que hace referencia el apartado 1 a) del presente artículo.
c) Que alguna de las partes del proceso civil sea imputado como autor, inductor o cooperador necesario en la realización de actos de violencia de género.
d) Que se hayan iniciado ante el Juez de Violencia sobre la Mujer actuaciones penales por delito o falta a consecuencia de un acto de violencia sobre la mujer, o se haya adoptado una orden de protección a una víctima de violencia de género.
4. Cuando el Juez apreciara que los actos puestos en su conocimiento, de forma notoria, no constituyen expresión de violencia de género, podrá inadmitir la pretensión, remitiéndola al órgano judicial competente.
5. En todos estos casos está vedada la mediación.
6. El Consejo General del Poder Judicial deberá estudiar, en el ámbito de sus competencias, la necesidad o carencia de dependencias que impidan la confrontación de la víctima y el agresor durante el proceso, así como impulsar, en su caso, la creación de las mismas, en colaboración con el Ministerio de Justicia y las Comunidades Autónomas competentes. Se procurará que estas mismas dependencias sean utilizadas en los casos de agresiones sexuales y de trata de personas con fines de explotación sexual. En todo caso, estas dependencias deberán ser plenamente accesibles, condición de obligado cumplimiento de los entornos, productos y servicios con el fin de que sean comprensibles, utilizables y practicables por todas las mujeres y menores víctimas sin excepción>>.

Sin embargo, cuando un Juez que esté conociendo de un procedimiento civil, tuviese noticia de la posible comisión de un acto de violencia de género, que no haya dado lugar a la iniciación de un proceso penal, ni a dictar una orden de protección, tras verificar que concurren los requisitos del apartado 3 del artículo 87 ter de la Ley Orgánica del Poder Judicial, el Juez que esté conociendo del procedimiento civil deberá inmediatamente citar a las partes a una comparecencia con el Ministerio Fiscal que se celebrará en las siguientes 24 horas a fin de que éste tome conocimiento de cuantos datos sean relevantes sobre los hechos acaecidos. Tras ella, el Fiscal, de manera inmediata, habrá de decidir si procede, en las 24 horas siguientes, a denunciar los actos de violencia de género o a solicitar orden de protección ante el Juzgado de Violencia sobre la Mujer que resulte competente. En el supuesto de que se interponga denuncia o se solicite la orden de protección, el Fiscal habrá de entregar copia de la denuncia o solicitud en el Tribunal, el cual continuará conociendo del asunto hasta que sea, en su caso, requerido de inhibición por el Juez de Violencia sobre la Mujer competente. Parece obvio que esta medida tiene un fuerte componente indagatorio y preventivo, y pretende evitar la toma de decisiones del juez civil que puede, a posteriori, verse afectado por la inhibición a favor de los juzgados de violencia de género que es, precisamente, lo que viene a establecerse en el párrafo tercero: "3. Cuando un Juez de Violencia sobre la Mujer que esté conociendo de una causa penal por violencia de género tenga conocimiento de la existencia de un proceso civil, y verifique la concurrencia de los requisitos del apartado 3 del artículo 87 ter de la Ley Orgánica del Poder Judicial, requerirá de inhibición al Tribunal Civil, el cual deberá acordar de inmediato su inhibición y la remisión de los autos al órgano requirente.

A los efectos del párrafo anterior, el requerimiento de inhibición se acompañará de testimonio de la incoación de diligencias previas o de juicio de faltas, del auto de admisión de la querella, o de la orden de protección adoptada".

Para evitar los problemas derivados de las componendas procesales, el párrafo cuarto refiere que, en los casos analizados y previstos en la LEC, el Tribunal Civil remitirá los autos al Juzgado de Violencia sobre la Mujer sin que sea de aplicación lo previsto en el artículo 48.3 de la Ley de Enjuiciamiento Civil[16], debiendo las partes desde ese momento comparecer ante dicho órgano.

En tales casos, continúa el artículo y con el mismo objetivo ya sugerido, no serán de aplicación las restantes normas de esta sección, ni se admitirá declinatoria, debiendo las partes que quieran hacer valer la competencia del Juzgado de Violencia sobre la Mujer presentar testimonio de alguna de las resoluciones dictadas por dicho Juzgado a las que se refiere el párrafo final del número anterior.

El precepto termina con una declaración rotunda, a modo de aviso para navegantes, en el sentido de que los Juzgados de Violencia sobre la Mujer ejercerán sus competencias en materia civil de forma exclusiva y excluyente, -el subrayado, por razones obvias, es nuestro-, y en todo caso de conformidad con

16 Artículo 48 Apreciación de oficio de la falta de competencia objetiva
1. La falta de competencia objetiva se apreciará de oficio, tan pronto como se advierta, por el tribunal que esté conociendo del asunto.
2. Cuando el tribunal que conozca del asunto en segunda instancia o en trámite de recurso extraordinario por infracción procesal o de casación entienda que el tribunal ante el que se siguió la primera instancia carecía de competencia objetiva, decretará la nulidad de todo lo actuado, dejando a salvo el derecho de las partes a ejercitar sus acciones ante la clase de tribunal que corresponda.
3. En los casos a que se refieren los apartados anteriores, el Letrado de la Administración de Justicia dará vista a las partes y al Ministerio Fiscal por plazo común de diez días, resolviendo el Tribunal por medio de auto.

los procedimientos y recursos previstos en la Ley de Enjuiciamiento Civil.

3.1. Taxonomía de la intervención de los juzgados de violencia en asuntos civiles

El mismo art. 87 ter 2 de la Ley Orgánica del Poder Judicial enumera los asuntos en los que pueden intervenir los juzgados de violencia de género, y así:

> "Los Juzgados de Violencia sobre la Mujer podrán conocer en el orden civil, en todo caso de conformidad con los procedimientos y recursos previstos en la Ley de Enjuiciamiento Civil, de los siguientes asuntos:
>
> a) Los de filiación, maternidad y paternidad.
>
> b) Los de nulidad del matrimonio, separación y divorcio.
>
> c) Los que versen sobre relaciones paternofiliales.
>
> d) Los que tengan por objeto la adopción o modificación de medidas de trascendencia familiar.
>
> e) Los que versen exclusivamente sobre guarda y custodia de hijos e hijas menores o sobre alimentos reclamados por un progenitor contra el otro en nombre de los hijos e hijas menores.
>
> f) Los que versen sobre la necesidad de asentimiento en la adopción.
>
> g) Los que tengan por objeto la oposición a las resoluciones administrativas en materia de protección de menores".

Es conveniente analizarlos por separado, para enfatizar los aspectos que suponen o sugieren una problemática forense.

a) Los de filiación, maternidad y paternidad.

Va de suyo que para que el juez de violencia pueda arrogarse esta competencia, es necesario que se dé uno de estos dos supuestos: bien en el curso de un procedimiento de violencia la madre plantea la posibilidad de que el hijo biológico no lo de sea del padre jurídico (también podría acudir que este asunto se hubiera iniciado en instancias civiles y, luego, se plantea una denuncia de violencia contra el padre, en cuyo caso el asunto habrá pasado al juez de violencia, que dará curso a la investigación solicitada sobre la filiación paterna); bien el hijo es entendido como producto de una agresión del padre hacia la madre.

En general, y quizá como apartado introductorio, habría que reconocer, como hace García Rubio (2009, pp. 153 y ss.) que la atribución de competencia civil de los juzgados de violencia sobre la mujer es independiente de la posición procesal de la víctima y de su agresor, pues puede afectar a menores o el agresor ocupar la posición de demandante en el proceso civil. Además, no exige que el agresor y la víctima ocupen posiciones enfrentadas en el proceso

b) Los de nulidad del matrimonio, separación y divorcio.

Desde un primer momento se debatió sobre la posibilidad de incluir la resolución acerca de los efectos económicos del matrimonio extinto; la llamada jurisprudencia menor se encargó de establecer que la competencia de los jueces de violencia sobre la mujer se extendía al régimen económico cuando había abordado las acciones de nulidad, separación o divorcio (por todas, AP de La Rioja, sección 1ª, de 11 de septiembre de 2009).

c) Los que versen sobre relaciones paternofiliales.

Refiere aquí el precepto la competencia para resolver sobre las cuestiones que regulan los arts. 164 a 168 CC, y que pivotan sobre los avatares que pueden afectar a la patria potestad, en sentido amplio.

d) Los que tengan por objeto la adopción o modificación de medidas de trascendencia familiar.

Hemos visto ya -vid. *supra*- que en su encomiado esfuerzo por regular la violencia de género, la ley hizo referencia a que ésta tiene por objeto actuar contra la violencia que, como manifestación de la discriminación, la situación de desigualdad y las relaciones de poder de los hombres sobre las mujeres, se ejerce sobre éstas por parte de quienes sean o hayan sido sus cónyuges o de quienes estén o hayan estado ligados a ellas por relaciones similares de afectividad, aun sin convivencia.

Dejando aparte la salvedad -y el error- ya comentada de que no se tuvo en cuenta la eventualidad de que esa violencia sea ejercida por persona ocasional en la relación afectiva (vgr., relaciones esporádicas, de fines de semana, etc.), sí se previno por parte de la ley la eventualidad de que la situación de violencia se dé en un entorno de pareja de hecho, no institucionalizada mediante el matrimonio. Esto podría suponer una quiebra de la vis atractiva judicial (de 1ª instancia de familia o de violencia sobre la mujer) sobre el asunto, cuestión que ha sido oportunamente soslayada por la letra d) del artículo que comentamos.

En cuanto a qué tipo de medidas suponen o pueden ser de trascendencia familiar, es fácil deducir que se refiere a aspectos patrimoniales (atribución y uso de la vivienda) o personales (toma de decisiones en cuanto al régimen de comunicaciones con los posibles menores).

e) Los que versen exclusivamente sobre guarda y custodia de hijos e hijas menores o sobre alimentos reclamados por un progenitor contra el otro en nombre de los hijos e hijas menores.

Es obvio que el apartado se refiere, una vez más, a supuestos de pareja de hecho con hijos menores -pues, el caso habitual de matrimonio con hijos menores ya está previsto en otros apartados-.

f) Los que versen sobre la necesidad de asentimiento en la adopción.

Como hace saber la doctrina que se ha dedicado al asunto, se ha echado en falta en la ley de Jurisdicción Voluntaria 15/2015, de 2 de julio) una alusión clara y concisa a la competencia de los juzgados de violencia para conocer sobre la necesidad de asentimiento de los padres del adoptado cuando exista un procedimiento de violencia de género, clarificando el sentido y alcance del art. 87 ter 2 f) LOPJ, como sí hacía la DA 7.ª del Proyecto de la citada Ley[17].

g) Los que tengan por objeto la oposición a las resoluciones administrativas en materia de protección de menores.

Entiende mayoritariamente la doctrina que, a través de la técnica de la remisión legislativa que realiza el párrafo 3º del art. 781 LEC al 753 del mismo cuerpo legal, se estaría avocando a un proceso instaurado por los trámites del verbal, para resolver sobre las decisiones de las administraciones públicas competentes relacionadas con la declaración de desamparo de

---

17 En tal sentido, Alonso Crespo (2007), pp. 2097 y ss.

los menores, previa a las constituciones de acogimientos familiares, sean o no preadoptivos.

3.2. Jurisprudencia de dudas resueltas

En este segundo apartado de este epígrafe tercero, vamos a centrarnos en proporcionar algunas soluciones jurisprudenciales que genera este marco competencial propio de los juzgados de violencia en relación con la primera instancia civil.

Para ello, vamos a servirnos del reciente y excelente trabajo de Guerra Pérez y Canturiense Santos (2021), que calificaron ya este conflicto competencial con la gráfica expresión de "juego de tronos".

3.2.1. La cuestión de la fuerza atractiva en la liquidación patrimonial del matrimonio.

Para la liquidación del régimen matrimonial, dice el Auto de la AP de Álava, rec. 642/2019, de 24 de junio de 2019, que "el Auto aquí apelado fundamenta su decisión exclusivamente en lo dispuesto en el art. 807 LEC y, en consecuencia, la única circunstancia que toma en consideración respecto del concreto supuesto de hecho que resuelve, es la de que el Juzgado de Violencia sobre la Mujer dictó la Sentencia de divorcio. Es decir, no menciona el art. 87 ter LOPJ ni, por tanto, entra a analizar la Jurisprudencia que lo interpreta, ni toma en consideración las circunstancias del presente supuesto de hecho que, según dicha Jurisprudencia, han de tenerse en cuenta para resolver la cuestión aquí planteada[18].

---

[18] Añade aquí el Auto que "Porque ex art. 1.6 y 7 del Código Civil, conforme a la doctrina del Pleno de la Sala de lo Civil del Tribunal Supremo, ampliamente ratificada (AATS de 12 de julio , 27 de

...Será competente para conocer del procedimiento de liquidación del régimen económico matrimonial el Juzgado de Primera Instancia que haya conocido del proceso de divorcio (art. 807 LEC). Efectivamente, en el presente supuesto fue el Juzgado de Violencia sobre la Mujer quien dictó la Sentencia de divorcio y declaró la disolución del régimen económico matrimonial (sobre cuya liquidación se refiere la solicitud de la que aquí se trata). Pero no hay que olvidar que ello resultó así, como consecuencia de la previsión del apartado 2.b) del art. 87 ter LOPJ, y no sólo eso, sino también, porque, además, concurrían simultáneamente todos los requisitos a), b), c) y d) del apartado 3 del propio art. 87 ter.

Y, para que el Juzgado de Violencia sobre la Mujer que ha dictado la Sentencia de divorcio continúe siendo competente para conocer una posterior petición inicial de proceso civil como viene dado en nuestro caso, el ATS de 14 de junio de 2017 interpreta que "*para ello sería necesario, además:* "*Que alguna de las partes del proceso civil sea imputado como autor, inductor o cooperador necesario en la realización de actos de violencia de género* " (requisito c) del apartado 3 del art. 87 ter), de modo que "*No procede extender la competencia del juzgado de violencia contra la mujer a los casos en los que se haya archivado el proceso antes de la interposición de la demanda, por el simple hecho de que dictara en su día, dado que el legislador sólo consideró necesario atribuirle competencia exclusiva y excluyente en tanto concurrieran simultáneamente las cir-*

---

septiembre y 20 de diciembre de 2017 , 21 de marzo , 17 de julio y 25 de septiembre de 2018 , y, 29 de enero y 19 de marzo de 2019), el Juzgado de Primera Instancia núm. 8 es el competente, en tanto que entre los de su clase ya conoció las medidas provisionales coetáneas del divorcio, y, si bien el Juzgado de Violencia sobre la Mujer conoci el divorcio, lo cierto es que al tiempo de presentarse la posterior solicitud de inventario para la liquidación del régimen económico matrimonial, la última actuación habida ante este Juzgado con relación al apelante había tenido lugar dos años antes...".

cunstancias que establece el art. 87 ter de la LOPJ'. Y donde se dice que el procedimiento penal esté archivado, se dice también "*finalizad* ". Se trata de que el proceso penal no "*estaba vigente*", no estaba "*en trámite*", a la fecha de interposición de la petición inicial del proceso civil (art. 411 LEC).

Y remata diciendo: "No desconocemos que la Jurisprudencia habida sobre la cuestión se refiere mayoritariamente a supuestos en los que la nueva petición de proceso civil de familia consiste en una demanda de modificación de medidas (fundamentalmente al hilo de la nueva redacción del art. 775 LEC), pero idéntica razón la hace aplicable al caso que aquí nos viene dado. No se justifica extender la competencia civil excepcional del Juzgado de Violencia sobre la Mujer, para conocer, dos años después de finalizado el último procedimiento penal seguido ante él contra el apelante (en el que también resultó absuelto), una solicitud de inventario para la liquidación del régimen económico matrimonial, por más que fue aquél el Juzgado que ex art. 1392.1° CC acordó la disolución de dicho régimen como efecto legal inherente a la declaración de divorcio (y recordemos que fue el propio Juzgado de Primera Instancia núm. 8 el que en el Auto de medidas provisionales declaró ex art. 102 CC la separación provisional, con cese de la presunción de convivencia conyugal, revocación de consentimientos y poderes, así como la posibilidad de vincular los bienes privativos del otro cónyuge)".

El punto b) del art. 87 ter 2 de la Ley Orgánica del Poder Judicial se refería a estos supuestos, dentro de los que podrían plantearse cuestiones de liquidación de la sociedad conyugal, así como otras cuestiones relacionales como, por ejemplo, el reconocimiento de la pensión ex art. 1438 CC, cuya última jurisprudencia puede ser la debida a la SAP de Oviedo, con fecha de 15 de enero de 2020, donde se resuelve el conflicto competencial diciendo que "...comenzando por la cuestión instada acerca de la competencia, debe señalarse que la aquí recurrente presentó la demanda el 5 de noviembre de 2.018

y planteó la inhibición a favor del Juzgado de Violencia, que fue resuelta a medio de providencia del Juzgado de Instancia no 2 de Avilés, de 18 de diciembre de 2.018, que declaró no haber lugar a la inhibición puesto que las amenazas en el ámbito familiar ya habían sido sentenciadas por el Juzgado de lo Penal no 2 de Avilés y confirmada por la sentencia de la Sección Tercera de la Audiencia Provincial siete meses antes de la presentación de la demanda de divorcio, y por tanto no eran subsumibles en el párrafo 1 del artículo 49 de la LEC, que prevé la inhibición hasta la fase del juicio oral, deviniendo firme dicha resolución por consentida al no haber interpuesto recurso alguno la demandante, aquí apelante, por lo que en este extremo debe decaer el recurso".

La sentencia alude luego a la doctrina jurisprudencial del TS de 28 de febrero de 2017 sobre la pensión compensatoria del art. 1438 CC.

3.2.2. Planteamiento de medidas provisionales.

El Pleno de la Sala Primera del Tribunal Supremo, en Auto de 15 de febrero de 2017, tuvo ocasión de pronunciarse a este respecto, aportando

> "En el presente caso resulta acreditado que al momento de interposición de las demandas civiles, el 2 y 15 de septiembre de 2015, existía una causa penal abierta en el Juzgado de Instrucción nº 2 de Guadalajara por actos de violencia sobre la mujer respecto de las mismas partes a las que afecta el proceso civil, estando imputado (el padre), causa penal que fue objeto de sobreseimiento el 17 de febrero de 2016, esto es, en fecha posterior a la interposición de las demandas civiles.
>
> El principio de seguridad jurídica (art. 9.3 CE) determina que una vez fijada la competencia objetiva, territorial y funcional al iniciarse el proceso, no surtirán efecto para modificar la competencia los posteriores cambios de las condiciones fácticas y jurídicas que se produzcan. Consecuencia de ello es que si a la fecha de interposición de la demanda o petición inicial del

> proceso civil estaba vigente el proceso penal, la competencia corresponde al juzgado de violencia sobre la mujer aunque el procedimiento haya sido objeto de sobreseimiento y archivado al momento de recepción del auto de inhibición. Tal criterio permite sentar unas bases ciertas y objetivas, siendo plenamente conforme con el principio de la *perpetuatio jurisdictionis* contemplado en el artículo 411 de la LEC, con el derecho al Juez ordinario predeterminado por la ley que consagra el artículo 24-2 de la Constitución y con el principio de economía procesal, elemento este último esencial en una materia como es el derecho de familia"[19].

Tratándose de medidas definitivas, y aunque las diligencias urgentes habían sido sobreseídas, el Auto de la Sala Primera de TS de 23 de abril de 2019 recuerda que "con carácter previo, debe recordarse que el art. 49.1 bis LEC establece que: "Cuando un Juez, que esté conociendo en primera instancia de un procedimiento civil, tuviese noticia de la comisión de un acto de violencia de los definidos en el artículo 1 de la Ley Orgánica de Medidas de Protección Integral contra la Violencia de Género , que haya dado lugar a la iniciación de un proceso penal o a una orden de protección, tras verificar la concurrencia de los requisitos previstos en el párrafo tercero del artículo 87 ter de la Ley Orgánica del Poder Judicial , deberá inhibirse, remitiendo los autos en el estado en que se hallen al Juez de Violencia sobre la Mujer que resulte competente, salvo que se haya iniciado la fase del juicio oral". Este mismo precepto, en su apartado cuarto, asimismo, determina: "el Tribunal Civil remitirá los autos al Juzgado de Violencia sobre la Mujer sin que sea de aplicación lo previsto en el artículo 48.3 de la Ley de Enjuiciamiento Civil, debiendo las partes desde ese momento comparecer ante dicho órgano".

---

[19] El criterio expuesto por el Pleno de la Sala Primera fue posteriormente ratificado por Auto del Sala 1ª de 18 de octubre de 2017.

Después de analizar las "circunstancias relevantes para resolver el presente conflicto de competencia"[20], y "de conformidad con el informe del Ministerio Fiscal, procede declarar que la competencia para conocer del presente asunto corresponde al Juzgado de Violencia sobre la Mujer nº 1 de Oviedo, al ser competente para el conocimiento de la causa penal por razón de violencia de género. Órgano judicial que, por otro lado, ya había resuelto con carácter previo procedimiento de medidas provisionales.

No obstante, planteado el presente conflicto de competencia entre el Juzgado de Primera instancia nº 7 de Oviedo y el Juzgado de Violencia sobre la Mujer nº 1 de Sevilla, procede su resolución declarando la competencia del Juzgado de Primera instancia nº 7 de Oviedo, *a los solos efectos de remisión por este órgano de las actuaciones* -el resaltado es nuestro, para evitar con-

---

20 A) El presente conflicto de competencia se plantea entre el Juzgado de Primera instancia nº 7 de Oviedo y el Juzgado de Violencia sobre la Mujer nº 1 de Sevilla. B) Con carácter previo a la interposición de la demanda, en la que se formula acción de establecimiento de guarda y custodia, régimen de visitas y pensión de alimentos, que se interpuso ante el decanato de los Juzgados de Oviedo, se iniciaron sendos procedimientos penales ante el Juzgado de Violencia sobre la Mujer nº 1 de Oviedo (Diligencias Urgentes 411/2018, que, fueron sobreseídas) y el Juzgado de Violencia sobre la Mujer nº 1 de Sevilla (Diligencias Previas 836/2018, en las que se acordó la inhibición al Juzgado de Oviedo). C) Por el Juzgado de Violencia sobre la Mujer nº 1 de Oviedo se conoció, asimismo, de procedimientos de medidas provisionales previas a la demanda no 115/2018, que fueron resueltas mediante auto de 20 de diciembre de 2018, y completado por auto de 28 de diciembre de 2018. D) Planteada cuestión de competencia penal entre el Juzgado de Violencia sobre la Mujer nº 1 de Oviedo y el Juzgado de Violencia sobre la Mujer nº 1 de Sevilla ante la Sala Segunda del Tribunal Supremo, por esta Sala mediante auto de 20 de febrero de 2019, se acuerda dirimir la cuestión de competencia negativa otorgando la misma al Juzgado de Violencia sobre la Mujer nº 1 de Oviedo".

fusiones- al Juzgado de Violencia sobre la Mujer nº 1 de Sevilla, de conformidad con lo expuesto"[21].

3.2.3. El juego de tronos en la modificación de medidas

Como dicen Guerra y Canturiense (cit.), "aquí estamos ante una de las cuestiones más interesantes en materia de competencia, pues, tras la reforma del artículo 775 de la LEC por la Ley 42/2015, de 5 de octubre, de Reforma de la Ley de Enjuiciamiento Civil, ahora es competente para conocer de las modificación de las medidas el tribunal que dictó las medidas definitivas". Este criterio es cuestionado por la propia editorial[22] y por otra doctrina[23], "en aquellos casos en los cuáles existe una total desvinculación territorial con el domicilio de los progenitores y menores".

Terminan los autores con las siguientes observaciones, a la que añaden la correspondiente solución que desde la jurisprudencia se dio a cada caso:

> "Así, nos podemos encontrar con la curiosa situación de que las medidas que se quieren modificar fueran dictadas por un Juzgado de Violencia que ya no es competente, porque la causa penal ya no esté abierta, tal y como resolvió la Sala de Pleno del TS en el Auto de 14 de junio de 2017, al negar la competencia del Juzgado de Violencia, pues no concurría causa

---

21 De acuerdo con Guerra y Canturiense, hay constancia jurisprudencial -a través del Auto de TS de 26 de marzo de 2019- de la admisión de la inhibición del Juzgado civil nuevamente por no haberse aún celebrado la vista. Sin embargo, no se admite cuando se solicita la inhibición después del señalamiento de juicio con mala fe procesal, sentencia de la AP Segovia, Sec. 1.ª, de 4 noviembre de 2019.

22 Sepín. Ib.

23 https://blog.sepin.es/2016/09/competencia-procesos-modificacion-de-medidas-criterio-tribunal-supremo/, consultado a fecha de 01.02.2021.

penal abierta al haberse sobreseído las diligencias, como establece el art. 87 ter LOPJ[24].

Es evidente que si el proceso penal sigue abierto seguirá siendo competente el Juzgado de Violencia, pero merece la pena exponer las peculiaridades de algunos supuestos:

- Causa penal abierta, porque aún estaba en vigor la ejecutoria penal, ATS, Sala Primera, de lo Civil, de 8 de septiembre de 2020.
- Proceso penal abierto aunque se dictara posteriormente sentencia absolutoria, ATS, Sala Primera, de lo Civil, de 17 de diciembre de 2019.
- Proceso penal estaba en fase de ejecución, al no haber transcurrido aún los 2 años de la prohibición de aproximación y comunicación, ATS, Sala Primera, de lo Civil, de 13 de septiembre de 2017".

3.2.4. Incidencia competencial en la relación paternofilial

Ya hemos referenciado el contenido del Auto del TS, Sala 1ª, de 3 de febrero de 2016, donde se determina que, si la causa penal se encontraba precluida por sobreseimiento y archivo, dada la falta de indicios racionales de delito, el Juzgado de Violencia sobre la Mujer pierde su competencia en pro de la primera instancia civil.

Mientras tanto, la competencia de violencia continúa activa si la condena penal estaba en fase de ejecución (AAP Valencia, de 21 de mayo de 2020, sección 10ª, o cuando la demanda de modificación de medidas se haya presentado con anterioridad

---

24 Este Auto fue objeto de un interesante comentario por Natalia García García: https: www.sepin.es/cronus4plus/documento/.

a la absolución del procedimiento penal (AAP de Alicante, de 1 de marzo de 2018, sección 5ª).

3.2.5. Especialidad de los procesos de ejecución

Hemos de volver, una vez más, a las palabras de Guerra y Canturiense (2021), para quienes "estos procesos no están recogidos entre las materias del art. 87.2 ter LOPJ, por lo que puede parecer clara la competencia del Juez civil para conocerlos, así lo entiende el TS en los Autos de 22 de marzo de 2017, en un caso de ejecución por incumplimiento del régimen de visitas, en el que además ya existía sentencia penal firme, o en el de 18 de marzo de 2014.

Sin embargo, la AP Córdoba, Sec. 1.ª, en un Auto de 2 de diciembre de 2019, considera competente al Juzgado de Violencia para conocer de la ejecución por incumplimiento de todo lo relativo al régimen de visitas, y no sólo a los relacionado con las entregas y visitas que era lo que había recogido la Orden de protección.

Habría que reflexionar si, pese a la literalidad del criterio del 87.2 ter, podría ser de aplicación el criterio del interés del menor cuando estamos ante el incumplimiento de las medidas relacionadas con estos. Resulta muy interesante el auto de Córdoba, porque al final todo tiene relación, y sería un disparate y perjudicial para la parte que se ve abocada a interponer la demanda, que tuviera que acudir a dos tribunales, y al final el de violencia sea el que dicta las medidas y el que tiene más relación con el caso".

Compartimos plenamente esta reflexión: en la toma de decisiones judiciales sobre conflictos de competencia debería, en no pocas ocasiones, atenderse a criterios de justicia material a través de la protección del principio de economía procesal.

3.2.6. Los expedientes de jurisdicción voluntaria y su sujeción a las reglas generales de competencia

La Ley 15/2015, de 2 de julio, de Jurisdicción Voluntaria, cuya incidencia en esta materia ya hemos anunciado, fija la competencia objetiva para los tribunales civiles y establece para cada expediente la competencia territorial de cada juzgado.

El ATS 19.02.2019, rec. 240/2018, ya hizo referencia[25] a este conflicto competencial, para señalar que "a la vista de los antecedentes expuestos, se procede a transcribir el auto de esta sala de 13 de septiembre de 2017 (conflicto 129/2017) que con reiteración de la doctrina de esta sala expresada en el auto de 14 de junio de 2017, conflicto 61/2017, resuelve un supuesto que tiene similitudes con el que se plantea.

> "Para la resolución del presente conflicto negativo de competencia debemos partir de las siguientes consideraciones.
>
> i) El criterio atributivo de competencia que predomina en la LJV en aquellos expedientes en los que estén en juego los derechos de menores y personas con capacidad modificada judicialmente o a modificar es el de su domicilio o, en su defecto, el de su residencia. Aunque se han fijado concretas excepciones que atribuyen la competencia de forma prioritaria al juzgado que previamente haya dictado una resolución estableciendo la atribución de la guarda y custodia o la tutela.
>
> Así, en los expedientes de jurisdicción voluntaria en materia de familia y, dentro de ellos, el de intervención judicial en relación con la adopción de medidas específicas para el caso de desacuerdo en el ejercicio de la patria potestad, el art. 86.2 LJV establece que será competente el Juzgado de Primera Instancia del domicilio o, en su defecto, de la residencia del hijo. No obstante, si el ejercicio conjunto de la patria potestad por los progenitores hubiera sido establecido por resolución judicial,

[25] Solo incluiremos la alusión de los fundamentos jurídicos a la competencia para cuestiones de jurisdicción voluntaria.

> será competente para conocer del expediente el Juzgado de Primera Instancia que la hubiera dictado".

En la práctica, como ya hemos visto, si existe constancia del archivo de las actuaciones, será competente el juzgado de primera instancia de familia; en otro caso, el de violencia -como reglas generales-.

3.2.7. El procedimiento especial sumario derogado por el Real Decreto Ley 16/2020, de 28 de abril

Guerra y Canturiense (2021) lo explican así: "aunque sea un procedimiento que ya no está en vigor pues resultó derogado por la Ley 3/2020, de 18 de septiembre, de medidas procesales y organizativas para hacer frente al COVID-19 en el ámbito de la Administración de Justicia, el Real Decreto-ley 16/2020, de 28 de abril, de medidas procesales y organizativas para hacer frente al COVID-19 en el ámbito de la Administración de Justicia introdujo en sus arts. 3 a 5 un procedimiento para procedimiento especial y sumario para la resolución de cuestiones relativas al derecho de familia directamente derivadas de la crisis sanitaria que también ha suscitado algunos problemas competenciales.

- Así encontramos resoluciones que determinan la competencia del juzgado de violencia sobre la mujer para conocer del procedimiento especial sumario del RD-Ley 16/2020 sobre la compensación en el régimen de custodia y visitas, pues fue quien acordó la modificación de medidas donde se fijó el sistema de custodia como hace el AAP Valencia, Sec. 10.ª, 517/2020, de 14 de octubre.
- Otras resoluciones señalan la competencia del juzgado de 1ª Instancia, como por ejemplo hace el AAP Salamanca, Sec. 1.ª, 119/2020, de 20 de agosto, que señala que ante los problemas de tramitación del procedimien-

to especial del RDL 16/2020, cuando se resuelve este recurso ya ha finalizado la condena al padre por vejaciones a la madre y la causa penal está archivada, así es competente el Juzgado de 1ª Instancia".

3.3. El papel del ministerio fiscal: breves notas sobre la Circular de la Fiscalía 2/2021, de 30 de abril

Dada la extensión de este documento, que contiene reglas para clarificar la intervención de la fiscalía en cuestiones de competencia en relación con prácticamente todo tipo de asuntos, conviene recordar que "en cuanto a la intervención del fiscal en las cuestiones de competencia planteadas a instancia de parte, la Circular 1/2001 disponía que «conviene tener presente que la LEC no prevé esa intervención, pero tampoco la excluye expresamente. Carecería de sentido práctico transmitir a los Sres. Fiscales una idea de necesariedad de la intervención del Fiscal a toda costa, en cuantas declinatorias pudieran promoverse en el futuro por los litigantes, pues el conocimiento por el Ministerio Fiscal de la existencia misma de la declinatoria estará siempre condicionado por el hecho de que el propio juez o tribunal le dé traslado de la solicitud. Es previsible que en este punto, como en tantos otros, surjan interpretaciones dispersas que se traduzcan en una petición de informe o en la inexigencia de éste, en función del criterio que se suscriba acerca del papel del Fiscal en esta materia. Los Sres. Fiscales, en cualquier caso, emitirán el dictamen sobre competencia siempre que les fuera requerido, buscando para ello la necesaria uniformidad, tanto en su contenido, como en su procedencia, haciendo valer, si preciso fuera, los recursos autorizados por la ley para disipar dudas que afecten de un modo tan directo a un espacio funcional histórico».

Luego, continúa el texto aclarando que "tras la experiencia aplicativa de la LEC, puede mantenerse que es mayoritaria la exégesis de las disposiciones sobre competencia conforme a la cual solo se da intervención al Ministerio Fiscal cuando la cuestión de competencia se plantea de oficio (sea o no parte en el proceso principal) y cuando se plantea a instancia de parte (solamente si es parte en el procedimiento).

En este nuevo contexto los representantes fiscales habrán de partir de que no deberán dictaminar las cuestiones de competencia planteadas a instancia de parte en procedimientos en los que no debe intervenir, salvo que por medio de la declinatoria se alegue la infracción de un fuero imperativo".

4. REFORMA NORMATIVA Y SIGNIFICADO

La violencia de género y los vaivenes legislativos asociados a su regulación generan una sensibilidad ostentosa; estamos, por decirlo de manera sucinta, ante un fenómeno deplorable (y con ello no estamos descubriendo nada, solo siendo descriptivos).

Es rotundamente cierto que cualquier manifestación violenta entre los progenitores tiene un impacto emocional sobre los menores de resultados indelebles en el desarrollo de su personalidad.

La reforma de la Ley Orgánica 1/2004 de 28 de diciembre, de Medidas de Protección Integral contra la violencia de Género operada por la LO 8/2015 de 22 de julio, de modificación del sistema de protección a la infancia y a la adolescencia, atribuye a los menores sujetos a la tutela o guarda y custodia, la condición de víctimas directas de la violencia de género. La Exposición de Motivos de la ley, interpretando el contenido del artículo 1 apartado 2, modificado, razona que *Cualquier forma de violencia ejercida sobre un menor es injustificable. Entre ellas, es singularmente atroz la violencia que sufren quienes viven y crecen en un entorno familiar donde está presente la violencia de género. Esta forma de violencia afecta a los menores de muchas formas. En primer lugar, condicionando su bienestar y su desarrollo. En segundo lugar, causándoles serios problemas de salud. En tercer lugar, convirtiéndolos en instrumento para ejercer dominio y violencia sobre la mujer. Y, finalmente, favoreciendo la transmisión intergeneracional de estas conductas violentas sobre la mujer por parte de sus parejas o exparejas. La exposición de los menores a esta forma de violencia en el hogar, lugar en el que precisamente deberían estar más protegidos, los convierte también en víctimas de la misma.*

Hemos sostenido en otra ocasión (Pizarro, 2020) que, aunque es complejo desde el punto de vista científico considerar que el principio de Interés Superior del Menor –quizá porque la Ley en sentido amplio siempre ha ido a remolque de la realidad que pretende regular- sea un derecho fundamental, no es menos cierto que, como tal principio, es permeable a diversos derechos que sí lo son. El estigma en su personalidad podría ser causa suficiente para solicitar amparo; pero ocurre que su protección está articulada a través de otros mecanismos legales.

4.1. Convivencia more uxorio de dos artículos: 92.7 CC y 94.4 CC

El Diccionario panhispánico de dudas define la expresión latina *more uxorio* como aquélla derivada del significado de sus dos vocablos: las *mores* latinas eran las costumbres; la expresión *uxorio* refiere al cónyuge. Por tanto, desde entonces, la expresión evoca la idea con relevancia jurídica de dos personas que viven y se comportan como un matrimonio, aun sin estar casados[26].

Dice el art. 92.7 CC: “No procederá la guarda conjunta cuando cualquiera de los padres esté incurso en un proceso

---

[26] Un planteamiento generalista de la cuestión en Reyes Cano (2015). Con mayor especificidad, siempre brillante, aunque obsoleto ya -por razones obvias- en algunos puntos: Guilarte Martín-Calero (2009). .

penal iniciado por intentar atentar contra la vida, la integridad física, la libertad, la integridad moral o la libertad e indemnidad sexual del otro cónyuge o de los hijos que convivan con ambos. Tampoco procederá cuando el juez advierta, de las alegaciones de las partes y las pruebas practicadas, la existencia de indicios fundados de violencia doméstica o de género. Se apreciará también a estos efectos la existencia de malos tratos a animales, o la amenaza de causarlos, como medio para controlar o victimizar a cualquiera de estas personas"[27].

Y, por su parte, el art. 94.4 CC: "No procederá el establecimiento de un régimen de visita o estancia, y si existiera se suspenderá, respecto del progenitor que esté incurso en un proceso penal iniciado por atentar contra la vida, la integridad física, la libertad, la integridad moral o la libertad e indemnidad sexual del otro cónyuge o sus hijos. Tampoco procederá cuando la autoridad judicial advierta, de las alegaciones de las partes y las pruebas practicadas, la existencia de indicios fundados de violencia doméstica o de género. No obstante, la autoridad judicial podrá establecer un régimen de visita, comunicación o estancia en resolución motivada en el interés superior del menor o en la voluntad, deseos y preferencias del mayor con discapacidad necesitado de apoyos y previa evaluación de la situación de la relación paternofilial"[28].

---

[27] Número 7 del artículo 92 redactado por el apartado tres del artículo primero de la Ley 17/2021, de 15 de diciembre, de modificación del Código Civil, la Ley Hipotecaria y la Ley de Enjuiciamiento Civil, sobre el régimen jurídico de los animales («B.O.E.» 16 diciembre). Vigencia: 5 enero 2022.

[28] Artículo 94 redactado por el apartado diez del artículo segundo de la Ley 8/2021, de 2 de junio, por la que se reforma la legislación civil y procesal para el apoyo a las personas con discapacidad en el ejercicio de su capacidad jurídica («B.O.E.» 3 junio). Vigencia: 3 septiembre 2021.

Es decir, glosando de forma conjunta ambos preceptos podemos deducir que el sistema de custodia compartida está vetado cuando se haya iniciado un proceso penal de los tipificados en el artículo y, aunque el régimen de custodia no sea compartido, según el otro precepto, se suspenderá -parece legitimar una opción *ope legis* automática- por el solo hecho de la investigación de la delincuencia tipificada.

Así las cosas, da la sensación de que el CC no ha contribuido mucho a una regulación eficiente sobre esta materia; se refiere a que no procede la guarda y custodia por el solo hecho de haberse incoado un procedimiento penal en el que se puedan dilucidar responsabilidades por violencia de género. Claro, la veda se abre automáticamente para demandas sin escrúpulos (que evitan, por la sola incoación[29], desvirtuar la naturaleza de

[29] Algo así parece haber ocurrido en la STS 242/18 de 24 de abril 2018, en un procedimiento de modificación de medidas que insta la madre frente a la sentencia de divorcio de mutuo acuerdo por la que meses antes se había establecido un régimen de custodia compartida sobre el hijo menor del matrimonio. Sostenía la madre que el padre no se comprometía en la custodia del hijo, era alcohólico, llevaba al niño a bares. Ente las partes existía un procedimiento penal por violencia de género, aun cuando en el curso del procedimiento civil resultó el padre absuelto. La sentencia de instancia desestimó la demanda; la sentencia de apelación, en cambio, revocó la anterior y atribuyó la custodia exclusiva a la madre. En el procedimiento existía un informe psicosocial del menor que fue determinante para la sentencia de apelación, y que se extracta en la sentencia en los siguientes términos: «confluyen múltiples factores de mal pronóstico para garantizar el éxito de un sistema de custodia compartida: elevada conflictividad interparental con no aislamiento del menor a la misma, escasa comunicación y nula colaboración para la gestión de cuestiones de interés para el proceso socializador del menor, percepción negativa de la figura del otro, inconsistencia en las prácticas de crianza y distanciamiento geográfico entre los domicilios. Se detecta además que, a la hora de distribuir los tiempos del menor con cada uno de los progenitores, no se han tenido en

las cosas, para forzar cualquier convenio que, desde luego, no está concertado en atención al interés superior de los menores.

Parece producirse entonces un fenómeno normativo en virtud del cual, lo que antes era una delegación a la ponderación proporcionada del juez, ahora es un mandato de obligado

---

cuenta de forma adecuada sus necesidades psicoevolutivas y tampoco posibilita la implicación y participación de ambos progenitores en las atenciones diarias ni en el contexto socializador del mismo de una forma equitativa». El Tribunal Supremo casa la sentencia, anula la de apelación y mantiene la de instancia y por ello el régimen de custodia compartida por ser el más beneficio para el interés superior del menor: "Se han invocado asimismo las malas relaciones entre ambos padres, pero de estas malas relaciones, que tienen posiblemente su origen en la denuncia penal, no existe constancia alguna y menos aún que, de ser ciertas, hayan repercutido en contra del interés del menor. La custodia compartida conlleva como premisa la necesidad de que entre los padres exista una relación de mutuo respeto que permita la adopción de actitudes y conductas que beneficien al menor, que no perturben su desarrollo emocional y que pese a la ruptura efectiva de los progenitores se mantenga un marco familiar de referencia que sustente un crecimiento armónico de su personalidad (sentencias 619/2014, de 30 de octubre; 242/2016, de 12 de abril; 529/2017, de 27 de septiembre; 579/2017, de 25 de octubre). Pero ello no empece a que la existencia de desencuentros, propios de la crisis matrimonial, no autoricen per se este régimen de guarda y custodia, a salvo que afecten de modo relevante a los menores en perjuicio de ellos. Para que la tensa situación entre los progenitores aconseje no adoptar el régimen de guarda y custodia compartida, será necesario que sea de un nivel superior al propio de una situación de crisis matrimonial (sentencias 566/2014 de 16 de octubre; 433/2016, de 27 de junio, 409/2015, de 17 de julio). Tiene declarado la sala que las conclusiones del informe psicosocial deben ser analizadas y cuestionadas jurídicamente, en su caso, por el tribunal, cual ocurre con los demás informes periciales en los procedimientos judiciales, si bien la sala no es ajena a la importancia y trascendencia de este tipo de informes técnicos (sentencias; 135/2017, de 28 de febrero, 296/2017, de 12 de mayo, entre otras)."

cumplimiento. No parece ser ésta la línea donde confluyan la voluntad del legislador y la práctica de los órganos judiciales, al menos, del Tribunal que tiene por una de sus misiones fundamentales analizar la adecuación de la ley -manifestación última de esa voluntad- a los principios constitucionales[30].

Ítem más, como bien dice Sillero Crovetto (2017, p. 19), "su reconocimiento –(de los menores)- como víctimas de la violencia de género conlleva la modificación del artículo 61, para lograr una mayor claridad y hacer hincapié en la obligación de los jueces de pronunciarse sobre las medidas cautelares y de aseguramiento, en particular, sobre las medidas civiles que afectan a los menores que dependen de la mujer sobre la que se ejerce violencia".

La LO 8/2015 ya introdujo en los artículos 65 y 66 de la LO 1/2004 la posibilidad de suspensión tanto de la patria potestad, como del régimen de visitas, estancia, relación o comunicación del inculpado por un delito de violencia de género con los menores que dependan de él, si bien dejando la suspensión al criterio discrecional del juez. En todo caso, de no acordar la suspensión, debía el juez pronunciarse sobre la forma en que la patria potestad o comunicación con los menores debía realizarse, y las medidas necesarias para garantizar la seguridad, integridad y recuperación de los menores y los seguimientos precisos. De ahí que la suspensión de la patria potestad o del régimen de comunicación o visitas deba estar expresamente motivada, motivación que tiene que fundamentarse, conforme a la doctrina jurisprudencial que anteriormente hemos analizado a la luz de la custodia compartida, en el hecho de que ello es lo más conforme con el interés superior del menor, partien-

30 No hay más que ver el contenido de la STC 113/2021 de 31 de mayo, donde se insta a un juicio de proporcionalidad y prevalencia del Interés Superior del Menor en los procedimientos civiles que llevan aparejado lanzamiento.

do del hecho de que la comunicación y visitas de los menores con sus padres se concibe no sólo como un derecho del progenitor, sino como una derecho del propio niño.

La actual regulación invierte los términos de la ecuación. El actual artículo 94 impone la suspensión del régimen de visitas y estancia de los menores con sus progenitores respecto del progenitor que esté incurso en un proceso penal iniciado por atentar contra la vida, la integridad física, la libertad, la integridad moral o la libertad e indemnidad sexual del otro cónyuge o sus hijos; e incluso cuando de las alegaciones de las partes y las pruebas practicadas, la existencia de indicios fundados de violencia doméstica o de género. En el mismo sentido se pronuncia el artículo 544 ter de la LECRIM, en las medidas a adoptar en el orden penal. Sólo en *resolución motivada que ha de fundamentarse en el Interés Superior del Menor y previa valoración de la relación paterno filial* puede establecerse un régimen de visitas, comunicación y estancia en estos casos.

Lo primero que parece inferirse del cambio legal es la presunción del legislador de que el Interés Superior del Menor, precisamente por considerársele víctima directa de la violencia de género ejercida sobre su madre, exige la suspensión del régimen de visitas y estancia (no está tan claro que se refiera también al régimen de comunicación con los menores, lo que pudiera permitir comunicación a través de medios electrónicos o en puntos de encuentro, sin pernocta). Y para mantener el régimen se requiere una expresa motivación de que en el caso concreto el interés del menor aconseje el mantenimiento, motivación que deberá valorar las circunstancias concretas de la relación del menor con su progenitor (una relación fluida, desprovista de miedos o interferencias referidas a la violencia doméstica ejercida, edad de los niños, implicación del padre en la educación, etc.). Y ello porque no puede considerarse la suspensión del régimen como una sanción civil añadida al proceso sobre violencia de género instado.

Una segunda reflexión es el alejamiento del legislador del concepto de Interés Superior del Menor ajustado al menor y a sus circunstancias, que viene interpretando la jurisprudencia del Tribunal Supremo, y que ha dado lugar a la flexibilización del artículo 92 del CC. Si incluso ante supuestos de violencia de género, el Alto Tribunal ha estimado que puede ser instaurado el régimen de custodia compartida, valorándose el concreto interés del menor afectado, la dicción legal se separa notoriamente de la valoración concreta del menor afectado, conduciendo a la distorsión de la interpretación legal, que sólo parece justificarse bien en la desconfianza en los operadores jurídicos, bien en compromisos de ámbito político, a la luz de dramáticas disfunciones de los regímenes de visitas y estancias establecidos, que sobrevuelan la reforma legal.

Aún más dificultades, incluso de respeto a principios imperantes en el orden penal, aparece cuando el juez civil valora *indicios fundados* de una situación de violencia de género. La parquedad legal del inciso y su ubicación en el marco de la regulación civil de las comunicaciones y visitas con los menores (y no en la regulación del proceso penal, del que también conocen los jueces de violencia de género) puede comprender dos supuestos diferentes: en primer lugar, que exista una previa denuncia por una situación de violencia de género, de la que ya esté conociendo el juzgado de violencia de género. En este caso, se produce una importante quiebra del principio de presunción de inocencia y de la contradicción del proceso penal, pues sin el dictado de una sentencia condenatoria, el juez valora los indicios de razonabilidad de la causa para privar al progenitor denunciado de las visitas y estancias con los menores.

En segundo lugar, puede ocurrir que estos indicios se aprecien sin que exista la previa denuncia penal, en el curso de un procedimiento civil seguido ante los Juzgados de Familia, o juzgados civiles ordinarios. En este caso, parecería necesaria la previa intervención en los hechos del Ministerio Fiscal como denunciante y la inhibición a favor de los Juzgados de

Violencia de Género. Los indicios razonales que obliguen a la adopción de una medida de la entidad indicada deben necesariamente producir la actuación de oficio en el ámbito penal con las consecuencias competenciales del artículo 87 LOPJ.

De hecho, la opinión pulsada -no oficial, manifestada solo en conversaciones informales- de los jueces de violencia de género es que este artículo -nos referimos sobre todo al art. 94.1 CC, pues la reforma del 92.7 ha ido más encaminada a la violencia en animales y sus consecuencias en el ámbito civil, lo que abordaremos en el siguiente epígrafe-, es que "todo ha cambiado para que nada cambie". Bien sea porque se piensa que el legislador ha ido demasiado lejos, y lo que puede conseguir es la proliferación de demandas espurias[31] (esta vía puede llamarse, más técnicamente, abuso de derecho); bien porque, en alguna variante, puede darse el caso de denuncias cruzadas de los progenitores -cada una en el foro procedente-, y, en tal caso, solo se nos plantean serias dudas[32]; bien, quizá con más razón jurídica, porque el artículo actuaría en detrimento, precisamente, de aquéllos a quienes se pretende proteger: la regulación en esta materia exige un equilibrio delicado entre una normación tuitiva, vigilante, con una aplicación del Derecho derivada de principios de justicia material, lo que ha de seguir dando un papel relevante en la toma de decisiones al juez, úni-

---

[31] No se trata de una queja ideológica que va más allá de lo estrictamente jurídico; ese tipo de demandas iniciadas para entorpecer el establecimiento de un régimen equilibrado de guarda y custodia de los menores perjudica seriamente al sistema, lo ralentiza, entorpece y conlleva un esfuerzo adicional de la administración de justicia que no siempre podrá precaver.

[32] A todos se nos irá el pensamiento hacia otras figuras tuitivas o asistenciales -como las previstas en la nueva ley de modificación del CC en materia de personas con discapacidad- o, en el peor de los casos, volveremos nuestra mirada hacia la Administración. Una solución demoledora con los intereses superiores de los menores.

co que tiene los hechos en instancia. No es la ley la que tiene el *factum* delante; y para que se provea el *dabo tibi ius* se precisa que sea la decisión judicial la que ajuste ambas realidades, ofreciendo un ecosistema de protección de la víctima, desarrollo de los menores, pero también de reconocimiento, si fuera el caso, de los derechos (no se olvide que se configuran también como deberes) inherentes a la patria potestad.

4.2. Una nueva forma de violencia: los animales dejan de ser cosas

Disculpen la cita un tanto sentimental y descontextualizada, pero hace 40 años mi padre me decía ya que solo quien es capaz de maltratar a animales es capaz de maltratar a personas. Nos hemos entonces ido acomodado a la idea de que los animales no son cosas o semovientes jurídicos o, si son esto último, también lo somos las personas. Un tema que la bibliografía pionera y sofisticada quedó representada sin duda en el trabajo monográfico del prof. Cerdeira Bravo de Mansilla (2020)[33].

---

33 "En los últimos años ha surgido una novedosa cuestión muy litigiosa en el foro: tras la ruptura de un matrimonio o de una pareja de hecho, ¿quién se queda con la mascota?
En la presente obra, el lector podrá encontrar diversas soluciones y consejos prácticos tanto para el abogado en la redacción de acuerdos sobre la tenencia y reparto del animal contenidos en el convenio regulador, así como para cuando deba decidir el propio juez si entre los esposos o los convivientes de la pareja ya rota no hay acuerdo; en todo caso, no solo teniendo en cuenta criterios patrimonialistas (según quién sea el dueño del animal doméstico), sino sobre todo en consideración al propio bienestar del animal, en cuanto ser vivo dotado de sensibilidad, según se concibe hoy en la nueva realidad jurídica europea y española.
En esta ocasión, el autor de la obra se adentra, de nuevo, en una novedosa cuestión del Derecho de familia, con una propuesta de solución de presente, y también para el futuro, como ya hiciera en otros

Partiendo de esta base, ya hemos dicho que la reforma[34] ha puesto en valor al animal como ser vivo no carente de sensibilidad y, por tanto, puede verse afectado tanto por los avatares en sí de la crisis conyugal como por los supuestos de violencia de género[35], con especial repercusión en los menores de edad. Nosotros vamos a centrarnos exclusivamente en éstos.

La premisa de partida es que parece acreditado que el maltrato infantil es mucho más frecuente en aquellos hogares en los que también existe maltrato animal, además del nada desdeñable componente educacional que trasluce esta triste realidad. Por ello, lo que ha hecho el legislador es precaver que puedan contemplarse limitaciones a la guarda y custodia compartida en los casos de antecedentes por maltrato animal ejercido como forma de violencia o maltrato psicológico, tanto en los supuestos de violencia doméstica, violencia de género o maltrato y abuso infantil, para instar a los jueces y tribunales a no establecer un sistema de guarda y custodia compartida[36]. Recuérdese que el precepto añadía que "se apreciará también

---

de sus trabajos, también publicados por la editorial Reus (como han sido la constitucionalidad del matrimonio entre personas del mismo sexo y la posible inseminación artificial en parejas homosexuales, el divorcio por mutuo acuerdo ante notario, o la atribución del uso de la vivienda familiar en caso de ruptura de parejas de hecho; propuestas todas ellas que, finalmente, se han consolidado en la jurisprudencia o en la propia ley)".

34 Conviene matizar que esta ley no solo reforma el CC -crisis familiares, régimen jurídico de derecho de daños, violencia de género-, sino también algunos preceptos de la LEC -modificación del procedimiento matrimonial, inembargabilidad- o de la legislación hipotecaria -se proscribe la extensión de la hipoteca a los animales destinados a una actividad agrícola, industrial, etc., e, del mismo modo, a los animales de compañía.

35 Siguiendo los precedentes de la legislación francesa o portuguesa.

36 Sí acierta el legislador, en nuestra humilde opinión, cuando establece la imposibilidad de acoger un sistema de guarda conjunta por la

a estos efectos la existencia de malos tratos a animales, o la amenaza de causarlos, como medio para controlar o victimizar a cualquiera de estas personas"[37].

De igual modo, es sutil la introducción del art. 94.bis en el sentido de que la decisión sobre la guarda y custodia del animal estará determinada por el interés de los propios menores y del propio animal, con lo que se eleva aún más el calibre de la valoración judicial.

Dispone el precepto: "La autoridad judicial confiará para su cuidado a los animales de compañía a uno o ambos cónyuges, y determinará, en su caso, la forma en la que el cónyuge al que no se le hayan confiado podrá tenerlos en su compañía, así como el reparto de las cargas asociadas al cuidado del animal, todo ello atendiendo al interés de los miembros de la familia y al bienestar del animal, con independencia de la titularidad dominical de este y de a quién le haya sido confiado para su cuidado. Esta circunstancia se hará constar en el correspondiente registro de identificación de animales".

Es curioso; aunque quizá sea un punto para abordar ya en las subsiguientes conclusiones, parece una ironía que el legislador haya privado de su facultad de ponderación a los jueces y tribunales cuando la fase indagatoria del proceso penal se haya activado -privándolo así de un elemento valorativo transcendental a la hora de fallar contra el progenitor y, sin embargo, se le mantenga esa misma facultad de evaluación para cuando haya de decidir sobre si el animal de compañía -la mascota, en román paladino- ha sido maltratado o se ha usado como medio para conseguir el fin de maltratar al menor o a su pareja. Permítase la ironía, pero será interesante observar cómo pueden

---

existencia del maltrato animal, pero sin impidir que pueda existir un régimen de visitas hacia el menor conforme se estime conveniente.

37 Fórmula de victimización a la que ya nos hemos referido, vid. *supra*.

los jueces calibrar la violencia psicológica ejercida sobre el menor a través del animal o, incluso, la ejercida sobre el mismo animal[38].

4.3. Conclusiones, solo parciales

No son muchas las conclusiones que, a fecha de cierre de este primer bloque, pueden extraerse sobre la profunda reforma acaecida en los meses anteriores. La que afecta al 92.7 CC entró en vigor a principios de año; la del art. 94.4 CC, con algo más de tiempo en circulación, lo hizo en septiembre de 2021.

En cualquier caso, sí pueden colegirse algunas premisas normativas que van a tener una notable incidencia en la práctica forense. Y así:

> En primer lugar, después de los aspectos analizados, es indubitado que sería deseable una mayor concreción en el reparto competencial de asuntos vinculados a los menores y a la violencia de género, para evitar así en lo posible esa "entidad amorfa rayana con el juego de tronos" en el que, en más ocasiones de las deseadas, se convierten los juzgados homónimos, provocando, sobre todo, consecuencias indeseables en relación con la protección última del trinomio principio - derecho subjetivo - norma de procedimiento representado por el Interés Superior del Menor.

En segundo término, convendría delimitar con mayor precisión cuáles son los mecanismos judiciales adecuados para la valoración del maltrato animal a la hora de decidir sobre la atribución de la guarda y custodia de éstos, y también de los menores cuando los animales han sido usados como medios para lesionar la estima de aquéllos. Queda al albur de la autoridad judicial, en cada caso, valorar si se ha tratado a los anima-

---

[38] Es presumible pensar que, en tales casos, haya que incorporar una pericial realizada por un facultativo veterinario.

les con la sensibilidad que éstos exigen, lo que puede conducir incluso a una tautología jurídica: ¿puede y debe el juez tener la sensibilidad suficiente para valorar en sus justos términos el daño causado a los animales o a los menores a través de éstos?

Por último, la previsión reformista del CC para extinguir el derecho de visitas del progenitor no custodio en todo caso, de manera automática y por el solo hecho de haberse instado un procedimiento penal -aunque sea por los gravísimos motivos enunciados a través de una tipificación civil- contra él, ha provocado en la normativa una excesiva intervención política -con las consecuencias que esto suele tener- y un sentimiento de sustracción a la autoridad judicial de instancia de valoración de pruebas; un orden natural de las cosas que, ni siquiera el TS o el TC se atreven a alterar, pues conocen que ello supone una vicisitud que eventualmente puede trastocar incluso el mandato constitucional de juzgar y hacer ejecutar lo juzgado dado que, no se olvide, esa labor ha de pasar por el tamiz insoslayable de la interpretación, y, por ende, de la ponderación de los intereses en juego: violencia de género e Interés Superior de los menores. Ello motivó el planteamiento de dos cuestiones de inconstitucionalidad, que abordamos en seguida, y que solo de forma muy reciente (verano de 2022), han quedado resultas por el TC.

5. EXCURSUS: ANÁLISIS DE LA REFORMA Y CUESTIONES DE INCONSTITUCIONALIDAD SOBRE RÉGIMEN FAMILIAR Y VIOLENCIA EN ESE ENTORNO

5.1. Sobre la cuestión de inconstitucionalidad formulada por el Juzgado de Violencia sobre la Mujer número 1 de Jerez de la

Frontera con fecha 28 de septiembre de 2020 (ROJ: AJVM CA 172020)

5.1.1. Los hechos de los Fundamentos de Derecho

El juzgado plantea dudas sobre la constitucionalidad del inciso primero del artículo 92.7 del Código Civil, por su posible contradicción con el Interés Superior del Menor (arts. 39.2 y 39.4 CC); el libre desarrollo de la personalidad (art. 10.1 CE); el derecho a la vida familiar (art. 10.1 y 39.1 CE en relación con el art. 8 del CEDH); derecho a la vida privada (art. 10.1 CE en relación con el artículo 8 del CEDH).

El artículo 92.7 del CC en el inciso cuestionado, en la redacción vigente en la fecha de la cuestión comentada, era del tenor siguiente: "*No procederá la guarda conjunta cuando cualquiera de los padres esté incurso en un proceso penal iniciado por atentar contra la vida, la integridad física, la libertad, la integridad moral o la libertad e indemnidad sexual del otro cónyuge o de los hijos que convivan con ambos*".

Para comprender el alcance de la cuestión es preciso realizar un breve resumen del asunto en que se planteó. Los litigantes forman un matrimonio, con dos hijos menores de edad. En agosto de 2018 firman un convenio regulador de su separación, en que contemplan, como régimen de guarda de los niños, el de custodia compartida. Sin embargo, la esposa no ratifica el convenio. Al contrario, el 11 de marzo de 2019 interpone demanda de separación contenciosa, solicitando con carácter principal la custodia exclusiva sobre los menores, y de forma subsidiaria la custodia compartida. El esposo contesta a la demanda solicitando custodia compartida.

Paralelamente existe un procedimiento penal ante un Juzgado de Instrucción, que el 24 de septiembre de 2019, dicta orden de alejamiento del esposo a la esposa, con remisión de la causa al Juzgado de Violencia sobre la Mujer. Se establece un régimen de comunicación con los menores en un Punto de Encuentro, que se cumple por los litigantes.

A consecuencia de las limitaciones de movilidad derivadas de la pandemia por Covid-19, ambos cónyuges, aún vigentes las medidas de comunicación fijada, acuerdan establecen un régimen de comunicación y estancia con los menores por semanas alternas para cada progenitor, que se cumple sin incidencias.

Reanudado el procedimiento, las partes acuerdan proponer en la vista un régimen de custodia compartida. La existencia del procedimiento penal en tramitación obliga al juzgador a plantear la cuestión. El propio juzgador señala que el procedimiento penal se sigue por delito contra la liberta sexual imputado al esposo, por hechos ocurridos antes de la separación y por delito de agresión del que ambos progenitores tienen la condición de investigados.

5.1.2. Cuestiones técnicas, procesales y de fondo. A propósito del juicio de relevancia

En contra de lo que pueda pensarse, las cuestiones procesales ejercen una función, normalmente, de control de contenido sustantivo. Rigorizan el procedimiento (espacio y tiempo), realizan una importante labor de control legislativo (en el sentido de analizar la adecuación de las exigencias legales) y delimitan, por tanto, el contenido debatible (el examen de lo que ha de ser el fondo de la cuestión).

El mecanismo previsto legalmente para cumplir esta triple función identificada es el denominado <<juicio de relevancia>>, al que da cobertura el art. 35.2 LOTC cuando dice que "el órgano judicial sólo podrá plantear la cuestión una vez concluso el procedimiento y dentro del plazo para dictar sentencia, o la resolución jurisdiccional que procediese, y deberá concretar la ley o norma con fuerza de ley cuya constitucionalidad se cuestiona, el precepto constitucional que se supone infringido y especificar o justificar en qué medida la decisión del proceso depende de la validez de la norma en cuestión. Antes de adoptar mediante auto su decisión definitiva, el órgano judicial oirá a las partes y al Ministerio Fiscal para que en el plazo común e improrrogable de 10 días puedan alegar lo que deseen sobre la pertinencia de plantear la cuestión de inconstitucionalidad, o sobre el fondo de ésta; seguidamente y sin más trámite, el juez resolverá en el plazo de tres días. Dicho auto no será susceptible de recurso de ninguna clase. No obstante, la cuestión de inconstitucionalidad podrá ser intentada de nuevo en las sucesivas instancias o grados en tanto no se llegue a sentencia firme".

> *"Constituye una de las más esenciales condiciones procesales de las cuestiones de inconstitucionalidad en garantía de que su planteamiento no desborde la función de control concreto o incidental de la constitucionalidad de las leyes, por no versar sobre la norma de cuya validez depende el fallo, único objeto posible de este tipo de procedimientos" (STC 201/2011, de 13 de diciembre, FJ 2).*
>
> Y en resolución más antigua, dice: *"Es a los Jueces y Tribunales ordinarios que plantean las cuestiones de inconstitucionalidad a quienes, en principio, corresponde comprobar y exteriorizar la existencia del llamado juicio de relevancia, no estando justificado tal principio cuando "sin necesidad de examinar el fondo debatido y en aplicación de principios jurídicos básicos se desprenda que no existe nexo causal entre la validez de los preceptos legales cuestionados y la decisión a adoptar en el proceso a quo"*. (STC67/2002, de 21 de marzo de 2002).
>
> Más recientemente, la doctrina del TC ha abundado en este sentido (sentencia del Pleno del Tribunal Constitucional 77/2018, de 5-7-2018, FJ 2, Ponente Excmo Sr. D. Fernando Valdés Dal-Ré): *"El llamado juicio de relevancia –consistente en que la decisión del proceso a quo dependa de la validez de la norma cuestionada (art. 35.2 LOTC)–, se erige en uno de los requisitos esenciales para impedir que la cuestión de inconstitucionalidad pueda quedar desvirtuada por un uso no acomodado a su naturaleza y finalidad, lo que sucedería si se utilizase para obtener pronunciamientos innecesarios o indife-*

rentes para la decisión del proceso en que se suscita (por todas, STC 175/2016, de 17 de octubre, FJ 2 y 23/2017, de 16 de febrero, FJ 2), de manera que el control de constitucionalidad se convierta en un control abstracto (entre las últimas, SSTC 1/2016, de 18 de enero, FJ 2, 175/2016, de 17 de octubre, FJ 3 y 57/2017, de 11 de mayo, FJ 1). Constituye, pues, una de las más esenciales condiciones procesales de las cuestiones de inconstitucionalidad la de que su planteamiento no desborde la función de control concreto o incidental de la constitucionalidad de las leyes, lo que sucede cuando la duda planteada por el órgano judicial no es determinante de la decisión a adoptar y, por tanto, de la validez de la norma (en los términos en que ha sido acotada) no depende el fallo".

Dicho en términos de la STC 234/2015, de 5 de noviembre, adolece de una «*ausencia de argumentación que conlleva un evidente riesgo para el carácter concreto del control de constitucionalidad verificado mediante este tipo de procesos, ya que esa omisión implicaría que, aun cuando el enjuiciamiento constitucional de la norma cuestionada sigue siendo posible y esta plantea un problema constitucional de interés, ya no se trataría de un juicio de constitucionalidad en concreto, al que se refiere el art. 163 CE, sino en abstracto, sin efectos para el caso, lo que resulta improcedente en toda cuestión de inconstitucionalidad (STC 83/2015, FJ 3)*» (FJ 2).

Cuestiones que se plantean:

i) Para el juez de instancia, el artículo 92.7 del CC en el inciso comentado, puede vulnerar el contenido de los artículos 39.2 y 39.4 de la CE. Tras un amplio análisis del concepto de Interés Superior del Menor, la cuestión viene a plantear que la prohibición se fundamenta en un concepto abstracto del Interés Superior del Menor, presumiendo *iure et de iure*, que se protege en todo caso con la prohibición de la custodia compartida. Ello impide valorar el concreto interés superior de los niños en el caso, atendidas sus circunstancias y también los intereses restantes concurrentes.

Llega a indicarse que, según el informe del Ministerio Fiscal, la única razón para denegar la custodia compartida es la dicción del artículo 92.7 del CC, lo que constituye un obstáculo para aplicar la solución más ajustada en el supuesto al interés de los menores.

La resolución enumera múltiple doctrina jurisprudencial en apoyo de su interpretación, de entre las que resalta la jurisprudencia del Tribunal Supremo que consagra que, en materia de custodia compartida, las relaciones entre los cónyuges sólo se convierten en relevantes en cuanto afecten, perjudicándolo, al Interés Superior del Menor.

Analiza el juzgador los presupuestos que la jurisprudencia del Tribunal Supremo establece para adoptar la custodia compartida (preferida, como el régimen que mejor corresponde al Interés Superior del Menor), entre los cuales se encuentra el respeto mutuo entre los cónyuges, por lo que pareciera que, en el supuesto de enjuiciamiento, la existencia del procedimiento penal descrito excluiría la custodia compartida. Sin embargo, resalta que el régimen no sólo se reclama por ambos, sino que ha funcionado durante el período de confinamiento por la pandemia.

Se descarta que la norma legitime una interpretación flexible que permitiera ponderar el interés concreto de los menores en el caso, como postulaba el Ministerio Fiscal. A juicio del juzgador, el tenor de la norma es taxativo, y no permite por ello interpretación[39]. Resalta que la

---

[39] O necesita, en exclusiva, una interpretación auténtica. Ello nos remitiría a la acertada y afamada frase de un clásico: “La interpreta-

norma, por su ubicación sistemática, se aplica tanto en los supuestos en que la custodia compartida se solicita por uno sólo de los cónyuges, como al supuesto, como el presente, en que es solicitada por ambos.

El Interés Superior del Menor es un concepto jurídico indeterminado[40], que ha de configurarse en cada caso concreto. Concurriendo con otros intereses -en este caso, los intereses de los progenitores- se ha de ponderar el interés de los niños, procurando no perjudicar el de los restantes afectados. Al impedir la norma el juicio de ponderación concreto, y la propia valoración del interés concurrente de los progenitores, entiende que puede producirse una vulneración del contenido del artículo 39 de CE.

No se trata, además, de una fórmula mágica que haya de resolver el planteamiento fáctico por el solo hecho de su invocación. La irrupción de este principio en el ordenamiento jurídico internacional europeo ha respondido a los parámetros clásicos del Derecho romano-canónico, siendo quizás, y sin embargo, el enfoque anglonorteamericano el que mejor se adapta a la plasticidad de la necesaria justicia material. No suele hablarse allí de un "Interés Superior" a modo de estándar y guía axiológica desde el que extraer la solución, sino del "Best Interest of Child" o de la identificación de la medida que mejor se adapta a la eventual re-solución del conflicto familiar, que es el entorno habitual -aunque puede darse en otros

ción auténtica...: si es auténtica, no es interpretación; y si es interpretación, no es auténtica...": Joaquín Dualde (1933).

40 Por cierto, aunque se incide en esta idea, pensamos que no puede ser de otra forma. Ello supondría cuestionar la premisa de que los principios generales solo pueden ser conceptos jurídicos indeterminados: en realidad, este pensamiento es pura tautología jurídica.

ámbitos: desamparo administrativo, penal, medidas preventivas, etc.- en el que habrá de concretarse. Puede parecer un prurito interpretativo sin ninguna trascendencia práctica, pero no creemos que sea así; el punto de partida no es el mismo, aunque pueda serlo el punto de llegada. Si el Derecho es una ciencia, lo es más de problemas que de soluciones, como hemos dicho. Y esto implica, para el caso analizado, esto es, la conjugación del principio de Interés Superior del Menor con su amparo constitucional[41], que la medida que se determine a partir del principio no puede arrasar con otros derechos de igual o similar rango. Y el conflicto de derechos fundamentales, puestos a tratarlos como tales, es siempre un conflicto de límites. No debe olvidarse que la Constitución Española no lo recoge, aunque sí normas de alcance constitucional (convenciones internacionales y leyes orgánicas)[42], como tampoco la Constitución de Reino Unido -sencillamente porque no tiene- o la Constitución

---

41 Konrad Hesse (2016).

42 A la mayoría de ellas ya nos hemos referido, pero, por ubicarlas prior tempore... (vid. supra): Declaración Universal de los Derechos del Niño, de 20 de noviembre de 1959
Principio 2
Principio 7
La Constitución española, en su art. 39.4, refuerza la idea de protección de los niños y niñas derivadas de los acuerdos internacionales que velan por sus derechos.
Convención de los Derechos del Niño, adoptada por la Asamblea General de las Naciones Unidas, Nueva York, 20 de noviembre de 1989 (SP/LEG/2463)
Art. 9.1 y 3
Art. 18
Art. 20.1
Art. 21 a)
Art. 37 c)
Art. 40.2 b) iii)

norteamericana -ni su Preámbulo, 7 artículos originarios o 27 Enmiendas ratificadas-. La toma en consideración de este principio, en el ámbito anglosajón, ha estado presidida por dos ideas: la carencia de formulaciones escritas -muy acorde con su sistema jurídico- y la constante perspectiva práctica que permea su sistema jurídico.

Es así como el *case law* (no se olvide que el término "law" es un llamado falso amigo, que no puede traducirse como ley -Act-, sino como Derecho) infiere el método inductivo, no partiendo de premisas generales sino identificándolas a partir del caso concreto.

Esto viene a cuento porque no ha de olvidarse que la doctrina jurisprudencial del TS viene equiparando interés del menor y derecho fundamental. Como muestra, La STS de 12 de mayo de 2011 hacía la siguiente manifestación: "*el interés eminente del menor consiste, en términos jurídicos, en salvaguardar los derechos fundamentales de la persona, los derechos de su propia personalidad. En el fondo, no es otra cosa que asegurarle la protección que merece todo ciudadano en el reconocimiento de los derechos fundamentales de cada individuo como persona singular y como integrante de los grupos sociales en que se mueve, y en deber de los poderes públicos de remover todo obstáculo que se oponga al completo y armónico desarrollo de su personalidad*".

La Ley Orgánica 1/1996, de Protección Jurídica del Menor, en su art. 2, en la nueva redacción dispensada por la Ley 26/2015, a la que nos referimos en seguida.

Carta Europea de los Derechos del Niño, aprobada por el Parlamento Europeo en su resolución A3-0172792 (SP/LEG/20662)

Apdo. 8.13

Apdo. 8.14

Ley 26/2015, de 28 de julio, de Modificación del Sistema de Protección a la Infancia y a la Adolescencia (SP/LEG/18211)

Es, en definitiva, otra forma de ver el planteamiento de esta cuestión de inconstitucionalidad[43] donde, en última instancia, se ha de valorar el potente conflicto de intereses -no solo del menor- que está en juego y que choca frontalmente con el Derecho positivo.

ii) Asimismo razona el juez que el inciso del artículo 92.7 del CC, puede vulnerar el contenido del libre desarrollo de la personalidad del artículo 10 CE, el derecho a la vida familiar (arts. 10.1 y 39.1 CE en relación con el artículo 8 del CEDH) y el derecho a la vida privada (art. 10.1 CE y 8 del CEDH).

En este prisma la cuestión analiza el precepto desde el derecho de los progenitores a la relación con sus hijos, y muy especialmente la libertad de decisión en la esfera de las relaciones personales. Conectado con el artículo 8 del CEDH, entra el juez a valorar si la injerencia que, a su juicio, se produce en la ley respecto de estos derechos, incluidos en el artículo 8 del Convenio, se encuentra justificada. Para ello, y acudiendo a la jurisprudencia del TEDH la injerencia debe ajustarse a los principios de necesidad, proporcionalidad y adecuación a la finalidad de la norma.

- Ahondando en la finalidad de la norma, para la resolución se aprecian dos: claramente la protección de los menores frente a cualquier violencia, finalidad constitucional y legítima. Más difusa, pero presente, la finalidad de protección del cónyuge víctima de la

---

[43] Por cierto, no está de más recordar que el control judicial sobre la constitucionalidad de las leyes es un mecanismo típico creado *ex novo* por la Corte Suprema norteamericana a partir de la afamada Marbury v. Madison, conocida también como la sentencia de los jueces de medianoche.

violencia de género, en tanto este tipo de violencia presupone una situación de desigualdad.

Si la finalidad e incluso la necesidad se hallan justificadas en la norma, el núcleo de la cuestión en este aspecto se refiere a la proporcionalidad de la injerencia, a la que la resolución dedica su fundamento vigesimosegundo: la presunción legal de que la protección del interés de los menores en caso de existencia de alguno de los delitos indicados en el supuesto legal obliga a prohibir la custodia compartida en estos casos, no da respuesta al supuesto concreto, pues no impide una custodia exclusiva de cualquiera de los progenitores, en tanto ambos son investigados del mismo delito de agresión contra el otro. Por ello la injerencia no es proporcional, porque no contribuye a la finalidad de la norma, al prohibir únicamente la custodia compartida, pero no, en el mismo supuesto de necesidad de protección, la custodia exclusiva del cónyuge investigado.

A) Eventual vulneración del libre desarrollo de la personalidad

La expresión que desliza la cuestión sobre este complejo concepto no puede ser más precisa y adecuada: La proyección de la paternidad y la maternidad, manifestada en este caso en el modo en que se desempeñan las responsabilidades hacia los hijos, forma parte de ese ámbito restringido en el que se desenvuelve nuestra propia personalidad y que está protegido por el art. 10.1 CE , no solo como trasunto de la tutela del derecho a la vida privada recogido en el art. 8 del Convenio Europeo de Derechos Humanos , sino en virtud de la propia naturaleza expansiva del principio de dignidad humana y libre desarrollo de la personalidad (art. 10.1 CE), auténtico pórtico interpretativo de los derechos fundamentales reconocidos en nuestra norma fundamental. La idea de que estamos ante un espacio relevante para la vida privada de las personas que comparten el ejercicio de responsabilidades parentales sobre hijos e hijas menores de edad, en el cual ha de preservarse en la medida de lo posible la autonomía de la voluntad de los interesados, está presente en el Derecho de familia. Los arts. 90.2, 91, 103 y 159 CC consagran la preferencia, en cuanto a la custodia de los hijos menores se refiere, por los acuerdos a los que hayan podido llegar los progenitores. Y en la Ley 15/2005, de 8 de julio, por la que se modifican el Código Civil y la Ley de Enjuiciamiento Civil en materia de separación y divorcio, de la que procede la redacción actual del art. 92 CC, se dice que "*se pretende reforzar con esta ley la libertad de decisión de los padres respecto del ejercicio de la patria potestad*" (Exposición de Motivos). Esa preferencia no es absoluta, evidentemente, en la medida en que los derechos constitucionales, salvo excepciones, no lo son; y porque, como afirma el Tribunal Constitucional en la sentencia 187/2012, de 17 de octubre , f. 4, "*cuando está en juego el interés de los menores, sus derechos exceden del ámbito estrictamente privado y pasan a tener una consideración más cercana a los elementos de ius cogens que la STC 120/1984, de 10 de diciembre (FJ 2), reconoce que concurren en los procedimientos judiciales relativos a la familia, a partir de que el art. 39.2 CE sanciona una protección integral de los hijos por parte de los poderes públicos*". La constitucionalidad de esa limitación de la autonomía privada dependerá de su proporcionalidad, como luego veremos, pero lo relevante ahora es que constituye en todo caso una interferencia en el principio de libre desarrollo de la personalidad del art. 10.1 CE, así como, en relación con aquel, en el derecho a la vida privada de los progenitores (art. 8 del Convenio Europeo de Derechos Humanos)[44].

---

[44] Dice la cuestión planteada, que cita prolija y reciente jurisprudencia, que "*El libre desarrollo de la personalidad, que como acabamos de ver forma parte de la vida privada protegida en el art. 8 del Convenio Europeo de Derechos Humanos, tiene un reconocimiento expreso en nuestra Constitución, cuyo art. 10.1 nos dice que la dignidad de la persona, los derechos in-*

Con independencia de que se pueda estar o no de acuerdo con estas manifestaciones, no hay duda de que el proponente de la cuestión realiza aquí una lúcida interrelación entre el derecho fundamental -libre desarrollo de la personalidad- y

---

violables que le son inherentes, el libre desarrollo de la personalidad, el respeto a la ley y a los derechos de los demás son fundamento del orden político y de la paz social. La sentencia del Tribunal Constitucional 81/2020, de 15 de julio, f.j. 11, señala que el libre desarrollo de la personalidad está íntimamente vinculado con la dignidad personal, valor espiritual y moral inherente a la persona, que se manifiesta singularmente en la autodeterminación consciente y responsable de la propia vida y que lleva consigo la pretensión al respeto por parte de los demás" (STC 53/1985, de 11 de abril, FFJJ 3 y 8). Es más, de los principios de dignidad y libre desarrollo de la personalidad consagrados en el art. 10.1 CE se desprende un principio general de libertad (sentencia 132/2019, de 13 de noviembre, f.j. 6). Ello significa que la libertad de autodeterminación de los individuos en aquellos ámbitos vinculados a su dignidad personal o a su desarrollo como tales individuos ha de ser preservada, en la medida en que su restricción no sea necesaria para salvaguardar otros principios o derechos constitucionales (sentencia 93/2013, de 23 de abril, f.j. 8; sentencia 81/2020, de 15 de julio, f.j. 11). Adicionalmente, no debemos perder de vista las implicaciones que las limitaciones a la autonomía de la voluntad, como manifestación del principio de libre desarrollo de la personalidad, pueden tener para otros derechos constitucionales, como por ejemplo el derecho a la intimidad personal y familiar (art. 18.1 CE). Así, en la sentencia 93/2013, de 23 de abril, el Tribunal Constitucional afirma (f. 8), al analizar la repercusión que la regulación imperativa de las uniones de hecho podía tener para el derecho a la intimidad personal de los miembros de la pareja, que este derecho "se configura como un derecho fundamental estrictamente vinculado a la propia personalidad y que deriva, sin ningún género de dudas, de la dignidad de la persona que el art. 10.1 CE reconoce" (STC 51/2011, de 14 de abril , FJ 8), y, por ello, es patente la conexión entre ese derecho y la esfera reservada para sí por el individuo, en los más básicos aspectos de su autodeterminación como persona (STC 143/1994, de 9 de mayo, FJ 6). Así, hemos señalado que el derecho a la intimidad, al igual que los derechos fundamentales a la integridad física y moral y a la inviolabilidad del domicilio, ha adquirido también "una dimensión positiva en relación con el libre desarrollo de la personalidad, orientada a la plena efectividad de estos derechos fundamentales".

el principio-no derecho fundamental del Interés Superior del Menor. Esa concreción y ajustes al caso concreto recuerda mucho a la doctrina del TS que, en palabras casi siempre de Encarnación Roca, entendía[45] el principio como una proyección hacia el futuro del menor. Se centraba en la protección de la personalidad como reflejo de la protección del menor, apoyándose en el art. 10 CE. En dicho sentido, la STS 216/ 2013, de 5 de febrero, dice que "*el componente axiológico que anida en la tutela del interés superior del menor viene íntimamente ligado al libre desarrollo de su personalidad (art 10 CE)*". La finalidad es conseguir que el menor se convierta en un ciudadano cuando cumpla la mayoría de edad, por lo que el interés del menor sería una proyección de los derechos fundamentales[46] en personas menores de edad uniéndole a estos derechos la vertiente afectiva de la búsqueda de la felicidad y el bienestar[47].

Por tanto, podríamos decir que el Interés Superior del Menor está intrínsecamente unido al desarrollo de sus derechos fundamentales e interrelacionado con un *plus axiológico* que involucra los deseos del menor con el fin de que éste consiga alcanzar una situación de felicidad[48], buscando –*mutatis mutandi*- lo que mayor beneficio le reporte.

Esa expresión en cursiva, que nosotros hemos destacado, la intenta especificar el Tribunal Supremo en la misma sentencia

---

[45] Roca Trías (1994 y 1999). *El interés del menor como factor de progreso y unificación del Derecho Internacional Privado,* discurso de contestación a la académica de número Dra. Alegría Borrás, en su discurso de ingreso en la Academia de Jurisprudencia y Legislación de Cataluña, *Revista Jurídica de Cataluña*, nº. 4, Año 1994 págs. 969 y ss. Roca Trías, Mª E. (1999): *Familia y cambio social (De la casa a la persona), ed.* Civitas, Madrid.

[46] Ravetllat Ballesté (2012, p. 96).

[47] SAP de Baleares de 22 de septiembre de 2006 y SAP de Toledo de 18 de enero de 2007.

[48] Dicho sea en términos absolutamente sociológicos.

núm. 26/2013, de 5 de febrero, la cual hace referencia a ese plus axiológico que compone al comienzo de su fundamento jurídico tercero, destacándolo de la siguiente forma: "*Pues bien, en este contexto conviene resaltar, una vez más, que el componente axiológico que anida en la tutela del interés superior del menor viene íntimamente ligado al libre desarrollo de su personalidad (artículo 10 CE), de suerte que el interés del menor en decidir sobre su futuro profesional constituye una clara manifestación o presupuesto del desarrollo de su libre personalidad que no puede verse impedida o menoscabada (SSTS 246/1991, de 19 de abril de 1991, de 31 de julio de 2009, 565/2009 y 13 de junio de 2011, 397/2011). En este ámbito no cabe la representación, del mismo modo que tampoco pueden ser sujetos obligados respecto de derechos de tercero. La adecuación al interés superior del menor, por tanto, se sitúa como el punto de partida y de llegada en que debe fundarse toda actividad que se realice en torno tanto a la defensa y protección de los menores, como en la esfera de su futuro desarrollo profesional*".

Contundente; ahora bien, la idea de interés del menor fluctúa en función de sus necesidades y de la evolución de la vida social y sus valores preponderantes a lo largo del tiempo. La búsqueda de ese beneficio se dará entre varias opciones, eligiendo la que más ventajosa resulte razonablemente o en ocasiones la *menos perjudicial* o *alternativa menos mala*[49] de las opciones que su situación personal o familiar le ofrecen. Esto último es muy habitual en situaciones de crisis matrimoniales en las que esa alteración en el núcleo familiar va a reportar, de seguro, perjuicios al menor.

---

49 Rivero Hernández (2007, pp. 148 y 149). Lo que engarza directamente con la más idónea exprcsión anglosajona del *best interest of child*.

B) El derecho a la vida familiar (arts. 10.1 y 39.1 CE en relación con el artículo 8 del CEDH)

Este derecho principia el Capítulo III de la CE: <<De los principios rectores de la política social y económica>>.

El encuadre sistemático de este derecho enfrenta, entonces, dos principios: el derecho a la vida familiar y el Interés Superior del Menor. En este sentido, dice la cuestión de inconstitucionalidad que esto provoca una triple limitación:

> 1.- Limita el principio de protección del menor que se deriva del *art. 39 CE*, particularmente de sus apartados 2 y 4, en todos aquellos casos en los que concurran similares circunstancias a las de este asunto, en el cual se dan todos los requisitos legal y jurisprudencialmente exigidos para acordar la custodia compartida, mostrándose este como el sistema de custodia más beneficioso para los hijos menores de las partes.
>
> 2.- Limita el principio constitucional del libre desarrollo de la personalidad (*art. 10.1 CE*) y los principios de protección a la familia (*art. 39.1 CE*) y a los menores (*arts. 39.2* y *39.4 CE*), en relación con el derecho a la vida familiar del *art. 8 del Convenio Europeo de Derechos Humanos.*
>
> 3.- Limita el derecho a la vida privada (*art. 8 del Convenio Europeo de Derechos Humanos*, en relación con el *art. 10.1 CE*).

Es necesario ahora determinar si esas limitaciones impuestas por el legislador al prohibir la custodia compartida cuando *"cualquiera de los padres esté incurso en un proceso penal iniciado por atentar contra la vida, la integridad física, la libertad, la integridad moral o la libertad e indemnidad sexual del otro cónyuge o de los hijos que convivan con ambos"* pueden considerarse razonables y proporcionadas, lo que exige valorar si la norma cuestionada persigue una finalidad constitucionalmente legítima y si resulta adecuada, necesaria y proporcionada en sentido estricto a dicha finalidad (*sentencia 99/2019, de 18 de julio, del Tribunal Constitucional* , F. 6).

Ello se debe en gran medida al hecho de que el derecho a la vida familiar es un principio vehicular, integrador, resorte básico para mantener el resto de derechos que venimos analizando. No todos los contienen a él, pero él los contiene a todos. No podemos siquiera hablar o pensar jurídicamente en medidas sobre los menores[50] si no es contextualizando su situación en un entorno familiar.

C) El derecho a la vida privada (art. 10.1 CE y 8 del CEDH)

No resulta nada fácil colacionar este concepto ni de forma autónoma, ni de forma contextualizada. Genera un sutil estado de confusión[51] porque vida privada e intimidad son aspectos de un mismo fenómeno, y, en cualquier caso, los contenidos constitucionales programáticos no ayudarán mucho en su concreción: "En nuestro ordenamiento jurídico no existe[52], con tal "nomen iuris" un "derecho al respeto a la vida privada", concepto este que, sin embargo, sí aparece recogido en texto internacionales, tales como el art. 12 de la Declaración Universal de los Derechos Humanos ("*Nadie será objeto de injerencias arbitrarias en su vida privada..*") y, sobre todo, el art. 8. 1 del Convenio Europeo para la Protección de los Derechos humanos y las Libertades Fundamentales (CEDH) que dispone que "*Toda persona tiene derecho al respeto de su vida privada y familiar, de su domicilio y de su correspondencia.*". Por el contrario, la denominación "derecho a la intimidad" sí tiene acogida legal e,

---

50 Incluso en situaciones de desamparo.

51 Ilustrativo para todos los casos, del magistrado González-Trevijano Sánchez (2018).

52 Solo una leve declaración para matizar que se refiere el autor, parece obvio, al derecho positivo interno legislado, dado que la normativa internacional forma parte, como dice la propia CE, de nuestro ordenamiento interno, y el reconocimiento del derecho a la vida privada sí aparece en importantes textos internacionales.

incluso, aparece mencionada en la Constitución Española de 1978 (CE) como uno de los derechos fundamentales a los que nuestra Carta Magna confiere un mayor grado de protección, pues puede ser también tutelado a través del recurso de amparo constitucional, temática esta sobre la que se abundará en el apartado IV".

La propia cuestión de inconstitucionalidad, consciente del difícil enjuague de ambos derechos, dice en dos apartados:

> 1.) FJ. Decimoquinto: *"Junto con la vida familiar, el art. 8 del Convenio Europeo de Derechos Humanos protege, como hemos visto, la vida privada. La noción de vida privada es muy amplia, no es susceptible de una definición exhaustiva y comprende variados aspectos de la identidad física y social de las personas, entre ellos, el derecho al desarrollo personal y a establecer y desarrollar relaciones con otros seres humanos y el mundo exterior (entre otras, sentencia de 4 de diciembre de 2008, S. and Marper v. the United Kingdom, f. 66). Más aún, la finalidad primaria de la garantía establecida en el art. 8 es que aquel desarrollo de la propia personalidad al interactuar con otras personas se produzca libre de interferencias externas (sentencia de 7 de febrero de 2012, Von Hannover contra Alemania (n.º 2), f. 95). En la sentencia de 18 de enero de 2018, Federación nacional de asociaciones y sindicatos de deportistas y otros contra Francia, f. 153, se nos dice que el art. 8 asegura a los individuos su florecimiento personal, sea bajo la forma del propio desarrollo sea bajo la de la autonomía personal, reflejando un importante principio subyacente en la interpretación de las garantías de dicho precepto. Además, la garantía del libre desarrollo de la personalidad en la interacción con otras personas la protege el art. 8 del Convenio también cuando esos otros individuos con los que se interactúa pertenecen al ámbito familiar o se pretende que se integren en él. Así, por ejemplo, en la sentencia de 28 de noviembre de 1984, Rasmussen contra Dinamarca, el Tribunal consideró dentro del ámbito de aplicación del art. 8 un supuesto en el cual el demandante pretendía impugnar su paternidad señalando que no era preciso determinar si quedaba afectado su derecho a la vida familiar porque sin duda alguna estaba comprometida su vida privada, estableciendo un criterio reiterado luego en otras decisiones posteriores (por ejemplo, sentencia de 7 de febrero de 2002, Mikulic contra Croacia, f. 51). En la sentencia*

del 17 de abril de 2018, Lazoriva contra Ucrania, f. 66, declaró que la petición del demandante para convertirse en tutor de una sobrina menor de edad, a fin de mantener y desarrollar su vínculo con ella, concernía a su vida privada a los efectos previstos en el Convenio. Y en la sentencia de 24 de enero de 2017, Paradiso y Campanelli contra Italia, ff. 161-165, analizó la separación de los demandantes de un menor gestado por subrogación desde la perspectiva de su impacto sobre la vida privada de aquellos. También en este ámbito concreto de las relaciones paternofiliales, analizadas a la luz del derecho a la vida privada, ha dicho el Tribunal Europeo que el art. 8 tiene como objeto esencial proteger al individuo frente a la acción arbitraria de las autoridades (sentencia de 24 de noviembre de 2005, Shofman contra Rusia, f. 33)".

2) FJ. Decimosexto: *"Adicionalmente, no debemos perder de vista las implicaciones que las limitaciones a la autonomía de la voluntad, como manifestación del principio de libre desarrollo de la personalidad, pueden tener para otros derechos constitucionales, como por ejemplo el derecho a la intimidad personal y familiar (art. 18.1 CE). Así, en la sentencia 93/2013, de 23 de abril, el Tribunal Constitucional afirma (f. 8), al analizar la repercusión que la regulación imperativa de las uniones de hecho podía tener para el derecho a la intimidad personal de los miembros de la pareja, que este derecho " se configura como un derecho fundamental estrictamente vinculado a la propia personalidad y que deriva, sin ningún género de dudas, de la dignidad de la persona que el art. 10.1 CE reconoce" (STC 51/2011, de 14 de abril, FJ 8), y, por ello, es patente la conexión entre ese derecho y la esfera reservada para sí por el individuo, en los más básicos aspectos de su autodeterminación como persona (STC 143/1994, de 9 de mayo, FJ 6). Así, hemos señalado que el derecho a la intimidad, al igual que los derechos fundamentales a la integridad física y moral y a la inviolabilidad del domicilio, ha adquirido también "una dimensión positiva en relación con el libre desarrollo de la personalidad, orientada a la plena efectividad de estos derechos fundamentales".*

El impacto de la inminente resolución del TC sobre la cuestión planteada traerá consigo consecuencias muy serias en este sentido, pues es probable que tenga un efecto multiplicador sobre los eventuales efectos nocivos que la ruptura del núcleo familiar genera, debido a que "también su utilidad es cuestionable desde el punto de vista de la temporaneidad de la respuesta, pues en el marco del derecho a la vida familia, y de forma drástica si hay menores, el paso del tiempo convierte el daño en irreparable. De hecho, en la jurisprudencia del TEDH sobre derecho a la vida familiar, el cumplimiento o no de la obligación positiva de adopción de medidas adecuadas, que es parámetro para determinar la violación del derecho, se juzga en función de la celeridad/temporaneidad de la adopción. El caso resuelto por la precitada STC 65/2016, de 11 de abril, es paradigmático. El asunto parte de la declaración de desamparo y acogimiento preadoptivo de una menor. La madre se opuso y, agotada la vía judicial por amparo inadmitido en 2011, acudió al TEDH, que declaró la violación del art. 8.1 CEDH[66]. Para canalizar la pretensión de ejecución de la condena (formulada antes de la reforma por la LO 7/2015), la recurrente planteó incidente de nulidad de actuaciones, que fue inadmitido. La recurrente vuelve en amparo contra la inadmisión del incidente, pretensión que es estimada por el TC[67]. En lo que ahora interesa, la STEDH ya pone de manifiesto que la situación es «difícilmente reversible» a causa de los efectos perniciosos del paso del tiempo, decisivo de «la imposibilidad de cualquier reagrupamiento familiar entre la demandante y su hija», para concluir que se «deben tomar las medidas apropiadas en el interés superior de la niña» y condenar al pago de satisfacción equitativa. En definitiva, para el derecho a la vida familiar y el Interés Superior del Menor el daño es irreversible. Hay que advertir que, simultáneamente a este *íter* procesal, se tramitaba procedimiento para la adopción de la menor, lo que abundaba en lo claudicante de la situación.

En todo caso, con estas limitaciones en la práctica para la reapertura del procedimiento en el orden civil la reforma ha mejorado la expectativa de ejecución de la hipotética sentencia de condena del TEDH por violación del derecho, por lo que el impacto negativo de la imposibilidad de acceso al amparo del derecho a la vida familiar se atenúa"[53].

La cuestión sigue siendo discutida y discutible.

5.2. Resolución del TC; carestía de argumentos.

Mientras redactamos estas líneas, y acuciados quizá por la buena noticia de su pronunciamiento, no es fácil ocultar la decepción que supuso la sentencia de Pleno del TC, 98/2022, de 12 de julio (BOE núm. 195, de 15 de agosto de 2022), sobre la cuestión planteada, dado que, dicho sea con el máximo respeto, el esfuerzo del juez de instancia merecía un mayor recorrido argumental por parte del Tribunal Constitucional.

Después de despacharse con las clarificaciones de los requisitos necesarios para el planteamiento de las cuestiones de inconstitucionalidad[54], se adentra en lo que considera una inde-

---

53 Cuartero Rubio (2019, pp. 383 a 386).

54 Y así dice el FJ Primero: "*La concurrencia de los requisitos procesales exigidos por el art. 35 LOTC puede ser examinada no solo en el trámite de admisión previsto en el art. 37 LOTC, sino también en la sentencia que ponga fin al proceso constitucional (entre otras muchas, STC 126/2021, de 3 de junio, FJ 2) y este examen, en tanto que afecta a los presupuestos de admisión, es una cuestión de orden público procesal que puede efectuarse de oficio por el Tribunal (STC 57/2017, de 11 de mayo, FJ 1, que, a su vez, cita las SSTC 196/1987, de 11 de diciembre, FJ 2; 87/1991, de 25 de abril, FJ 1, y 174/1998, de 23 de julio, FJ 1).*
Uno de estos requisitos es el llamado juicio de relevancia, que exige que la decisión del proceso a quo dependa de la validez de la norma cuestionada (art. 35.2 LOTC). Este requisito, como ha declarado de forma reiterada la jurisprudencia constitucional (entre otras, SSTC 1/2016, de 18 de enero, FJ 2; 175/2016, de 17 de octubre, FJ 3; 57/2017, FJ 1, y 64/2019, de 9 de mayo), tiene como finalidad impedir que la cuestión de inconstitucionalidad pueda quedar desvirtuada por un uso no acomodado a su naturaleza y finalidad, lo que sucedería si se utilizase para obtener pronunciamientos innecesarios o

bida acreditación del juicio de relevancia -que, dicho sea con total humildad, nosotros habíamos anticipado como la causa que llevaría a la inadmisión de la cuestión, aunque, dicho también con toda la humildad, no por las causas alegadas por el TC-. De manera que "*el Tribunal observa que en el apartado 6 del fundamento de Derecho primero del auto de planteamiento se afirma que por auto de 24 de septiembre de 2019 del Juzgado de Instrucción núm. 4 de Jerez de la Frontera se concedió una orden de protección a favor de la señora V.C., consistente en la prohibición de aproximación por parte del señor C.M., a menos de 300 metros y de comunicarse con aquella por cualquier medio. En el auto de planteamiento, apartado*

---

indiferentes para la decisión del proceso en que se suscita, de manera que el control de constitucionalidad se convierta en un control abstracto. Por ello el Tribunal ha afirmado que esta exigencia "constituye uno de los requisitos esenciales de toda cuestión de inconstitucionalidad, por cuanto a su través se garantiza el control concreto de la constitucionalidad de la ley, impidiendo que el órgano judicial convierta dicho control en abstracto, al carecer de legitimación para ello" (SSTC 166/2007, de 4 de julio, FJ 7; 10/2015, de 2 de febrero, FJ 2, y 1/2016, de 18 de enero, entre otras muchas).

Como declara la jurisprudencia constitucional (entre otras muchas, STC 255/2015, de 30 de noviembre, FJ 2) para que se cumpla este requisito "*debe darse una verdadera 'dependencia' (STC 189/1991, de 3 de octubre, FJ 2), o un 'nexo de subordinación', entre el fallo del proceso y la validez de la norma cuestionada (STC 157/1990, de 18 de octubre, FJ 1). No basta con que el órgano judicial considere que la norma es aplicable al caso, sino que también ha de satisfacerse el requisito de la relevancia, ya que la aplicabilidad de la norma es condición necesaria para que el fallo dependa de su validez, pero no es condición suficiente (SSTC 17/1981, de 1 de junio, FJ 4, y 156/2014, FJ 2)*".

El Tribunal ha declarado, que el juicio de relevancia ha de ser entendido como el "*esquema argumental dirigido a probar que el fallo del proceso judicial depende de la validez de la norma cuestionada*". La ausencia o falta de consistencia de este esquema argumental determina la inadmisibilidad de la cuestión de constitucionalidad por falta de relevancia, pues en otro caso al Tribunal "*no le corresponde sustituir o rectificar el criterio del órgano judicial al respecto*" (STC 44/2019, de 27 de marzo, FJ 2, entre otras muchas)".

11 del fundamento de Derecho primero, se indica que "[l]as medidas de protección siguen vigentes".

El órgano judicial no incluye argumentación alguna —a los efectos del juicio de relevancia que formula— en relación con la existencia y efectos de las referidas medidas cautelares de carácter penal. Si, como se afirma en el auto de planteamiento, tales medidas siguen vigentes no es posible atribuir a los padres la custodia compartida. Como ha declarado reiteradamente la jurisprudencia del Tribunal Supremo (entre otras muchas, SSTS 23/2017, de 17 de enero, FJ 8, y 729/2021, de 27 de octubre, FJ 7), para que este régimen pueda acordarse es preciso que los progenitores puedan tener comunicación entre ellos, pues solo de este modo pueden adoptarse las decisiones consensuadas que esta forma de custodia demanda.

En consecuencia, resulta inevitable concluir que la resolución que haya de dictarse en el proceso a quo no depende de la constitucionalidad del art. 92.7 CC, pues el juzgado no ha dilucidado si la imposibilidad de acordar la custodia compartida deriva de lo previsto en esta norma o surge forzosamente de la existencia de unas medidas de protección adoptadas en el proceso penal iniciado por la denuncia formulada por la madre de los menores contra el padre de estos —proceso que se tramita en ese mismo juzgado—. Estas medidas conllevan no solo la prohibición de que el señor C.M. —padre de los menores— pueda aproximarse a la señora V.C. —madre de los menores— a menos de 300 de metros, sino también la prohibición de comunicarse con ella por cualquier medio. No existe, por tanto, la "dependencia" (STC 189/1991, FJ 2), o el "nexo de subordinación" (STC 157/1990, FJ 1) entre la resolución que ha de dictar el juez en el proceso y la validez de la norma cuestionada que la jurisprudencia constitucional exige para tener por válidamente planteada la cuestión, pues, en tanto se aprecie que siguen en vigor las medidas cautelares de orden penal adoptadas para proteger a la madre de los menores, al impedir estas medidas cualquier tipo de comunicación entre los progenitores, hacen inviable el régimen de custodia conjunta que solicitan los padres de los menores, con independencia de lo que establece el art. 92.7 CC.

Debido a que los argumentos esgrimidos hacen innecesario entrar en el fondo de la cuestión, quedamos huérfanos de la valoración sustantiva, que hubiese permitido una interpretación auténtica -en la medida en que tendríamos la *mens legislationis*- y que, aunque solo hubiese resuelto el caso planteado -ya sabemos que las resoluciones de cuestiones de inconstitucionalidad no conforman jurisprudencia como fuente del derecho[55]-, hubiese permitido clarificar un precepto de enrome calado para la satisfacción de criterios de justicia técnica y material.

5.3. Cuestión de inconstitucionalidad promovida por el Juzgado de Primera Instancia, sección 7, de Móstoles, con fecha 22 de marzo de 2022 (ROJ: AJPI: 22/2022)

La magistrada del Juzgado de Primera Instancia 7 de Móstoles somete al Tribunal Constitucional la constitucionalidad del artículo 94 párrafo cuarto del CC, en su redacción dada por la Ley 8/2021 de 2 de junio, por su contradicción con los artículos 10.1, 14, 24.1, 39.1, 39.2 y 81.1 CE.

El supuesto de hecho en que se formula esta cuestión es un procedimiento de medidas de protección de menores del artículo 158 del CC. Ente los litigantes existió un previo procedimiento de guarda, custodia y alimentos de hijo menor no

---

55 Ello se debe, fundamentalmente, o eso creemos, a la adaptación europea de la doctrina que emanó de la sentencia norteamericana Marbury vs. Madison, también conocida como de los jueces de medianoche, donde vino a establecerse el control jurisdiccional de la constitucionalidad de las leyes -tema que no podemos abordar en este punto-.

matrimonial, en que se estableció para los padres un régimen de custodia compartida respecto del hijo menor. El padre promueve un procedimiento de medidas de protección del menor por el inadecuado ejercicio de la potestad de guarda de la madre, sobre la que pesaba un procedimiento penal de violencia doméstica por maltrato al hijo, en virtud de denuncia del padre.

El artículo 94, en el inciso cuestionado, y su actual redacción, dice lo siguiente: *No procederá el establecimiento de un régimen de visita o estancia, y si existiera se suspenderá, respecto del progenitor que esté incurso en un proceso penal iniciado por atentar contra la vida, la integridad física, la libertad, la integridad moral o la libertad e indemnidad sexual del otro cónyuge o sus hijos. Tampoco procederá cuando la autoridad judicial advierta, de las alegaciones de las partes y las pruebas practicadas, la existencia de indicios fundados de violencia doméstica o de género. No obstante, la autoridad judicial podrá establecer un régimen de visita, comunicación o estancia en resolución motivada en el interés superior del menor o en la voluntad, deseos y preferencias del mayor con discapacidad necesitado de apoyos y previa evaluación de la situación de la relación paternofilial.*

Cuestiones que se plantean:

a) Para la juzgadora la norma vulnera el artículo 10 CE en tanto impide el libre desarrollo de la personalidad de los menores. El TEDH insiste en declarar que la relación entre el menor y sus progenitores se integra en el derecho a la vida familiar. Las dudas de constitucionalidad se basan en la imposición, en todo caso, de una suspensión del régimen, constatado el supuesto de hecho de la norma, permitiendo la norma únicamente un apartamento motivado del juzgador, fundado en el Interés Superior del Menor. El desarrollo de la personalidad del menor está unido al desarrollo afectivo y educativo del niño que proporcional la relación con sus padres, por lo que la taxatividad de la norma viene a afectar al mencionado derecho.

b) Vulneración del artículo 14 CE, derecho de igualdad de los menores, en tanto la presunción legal anula o restringe en exceso el control judicial con relación a otros supuestos.

c) Vulneración de los artículos 24 y 117 CE. Sostiene la magistrada que el precepto vulnera la presunción de inocencia del progenitor afectado, en tanto la privación de custodia o visitas opera como una sanción civil, y de manera automática, durante incluso la investigación del delito. La sanción civil se impone con la mera constatación del supuesto de hecho de la norma. Se ha de razonar proporcionadamente no la privación del derecho, que como se dice opera automáticamente, sino su mantenimiento. El momento en que se impone la privación, teniendo el progenitor la mera condición de investigado, sin necesidad de valorar la proporcionalidad de la medida y el concreto interés superior del niño, conduce a un automatismo que la juez considera contrario al principio de presunción de inocencia. Se entiende asimismo que pudiere incurrir en una vulneración del artículo 117 CE, pues la referencia a que en la motivación para mantener un régimen de custodia y visitas existe la "evaluación de la situación paternofilial" parece que conduce a un necesario informe psicosocial, que vendría a ser vinculante, vulnerando el principio de libre valoración de la prueba, e imponiendo un automatismo en la decisión judicial.

d) Vulneración de los artículos 39.1 y 39.2 CE. Este automatismo de la decisión se realiza sin una valoración del concreto interés superior del menor al que se refiere.

e) Vulneración del art. 81.1 CE.

Al afectar a un derecho fundamental, por constituir una sanción civil, debió en todo caso revestir el carácter de ley orgánica.

A fecha actual, no nos consta la resolución de esta cuestión de inconstitucionalidad, pero no creemos que sean necesarias más consideraciones, habida cuenta de que encuentra notables similitudes con la analizada con anterioridad, por lo que con sus resultados, se proveerá… y entendemos que el TC la cerrará, en buna lógica, en un sentido análogo a la que ha sido resuelta.

Anexo. – El Tribunal Supremo, a escena

Era una eventualidad, cuestión de tiempo, que el Tribunal Supremo, en ATS 581/2023, de 11 de enero de 2023, emitiera un Auto planteando la cuestión de constitucionalidad sobre el controvertido párrafo séptimo del art. 92 CC.

El argumentario planteado por el TS es muy similar al que ya se presentó a través de la cuestión de inconstitucionalidad formulada por el Juzgado de Violencia sobre la Mujer número 1 de Jerez de la Frontera con fecha 28 de septiembre de 2020, y que hemos analizado convenientemente, por lo que solo haremos un breve recorrido por aquellos aspectos que merezcan una consideración adicional. Se da la circunstancia, además, de que gran parte de los hechos enjuiciados también son similares, pues una de las claves de la dificultad decisoria es que se había consolidado, de hecho, una situación de custodia compartida establecida en sentencia de 1ª instancia en noviembre de 2020, pero que se alteró por la presentación de una denuncia por lesiones ante el juzgado de violencia, que dictó auto de archivo de las actuaciones, pero que se estimó en apelación, dejando expedita la situación para su encaje en el supuesto de hecho del art. 92.7 CC.

A.1) Art. 39 CE y protección del derecho a la familia; art. 8 CEDH, en términos similares.

Alude el TS a una jurisprudencia clásica (STC 120/1984, de 10 de diciembre), recurrente, y que aparece indisolublemente unida a la idea de que la interrelación entre la protección de la familia y el Interés Superior del Menor es tan imbricada que es imposible pretender una concreción de ambas realidades por separado pero, en ello, se soslaya la idea de que es igualmente imposible que la concreción del interés en cada caso sea la manifestación irrefutable de la protección del interés de la familia, y a la inversa.

El planteamiento, además, aparece anidado a las páginas que hemos escrito anteriormente (vid. 33 y ss.) sobre las consideraciones que la profesora y magistrada Encarnación Roca alumbró sobre las manifestaciones de libre desarrollo de la personalidad y de los menores, de ahí que lo relacionara con un principio prospectivo (tendente a su manifestación y concreción en el futuro) y axiológico (en la medida en que puede fundar una teoría completa de los valores del menor ligada a su desarrollo), argumento que desarrolla el TS en su apartado 4.5. (FJ 4).

Con respecto al art. 8 del CEDH, puede decirse que es un precepto con una alta ascendencia anglonorteamericana, pues señala el respeto a la vida privada y familiar, del domicilio y de la correspondencia, y no resulta fácil en muchas ocasiones vincular ese contenido con el debate intrínseco de la cuestión de inconstitucionalidad que se plantea. La razón fundamental es que los países de tradición Common Law entienden el respeto a la vida privada y familiar como una clara declaración de interdicción en ese ámbito de los poderes públicos. En este sentido, sería difícil pensar que ninguna alta instancia del espectro continental-europeo se planteara el acogimiento de una eventual inconstitucionalidad cuando lo que está en el núcleo del debate es la decisión sobre el ejercicio de derechos (-deberes) coparentales derivados del Derecho de familia, con lo que cualquier declaración en este aspecto irá encaminada a reforzar la idea de que las relaciones de los progenitores con los hijos son una manifestación que hay que proteger derivada del respeto y defensa de la vida privada pero, sobre todo, familiar.

A.2) Art. 10.2 CE y Convención de los Derechos del Niño, adoptada por la Asamblea General de las Naciones Unidas el 20 de noviembre de 1989.

Dice el TS (FJ 4.2), ahondando en frases e ideas periódicas reiteradas ya, "*este Interés Superior del Menor se encuentra reconocido en distintos tratados internacionales suscritos por España, lo que, de acuerdo con el art. 10.2 CE, se conecta con nuestro propio sistema de derechos fundamentales y libertades*" (SSTC 36/1991, de 14 de febrero, FJ 5 y 106/2022, de 13 de septiembre, FJ 2).

En este sentido, la STC 176/2008, de 22 de diciembre, FJ 5, enseña que:

> "[...] *los instrumentos jurídicos internacionales sobre protección de menores, integrados en nuestro ordenamiento ex art. 10.2 CE y por expresa remisión de la propia Ley Orgánica 1/1996, de 15 de enero, sobre protección jurídica del menor (art. 3), contemplan el reconocimiento del derecho a la comunicación del progenitor con el hijo como un derecho básico de este último, salvo que en razón a su propio interés tuviera que acordarse otra cosa*".
>
> *Da entrada así a extractos de pronunciamientos del Alto Tribunal que conforman el núcleo esencial de la consideración del afamado principio: "En este sentido, las SSTC 64/2019, de 9 de mayo, FJ 4; 178/2020, de 14 de diciembre, FJ 3; 81/2021, de 19 de abril, FJ 2, y 113/2021, de 31 de mayo, FJ 2, subrayan que "el interés superior del menor es la consideración primordial a la que deben atender todas las medidas concernientes a los menores que tomen las instituciones públicas o privadas de bienestar social, los tribunales, las autoridades administrativas o los órganos legislativos".*
>
> *El interés del menor se ha considerado incluso como bien constitucional, lo suficientemente relevante para motivar la adopción de medidas legales que restrinjan derechos y principios constitucionales (SSTC 99/2019, de 18 de julio, FJ 7; 178/2020, de 14 de diciembre, FJ 3, y 81/2021, de 19 de abril, FJ 2), toda vez que ha de prevalecer, en el juicio de ponderación de los derechos fundamentales en conflicto. Desde esta perspectiva, "toda interpretación de las normas que procuran el equilibrio entre derechos, cuando se trata de menores de edad, debe basarse en asegurar el interés superior del menor" (STC 64/2019, de 9 de mayo, FJ 4).*

> *La expresión "consideración primordial" significa, por consiguiente, que dicho principio no está al mismo nivel que el de los otros intereses concurrentes, sino superior.*
>
> *El Tribunal Constitucional viene insistiendo, también, en la necesidad de que "todos los poderes públicos cumplan el mandato dirigido a ellos en el art. 39 CE y atiendan de un modo preferente a la situación del menor de edad, observando y haciendo observar el estatuto del menor como una norma de orden público" (SSTC 178/2020, de 14 de diciembre, FJ 3, y 81/2021, de 19 de abril, FJ 2)".*

A.3) Dedica el TS, en su penúltimo apartado, un análisis al juicio de proporcionalidad, declarando y defendiendo la idoneidad de la cuestión planteada en una argumentación que, dicho sea con todos los respetos, se encuentra en los límites de la labor que el propio TC ha de realizar, pues se trata de una de las operaciones que compete a este órgano, y que, al decir de la doctrina más reciente, ha trasmutado de "principio a canon"[56], expresando que "*hoy es doctrina consolidada que el control de proporcionalidad integra a su vez un control de adecuación o idoneidad de la medida objeto de examen (relación medio-fin), un examen de la necesidad de la misma (inexistencia de una alternativa menos gravosa) y un control de proporcionalidad en sentido estricto atendidas sus consecuencias (se calibran los intereses afectados y en conflicto para comprobar si las ventajas superan o al menos compensan los inconvenientes)*"[57].

El TS refleja estas ideas sobre la base de que ese control se ha de atemperar a dos presupuestos:

> 1) El primer control consiste en examinar si la norma persigue una finalidad constitucionalmente legítima.

---

[56] Como reflejan, en un excelente trabajo, Roca Trías y Ahumada Ruiz (2013).

[57] Roca y Ahumada (2013, pp. 12, *in fine*, y 13).

2) Y el segundo control radica en revisar si la medida legal se ampara en ese objetivo constitucional de un modo proporcionado.

En su último apartado, el TS realiza un notable esfuerzo por reflejar la adecuación de la realidad fáctica que se ha presentado ante su instancia y que, como hemos dicho, muestra notables similitudes con la cuestión que ya se resolvió en sentido negativo por parte del Juzgado de Violencia de Género de Jerez de la Frontera (Cádiz), pues en ambos se ha partido de una situación en la que los progenitores ya habían materializado, sin mayor inconveniente, una situación de custodia compartida que, ahora, debido a la denuncia de violencia y a la irrupción del juego normativo del art. 92.7 CC, pone en valor y en discusión la constitucionalidad del sistema.

No queda, en tal sentido, más remedio que esperar al pronunciamiento del TC, con lo que, por usar palabras propias del orden judicial, con sus resultados se proveerá...

6. REFERENCIAS BIBLIOGRÁFICAS

ALONSO CRESPO, E., (2007), "La Disposición Adicional Séptima del Proyecto de Ley de jurisdicción voluntaria y la ¿posible? competencia actual del Juzgado de Violencia sobre la Mujer para constituir una adopción", *Actualidad civil*, II, p. 2097 y ss.

CERDEIRA BRAVO DE MANSILLA, G. (2020), *Crisis familiares y animales domésticos*, ed. Reus, Madrid.

CUARTERO RUBIO, M.V. (2019), "El derecho al respeto a la vida familiar (art. 8.1 CEDH): una aproximación *iusprivatista* desde el recurso de amparo", en *Revista Española de Derecho Constitucional*, 115, 363-389. DOI: https://doi.org/10.18042/cepc/redc.115.12, pp. 383 a 386.

DUALDE, J. (1933), *Una revolución en la lógica del derecho. Concepto de la interpretación del derecho privado*, Bosch, Barcelona.

GARCÍA RUBIO, M.P. (2009), "El marco civil en la violencia de género», *Tutela jurisdiccional frente a la violencia de género. Aspectos procesales, civi-*

les, penales y laborales, M. de Hoyos Sancho (dir.), Lex Nova, Valladolid, p. 153-182.

GONZÁLEZ-TREVIJANO SÁNCHEZ, P. (2018), "El derecho al respeto de la vida privada: los retos digitales, una perspectiva de Derecho comparado", *Servicio de Estudios del Parlamento Europeo, Unidad Biblioteca de Derecho Comparado*, octubre.

GUERRA PÉREZ, M., y CANTURIENSE SANTOS, A. (2021), "Conflictos de competencia objetiva: Juego de Tronos entre los juzgados civiles y los de violencia contra la mujer", en *Blog jurídico Sepín*, de 17 de mayo, consultado online a 02.01.2022: https://blog.sepin.es/2021/05/juzgados-civiles-y-violencia-contra-la-mujer/.

GUILARTE MARTÍN-CALERO, C. (2009), "La atribución de la guarda y custodia de los hijos menores y el régimen de comunicación y estancia en los supuestos de violencia de género", *Tutela jurisdiccional frente a la violencia de género: Aspectos procesales, civiles penales y laborales*, 1st ed., Lex Nova, pp. 203-230.

HESSE, K., (1995), *Constitución y Derecho privado*, Cizur Menor, Civitas, reimp. 2016.

MÚRTULA LAFUENTE, V. (2016), *El interés superior del menor y las medidas civiles a adoptar en supuestos de violencia de género*, Dykinson, Madrid.

PIZARRO MORENO, E. (2020), El interés superior del menor: claves jurisprudenciales, -prólogo de RIVERO HERNÁNDEZ, F.-, Reus, Madrid.

PLANCHADELL, A. (2018), Viejos y nuevos retos del Juzgado de Violencia sobre la Mujer, en ETXEBARRIA, ORDEÑANA, OTAZUA (comp.), *Justicia con ojos de mujer: cuestiones procesales controvertidas*, Tirant lo Blanch, Valencia, pp. 519-572.

RAVETLLAT BALLESTÉ, I. (2012), "El interés superior del niño: concepto y delimitación del término", *Revista de la Facultad de Educación. Universidad de Murcia*, Nº 30.2, España, pp. 96 y ss.

REYES CANO, P. (2015), "Menores y violencia de género: de invisibles a visibles", *Revista Anales de la Cátedra Francisco Suárez*, 49, pp. 181-217.

RIVERO HERNÁNDEZ, F., (2007), *El interés superior del menor*, Madrid.

ROCA TRÍAS, M.E. (1994), *El interés del menor como factor de progreso y unificación del Derecho Internacional Privado*, discurso de contestación a la académica de número Dra. Alegría Borrás, en su discurso de ingreso en la Academia de Jurisprudencia y Legislación de Cataluña, *Revista Jurídica de Cataluña*, nº. 4, Año 1994, pp. 969 y ss.

ROCA TRÍAS, M.E. (1999): *Familia y cambio social (De la casa a la persona), ed.* Civitas, Madrid.

ROCA TRÍAS, E., y AHUMADA RUIZ, M.Á., "Los principios de razonabilidad y proporcionalidad en la jurisprudencia constitucional española", *XV Conferencia Trilateral 24-27 de octubre 2013 Roma,* D.O.I.: https://www.tribunalconstitucional.es/es/trilateral/documentosreuniones/37/ponencia%20espaÑa%202013.pdf.

SILLERO CROVETTO, B. (2017), "Interés superior del menor y responsabilidades parentales compartidas: criterios relevantes", en *Actualidad Jurídica Iberoamericana,* núm 6, 1.

Capítulo VI

Dimensión social de la infancia y la adolescencia: participación, familia y desigualdad

Mª ROSALÍA MARTÍNEZ GARCÍA
Catedrática de Sociología de Escuela Universitaria. Universidad Pablo de Olavide

JUAN MIGUEL GÓMEZ ESPINO
Profesor Contratado Doctor. Universidad Pablo de Olavide

ALBA Mª ARAGÓN MORALES
Graduada en Sociología y Ciencias Políticas y de la Administración. Doctoranda de la Universidad Pablo de Olavide

"Un niño Sujeto de derecho es aquel que, a partir del conocimiento y comprensión de las normas que regulan su conducta, puede obrar en consecuencia y, de esta manera, ser responsable de sus actos"[1].

INTRODUCCIÓN Y ASPECTOS PRELIMINARES[2]

Desde la Sociología, acerca de los menores (N,NyA: Niños, Niñas y Adolescentes) y sobre la dimensión social de la infancia y adolescencia, nos preguntamos: ¿qué es la infancia? La respuesta intenta recoger la sociogénesis del concepto -su trayectoria histórica hasta la actualidad-, considerando dos ejes sociológicos básicos: la estructura y el cambio sociales. A través de éstos, los sujetos (menores) se desenvuelven en la sociedad: sus contextos sociales y mentales; sujetos pacientes o sujetos agentes; vulnerabilidad; desigualdad; agencia y participación; interés superior del menor ¿concepto jurídico y/o noción sociológica?; cuidados (necesidades y recursos); los menores en riesgo, y otros.

Profundizar en esta temática nos sugiere propuestas para la reflexión y la investigación desde la sociología, como una aproximación a una tipología de las dificultades: pobreza, adicciones (alcohol y drogas), huérfanos (acogidos y en el S.P.I.), los M.E.N.A. y refugiados, salud (E.R., enfermedades crónicas y afectados por COVID), discapacidad, separación familiar; e inadaptados (por diferentes causas).

---

1 Lora (2009).

2 El contenido de este capítulo se basa tanto en la trayectoria académica y personal sobre infancia y adolescencia de una de las autoras, Rosalía Martínez (cursos y líneas docentes, investigaciones, conferencias, participación activa en tercer sector y miembro del Consejo Andaluz de Asuntos de Menores) como en documentos (cursos y congresos) y bibliografía de investigadores/as especializados dentro de las ciencias sociales, más las revisiones/aportaciones de Alba Mª Aragón, Juan Miguel Gómez Espino.

Paralelamente interesa indagar sobre las trayectorias y consecuencias de las dificultades en distintos contextos sociales y sociológicos: familia, escuela, iguales, asociaciones, la administración y el Estado, así como sobre los recursos y agentes que intervienen, corrigen o deciden sobre dichas dificultades: jueces, familias, educadores, profesionales del SPI, ONGS (Plataforma de Infancia, AEetc, Asociación cultural hispano-rusa, u otras). En este interés son palabras clave: "participación" y "derechos" en contextos clave: familia, sistema educativo, y políticas sociales para la infancia y la adolescencia. El "Interés superior del menor" está íntimamente relacionado con el concepto y la práctica de la "participación".

Se necesita hacer un seguimiento sobre el objetivo de los nuevos planes y leyes, al menos en Andalucía, que promueven crear la "cultura de infancia" con el protagonismo de los menores como agentes sociales, siendo de especial interés para la Sociología el estudio de los movimientos sociales de niños y adolescentes, así como los consejos de infancia.

Principios Generales de la Declaración Universal de los Derechos del Niño. Principio 6

"El niño, para el pleno y armonioso desarrollo de su personalidad, necesita amor y comprensión. Siempre que sea posible deberá crecer al amparo y bajo la responsabilidad de sus padres y, en todo caso, en un ambiente de afecto y de seguridad moral y material; salvo circunstancias excepcionales, no deberá separarse al niño de corta edad de su madre. La sociedad y las autoridades públicas tendrán la obligación de cuidar especialmente a los niños sin familia o que carezcan de medios adecuados de subsistencia. Para el mantenimiento de los hijos de familias numerosas conviene conceder subsidios estatales o de otra índole".

El año 1979, fecha declarada por las Naciones Unidas como "Año Internacional del Niño", significó un impulso para diversas iniciativas tanto de investigación como de intervención ante distintas situaciones de la infancia. Sin embargo, interesa concretarse en tres mensajes en cuanto a su valoración, participación y el dictado del interés superior del menor, que aún no han sido asumidos socialmente en su profundidad y repercusión, a pesar de los refuerzos normativos y proyectos implantados al efecto.

Poner en su verdadero valor a la infancia es importante en un momento en que asistimos a políticas públicas de recortes derivadas de la crisis económica para que la misma no afecte a etapas claves del desarrollo infantil, desprotegiendo de sus derechos a N,NyA. Se reclaman la inversión en la infancia con rentabilidad de futuro social y que se canalicen mejor los recursos para los menores. Las sociedades con visión de futuro, priorizan y canalizan sus energías en las nuevas generaciones que es la mejor estrategia para conseguir unos adultos más críticos, comprometidos y democráticos. Pero la sociedad les debe tener en cuenta no tanto porque son los adultos del futuro, sino porque son la infancia de hoy.

Hoy destaca la primacía del interés del menor frente a cualquier otro interés legítimo. La Convención de los derechos del niño fue aprobada por Naciones Unidas el 20 de Noviembre de 1989 y en su artículo 3.1 especifica:"En todas las medidas concernientes a la infancia, que tomen las instituciones públicas o privadas de bienestar social, los tribunales, las autoridades administrativas o los órganos legislativos, una consideración primordial que se atenderá será el interés superior del niño". Convención que fue ratificada por el Estado Español el 31 de Diciembre de 1990 y desde entonces adquiere carácter de vinculación jurídica. Pero el término "interés superior del menor" es legalmente un concepto jurídico indeterminado y le corresponde al juez llenarlo de contenido efectivo al juzgar y valorar hechos, datos y circunstancias.

No siempre este precepto ha prevalecido, tanto a nivel familiar (separaciones de pareja en situación de conflicto), educativo, sanitario o social. Es importante sensibilizar a los profesionales de la infancia e inculcar en futuros profesionales esta responsabilidad ética, pues existen retos prioritarios a afrontar: que el menor tenga la relevancia política y social que merece y responder a la demanda de actuación coordinada de las instituciones, profesionales y comunidad, trabajando en alianza y en red, rentabilizando al máximo los recursos y llegar a los más vulnerables, luchando contra falta de equidad y desigualdades sociales. En definitiva, hay que pasar de la legislación a la práctica[3].

Es fundamental comprender el significado de que un niño es "sujeto de derechos", pero también es necesario evaluar si las políticas aplicadas lo garantizan efectivamente y cómo se puede llevar este principio a la práctica concreta (la mejor forma en que una política social puede resultar efectiva es cuando su planificación, aplicación y monitorización se realiza desde la administración local). Sin embargo y dada la envergadura y trascendencia de la tarea de "ocuparse de" los asuntos de la niñez, el tema requiere el interés, la complicidad y la participación de todos los agentes sociales posibles, desde la familia hasta el Estado, pasando por las instituciones educativas y los profesionales implicados.

La infancia es un grupo social compuesto por individuos vulnerables, que se encuentra en una posición de dependencia y cierta debilidad para acceder a la satisfacción de todas sus necesidades. El Estado de Bienestar oferta recursos, (económicos, de intervención, con políticas públicas, etc), pero la sociedad civil también está dando respuestas (particulares, asociaciones y ONGs). De unos años acá la infancia ocupa el centro de la preocupación general y afortunadamente ya no se es indiferente a sus diversas problemáticas y situaciones, tra-

---

3 *Artículo publicado en ABC edición Sevilla el martes 19 de noviembre del 2013, con la firma de Ignacio Gómez de Terreros.* Presidente de la Fundación Gota de Leche y del Consejo Andaluz de Asuntos de Menores.

bajando desde lo público y lo privado. Sin embargo, las cuestiones sobre la niñez se presentan cada vez más complejas con relación a las variables del contexto social, así como a las que afectan a las familias más concretamente, por lo que se hace ineludible un enfoque y una práctica interdisciplinar (Martínez García et alter, 2002).

Comienza a emerger un nuevo concepto de infancia más activa, que construye su conocimiento, percepciones, valores y sentimientos en estrecha relación con los contextos en los que vive, o con los que se relaciona (familia, escuela, grupos de iguales, barrio, medios de comunicación). En las últimas décadas la Sociología ha pasado a considerar a la infancia como un grupo social activo interesándose por el estudio de los contextos en que se desarrolla su socialización. Solo estudiando las condiciones de vida de los niños y sus familias considerándolos como un grupo social es posible describir las relaciones entre la infancia y otros grupos sociales y, en consecuencia las posibles formas de desigualdad y discriminaciones que la caracterizan en términos de status legal, poder, participación, distribución de recursos y oportunidades económicas y sociales. Asimismo, los N,NyA no pueden ser comprendidos ni explicados al margen de la interacción social que los concibe como verdaderos agentes sociales, con capacidad de reflexión y participación, sin que ello suponga negar la dependencia de las personas adultas.

Por otra parte hay que considerar la influencia del cambio social acelerado que está teniendo un fuerte impacto en estas edades y que se manifiesta a distintos niveles entre los que nos interesa destacar: los cambios en las instituciones y los contextos en los que viven.

Asistimos a una crisis de las instituciones clásicas educativas (familia y escuela) y a la aparición de nuevos agentes de socialización vinculados a las nuevas tecnologías del consumo. Cambian las relaciones de los miembros de la familia, desde una autoridad patriarcal a modelos más democráticos, lo que produce desorientación en padres e hijos. La escuela pasa de una enseñanza tradicional de transmisión de contenidos y criterio de autoridad del maestro a otro modelo de enseñanza en que la información está al alcance de todos y hay que aprender a aprender interactuando y negociando (maestros y alumnos). Los nuevos agentes socializadores (mercado, consumo, informática, TV, etc) con gran influencia en la configuración de la identidad de los niños llevan a cambios profundos en la forma de "ser niño" y de "ser adolescente" que producen preocupación en sus familias, en los educadores y en los responsables políticos (Martínez García, 2007).

La conclusión lógica es que es necesario conocer las nuevas formas de vivir, de aprender, de consumir o de relacionarse de la infancia si se quiere planificar políticas y actuaciones más integrales, preventivas y consecuentes con los cambios. Igualmente si se quiere juzgar o sentenciar con conocimiento.

En el caso de la preocupación por la infancia en situación de riesgo (y hoy existe riesgo para todos, no solo para contextos sociales difíciles o familias desestructuradas), quizá hay que considerar distintos niveles de riesgo. En la mayoría de las ocasiones no existe una sola causa de las situaciones de riesgo social pues las situaciones de riesgo son cambiantes y evolutivas, y los diferentes factores suelen estar interconectados. En su análisis hay que tener presente las instituciones sociales "normalizadas" en las que viven los menores (familia, escuela, barrio, sanidad...), así como las instituciones "especializadas" que les puedan afectar. Son dos ámbitos de análisis. La complejidad de los problemas de la infancia en situación de riesgo social aconseja un tratamiento en red de redes (buena información apoyada en las nuevas tecnologías informáticas) que suponga una auténtica intercomunicación entre distintos sectores de la comunidad y desde la participación ciudadana para generar una auténtica igualdad de oportunidades para la infancia.

Es de interés continuar profundizando, actualizando y ampliando los conocimientos de todas las cuestiones que atañen a los niños y a sus familias, huyendo hablar en términos de problemáticas (visión sesgada que alude a necesidades insatisfechas y a "niños problema" (Fazzio y Sokorovsky, 2006) y comenzar a hablar de cuestiones de interés. En ello puede haber una respuesta general primaria: la sociedad postmoderna es una sociedad del deleite, de usar y tirar, de muchas cosas que sobran, enfrentada a la evidencia de las desigualdades vigentes en el mundo; a la pobreza y carencia de muchos medios básicos y oportunidades vitales que afectan a las familias de muchos más países de los que componen esa sociedad postmoderna. El uso, y a veces abuso, de la imagen de los niños y niñas en las campañas de denuncia de la injusticia social, unido a la real vulnerabilidad y mayor exposición a todo grado de desigualdades de la infancia en todos los lugares del mundo (primer mundo, segundo mundo, tercer mundo y cuarto mundo) remueve los viejos/nuevos valores de solidaridad, personal y cívica. A nivel general existe un claro componente de valores sociales en la cultura occidental actual que produce acciones positivas en lo que se refiere a la importancia de la familia y a la solidaridad orientada a satisfacer las necesidades materiales y afectivas de los niños/as.

Pero hay que seguir haciendo preguntas e intentar responderlas ¿qué tienen que decir los N,NyA de estos problemas?¿a quienes lo dicen – a la familia, los maestros, los amigos, las redes sociales…a los jueces? ¿les escuchamos? ¿qué interpretaciones hacen de estas realidades? ¿sienten que son de interés de alguien?¿con qué cultura, y más concretamente, con qué sistema de valores sociales se corresponde?. Se podrían hacer más preguntas (son muchos los temas que se sugieren), enlazando su contenido con el reciente interés por las situaciones que afectan a la infancia o las infancias como objeto de análisis científico desde la Sociología (Martínez García, 2005).

Centrándonos, se trata de presentar la realidad social de las infancias desde distintas perspectivas –científica, de intervención y experiencial- y diferentes niveles de análisis dentro de las ciencias sociales, y más concretamente desde la Sociología.

En contextos de riesgo y desigualdad, desde la ciencia (Sociología), se planteaba una reflexión y quizás un debate sobre las posibilidades de intervención desde la sociedad civil y desde nuestra propia experiencia en acogimientos temporales de menores (Martínez y Gómez Espino, 2008) que permitieron una observación participante de gran valor sobre menores de distintos contextos.

En principio, se trata de identificar las infancias, en los estudios sobre desigualdades sociales y sus contextos (tanto teóricos como vitales). Por otra parte, nos acercamos al análisis (y metodología) del binomio necesidades/recursos en lo que afecta a la infancia en situación de riesgo social, con especial interés sobre el acceso o no a determinadas oportunidades vitales como es el disfrute del recurso "familia". Como último objetivo, visibilizar la infancia y sensibilizar sobre las consecuencias, por un lado para los niños y niñas y por otro para las sociedades, de las situaciones de desventaja, riesgo y posible exclusión social que pueden presuponer estas condiciones de partida desigualitarias en las que los N,NyA han de afrontar distintos problemas entre los categorizados por las propias instancias competentes y diferentes estudiosos del tema.

En primer lugar, el contexto familiar y los problemas familiares de los menores con sus indicadores sociales: dificultades económicas importantes; bajo nivel de estudio y conocimientos de los progenitores; drogodependencia, discapacidad, problemas graves de salud o muerte de alguno de los progenitores; relaciones y/o separación conflictivas entre los progenitores; abandono o maltrato; estar en el sistema de protección social o en el sistema de justicia juvenil, entre otros.

Hay que considerar también los problemas personales de los menores y sus indicadores sociales: en el ámbito escolar (absentismo, desescolarización, fracaso académico y/o conflictos); características personales y/o conductas conflictivas/conductas asociales; problemas emocionales (autoestima, rechazo, identificación con modelos no convenientes); soledad, entre otros.

Y, por último, los problemas e indicadores relativos al contexto social como escaso nivel de conciencia de las necesidades y problemas de la infancia o alto grado de tolerancia y pasividad ante diversos problemas (hábitos de crianza, drogadicción, delincuencia...); contextos territoriales especiales (comunidad, barrio, etc), entre otros.

En definitiva y desde la Sociología de la Infancia, la infancia es un tiempo y un espacio en la vida de las personas, donde se desarrolla la vida de niños y niñas, lo que Lourdes Gaitán define como "el espacio social de la infancia" (Gaitán, 1999) expresándola como una realidad socialmente construida, que presenta variaciones histórica, geográfica y culturalmente determinadas y constituye una parte permanente de la estructura social, estando sujeta asimismo al cambio social. Son también cuestiones a considerar el contexto y/o las coordenadas espacio-temporales. Este acercamiento, que ha impregnado la investigación en la materia, ha llevado a aproximaciones teóricas próximas a lo que se ha dado en llamar "(nueva) sociología de la Infancia". Desde este novedoso campo sociológico, se ha favorecido un nuevo tratamiento de la realidad de la infancia como una forma particular y distinta de la estructura social de cualquier sociedad (Qvortrup et al, 1994).

La infancia es una realidad construida socialmente cuyo aspecto más relevante ha sido tradicionalmente su consideración "presocial". La tendencia a la "naturalización" de la infancia, vinculándose más a un hecho biológico de tránsito a la madurez que a una realidad específicamente social, ha sido un rasgo fácilmente reconocible en los acercamientos predominantes (Gómez Espino y Martínez García, 2006). En las versiones más duras, se ha llegado a señalar que los niños tienden a ser concebidos antes como "potenciales humanos" que como "seres humanos" (Qvortrup, 1994). En otros términos, Ferrán Casas (1998) admite que los niños son sometidos a una suerte de "moratoria social" hasta convertirse en sujetos plenos, lo cual ocurre una vez que alcanzan el status adulto.

La infancia no ha vivido al margen del proceso de modernización (y postmodernización) que caracteriza a nuestras sociedades contemporáneas y, en particular, a la familia que ha sufrido transformaciones de enorme envergadura que han afectado singularmente a la concepción de la infancia (los niños, especialmente en cuanto que "hijos", son mucho más importantes que en el pasado). El nuevo escenario ha suscitado la proliferación de un análisis fecundo, resultando de especial interés el estudio del tránsito hacia la modernización de la infancia a partir de las dimensiones de "individualización" e "institucionalización" (Gómez Espino y Martínez García, 2007).

En la medida que la "individualización" es un proceso que afecta a la vida social en general, los individuos se convierten en agentes movilizadores de sus propios destinos antes que en meros sujetos pasivos de los roles preasignados por un orden social estático (obviamente también los N,NyA). En este nuevo contexto, la socialización ya no se concibe como un proceso unidireccional dirigido a la asunción por parte de los niños de normas bien definidas en la vida social y las pautas "socializadoras" se modifican como resultado del reconocimiento de la autonomía de los niños. Sin embargo, se incorpora el "carácter de dirección por otros" entre los diferentes ámbitos socializadores: la familia, la escuela y la cultura del grupo de iguales, además del potencial de los *mass media.*

La "institucionalización" tiene su origen en la expansión de estructuras organizativas en el contexto de racionalización de la vida social. Se trata del proceso a través del cual los niños se insertan en este tipo de estructuras siendo, en definitiva, destinatarios directos de su actividad: el sistema escolar y otras esferas (actividades de ocio, deporte, de tipo cultural o formativo...) en que se desarrollan espacios informales de interacción a través de la cultura de iguales (Corsaro, 1997). Además, a través de los ámbitos institucionales, los niños se convierten en actores dignos de ser reconocidos específicamente como individuos.

Frones (1994) añade un tercer proceso, el de "individuación" como una dimensión eminentemente político-jurídica y una progresiva tendencia de los Estados modernos en que los derechos y deberes legales, incluyendo a los de ciudadanía, son aplicados a los individuos y no a las familias. En relación a la infancia, "individuación" significa comprender a la familia no como una unidad inseparable, sino como conjunto de individuos depositarios de derechos que se establecen a través de las instituciones políticas y se garantizan, en última instancia, a través de instituciones de naturaleza administrativa y judicial[4].

Las transformaciones sociales -en la mayoría de los casos- resultan de procesos paulatinos y en el terreno de los valores ocurre algo parecido: que se ajustan en mayor medida a concepciones de una infancia con un mayor grado de autonomía que confiere al menor una mayor capacidad participativa como agente social individual y que puede expresar su "interés superior".

---

4 Para profundizar sobre la cuestión de los derechos del niño: Archard, D. (2004), *Children, Rights and childhood*, Routledge, Londres.

2. EL TRATAMIENTO DE LOS/AS MENORES - INFANCIA Y ADOLESCENCIA- EN LA SOCIOLOGÍA

"Es objetivo de las Ciencias Sociales: servir a la ciudadanía, mejorar las condición humana y hacer más habitable nuestro mundo. Con ese fin, es obvio y necesario que comencemos nuestra tarea común por la infancia...La responsabilidad es hoy también una misión"[5].

2.1. La infancia y sus representaciones sociales en la historia

Hoy, en las sociedades "civilizadas", la imagen tópica de la infancia contiene un conjunto de valores sobre lo que es o debe ser el niño, como si respondiera a una supuesta "naturaleza" infantil universal, olvidando su relatividad cultural y reforzando el carácter etnocéntrico de la propuesta. Esta relatividad resulta especialmente aplicable a las estructuras de parentesco y a las formas de crianza, que evidencian tanto la pluralidad y la relatividad social de la infancia, como la imposición sociocultural que se ejerce sobre el niño. Sin salir de la cultura occidental, se han dado importantes transformaciones de los modelos y del espacio social de la infancia, así como cambios de actitud de los adultos frente al niño. Hay mucha literatura al respecto[6].

En la Roma antigua, los lazos sanguíneos eran menos importantes que los vínculos afectivos (frecuentes abandonos y adopciones) mientras que con la llegada del Cristianismo se

---

5 Salvador Giner.- prólogo de Gómez Granel, C., García Milá, M., Ripoll-Millet, A. y Panchón, C (2004), *Infancia y familias: realidades y tendencias.*

6 Para mayor detalle de estos aspectos históricos se recomienda consultar en la bibliografía la obra clásica de P. Ariés, el trabajo sobre Infancia moderna y desigualdad social del COLECTIVO OIA. Cáritas Española, así como el libro colectivo *Infancia y Familias: realidades y tendencias.*

valorará la consanguinidad (importancia moral del matrimonio y sus frutos). En la sociedad medieval el sentimiento de la infancia no existía, pero los lazos de sangre constituían la base del orden sociopolítico feudal, (el niño como riqueza/fuerza de trabajo en una sociedad agraria). El binomio madre/hijo no existía aparte del parto (las ricas entregaban a nodrizas; las pobres criaban a hijos ajenos).

En los siglos XVI y XVII aparece la Infancia Moderna. Se dan cambios institucionales y en las actitudes como resultado de procesos sociales más amplios (incremento de la productividad agrícola y de los avances sanitarios = baja mortalidad infantil) que servirán de base para entender la infancia como un ámbito de la vida social específico y separado del resto: una nueva configuración de la familia cristiana (sentimiento de familia, ámbito privado y figura de la madre) y escolarización de los hijos pequeños impulsada por humanistas y eclesiásticos. La interrelación entre infancia, clases sociales, instituciones y Estados se percibe claramente en los distintos modelos de socialización infantil (varones) diferenciados que se producen en los siglos XVI y XVII en los distintos estamentos sociales. La nueva infancia modificará los sentimientos (la afectividad) influyendo en las pautas de comportamiento familiar y social e instaurándose como modelo dominante en Europa en el siglo XVIII vinculada con dos fenómenos históricos fundamentales: el capitalismo y la Ilustración, ya que la nueva sociedad requiere individuos sanos, trabajadores y responsables construidos desde la familia y educación, y dominados desde el modelo burgués apoyado por el Estado a través de las distintas instituciones sociales.

Poco a poco la comprensión política de algunos aspectos de la relación de la sociedad con la infancia surgen del examen de modernización política que se debe afrontar a nivel de la población infantil, preguntando ¿qué lugar ocupan los niños? ¿Son parte de la comunidad política? (Lora, 2005)

En España los cambios socioeconómicos e ideológicos que se producen en el XIX significaron la ruptura del Antiguo Régimen agrario-estamental y el surgimiento de nuevas instituciones: un Estado liberal con intervención en el ámbito educativo (instrucción pública o escolarización a cargo del Estado) y en el asistencial (criterios de "beneficencia" como obligación social asumida por el Estado). Aparece la "cuestión social" y, en la segunda República, la concepción del Estado Social de Derecho, es decir, un Estado regulador de la producción económica y la reproducción social. Surge para la intervención, un campo de la infancia en el que destaca la aparición de movimientos filantrópicos y una legislación especial para menores apoyada en bases científicas y jurídicas. Tras la Guerra Civil se produce una pérdida demográfica importante; pero en la primera etapa del franquismo se incrementa la natalidad y queda el niño sometido al poder estatal a través de la escuela (autoridad absoluta de los padres, maestros y sacerdotes) y por la moral de la Iglesia a través de la madre. La legislación protectora de menores se refunde en los años 40 con criterios correccionalistas (Centros de Auxilio Social para "niños inadaptados" y se consolida una red de escuelas para la formación de asistentes sociales, inspiradas y gestionadas por la Iglesia).

A partir del desarrollismo de los 60, con las "nuevas clases medias", se implanta el modelo de familia nuclear centrada en el niño y con la "transición democrática" (Constitución de 1978) se configura un sistema institucional a imagen de Europa que lleva a un auge de las ideologías del "bienestar social" el cual incidirá con fuerza para establecer un dispositivo tutelar sobre familias y niños desviados[7].

---

[7] Se reformula el cuadro jurídico de encuadramiento de la infancia, desde la Constitución del 78, la adhesión a diversas declaraciones internacionales (Declaración Universal de los Derechos del Hombre; Recomendaciones de la Asamblea Parlamentaria del Consejo de Eu-

En cuanto a la cuestión de una cultura de N,NyA, en España pueden distinguirse distintas generaciones que reflejan las tendencias ideológicas más dominantes en cada etapa histórica, desde las generaciones de la guerra y la postguerra ligadas a los valores tradicionales de la etapa franquista hasta la generación actual criada en el nuevo contexto democrático y con un factor nuevo, la revolución informática, que potencia en el campo de la infancia el desarrollo de la idea de participación.

¿Qué ocurre en el período actual con las relaciones entre Estado, familia e infancia? Según Lourdes Gaitán (2002), se puede hablar de una reestructuración del sistema social y del campo de la infancia. Con la democracia cambia esencialmente la actitud del Estado ante la infancia y la administración abordará políticas integrales para atender a la infancia. La generación de políticas "de ajuste", y que los Estados asuman una implicación activa a través de sus políticas económicas y sociales (Flaquer y Oliver, 2004) da lugar a determinadas tendencias de la estructura social, entre otras, el paro estructural permanente afectando particularmente a jóvenes y mujeres y fenómeno de la "nueva pobreza". Aparecen políticas sociales tendentes a la descentralización y territorialización de los servicios, prestaciones y recursos, acercándose al entorno del niño, lo que exige una mayor especialización y una cualificación creciente en la atención a la infancia sustentadas en el desarrollo de un conocimiento especializado, apoyado en la investigación, para ayudar a programas, evaluación de resultados y mejora en la calidad de vida (afectiva y material) de los niños.

Por último, algunas de las grandes tendencias del cambio familiar en España (Gómez Granel, C., García Milá, M., Ripoll-Millet, A. y Panchón, C., 2004), que se pueden considerar estructurales haciéndolas extensivas a otros contextos de seme-

---

ropa para una Carta de los Derechos del Niño) y las sucesivas reformas del Código Civil con consecuencias específicas para la infancia jante nivel de desarrollo, se concretan en: Tasas muy bajas de fecundidad (incremento de la edad de acceso a la maternidad y aumento de hijos únicos y de hijos de madres inmigradas); aumento de formas familiares no convencionales unido al incremento sustancial de las separaciones (divorcios, separaciones de hecho, aumento notable de hogares monoparentales) y activación de la red familiar extensa; crecimiento continuado de la actividad laboral femenina (fuerte división sexual del trabajo en los hogares); necesidad de construir una autoridad parental democrática (elemento fundamental para el desarrollo psicosocial de los hijos); persistencia del fenómeno de la pobreza infantil y, por último, la consideración de los N,NyA como sujetos de derechos y su potencial de participación.

2.2. Aspectos sociológicos y jurídicos del protagonismo actual de los N,NyA

La pretensión de abordar el "interés superior del menor" como una construcción socio-cultural en el siglo XX ha sido definida y concretada a través de textos normativos y prácticas sociales. El punto de partida en el siglo XIX fue el paso del concepto de caridad al de beneficencia, acción y ayuda social con la Ley General de Beneficencia de 1949 como principal referente y posteriormente con el reconocimiento jurídico de derechos personales de los menores a partir de la Declaración de Derechos del Niño se llegará a las leyes de 1987, 1996 y 2015 que intentan dar respuesta y recoger el pensamiento y los movimientos sociales activos que explican el proceso y el cambio social del fenómeno del "interés superior del menor" (Chacón Martínez, 2019).

Los distintos modos de pensar y regular los derechos de los niños plantean problemas sociológicos como el de la subjetividad y el deseo (a partir de conocer sus derechos, el niño puede ser un sujeto que los desea) en relación al derecho de ser oído y escuchado siendo esto una base importante del concepto niño como sujeto de derecho y de la noción de "Interés superior del menor". Nuevos modos socio-jurídicos de pensar la infancia van surgiendo en un proceso socio-jurídico y político que incluye vías de exploración con marcos teóricos y conceptuales renovados y con métodos y técnicas de investigación plurales. Paralelamente los niños se convierten en "sujetos" que cada constitución fundamental de los organismos políticos reconoce no solo como titulares de intereses particulares que prevalecerán sobre otros, sino también como titulares de reales derechos que no pueden ser negociados.

El "problema de los niños", con el eje de análisis en la tutela judicial, con sentido en un contexto cultural determinado, se explica por las condiciones en las que el "problema" del menor se transforma en judiciable, en un mundo donde la sociedad, la vida y la identidad personal son cada vez más problematizados (Lora, 2009). Los elementos subjetivos son fundamentales y están presentes desde percibir la realidad hasta cuando la institución actúa, como señala Angélica Cuellar (2006) para informar sobre la presencia de la subjetividad en los jueces, pero también contiene la dimensión subjetiva del otro, que es el niño hacia el que el juez dirige su decisión.

En ocasiones los menores, como parte de la ciudadanía, pueden ver mermadas y anuladas sus posibilidades de estar activamente presentes en los diferentes entornos que les afectan debido al desequilibrio entre los tres principios básicos recogidos en la Convención de los Derechos del Niño de 1989: protección, provisión y participación y el desconocimiento de la propia Convención de los Derechos del Niño.

Dado el volumen cuantitativo de población que suponen los N,NyA, además de su importancia cualitativa, destaca la nula/escasa presencia y participación social de este colectivo. Por ello interesa conocer el discurso de los ciudadanos mayores de edad sobre la participación de ellos en los contextos sociales en los que pueden tener presencia y/o protagonismo. Interesa evaluar el conocimiento, reconocimiento y actitudes de los adultos respecto al pleno cumplimiento de los derechos recogidos en la Convención, especialmente los de expresión y participación. La síntesis y las conclusiones más relevantes (Martínez Muñoz, 2002), señalan que cada vez se nota más la presencia de reconstrucciones sobre el trato dado a la infancia como asignatura pendiente en distintas disciplinas (Historia, Economía y Sociología) e igualmente en el estudio de la legislación social como indicador del compromiso de los poderes públicos y la sociedad con los menores. Ello implica repensar las formas de relación niño/adulto; infancia/sociedad y tendrá que manifestarse en situaciones concretas con presencia de niños/as en diferentes ámbitos.

Pese al progresivo ajuste del ordenamiento jurídico español a lo avanzado respecto a derechos de los/as menores, a menudo las respuestas sociales no se adaptan rápido ni asimilan nuevas pautas y concepciones, así como nuevos hábitos de relación con la infancia y la adolescencia pues a veces no existe una voluntad política o aparecen resistencias en su puesta en práctica, sin comentar la libre interpretación que permite la noción de "Interés Superior del Menor". En la actualidad defender el "Interés Superior del Menor" significa respetar el derecho del niño a ser oído e implica escuchar pues el niño/a tiene derecho a formarse un juicio propio en primer lugar, a expresar su opinión y, en tercer lugar, a ser escuchado pues en palabras de Moro (2002, p.17) *"Escuchar al menor significa en realidad no solo preguntarle un parecer y una indicación sobre que hacer sino tratar de comprender sus exigencias y el modo con el cual se pone de frente a los sucesos (…) para comprender al chico es indispensable prestar atención a todos los mensajes que provienen de su contexto familiar y del mundo que lo rodea ya que solo a través de ellos se pueden individualizar intervenciones que tengan posibilidades concretas, en el contexto, para incidir positivamente en su posterior desarrollo".*

Desde la Sociología y, como afirma Martínez García (2005) en el curso de doctorado "Estado, familia e infancia" (UPO), la diferenciación de las esferas de lo político y de lo social solo se puede entender dentro de un preciso contexto histórico directamente relacionado con la emergencia de nuevas relaciones sociales y formas de organización social y económica. Tras las grandes preocupaciones características de la modernidad (aburguesamiento, proletarización, nacionalismo, imperialismo, industrialismo, ciencia y otros varios procesos que sí han recibido atención científica) surgió primero una Sociología de la familia, como institución social crucial, y, posteriormente, a través de esa atención al parentesco y la familia se empieza a aislar la fase infantil de la vida humana como objeto de atención científica a la infancia y el redescubrimiento sociológico de la infancia que señaló Ariés (1985), como invención moderna.

Como aseguran diversos autores (Gaitán, Flaquer, Morente y otros) la construcción de la categoría de infancia posibilitó el surgimiento de una serie de discursos y saberes específicos, con el objetivo de definir la "naturaleza" de la infancia, que reforzaron la existencia del status de minoridad específico, pero hay que recordar que la categoría "infancia" es una representación colectiva, producto de formas de relación social concretas, con un ineludible carácter sociohistórico, lo que se fundamenta en la existencia de modelos de familia y de infancia diferentes, en consonancia con grupos, clases sociales, niveles de desarrollo económicos, momentos históricos y espacios geográficos diferentes.

¿Por qué una Sociología de la infancia? Se ha producido una redefinición de lo infantil y lo adolescente, dentro y fuera de la familia que señala la aparición de un mundo distinto a todo lo anterior, construido sobre transformaciones culturales del presente, vinculadas tanto a la economía como al mundo mediático (el niño y adolescente como vasta y manipulable clientela de la publicidad y la industria mediática). El niño/a es eje importante de las transformaciones familiares, así como de la intervención estatal a través de las políticas de apoyo familiar y las de infancia propiamente dichas: la importancia de la socialización para una ciudadanía con derechos y deberes.

La infancia nunca ha sido considerada como un tema importante de estudio, quizá en relación con la concepción histórica de que los niños son proyectos de personas adultas. Se necesita incrementar el conocimiento científico y social sobre la infancia y la familia, realidad emergente y grupo de población esencial, para articular políticas de bienestar. El cambio de interés se materializa en una nueva perspectiva teórica sobre la infancia en base a la evolución de las teorías psicológicas, antropológicas y sociológicas, destacando en la nueva sociología de la infancia cuatro temas principales (Gaitán, 1999)[8]: la emergencia de un nuevo paradigma: la infancia como grupo social; el impacto de las transformaciones sociales que hacen repensar la infancia y la adolescencia; el riesgo de exclusión social; y, por último, el tema de la participación y la socialización para la ciudadanía.

Desde concepciones más tradicionales no se consideraba necesario recoger datos y construir indicadores estadísticos sobre los N,NyA: su presencia activa (comportamientos y actitudes), su participación (política, asociativa o familiar) o sus sentimientos (satisfacción en la vida). Desde hace poco tiempo se ha ido evolucionando hacia un cambio de perspectiva que se refleja también en la aparición de cambios legales y políticos que enfatizan crecientemente los derechos específicos de la infancia: Declaración Universal de los derechos Humanos de las Naciones Unidas (1948) y Convención de los Derechos del Niño (1989).

---

8 Interesa recordar todo lo investigado por el grupo GSIA liderado por Lourdes Gaitán.

En este cambio de perspectiva los N,NyA: ¿han pasado a considerarse de agregado estadístico a grupo social? Especialmente relevante para N,NyA es la noción de "grupo" (familia e iguales)[9]. La esencia del grupo social no es la cercanía física sino la conciencia de interacción e interiorizar las normas de cultura y compartir valores, creencias. Tiene un profundo efecto en el comportamiento de los individuos, en todas las situaciones sociales y muchas experiencias personales. Enfocando el análisis sociológico y demográfico de la infancia hay que distinguir entre grupos sociales, categorías sociales y agregados estadísticas y una tarea del sociólogo consiste en especificar las condiciones bajo las cuales ocurre la transformación de una categoría o un agregado a grupo (sirva de ejemplo el movimiento por el medioambiente de la niña sueca Greta Thunberg).

Los grupos primarios, las asociaciones y los grupos sociales no son mutuamente excluyentes y sus complejas relaciones funcionan dentro de otro más amplio que es la comunidad (concepto de territorio que proporciona un vínculo importante de solidaridad) constituyendo un tema central en el análisis de la organización social. Al analizar la comunidad (Gómez Espino y Martínez García, 2004) hay que partir de los distintos grupos[10] que se forman dentro de ella y sus relaciones recíprocas: los menores pertenecen a muchos grupos a la vez. Ello

---

9 A pesar de que grupo es uno de los conceptos más importantes en Sociología, no hay un acuerdo unánime sobre la definición, aunque hay varios significados de grupos en la literatura sociológica. Puede ser: cualquier conjunto físico de personas (agregado o colectividad); un número de personas que tienen en común algunas características (categoría); número de personas que compartan algunas partes de interacción recurrente (familia o asociaciones); o también cualquier número de personas que comparten juntas la conciencia de membresía (sentirse miembro de algo) y de interacción.

10 Sus cualidades distintivas (tamaño, número de individuos y de grupos, concentración física o dispersión de la población y ocupaciones

hace pensar en un nuevo concepto de infancia más activa, que construye su conocimiento, percepciones valores y sentimientos en estrecha relación con los contextos en los que vive o se relaciona (familia, escuela, grupos de iguales, barrio, medios de comunicación), personas con capacidad para pensar, actuar e influir en su contexto social.

Así la Sociología ha pasado a considerar a la infancia como un grupo social activo, estudiando los contextos en que se desarrolla su socialización en la idea de A. Prout y A. James (1997) de que los niños son agentes activos en la construcción y determinación de su vida social dentro de las estructuras sociales, por lo que la infancia puede y debe considerarse una variable de análisis social, junto a otras variables como la de clase, el género o la etnicidad.

Solo estudiando las condiciones de vida de los niños y sus familias considerándolos como un grupo social es posible describir las relaciones entre la infancia y otros grupos sociales y, en consecuencia las posibles formas de desigualdad y discriminaciones, especialmente los cambios en las instituciones y los contextos en los que viven , así como la aparición de nuevos riesgos de exclusión social (nuevas realidades, nuevas necesidades y nuevos factores que afectan a algunos colectivos entre los que están la infancia y la juventud[11]).

En cuanto al tema de la participación y la socialización para la ciudadanía en el mundo infanto-juvenil, desde la actual Sociología de la infancia se trata con una perspectiva próxima a las modernas concepciones socioculturales que consideran que

---

características) son importantes para el análisis de los N,NyA vulnerables en contextos de desigualdad.

11 Son factores que se materializan en alguna de estas problemáticas: ocupación, insuficiencia de servicios, violencia, fracaso escolar, ruptura de relaciones familiares, infancia inmigrada y los "niños de la calle".

los seres humanos no pueden ser comprendidos ni explicados al margen de la interacción social y que concibe a los menores como verdaderos agentes sociales, con capacidad de reflexión y participación. Esta afirmación como grupo social activo requiere alguna consideración: por un lado, son personas dependientes aunque dentro del grupo social al que pertenecen, los niños/as tienen biografías y desarrollos individuales y, por otro, no existe una sola infancia sino muchas formadas en la intersección de diferentes sistemas culturales, sociales y económicos.

Siguiendo a Qvortrup (2002) sobre qué hay de nuevo y qué es único en la nueva Sociología de la infancia, en principio estima que hay que considerar dos pilares: el pilar estructural y el pilar de la agencia. La infancia se ve como una estructura comparable con otras formas estructurales (la infancia está incluida en el desarrollo societal más allá de su representación demográfica, pero hace falta visibilizar su papel en/para la sociedad).

Berry Mayall (2002), considerando generación y género como conceptos para estudiar la infancia como un fenómeno social y los procesos en la producción de las relaciones adultos-niños, distingue tres sociologías de la infancia: 1/ la enfocada a las actividades de los niños, sus relaciones sociales y lo relacionado con la consecución de conocimiento en base a sus experiencias de vida social (los sociólogos de la infancia proponen que los niños pueden ser considerados, en algunos casos, como una generación); 2/ la Sociología deconstructiva de la infancia considera cómo ha sido definida la infancia en distintos puntos de la historia social (la infancia como una categoría social- los niños/as como un grupo social) y 3/ la Sociología estructural de la infancia como un elemento permanente en la vida social y estudia como la infancia es estructurada y estructurante.

En España hay aspectos de la realidad de la infancia que están pidiendo una interpretación a la luz de la Sociología (Gaitán, 2002). El malestar de la infancia apunta a causas estructurales y también a causas individuales. Especialmente hay problemas con los adolescentes y sus conductas de riesgo cada vez más tempranas (si atendemos a las opiniones de los adultos que conviven con ellos –profesores, padres y educadores- que son ampliadas por los medios de comunicación (creando un estado de opinión que pasa a formar parte del imaginario colectivo). Además está el asunto de los MENA.

Hay que tratar de ver las cosas desde su punto de vista. Actualmente los N,NyA toman conciencia de su autonomía como individuos y pretenden hacerla valer en sus relaciones con la sociedad, en su entorno más inmediato, aunque con falta de espacio (físico y de participación social). Desde el enfoque sociológico se considera la infancia como un espacio temporal en la vida de las personas, pero es el espacio social definido para el desarrollo la vida de los niños que comprende el conjunto de mandatos, pautas y normas de conducta que se asocian al modo de ser niño en un momento concreto. ¿Se trata de debatir sobre una cultura de infancia?

La infancia constituye una parte permanente de la estructura social que interactúa con otras partes de esa estructura, siendo afectados por las mismas fuerzas políticas, económicas y culturales de los adultos y sujetos también al mismo cambio social. Los niños actúan y se relacionan con los demás grupos sociales, modificando, construyendo y contribuyendo a los cambios que se producen en la sociedad. Son también ciudadanos y asimismo creadores de cultura.

Como continuamente defienden los estudiosos del tema "*La nueva sociología de la infancia surge a partir de una insatisfacción con las explicaciones habituales sobre la vida y el comportamiento de los niños, con la consideración de los niños en la sociedad y en el conjunto de las ciencias sociales y asimismo con los métodos y técnicas de investigación aplicados en el estudio de las actividades individuales o colectivas de las personas que se encuentran en esta etapa de la vida que viene a denominarse infancia. Esta insatisfacción conduce a la búsqueda de otros planteamientos teóricos explicativos y también al de-*

sarrollo de herramientas de investigación adecuadas para llegar a un conocimiento de lo que significa hoy la infancia, como espacio vital en el que se desarrolla la vida de los niños, como fenómeno permanentemente insertado en la estructura social y como ámbito con significado para los propios niños" (Gaitán y Leal, 2006).

Como añade Jorge Benedicto (2002), detrás del término de ciudadanía, con gran cantidad de significados asociados se percibe la necesidad de comprender cómo los individuos se integran en sus comunidades políticas, especialmente la necesidad de revisar las fórmulas tradicionales que se han utilizado para entender la cuestión de la ciudadanía (a veces inadecuados respecto a la diversidad cultural, las desigualdades sociales o las dificultades del Estado en algunas esferas de lo público). Pero hay un tema especialmente relevante: menores (ciudadanos en proyecto) que tradicionalmente no han sido considerados ciudadanos (solo el varón adulto). La creciente importancia adquirida por la incorporación de las nuevas generaciones a la vida social obliga a repensar un concepto de ciudadanía anclado en una idea de autonomía entendida básicamente como independencia económica[12]. Es un reto para la Sociología avanzar en el conocimiento de cómo funciona y cómo se transforma hoy la ciudadanía en grupos sociales específicos y asumir la multidimensionalidad sobre la que se sustenta la idea de ciudadanía recuperando la centralidad del componente socio-político cuando se hable de ciudadanos y ciudadanía. Ser ciudadano significa estar presente y reclamar el protagonismo en el devenir de los procesos sociales y políticos de la comunidad.

Más allá de la situación de dependencia y tutela de los N,NyA, continúa afirmando este autor, hay que discutir más so-

---

12 Interesante idea para reflexionar porque ahora muchos jóvenes mayores de edad no son independientes económicamente ¿acaso entonces no son ciudadanos?

bre cuestiones de competencias, sentimientos de pertenencia, implicación en la comunidad, participación, etc., tratando de responder, con ellos, a preguntas como: ¿qué tipo de ciudadanos llegan a ser estas nuevas generaciones?¿cómo influyen las condiciones estructurales en las diferentes experiencias de ciudadanía de niños y jóvenes?¿qué significa para los niños y jóvenes actuales el ser ciudadano?¿cómo aprenden los niños y jóvenes a ser ciudadanos en la familia, en la escuela, con sus amigos, en las organizaciones a las que pertenecen?

Se necesita saber cuáles son los significados que asocian los niños y jóvenes al concepto de ciudadanía y como ello influye en su representación de la esfera pública y va construyendo cultura, pues el aprendizaje de la ciudadanía supone la formación de la experiencia en la que intervienen las relaciones familiares, los grupos de pares, el ámbito público de la escuela y otros agentes de socialización.

3. LOS MENORES COMO AGENTES SOCIALES Y SU INTERACCIÓN CON LA SOCIEDAD

La participación infantil.

Jean Jacques Rousseau indica*: "La infancia tiene sus propias maneras de ver, pensar y sentir, nada hay más insensato que pretender sustituirlas por las nuestras". En este campo se precisa de potenciar la sensibilización social y familiar sobre la importancia de las iniciativas en marcha promoviendo la efectiva participación infantil tanto en el núcleo familiar, institucional, como comunitario. Es preciso que nuestra sociedad considere a las personas menores de edad como ciudadano de pleno derecho que son y, como tal, hacer valer sus iniciativas, percepciones y opiniones en los problemas que le afectan, haciéndoles participes en la resolución de sus problemas y empoderándolos como defensores de sus derechos, en su participación democrática como menor. Al fin de cuenta dar repuesta a lo establecido en la Convención sobre* *los Derechos del Niño, en lo que se refiere al derecho de información, participación y la consulta infantil. (…).Son ciudadanos del presente y como tal tienen derecho a que se le escuche como quieren que sean sus ciudades, sus escuelas, sus hospitales, sus lugares de recreo. Cultura de participación que debe fomentarse desde la primera infancia, para que se sientan responsables y comprometidos con su comunidad. La progresiva participación activa, el acceso a la información, el ejercicio de opinar sobre las decisiones que les incumbe y el sentirse escuchado por parte de sus mayores, se reconocen como derechos y como base en la construcción de una ciudadanía plena, responsable y solidaria*[13].

Hay dos características que nos interesan de los N,NyA como individuos: tienen un enorme poder de diferenciación e individualización y son seres sociables (la condición de ser social es indispensable) por lo que hay que hacer una distinción entre sociedad e individuo, cultura y personalidad. El individuo -o la personalidad del individuo- se puede considerar como producto de su sociedad y de su cultura, al nacer tiene la capacidad de aprender, que es instintiva del género humano y viene cargada de potencialidades de respuestas emocionales. Pero estos rasgos genéticos y las potencialidades individuales socialmente se desarrollan y adquieren forma dentro de una experiencia de ámbito social, inicialmente la familia (Martínez García, 2021).

Lo primero que se interioriza dentro de la familia es un código de moral por el cual se aprende lo que es bueno y malo a base de premios o castigos. Se basa en las emociones y la interacción cercana con padres o iguales (queremos hacer las cosas que les gustan)[14]. Cuando se han interiorizado estos es-

---

13 Tomado del artículo publicado en ABC edición Sevilla el martes 19 de noviembre del 2013, con la firma de Ignacio Gómez de Terreros. Presidente de la Fundación Gota de Leche y del Consejo Andaluz de Asuntos de Menores.

14 Castro Nogueira, L., Castro Nogueira, L. y Castro Nogueira, M.A. (2008), *¿Quién teme a la naturaleza humana? Homo Suadens y el bienes-*

quemas, el sujeto se convierte en un agente socializador e inconscientemente ayudará al mantenimiento de la cultura y de la estructura social que recibió de pequeño, haciendo posible la reproducción de la propia sociedad, el desarrollo de la personalidad en el N,NyA. y la interacción social.

3.1. Desarrollo de la personalidad e interacción social

La autoimagen está en relación con el descubrimiento de las otras personas y se va formando por la aceptación o el rechazo de los demás, de tal manera que la experiencia de grupo es indispensable para el desarrollo de la personalidad.

Para entender la personalidad necesitamos conocer cómo los sistemas de tendencias del comportamiento se desarrollan por la interacción del organismo biológico con varias clases de experiencias sociales y culturales influenciadas por una serie de factores destacando la experiencia de grupo y la experiencia única. En la experiencia de grupo son muy importantes los grupos de referencia que se toman como modelos para las ideas y normas de conducta. En el niño/a el primer grupo de referencia es la familia, seguido del grupo de pares o iguales en edad. El rechazo de un individuo en su familia y/o grupo de pares se vive como rechazo social y puede marcar un fracaso social durante toda la vida. Por su parte la acción social[15] y la interacción social se desarrollan sobre unos fundamentos psíquicos, normativos y simbólicos.

---

tar en la cultura: biología evolutiva, metafísica y ciencias sociales, Tecnos, Madrid.

15 La acción social es toda manera de pensar, de sentir y de obrar cuya orientación es estructura de acuerdo con unos modelos que son colectivos, es decir, que son compartidos por los miembros de una colectividad de personas.

Weber estableció varios criterios para la determinar el carácter social de la acción: no existe cuando los diferentes sujetos que actúan no tienen en cuenta la presencia o acción de los otros y además la conducta de las personas implicadas en una acción social viene influida por la percepción que cada una de ellas tiene de lo que significa la acción de los demás y su propia acción (acción-reacción). Durkheim añade que los seres humanos sienten, actúan y piensan como se les ha impuesto desde fuera (los N,NyA más aún). La definición de Durkheim contribuye al ensanchamiento del concepto de acción social en dos puntos importantes que interesan a la sociología de la infancia: primero, engloba en la acción social actividades individuales incluso íntimas, pensamientos y sentimientos y, segundo, emplaza mucho más la acción social en su entorno.

La personalidad y la forma de interactuar socialmente del N,NyA no está fuera de la situación, sino que forma parte de la misma y, dentro de ella, no hay frontera netamente delimitada y entre las conciencias individuales y su entorno de forma que las personas, los objetos, las instituciones, las sociedades y los acontecimientos son elementos de las situaciones y estos elementos mantienen entre sí relaciones dinámicas cuya totalidad determina la estructura del campo psicosociológico.

Cuando los N,NyA actúan socialmente lo hacen sobre unas bases psicológicas[16] y sociales (normativas y simbólicas). Hay un condicionamiento social que pesa sobre la orientación de la acción que es el que le interesa al sociólogo e intenta captarlos,

---

16 Importantes contribuciones al estudio de los fundamentos psíquicos de la acción social se deben a G. Herbert y R. Lewin evidenciando como la personalidad individual se desarrolla y se constituye al contacto con los demás por asimilación de los demás, así que la personalidad psíquica es por su origen mismo un fenómeno social o al menos un producto social relacionado con el entorno.

precisarlos y analizarlos, por ejemplo, el hecho y la percepción de ser niño/a o adolescente.

Una de las consecuencias más importantes de la acción social es su estructura normativa con la posibilidad de la previsión que afecta tanto a la conducta del propio individuo como a aquellas con las que se relaciona. A un primer nivel de abstracción, a un nivel cotidiano y observable, podemos considerar como fundamentos normativos de la acción social más evidente los modelos culturales[17]. En toda colectividad, la conformidad a los modelos puede merecer distintas recompensas y la insumisión puede dar lugar a la imposición de diferentes sanciones que, positivas (premios) o negativas (castigos) tienen una misma función: asegurar una conformidad suficiente y desalentar todas las formas de inconformismo. Es el objetivo básico de la interacción entre adultos, N,NyA y las instituciones implicadas en la socialización de los y las menores.

En un segundo nivel de abstracción se halla el universo de los valores (descansan en un plano más profundo de juicios y sentimientos) que se insertan en la realidad social y se hacen activos a través de su carácter simbólico[18] como un imperativo que exige adhesión y/o como conductas concretas que lo ponen de manifiesto.

---

17 Hay diversos grados de "obligación social" hasta la desviación. Los modelos culturales comunes o específicos de un rol determinado no se imponen con igual fuerza, ni exigen idéntico grado de conformidad, hay modelos imperativos, modelos recomendados y modelos preferenciales.

18 La acción social está entera e incesantemente inmersa en el simbolismo y sus funciones sociales de comunicación y participación.

3.2. Sobre la relación de los menores con la sociedad como sujetos y agentes

Introduciendo la relación de niños/as, considerados como sujetos y agentes con la sociedad, la visión que de los N,NyA como individuos da la Sociología es la de un ser que ocupa una posición determinada dentro de una estructura social cuyos contenidos de conciencia y modo de vida vienen determinados en gran medida por la posición y por los condicionamientos culturales, económicos y políticos a los cuales siempre está sujeto. En el universo de la infancia/adolescencia son importantes los grupos de referencia, pues respecto a ellos se orienta la conducta. Estos grupos de referencia pueden ser positivos (ayudan a integrarnos, a autoafirmarnos) o negativos (lo contrario, son grupos a evitar). La vida social consiste en un tipo de actividad que llamamos acción social, que se da dentro de los grupos. Todos los individuos y grupos sociales realizan acción social estableciendo redes o sistemas de acción entre individuos y grupos, con la característica de complejidad ya que está sujeta a evaluaciones, sentimientos, creencias, emociones y perfecciones que, a veces, entran en conflicto, entendiendo conflicto social como uno de los modos básicos de vida social en sociedad (no hay sociedad sin conflicto y es conocido el conflicto intergeneracional entre jóvenes y adultos en todas las sociedades).

Por su parte, cada individuo -niño/a o adolescente-, tiene una estructura de la personalidad con valores, creencias, actitudes, juicios, costumbres, etc, afectados por dos tipos de factores: los físicos-genéticos, por un lado, y las interacciones sociales relacionadas con la cultura o experiencia social.[19] El componente social se refiere a la necesidad que tienen los

---

19 Tanto la cultura como la personalidad están en constante estado de cambio, con sus propios desarrollos, su propia capacidad de crea-

N,NyA de obtener respuestas favorables por parte de los demás (familia, escuela e iguales), siendo esto lo que funciona como estímulo de conducta.

En la interacción de los N,NyA con las instituciones y agentes que intervienen en su proceso de socialización y normalización, especialmente la familia por su importancia como contexto socializador, recientemente se ha iniciado una tendencia a limitar la potestad paterna, obligando a padres y a hijos a regularse de acuerdo con un conjunto de normas e instituciones impuestas a la familia desde otros agentes de socialización (escuela, TV, Internet, publicidad, profesionales de la salud, policía, etc), siendo la misión de los padres el ser la caja de resonancia de instituciones especializadas para el correcto acople de los niños a dichas instituciones.

El ámbito escolar abarca un ciclo cada vez más largo en la vida de los niños y "penetra" en el hogar familiar en forma de "deberes", configuración del espacio doméstico y pautas normativas específicas (por ej. horarios). Aparte de la escuela, las familias vinculan a sus hijos a otras muchas instancias especializadas en el "campo de la infancia" o profesionales de saberes especializados (puericultores, maestros particulares, psicólogos, ...) que ayudan a marcar el camino a los padres como transmisores y ejecutores de aquellos saberes profesionales.

Hay otros espacios o instituciones concretas (parroquias, asociaciones infantiles, competiciones deportivas, colonias de verano, etc) donde se envía a los niños para ser protegidos y controlados por otros adultos responsables. Otras instancias que intervienen con la infancia normalizada se relacionan con el control público de los ambientes e instituciones que influyen en la vida del niño, en especial: la calle (en teoría controlada

---

ción de respuestas nuevas a situaciones nuevas y capacidad de eliminación de las antiguas.

por la policía), la televisión (controlada por el Estado o libre) y las redes sociales (preocupante y con necesidad de control).

3.3. Sobre la creación de una cultura de infancia y la socialización para la participación

Como principio general hay que recordar que la infancia es un grupo social compuesto por individuos vulnerables, que se encuentra en una posición de dependencia y cierta debilidad para acceder a la satisfacción de todas sus necesidades (Martínez García, 2008). Aunque a veces, en situaciones extremas (ver documentales sobre niños rusos de la calle en la estación) ellos demuestran ser capaces de sobrevivir, es la sociedad adulta y sus instituciones específicas la encargada de aportar los recursos necesarios, o al menos, suficientes. El Estado de Bienestar oferta recursos (económicos, de intervención, con políticas públicas, etc), pero la sociedad civil también está dando respuestas (particulares, asociaciones y ONGs)[20]. En el caso de la infancia en situación de riesgo social, hay que considerar diferentes factores interconectados (en estos contextos se perciben distintas culturas de infancia y distintos valores sobre la familia).

En nuestro contexto social normalizado se puede esperar que, a medida en que se profundice en la transformación estructural de nuestra sociedad, los valores postmaterialistas avanzarán hacia claves de mayor reconocimiento de su "status" social como N.NyA y de su participación como individuos plenamente sociales. Pero, al mismo tiempo, el fomento de pautas participativas no depende en exclusiva del orden de valores predominantes en una sociedad. Es necesario reconocer la

---

20 Interesante conocer las asociaciones que apoyan al sistema de protección infantil: LLAR, Abrázame, Proyecto ACOGER de FEDER, AEetc, Asociación Cultural Hispano-Rusa, de las que la autora ha formado parte activa.

interacción de diversos factores en el desenvolvimiento de las sociedades y que, en este sentido, existen fuerzas contrapuestas que presionan al reconocer mayor o menor peso a la participación social de la infancia por lo que conviene analizar en qué medida los valores de los adultos se encuentran inclinados a aceptar modelos de relación más participativa de/con la infancia (Gómez Espino y Martínez García, 2007).

Como afirma Sánchez Marín (2002), los cambios sociales y culturales y la configuración de nuevos escenarios legales han propiciado la aparición de una nueva imagen social de la infancia: de ser objeto de protección a ser sujeto de derechos (uno de ellos la participación infantil). El niño/a siempre ha participado en la sociedad, la diferencia es que ahora existe el objetivo de hacer visible, ordenar y favorecer la participación en todos los contextos en que se desarrolla su vida, reconociéndola como un derecho, aunque sigue siendo la gran apuesta de futuro para todos, infancia y adultos. La participación infantil está ligada a la construcción de la ciudadanía del niño para elevarlo a la categoría de miembro competente de la sociedad, facilitando la corresponsabilidad y la incorporación del niño en las decisiones sobre los temas que les afectan y requiere del desarrollo de una cultura participativa. Para ello es imprescindible la complicidad y participación de los adultos que debe reflejarse en las estructuras y las relaciones sociales las cuales permitirán o no el ejercicio de la democracia y la libertad[21].

---

[21] Una dificultad clara en este asunto es el modelo educativo en que fueron socializados los adultos notoriamente autoritario y sin referentes sobre los propios derechos; un obstáculo importante en la comprensión profunda de lo que significa el reconocimiento y la promoción del libre ejercicio de los derechos del niño, generando resistencias para incluir a los niños como sujetos sociales en pié de igualdad con los adultos (Sánchez Marín, J.J. op.cit.).

Según Ferrán Casas (2002), los primeros estudios sobre representaciones sociales de la infancia en la cultura occidental fueron de la señora Chombart de Lowe en 1971, pero los debates más amplios no empezarán hasta los años 90 del siglo XX. La primera representación social mayoritaria sobre la infancia fué la idea de la categoría de los "*aún-no*", muy importante en las relaciones intergrupales y en los procesos de diferenciación categorial de los humanos. Así, para justificar la desvalorización de la infancia como grupo de personas se promueven tres dinámicas sociales complementarias: enfatizar las diferencias intragrupales, enfatizar las similitudes intergrupales y potenciar la supracategorización.

Felipe Morente (2002) manifiesta que las ciencias sociales en relación a la infancia aún no han conseguido condensar los elementos identitarios de un modelo deseable en una cierta confusión de metáforas, relatos e imágenes sociales sobre los N,NyA. Así, la infancia como realidad social es conocida como: dependiente, plural, versátil y de horizonte incierto. La emocionalidad asociada a la experiencia con niños condiciona nuestra visión de "su" realidad, identificándolos con una realidad abstracta de corte esencialista[22]. Hay una carencia que se mantiene constante, una necesidad sustantiva y estructural de la noción misma de infancia en la civilización actual; una carencia que acompaña a todo individuo que se identifique con la infancia: la de autodirección personal plena (Elías, 1987). Como toda realidad histórica, la imagen social que proyecta la infancia es relativa, provisional y perfectible y, para conocerla tiene que ser situada (coordenadas espacio-temporales) y relativizada (conocer las circunstancias que diferencian a la

---

22 Morente rechaza este esencialismo con la tesis de que no hay ningún atributo o esencialidad imprescindible en la infancia que no pueda ser atribuido también al resto de los seres humanos.

infancia del resto de grupos sociales en relación a la carencia básica expuesta que padece: el déficit de autonomía personal).

Parece que persiste un desconocimiento y una resistencia social respecto al reconocimiento de los derechos de la infancia (Ligero Lasa y Martínez Muñoz, 2001)[23] (especialmente los políticos). Si la situación es esa, la infancia sigue estando enajenada de sus derechos y oculta detrás y dentro de la estructura familiar; ello implicaría que la infancia está plenamente ausente si se mantiene dentro de contextos no dramáticos o conflictivos, pues los niños/as solo se hacen visibles a través del drama o situaciones conflictivas (Aguinaga y Comas, 1991). La resistencia adulta supone la negación *de facto* de unos derechos políticos reconocidos *de iure* (libertad de expresión, participación en la toma de decisiones, ser consultado, libertad de información y asociación, etc).

En la cultura social predominante hay consenso sobre los derechos sociales, económicos y culturales y cierto disenso en cuanto al reconocimiento del derecho de participación y del reconocimiento de derechos políticos de la infancia. En cuanto a las representaciones sociales como construcción social y cultural, son un mecanismo de interpretación de la realidad, pero podríamos preguntarnos, en el contexto del proyecto de investigación[24] que sustenta este capítulo: ¿cómo influyen estas representaciones sociales en las decisiones de los jueces?

---

23 Este trabajo fue elaborado por J.A. Ligero Lasa y M. Martínez Muñoz para la Oficina del Defensor del Menor en la Comunidad de Madrid donde está publicado (2001). Tomado del documento con las ponencias ofrecidas en el curso internacional de verano (9-12 JULIO 2002). Colegio Profesional de politólogos y sociólogos. San Martin de Valdeiglesias, Madrid (ejemplar mecanografiado).

24 Proyecto I+D+i "*La construcción del interés superior del menor desde una perspectiva jurídica y psicosocial. Hacia una visión integradora a la luz de la Ley Orgánica 8/2105*", Referencia: DER2017-88049-P. Plan Estatal de Investigación Científica y Técnica y de Innovación (I+D+i)

¿Y en el trato cotidiano de los N,NyA con otros profesionales como maestros, cuidadores, etc?[25].

Quizás existe una contradicción en la representación social de la infancia hoy: ante el nuevo significado de la infancia como sujeto social se mantendría una resistencia basada en la visión tradicional sobre la infancia como objeto, como "receptora de". En ello habría que describir en qué grado se encuentran los valores emergentes y los tradicionales y también el cómo afectan/determinan éstos las acciones, políticas, modelos, decisiones e intervenciones de distintas personas y entidades/instituciones. Casi todas las referencias aún les sitúan lejos del reconocimiento como sujetos plenos de derechos, quizás solamente los políticos les reconocen como ciudadanos (al menos sobre el papel de planes de infancia y leyes "ad hoc"), siendo los derechos sociales de los niños los más conocidos y respetados por los adultos. Se ha desarrollado más el cumplimiento de los derechos relativos a la provisión y la protección, quedando pendiente el desarrollo de los derechos de participación que conlleva un cuestionamiento conflictivo del actual modelo social pues se reconoce la capacidad de la infancia para opinar pero se evidencia la falta de cauces formales para su participación legítima y práctica que se percibe como una amenaza a la autoridad.

2013-2016. Convocatoria 2017. Ministerio de Educación y Ciencia. IP: Laura López de la Cruz – José Antonio Sánchez Medina.

25 Existe entre los adultos una dificultad generalizada para definir la noción de infancia, sin poderla diferenciar claramente de otros colectivos identificados por la edad. Se les menciona a través de metáforas o metonimias que pueden clasificarse en estos tipos: seres en cambio o en proceso; seres inestables; propiedad privada de los padres; seres vulnerables que deben ser protegidos y/o seres no racionales, indómitos y conflictivos.

Interesan nuevos espacios como el asociacionismo y las metodologías de trabajo del tiempo libre (tiempo en que el niño permanece sin ser dirigido, coordinado, enseñado o educado) y los ámbitos que se consideran viables para llevar estas propuestas (más allá de la familia y la escuela) serían los ayuntamientos y los medios de comunicación (Consejos de Infancia, redes locales, páginas específicas de Internet, centros abiertos de barrio, entre otros).

3.4. Unos ejemplos de estudios de caso sobre participación de N,NyA en la vida familiar y otros contextos

En México, la Red por los Derechos de la Infancia[26] ha desarrollado experiencias dirigidas a la participación infantil y a tratar a los niños/as y adolescentes como sujetos que interesa comentar aquí (Sauri Suárez, 2002). Se han llevado a cabo dentro de las organizaciones de la sociedad civil en programas para distintos tipos de población (niños de la calle, trabajadores, indígenas, migrantes, huérfanos, abandonados, en situación de riesgo...). Según Gerardo Sauri Suárez[27], estas experiencias, ni lineales ni sistemáticas, han permitido acumular conocimientos y conocer obstáculos.

Experiencias intencionadas hacia la participación infantil se desarrollan a principios de los 90 en la preocupación de las organizaciones por fomentar la opinión de los niños en los asuntos que les conciernen, pero es con el Movimiento Latinoamericano de Niñas y Niños Trabajadores cuando algunas organizaciones integran dentro de su perspectiva la noción de protagonismo infantil y empiezan a promoverse encuentros

---

26 Red por los Derechos de la Infancia en México (www.derechosdeinfancia.org.mx).

27 Gerardo Sauri Suarez es Director ejecutivo de la Red de los Derechos de la Infancia en México.

interinstitucionales entre niños/as y adolescentes en paralelo con promotores y educadores.

Resumiendo lo aportado en la comunicación de Sauri, esta experiencia registró dos retos principales:

Por una parte, deficiencias formativas y de estructuras para entender y facilitar la participación infantil: promotores y educadores a veces se sientes sobrepasados o amenazados por el entusiasmo de niños/as y adolescentes.

Por otra parte, un escaso conocimiento de los derechos de la infancia: se descubre que la participación no solo no aparece como una prioridad sino que además causa recelo.

Concluye el autor diciendo que, para afrontar estos retos las organizaciones, tendrían que realizar, en varios años, diversas acciones en algunos ámbitos centrales como son: 1) ampliar el conocimiento sobre los derechos de la infancia entre las organizaciones de la sociedad civil; 2) incidir en la adecuación de marcos legales, jurídicos, administrativos y de las políticas públicas en torno a la Convención de los Derechos del Niño; 3) impulsar métodos y técnicas para hacer que la participación infantil sea vista como una herramienta de utilidad educativa por parte de organizaciones de la sociedad civil y 4) fomentar experiencias y espacios de participación infantil en diversas modalidades.

El otro estudio reseñado profundiza acerca de los valores sobre la participación de la infancia en la vida familiar (Gómez Espino, 2009) en la transición del siglo XX al XXI, donde se analiza en qué medida la transformación social operada en las sociedades contemporáneas puede estar afectando a la relación adultos-infancia en lo referente a los modelos de participación de los niños en la vida familiar[28]. El desplazamiento hacia valores postmaterialistas (Gómez Espino y Martínez García, 2007) ha implicado una transformación paralela en la relación adultos-infancia en el sentido de un mayor nivel de participación en la vida social por parte de los menores. Interesa averiguar si la transformación de los valores sociales (producto de la interacción de las dimensiones económica, cultural, política y de cualquier otro orden) ha resultado permeable a las relaciones con la infancia (Inglehart, 2001).

La apuesta por la participación de la infancia tiene una doble pretensión. Por un lado, la participación implica "ser responsable" en los propios asuntos y exige que los niños desarrollen mecanismos que les permitan no ser simples sujetos pasivos, sino controlar en lo posible su desarrollo, aprendiendo de esta forma a ser flexibles, cooperativos, responsables y comprensivos (Muñoz, 1995). Sólo en la medida en que los niños desarrollen un comportamiento participativo pueden ver satisfechas sus necesidades como sujetos plenos en cuanto que niños, así como hacer posible su posición participativa.

---

[28] Para el estudio empírico de esta cuestión se utilizó la base de datos de la Encuesta Mundial de Valores, Andalucía (1998) seleccionando ítems especialmente útiles que informan sobre las concepciones de los adultos respecto a la educación de los N,NyA en el contexto de las relaciones de familia. Concretamente la P8 pregunta a partir de "una lista de cualidades que se pueden inculcar a los hijos en el hogar, ¿cuál considera Vd. especialmente importante?" Las opciones de respuesta, sobre las que se solicita mencionar un máximo de cinco, son buenos modales (V14), independencia (V15), esfuerzo en el trabajo (V16), sentido de la responsabilidad (V17), imaginación (V18), tolerancia y respeto hacia los demás (V19), sobriedad y espíritu de ahorro (V20), determinación, perseverancia (V21), fe religiosa (V22), abnegación (espíritu de sacrificio) (V23), obediencia (V24).

En el ámbito familiar comprender este hecho supone transmitir valores que incidan en el reconocimiento del potencial interno del sujeto, que refuercen su autocontrol y que antepongan la independencia a la obediencia. Como en la literatura sociológica se menciona[29], estos valores se sitúan en el espectro "autonomía-heteronomía". En el primer caso se priorizan aquellos aspectos que inciden en el sometimiento del niño a normas que se imponen de forma ajena a los procesos de decisión interna del sujeto[30]. El niño deberá aprender a comportarse conforme unas pautas establecidas externamente por los sujetos socializadores. En el segundo, en cambio, lo relevante estará más en las potencialidades inherentes del niño, en el descubrimiento de su propio ser interno (Gil Calvo, 2001).

La hipótesis se basa en que existe un desfase en la transformación de los valores sociales hacia pautas postmaterialistas y la asunción de este tipo de valores en relación a la infancia. Persisten las concepciones más tradicionales respecto del papel de los niños en nuestra sociedad, pero aumenta la probabilidad de que las concepciones más tradicionales se "actualicen" hacia niveles más participativos. Se compara la población que se muestra favorable a valores materialistas y postmaterialistas

---

29 Jensen & MacKee (2003) afirman que determinados cambios estructurales han llevado a que las relaciones entre padres y niños se produzcan en términos más democráticos, por la asunción de un mayor poder para la negociación por parte de éstos. En términos parecidos, Flaquer (1998) alude a la preferencia por las relaciones más flexibles e íntimas entre padres e hijos, que no sólo alcanzará a los vínculos de pareja, sino que también a las relaciones de los padres con los hijos.

30 Una de las primeras aportaciones realizadas en nuestro país sobre la infancia desde una perspectiva participativa, lleva por título "Cuando mean las gallinas" en alusión al dicho cuyo contenido completo es "los niños hablan cuando mean las gallinas". Como Enrique Gastón apunta, en el tiempo que le tocó vivir "la sociedad discurría al margen de los niños y contra los niños".

analizando la medida en que ambos grupos tienden a adoptar pautas de socialización "heterónomas" o "autónomas" respectivamente[31].

La preponderancia de las pautas "heterónomas" dibuja un panorama social más próximo al estadio tradicional en que los hijos tienen importancia en su dimensión "proyecto", en el que la transmisión de normas y la adecuada recepción de las mismas es el objeto del proceso socializador y en el que se valora el sacrificio sobre el esfuerzo, la fe sobre la imaginación y la obediencia sobre la independencia. El individuo considera oportuno transmitir valores más próximos a modelos autoritarios que democráticos: la participación en la toma de decisiones familiares se cierra dando paso a comportamientos predeterminados por la tradición o la autoridad del progenitor.

En términos generales, la sociedad presenta un mayor grado de identificación con cualidades de tipo heterónomas en comparación con el resto del país. De todas las opciones propuestas (en total se pudo elegir hasta cinco cualidades), las "buenas maneras" resulta ser la cualidad más mencionada; el segundo factor en importancia resultó ser la "tolerancia". Le sigue la cualidad de la "responsabilidad" (como la orientación del sujeto a responder ante los incumplimientos de normas externas). Sólo superó el 50%, un valor típicamente heteró-

---

31 Según Gómez Espino, la preferencia por cualidades heterónomas o autónomas tiende a condicionarse a la adscripción a valores materialistas o postmaterialistas que correlacionan a la vez con variables sociodemográficas. Las cualidades heterónomas se valoran más entre las clases trabajadoras, en los niveles más precarios de formación, entre las mujeres, en las edades más avanzadas, entre los sujetos casados o viudos, y entre aquellos sujetos con mayor número de hijos. En sentido contrario, predominan las cualidades autónomas en las clases medias (no así en la alta), entre los sujetos más formados, entre los hombres, en los más jóvenes, en los separados y divorciados y en los individuos sin hijos.

nomo como es la "obediencia" y un porcentaje mínimo optó por la "determinación" (considerada una cualidad que invita a una situación extrema del autocontrol, esto es, capacidad para imponer las propias decisiones). Obtienen valores intermedios la "religión", la "independencia" y la "imaginación".

La obediencia y la independencia destacan como cualidades modelo, pero se puede afirmar que los adultos andaluces están más interesados en transmitir "buenos modales" y "esfuerzo por el trabajo" que cualidades como la "imaginación", la "determinación" o la "abnegación". No obstante, mantienen un fuerte apego a cualidades típicamente "heterónomas", como la "obediencia", que nos remite directamente al modo en el que se desenvuelven las relaciones paterno-filiales. Se reconoce la "obediencia" como "valor en sí mismo", esencial, pero puede ser que este valor tienda a ser residual en la medida en que las sociedades se democratizan y perder peso a favor de otros como la determinación (capacidad de actuar con autonomía).

Sin embargo, el valor de la obediencia continuaría siendo importante en la medida en que se juzgue esencial para transformar a los niños de "potenciales" (*becoming being*) en seres humanos propiamente dichos *(human being)*: es decir, si se juzga en cuanto que instrumento de socialización este valor continúa teniendo vigencia en la relación con los propios niños.

En cuanto a la "independencia", como cualidad autónoma más valorada, las relaciones no difieren mucho respecto de la cualidad "obediencia". Conviene apuntar que el número de hijos afecta a la opinión sobre el valor de la independencia de la siguiente forma: a medida que incrementa el número de hijos, desciende el interés por esta cualidad (así como la obediencia no se condiciona al número de hijos, su valor antagónico -la "independencia"- sí lo hace). Indagar en el perfil social de quienes son más propensos a elegir una cualidad u otra nos ayudaría a resolver esta incógnita.

El universo valorativo del sujeto es el factor más influyente a la hora de explicar la proximidad a pautas de crianza más o menos autónomas. La edad, especialmente en cuanto a la "independencia" y, junto con la edad, la clase social y el sexo en cuanto a la "obediencia", constituyen el segundo nivel de influencia respecto a otro tipo de cualidades.

Una última reflexión sobre los contextos (lo intra-familiar y lo extra-familiar[32]) nos lleva a afirmar que existe una interacción dialéctica entre las instancias sociales, familiares e individuales, de forma que cuando estamos frente a un niño/a o un adolescente, estamos ante un resultante de la interacción entre su grupo familiar, su contexto sociocultural, económico, institucional y político. Los N,NyA se construyen entre lo interior y lo exterior respecto de la familia.

La familia debería ofrecer una base segura a la que los niños/as puede recurrir con la certeza de ser bien recibidos, reconfortados, tranquilizados, y alimentados. El sentimiento de certeza es necesario para respaldar el acceso de los y las menores al mundo exterior y salir progresivamente del interior de la familia. Cuando la familia no puede ofrecer este sentimiento de base, se genera en el N,NyA una vivencia de incertidumbre ante los posibles acontecimientos que le produce sentimientos de inseguridad, inestabilidad emocional, abandono y desamparo. A veces problemas, considerados del individuo y que se derivan a salud mental, tienen su explicación y sanación en el interno familiar. Por ejemplo, el niño afectado por los conflictos de pareja que está siendo utilizado como proyectil de los cónyuges tiene como resultado síntomas en su conducta que

---

32 Se plantearon temas al respecto en la conferencia de Rosalía Martínez sobre *La socialización olvidada: apuntes para reflexionar* en el Seminario "La situación social de la infancia. Preocupaciones y problemáticas". Centro de Estudios Andaluces (17 de Octubre de 2007) (ejemplar mecanografiado).

van desde el consumo de sustancias psicoactivas hasta intentos suicidas, pasando por dificultades escolares, agresividad, introversión y estados depresivos.

Cuando la familia no puede ejercitar sus funciones por factores externos a ella (empleo, vivienda, migraciones, etc) la organización familiar se ve perturbada por el mundo exterior modificando su mundo interno de forma situacional o episódica o de forma permanente afectando a los integrantes del grupo en la percepción de sí mismos y en la generación de conflictos principalmente. Dentro del contexto social aparece como una constante la pérdida de la certeza generándose una sensación de amenaza del entorno a su integridad psicofísica y a su capacidad de interacción social saludable. Estos impactos del medio social obligan a la familia a reorganizarse con dos efectos posibles en los vínculos familiares: debilitándolos o reforzándolos. Habría que estudiar por qué algunas familias se refuerzan ante la adversidad y otras se destruyen (el asunto de la resiliencia que sería tema para otra ocasión).

Para concluir el apartado de participación, hoy en nuestro contexto occidental se puede considerar la infancia como una categoría social progresivamente emergente, polarizada internamente en dos grupos: los que pueden tener un proyecto biográfico autónomo y los menores con graves dificultades tanto de integración social como para acceder al status de emancipado (es decir más dependientes).

4. LOS MENORES EN DOS CONCEPTOS DE ESTRUCTURA SOCIAL: FAMILIA Y DESIGUALDAD

La evolución del papel jugado por las familias en los procesos de socialización infantil está condicionada por dos grandes fuerzas sociológicas: por el cambio (cambios económicos, demográficos, políticos y de mentalidad operados en el contexto social) y por la estructura y las distintas manifestaciones de la estratificación o desigualdad social (los modelos y pautas familiares de cada etapa que no son homogéneos sino articuladas fundamentalmente por clases sociales).

4.1. La familia: necesidad y recurso para la infancia[33]

En el caso español, y en general de las sociedades occidentales, el modelo de familia y de infancia es el que se corresponde con las nuevas clases medias y que se postula como modelo dominante y modelo de referencia. Las nuevas clases medias no son una unidad con especificidad de clase; presentan una segmentación interna muy acusada, pero es en estas clases medias donde encontramos el modelo de familia e infancia normalizada[34], modelo de referencia para definir los comportamientos "anómalos" de familia y de infancia. Sin embargo, con el cambio social que se viene produciendo, se presentan en la familia síntomas demográficos, legales, de opinión, etc, que apuntan a una mayor flexibilización, pluralismo y laicización de la institución familiar.

Parece haber un consenso generalizado, tanto en los contenidos de investigaciones científicas desde disciplinas sociales (Sociología, Antropología, Psicología, Pedagogía, Trabajo Social, Pediatría y otras), como desde el más concreto sentido común de las gentes en distintas sociedades, sobre la centrali-

---

33 Se trató este asunto en el temario del Programa de Doctorado en desigualdades e Intervención con título *Infancia, familia y sociedad: una aproximación desde la Sociología* impartido por Rosalía Martínez García (documento de trabajo no publicado).

34 El modelo de familia normalizada es cada vez más el "nuclear" con tendencia a diversificar los tipos de familia; además la sociedad de consumo una cierta variedad de clases de hijos: de madre soltera, únicos, ilegítimos, adoptados…etc.

dad e importancia de la institución familiar, como grupo social primario, de cara al desarrollo psicosocial de los niños/as en cualquier sociedad. La experiencia, el conocimiento y la evidencia nos dicen que los niños/as necesitan familias (sean del tipo o modelo que sean) y que la familia parece adquirir todo su sentido siempre y cuando existan niños (biológicos o no) en su seno (Martínez García, 2005).

Hay niños sin familia, o con familias sin recursos (materiales, morales, sociales, etc) que presentan carencias importantes que se reflejan en su salud, en sus relaciones, en sus capacidades, en fin, en sus posibilidades de llegar a adultos socialmente integrados (incluso de llegar a adultos). Es función de la familia conseguir esto. Por tanto, parece fácil deducir y oportuno considerar que la familia es un bien, social para la comunidad, e individual para el desarrollo personal de sus miembros. E independientemente de las consideraciones científicas, lo más importante es que los niños/as que no la tienen, la desean y la necesitan.

La infancia en relación con las instituciones sociales (familia, escuela, mercado, religión, consumo) es el resultado de un largo proceso de institucionalización que ha ido cristalizando sucesivos conjuntos de normas y significaciones sobre lo que es y debe ser el niño. Estos conjuntos tienden a configurar la identidad social de los sujetos, pero también son conjuntos ideológico-simbólicos inestables, en flujo/cambio constante.[35] Entre los N,NyA, además de la familia, otros grupos primarios

---

35 Por ejemplo, es en los años cincuenta del siglo pasado cuando la adolescencia se desarrolló por completo y se convirtió en una fase distinta de la niñez y cuando los medios de comunicación se dirigieron hacia la gente joven como un grupo con identidad propia (a la vez se les construía esa identidad propia): su propia música, sus propios bailes, sus propias ropas, sus propias modas. La imagen del adolescente quedaba íntimamente vinculada a la de la sociedad de consumo y homogeneizada por los medios de comunicación de masas.

surgen gradualmente en la vida diaria si se dan las condiciones apropiadas. Los individuos que por distintas causas se reúnen diariamente en el mismo territorio o ámbito, tienden a desarrollar una estructura de roles y relaciones con mutuas obligaciones y expectativas, normas y valores compartidos y algún sentido de identidad colectiva.

La familia es la unidad social básica, esto es evidente debido a las funciones que cumple y a la universalidad con que se presenta prácticamente en todas las culturas. A pesar de su presencia casi universal en la sociedad humana, las formas y funciones de la familia varían tan ampliamente[36] que su significado particular debe ser verificado en cada caso específico. Sin embargo desempeña un papel importante en la vida de casi todas las personas, estando relacionadas de distintas formas con otras instituciones y estructuras más amplias. La relación entre grupos domésticos, miembros correspondientes a una familia se basa en una reciprocidad que les somete a un interés general, a la constitución de una política económica, a la vez que perpetúa la vida de grupo. Dentro del grupo doméstico está el conjunto compartido de bienes y servicios, a la vez que se da un intercambio de implicaciones afectivas y una diferenciación interna de roles. Se comparte usualmente una residencia común y sus miembros normalmente cooperan en la solución de todas sus necesidades. Entre las funciones psicológicas destaca cubrir la necesidad de afecto y seguridad para padres e hijos.

---

36 La palabra "familia" se aplica a muchos tipos de grupos familiares pero lo que toda familia tiene en común es que incluye personas relacionadas entre sí por los llamados lazos de sangre o relaciones de consanguinidad, pero también por lazos maritales o relaciones de afinidad.

Las relaciones entre los dos tipos de familia (familia de orientación y familia de procreación)[37], los grupos locales y los grupos de parentesco es una de las principales preocupaciones de la Sociología de la infancia, que intenta comprender a las sociedades humanas sobre la base de estos niveles de reciprocidad interrelacionados. En las relaciones familia/infancia es importante detenernos en la conciencia de interacción, con relaciones internas que son: personales (directas), espontáneas, y de larga duración (no necesariamente).

Otra función de la familia de especial compromiso con la sociedad es la de importante instrumento de control social, pues los niños/as valoran la aprobación de su comportamiento por los demás, especialmente por sus padres, y es por ello que se someten a las normas y evitan hacer algo no sea bien recibido. El papel de la familia se centra pues en: responsabilidades de sus miembros (deberes paternos); la función de protección/control y la cuestión de los modelos educativos (de hijos propios, adoptados y acogidos). Respecto al primer punto, la mayor flexibilidad y liberación de la familia se acompaña de un reforzamiento de la responsabilidad siendo los padres los primeros "educadores" del niño; les deben dar "normas"; hacerlos responsables de sus actos; los hijos deben "apropiarse" de las normas y responsabilizarse de su cumplimiento. Se entiende la infancia como un período de inculcación[38] por los padres y de apropiación por los hijos, de un conjunto de

---

37 Hay muchas formas de organización familiar y de parentesco: familia nuclear o elemental, familia extensa, familia compuesta, familia recompuesta (recomposición tras divorcios o separaciones), familia de hecho (sin lazos legales) y familia con filiación no biológica (adopción o acogimiento).

38 La inculcación supone disciplina, autodisciplina y sumisión a la autoridad para el cultivo de un carácter fuerte y preparado para la producción y reproducción de la sociedad y para llegar a ser un buen ciudadano.

valores y normas de comportamiento basado en vínculos emocionales muy potentes.

4.2. Los vínculos y los contextos familiares

En el discurso del Interés Superior del Menor, la familia debería ofrecer una base segura a la que los niños/as puede recurrir. Respecto a la relación entre los vínculos familiares y los niños/as tradicionalmente el vínculo familiar prevalente[39] ha sido el de madre-hijo[40], en detrimento de otras consideraciones sobre la influencia de otros miembros de la familia y otros contextos y en relación a los contextos hay que empezar distinguiendo lo intra-familiar y lo extrafamiliar. No se puede pensar en los N,NyA sin considerar a la familia; son conceptos indisociables y esta consideración va más allá del vínculo de parentesco biológico. En los niños sin familia biológica, toda la red ecológica del niño (familia extensa, vecinos, amigos, familia adoptiva y redes comunitarias) cumpliría las funciones de contención, socialización y orientación necesarias. Por tanto hay que realizar un análisis interpersonal, considerando las manifestaciones de las conductas en relación a su entorno, en

---

39 Se entiende por calidad del vínculo la forma peculiar en que esta unión se produce y puede ser diferente según la coyuntura familiar y las sensaciones que produce: seguridad (apego: conservación de la proximidad con alguien claramente identificado como mejor); inseguridad (apego excesivo) y desamparo emocional (desapego) o disolución progresiva de los vínculos hacia un aislamiento entre los integrantes del grupo familiar hasta que el mundo externo aparece como más gratificante que la propia familia.

40 En el sistema tradicional todas las relaciones legales de filiación pasaban por el padre. Hoy, la mujer puede decidir muchas cosas y la relación madre/hijo cobra toda su importancia: tanto las rupturas de pareja como las dinámicas de recomposición familiar refuerzan el vínculo con la madre al tiempo que se devalúa la posición y la autoridad tradicional del padre.

referencia a la estructura social y a los ambientes -cercano y remoto- pues todo influye de diversas formas en la construcción del sujeto que no es un ente aislado sino íntimamente relacionado con su contexto inmediato, familiar, grupal e institucional (interacción de lo social, lo cultural, las instituciones, lo económico, lo político, los grupos familiares y el sujeto).

Hay que incorporar las dimensiones económica y política por la importancia que tienen en el grupo familiar y por extensión en la niñez, pues la dinámica familiar está marcada por la situación económica general y todo ello relacionado con el papel del Estado en lo político-social. Hay una interacción dialéctica entre las instancias sociales, familiares e individuales, pero en la práctica se suele abordar al niño como algo separado de su contexto de vida, como algo exclusivamente individual, sin observar diversas variables que se influyen mutuamente en cada contexto o ámbito[41].

La teoría más ampliamente aceptada y compartida se basa en las funciones realizadas por la familia para el mantenimiento y la continuidad de la existencia social organizada, ajustándose a una serie de necesidades básicas que se traducen en funciones, como son: la sexual, la económica[42], la reproductiva

---

41 La literatura experta identifica distintos ámbitos al respecto: 1) dentro del ámbito de lo social hay que considerar conjuntamente variables del contexto sociocultural, del medio geográfico, político y económico; 2) dentro del familiar hay que considerar el "aquí y ahora", la historia y prehistoria familiar, las distintas formas de interacción consigo misma y con el contexto social y 3) dentro del contexto individual considerar por un lado la manera particular o singular en que cada sujeto vivencia, interpreta, construye las situaciones de su grupo familiar y la de su entorno social, así como las interacciones recíprocas entre ambos.

42 Hay que destacar la importancia de las funciones económicas que es uno de los principales factores de la consecución de la familia. La cooperación económica también refuerza los lazos entre padres

y la educacional. En el aspecto educacional y los modelos educativos para hijos propios y acogidos (el modelo educativo es transformado en parte por los hijos en relación con los cambios políticos y económicos), hoy se acepta que los padres tienen el derecho y deber de educar al hijo pero mediante pautas "razonables" y límites "flexibles" donde los hijos cada vez tienen más protagonismo. En la cuestión de la protección/control existen sobre todo dos ámbitos temidos: la calle y los medios de comunicación/redes sociales (la preocupación frente a los peligros del mundo exterior refuerza y justifica el tema de la protección, el control y el repliegue institucional del niño en la familia, la escuela y otros espacios protegidos).

Frente a todo esto, cuando se analizan los casos de experiencias de familias acogedoras, el niño/a acogido aporta algunos matices (aunque dignos de una investigación de mayor profundidad), entre otros: una consideración positiva de la autoridad paterna/materna muy valorada como preocupación, cuidado y cariño; distinto valor de lo material y de la abundancia ("*no se necesita tanto*"); otra valoración de la familia en sí misma (como un bien deseado y no tenido) y una socialización en otra cultura y otro ambiente institucional de los que también se aprende (niños acogidos y propios y adultos acogedores en caso de experiencias con otros países).

4.3. Menores y cambios en los modelos familiares

La familia, como institución social, ha modificado a lo largo de la historia sus funciones, su organización y su estructura relacional. En las sociedades occidentales, el Estado interviene

---

e hijos y entre hermanos. La pérdida de estas funciones productivas y de la labor cooperativa que indican por parte de los miembros de la familia es uno de los rasgos más significativos de la familia en las modernas sociedades industriales.

directamente en su configuración mediante leyes que regulan las relaciones de parentesco, los derechos y obligaciones derivados de la alianza y la filiación, las políticas familiares y las políticas de infancia. Falta un corpus de conocimiento riguroso, sistemático y regular de los procesos de cambio de las prácticas y relaciones cotidianas de las familias.

Los niños y niñas, así como los adolescentes, son agentes activos en sus relaciones familiares e interactúan tanto en las dinámicas de transformación familiar, como en las actuaciones que el Estado promueve con respecto a la infancia directamente e indirectamente con respecto a las familias, ya que también son sujetos con derechos propios en nuestra sociedad democrática. El Estado, independientemente de la familia, tiene responsabilidades propias con ellos en tanto que son ciudadanos de derecho y debe asegurarles una vida digna. Los gobiernos han de desarrollar políticas educativas, sanitarias y familiares, pero también políticas específicas de apoyo a aquellos que viven en situación de mayor vulnerabilidad social (riesgo social). Por razones de edad la infancia se encuentra en un estado de moratoria jurídica y política que la hace dependiente, vulnerable y consecuentemente merecedora de una protección. La familia debe recibir de las instancias públicas el apoyo para llevar a cabo su función de crianza y educación, y la acción del Estado debe dirigirse a potenciar las dinámicas familiares positivas (lugar de afecto, solidaridad, aprendizaje de la salud, protección frente a la exclusión, etc) y proteger a la infancia de las dinámicas familiares negativas (lugar de opresión y violencia al débil, de desigualdad extrema y de ruptura del vínculo social, etc.).

Hoy existen más posibilidades de elegir la forma de convivencia, aunque estas opciones se toman con mayor o menor grado de libertad según la posición de los individuos en la estructura social y del papel de la política social en su función de reducir las desigualdades sociales. Y aquí entra la consideración del protagonismo de losN,NyA, ya que la familia contemporánea se entiende mejor si se parte de la perspectiva de la propia infancia donde la relación de filiación es hoy el vínculo social más estable, porque el vínculo entre los progenitores –alianza- es más frágil que en el pasado o puede incluso no existir (reproducción asistida). Muchos niños/as forman parte de familias repartidas en dos hogares (divorcio) manteniendo relaciones diversas y complejas con ambas familias extensas (custodia y autoridad compartidas).

Hay que estudiar cómo ha cambiado la realidad familiar de la población menor y para ello hay que considerar cuatro dimensiones: la evolución sociodemográfica básica; la diversidad de las formas de vida familiar; los cambios relacionales intrafamiliares y con el entorno social exterior, así como la evolución de las desigualdades en las condiciones de vida familiar mostrando desigualdades económicas y culturales según la posición social de las familias y las desigualdades de los N,NyA, donde además, desde los intereses de la infancia, es necesario no estigmatizar a los niños y niñas y adolescentes que viven ya en familias no convencionales, sabiendo distinguir entre experiencias diferentes y experiencias negativas.

4.4. Los N,NyA y el concepto de estratificación/desigualdad social

Los individuos están dotados desigualmente, por ejemplo en salud, fuerza o inteligencia, pero tales diferencias no nos aportan los datos para estudios de estratificación, aunque los sociólogos tienen interés en saber hasta qué punto y de qué manera se asocian las diferencias individuales con las desigualdades sociales. Concretamente, interesa saber cómo surgen estas diferencias, qué comportamientos van ligados a la desigualdad social y qué consecuencias tienen para la infancia y la adolescencia.

En los N,NyA hay una clara relación entre el sentimiento de familia y el sentimiento de pertenencia a una clase social (Martínez García, 2008). Si las familias se estudian en relación a los cambios sociales y económicos, y se indagan las relaciones que surgen entre las clases sociales, la cuestión de la infancia se complejiza porque pierde sus connotaciones de hecho "natural" para participar de las mismas consideraciones que vinculan a las clases sociales con los modelos familiares, pudiendo así tener una comprensión crítica y global de la infancia actual.

Existe una desigualdad adscrita por la edad basada en la construcción social de la edad[43], La edad puede ser biológica, sociocultural y/o administrativa (edad para votar, edad para jubilarse). El grupo de personas que en una sociedad comparte la edad cronológica suele compartir vínculos de interacción definidos socialmente, es decir, comparten una información, unos valores y un código común fundamentalmente donde la persona, en cada momento de su vida internaliza modelos de comportamiento (formales o informales) asociados a su edad, vinculándose así a la estructura social y a las relaciones interpersonales, tanto en ambientes normalizados como en contextos de desigualdad y/o exclusión social.

En la sociedad europea tradicional, como ya mostró Ariès (1985), las divisiones actuales entre infancia, adolescencia, juventud, madurez, tercera edad, e incluso cuarta edad, no tenían lugar. Es a partir de la modernidad con los nuevos Estados, cuando se plantea el control social efectivo a la infancia y la adolescencia a través de la educación, potenciando su dependencia de los adultos y construyéndoles una identidad propia a partir de tres elementos: la legislación laboral infantil, la educación obligatoria y los procedimientos procesales especiales para la juventud (especialmente la introducción de la idea

43 Generalmente el término edad se refiere al tiempo cronológico de la vida de un individuo; sin embargo, la edad biológica o cronológica no indica nada si no se relaciona con el medio sociocultural donde vive el individuo, más notable en aquellas sociedades que han independizado su funcionamiento de los ciclos de la Naturaleza.

de minoría de edad). La posición desigualitaria en recursos, poder y prestigio que, por edad, afecta a los menores les lleva a una relación de dependencia/poder respecto de otros agentes sociales en su trayectoria a la adultez.

4.5. Relaciones de dependencia/poder entre el Estado y las familias

Con independencia de la riqueza global de cada país, la infancia puede ser tratada como un bien social fundamental, que merece la atención y el apoyo específico de los gobiernos, o bien como un bien privado de los padres. Con el tiempo, los Estados intervendrán en las infancias con diferentes políticas de apoyo.

"Una de las medidas del progreso de una nación es la calidad con la que atienden a sus niños: su salud y protección, su seguridad material, su educación y socialización y el modo en que se sienten queridos, valorados e integrados en las familias y sociedades en las que han nacido" (Bericat y Zambrano, 2007, p 3)[44].

Parece claro, pues, que no se pueden analizar las infancias sin conocer la dinámica de la estructura social, de las clases sociales y de las instancias reguladoras de su reproducción.

Se desarrolla una interacción entre ambas instituciones sociales que, consecuentemente, afectan a los N,NyA. En esta evolución el creciente papel regulador del Estado ha ido reduciendo la importancia de las familias tanto en el ámbito económico como en el de la socialización, pasándose del patriarcado familiar a un patriarcalismo de Estado que se logra a través de un complejo movimiento de regulación de las familias con tres

---

[44] Informe Pobreza Infantil en Perspectiva UNICEF. Tomado del informe Actualidad 2007 publicado el Centro de Estudios Andaluces y titulado *Preocupaciones sociales sobre la infancia y la adolescencia.* Consejería de la Presidencia de la Junta de Andalucía.

momentos principales: moralización (se desarrolla una estrategia sobre las familias introduciendo los valores que interesan como privacidad, orden, esfuerzo, responsabilidad, control de los hijos, etc), normalización (es necesario introducir la norma en las familias afectando a las relaciones niños/adultos y el medio idóneo será la escuela) y el contrato-tutela (intervención de instituciones/agencias estatales en el ámbito de la vida familiar, una vigilancia económica y moral para el cumplimiento de objetivos sanitarios y educativos).

La democracia política en España produce reformas sustanciales del sistema educativo y sanitario hacia un incremento de la igualdad. Sin embargo nuestro sistema de bienestar social no ha desarrollado satisfactoriamente políticas de apoyo a las familias en una etapa en la que las transformaciones del papel tradicional de las mujeres han sido considerables. Ante este panorama, según distintos autores y profesionales implicados, se plantea diferentes recomendaciones generales para el desarrollo de políticas de apoyo a las familias que habrían de concretarse en distintas propuestas para debatir[45].

4.6. Desigualdad e infancias: riesgo, exclusión, marginación y estigma[46]

Los sucesivos informes anuales de la UNICEF muestran claramente cuál es el proceso multiplicador por el que la carga

---

45 Entre otras: Subsidios, Permisos laborales (padre y/o madre), servicios diversificados de apoyo a las familias (en especial a personas dependientes), reorganización de los tiempos sociales, cultura parental democrática en el marco comunitario y seguir investigando las situaciones de las familias desde diferentes perspectivas teóricas y metodológicas.

46 Estas cuestiones también han sido ampliamente consideradas por Juan Miguel Gómez Espino en su tesina y en su Tesis Doctoral cita-

más pesada de la recesión económica internacional recae, en la mayoría de los casos, sobre quienes pueden soportarla menos (hoy muchos países tienen que recortar drásticamente los gastos sociales). Las desigualdades Norte-Sur (ricos y pobres) han llegado a un nivel insostenible, donde la pobreza afecta a uno de cada cinco seres humanos. La marginación de los N,NyA no es un hecho aislado, sino un efecto del orden social existente, y ellos, al igual que otros colectivos considerados entre los más débiles, sufren de una forma brutal las consecuencias de la desigualdad y la exclusión social. (De Prada, Actis y Pereda,1989)[47].

En principio son las instituciones normalizadas (familia, escuela y sanidad) las encargadas de una buena socialización de la infancia; pero existen sectores de la población infantil y juvenil que, por diversas razones, no se benefician de éstas y quedan en situación de riesgo social[48]. En su análisis hay que tener presente las instituciones sociales "normalizadas" en las que viven los menores (familia, escuela, barrio, sanidad...), así como las instituciones "especializadas" que les puedan afectar: el sistema de protección a la infancia en situación de riesgo

---

das en la bibliografía.

47 En los encuentros del MIDADEN se recoge la experiencia vital de millares de grupos de niños de más de 40 países, expresando sus propios problemas y la acción de los niños frente a los mismos, presentando una descripción de sus condiciones de vida con tintes muy sombríos.

48 La literatura especializada afirma que existe riesgo social cuando los vínculos familiares con el contexto social se rompen y los niños y niñas se ven privados de los recursos que precisan para su adecuado desarrollo personal y social. Un menor se encuentra en situación de riesgo cuando de hecho le faltan los elementos básicos para el desarrollo integral de su personalidad, obstaculizándolo (menor desprotegido) o no garantizando la protección de sus derechos fundamentales (menor en desamparo).

(incluye la protección a la familia) y el sistema de justicia juvenil donde se encuentran menores que han pasado de una situación de riesgo social a formar parte de la población en conflicto social (Villalba Quesada, Martínez García, Gómez Espino et al, 2008)[49].

Toda situación de riesgo equivale a una ausencia de igualdad de oportunidades para un menor y constituye una injusticia social que hay que analizar y corregir en varios frentes. El conocimiento de la situación de la infancia en riesgo social ha de abordarse a través de indicadores sociales[50] desde tres perspectivas distintas: contexto familiar (problemas familiares de los menores y sus indicadores sociales), contexto personal (problemas personales de los menores y sus indicadores sociales y contexto social (problemas relativos al contexto social y sus indicadores). Todo ello solo contempla parcialmente la realidad de la vida de las infancias. Los N,NyA solo son visibles cuando pueden ser objeto de protección o reforma.

Retomando las afirmaciones de Lourdes Gaitán, la modernización de la infancia conlleva considerar algunos rasgos propios de la modernidad, como la individualización y el retorno al primer plano del individuo autónomo, pensante y actuante desde su individualidad. En este proceso el bienestar social puede ser un valor social, un pacto o un conjunto de políticas. En el caso de la infancia, ésta está afectada por la Convención de los de-

---

49 Esta doble vía de prestación social tiene algunos problemas: la invisibilidad de la infancia (los usuarios de los servicios de ayuda son adultos intermediarios) y, además, las necesidades y las situaciones de riesgo son cambiantes y evolutivas.

50 Los indicadores sociales son descriptores de una realidad; son señales que nos informan; en este caso son síntomas que denuncian y sirven de instrumento y guía para la intervención social ante necesidades de carácter psicológico, subjetivas u objetivas, individuales o compartidas para que en función de ellas se puedan diseñar las políticas sociales que pretenden incidir en la mejora social de la infancia.

rechos del Niño: responsabilidad (entre la familia y el Estado) sobre los menores, protección y provisión de medios suficientes para su desarrollo y derecho a participar en la vida social. Las opciones de la sociedad española respecto a los niños se orientan en dos sentidos: proporcionarles una educación útil para su carrera profesional y dejar en manos de la familia la crianza y el sustento de forma que la infancia queda inserta en el ámbito de lo público, en el sistema educativo, y en el ámbito privado, en la familia (condicionada/mediada por la clase social y la posición de sus padres en el mercado de trabajo).

Hoy se necesita incrementar el conocimiento científico y social sobre la infancia y la familia para articular políticas de bienestar, aunque en el proceso de conocimiento de la infancia como objeto de investigación sociológica se ha evidenciado problemas como la invisibilidad social (concepción como un conglomerado de individuos diferentes) lo cual impide analizarla y comprenderla en su complejidad.

Ante el título del epígrafe, quizá lo primero que hay que hacer es reflexionar sobre el reciente interés por las situaciones de desigualdad que afectan a la infancia o las infancias como objeto de análisis científico desde la Sociología y pese a todas las iniciativas para superar la desigualdad que afecta a N,NyA a nivel global[51].

En las sociedades desarrolladas, se tiende a universalizar y considerar los problemas de la infancia de clase media como "normales", sin que los niños de las clases desfavorecidas apenas estén presentes en su discurso. Son los "otros niños", distin-

---

[51] Según distintos estudios los avances más significativos se refieren a la disminución de la mortalidad infantil, pues en lo demás puede apreciarse un empeoramiento de problemas como: el derecho a la educación; los espacios para jugar; y se teme la peligrosidad en las calles; explotación en el trabajo de los niños; los malos tratos por los adultos y otros tipos de violencia entre iguales.

guiendo entre aquellos niños marginados que son "víctimas" (*estrategias de protección*) de la pobreza o del abandono familiar de los que se vuelven "peligrosos" (*estrategias de control y reinserción*) por causa de conductas desviadas y/o malos hábitos.

En una sociedad global y compleja como la nuestra no existe dos realidades sociales idénticas; además la diversidad y distinta valoración de las infancias son consecuencia de diversos factores históricos, culturales, económicos, jurídicos, etc. Una de estas infancias de la desigualdad es la infancia en situación de vulnerabilidad o riesgo social. Y existe riesgo social cuando los vínculos familiares con el contexto social se rompen y los niños y niñas se ven privados de los recursos que precisan para su adecuado desarrollo personal y social. Un menor se encuentra en situación de riesgo cuando de hecho le faltan los elementos básicos para el desarrollo integral de su personalidad, independientemente del origen de esta situación, aunque en la mayoría de las ocasiones no existe una sola causa de las situaciones de riesgo social y los diferentes factores suelen estar interconectados. Cuando la situación de riesgo es grave, es decir, no garantiza la protección de sus derechos fundamentales, se trata de una situación de desamparo y en esa situación se encuentran muchos N,NyA en la actualidad.

4.7. La infancia en espacios de riesgo

A pesar del propósito secular de la Sociología de aportar explicaciones más allá de las evidencias comúnmente supuestas sobre el carácter natural de la realidad social, el acercamiento hacia la infancia ha resultado una excepción en esta regla de conducta epistemológica (Gómez Espino y Martínez García, 2004). Así, en el estudio de la infancia se ha enfatizado su dimensión "natural" o "biológica" convirtiendo al hecho infantil en un asunto, en cierta medida, ajeno a su objeto de estudio cuya consecuencia es que la infancia, en una situación de dependencia respecto del adulto, se ha contemplado desde una perspectiva eminentemente pasiva, convirtiéndose los N,NyA en meros receptores de contenidos de "socialización".

De lo descrito con anterioridad se deriva un tratamiento superfluo de la realidad infantil. Dicho de otro modo, la infancia se "invisibiliza" consecuencia de la consideración de los niños como individuos "presociales", cuya aportación al mundo social se posterga hasta el momento en que se produce su ingreso en la esfera adulta. A la "invisibilización" de la infancia contribuye de una forma activa el papel atribuido a la familia que aplica sobre aquella un "manto envolvente" que los difumina.

El modo de reivindicar la posición del "niño" como sujeto social íntegro ha consistido en acentuar los rasgos identificadores antes que los aspectos que tienden a escindir la infancia como realidad profundamente diferenciada. Por ejemplo, entre los aspectos identificativos de la infancia, se ha destacado su situación marginal en la esfera social y, particularmente, en las dimensiones legal y material. En el terreno legal, los niños padecen una situación discriminatoria en el ejercicio de determinados derechos, encontrándose éstos restringidos al disfrute por parte de los adultos –dándose para el caso de la infancia la única excepción por razón de edad al principio de igualdad jurídica (garantía de su protección).

Sin embargo, conviene insistir en aquellos aspectos que suponen el reconocimiento de elementos diferenciales existentes dentro del colectivo infantil, como la clase social, el género, las diferencias rural-urbano, y dentro del ámbito urbano, las distintas realidades en función de contextos espaciales específicos como el constituido por las zonas caracterizadas por el predominio de situaciones de exclusión social. Resulta de igual modo destacable la crítica más o menos explícita que desde el campo emergente de la "Sociología de la infancia" se realiza al predominio del análisis de la infancia en determinadas esferas: la infancia en riesgo social (atendiendo a la ausencia de protección) o de la infancia desviada (atendiendo a la existencia de déficit en el proceso de socialización) o a la infancia en formación (atendiendo a la consideración de la institución educativa como ámbito clave en el proceso de conversión del niño en adulto "normalizado").

En el fondo de estas apreciaciones se evidencia una concepción crítica en torno al análisis predominante respecto de la infancia "problemática" y la tendencia a silenciar su existencia. Tendencia consistente en concentrar su atención en determinadas cuestiones problematizantes como los entornos estigmatizados y hay que recordar que el estigma, y la consideración negativa que se cierne sobre quienes lo padecen, actúa de manera especialmente dañina sobre la autopercepción identitaria de los seres humanos, incluidos los N,NyA (tema extenso y complejo para el objetivo de este capítulo).

En resumen, el surgimiento de una Sociología de la Infancia se explica a partir de una redefinición de lo infantil y lo adolescente, dentro y fuera de la familia, que señala la aparición de un mundo distinto a todo lo anterior, construido sobre transformaciones culturales del presente que están creando una infancia diferente: manipulable clientela de la publicidad; eje importante de las transformaciones familiares; objeto de la intervención estatal; la importancia de la socialización para una ciudadanía con derechos y deberes; las variedades étnicas y culturales en sociedades que van hacia la multiculturalidad, y, por último, en las situaciones de desigualdad y exclusión donde no se puede obviar la infancia en riesgo social.

El hecho de considerar a los N,NyA como actores socialmente reflexivos tiene consecuencias prácticas y sociales que van mucho más allá de la perspectiva teórica. En efecto se ha ido evolucionando hacia un cambio de perspectiva que se refleja también en la aparición de cambios legales y políticos que enfatizan crecientemente los derechos específicos de la infancia: Declaración Universal de los derechos Humanos de las Naciones Unidas (1948) y Convención de los Derechos del Niño (1989).

Por otra parte, al estudio sociológico de la desigualdad social le interesa la distribución desigual de bienes y servicios, derechos y obligaciones, poder y prestigio, considerando que todos estos son atributos de posiciones en la sociedad, no atributos individuales. Y de nuevo hemos de hacernos la pregunta ¿dónde o cómo están los niños/as?: con/sin prestigio (debate: niños deseados/ no atendidos); sin propiedad (debate: sin su control o decisiones); con algo de poder (debate: sin su existencia se acaba la reproducción social).

Y concluyendo definitivamente, como defiende Manfred Liebel (2002), en las ciencias sociales los enfoques teóricos sobre la infancia están en revisión. Está ganando importancia enfocar desde la perspectiva de niños/as, más sensible para el presente y la vida cotidiana de ellos; tomando en cuenta sus propias visiones y aportes a la sociedad. ¿Significa esto que tienen más poder y protagonismo? En Europa hay interpretaciones contradictorias de las tendencias hacia más autonomía y subjetividad de la infancia:

De un lado, los niños salen del rol de "objetos de formación" y "recipientes de suministros" para pasar a "individuos activos" sobre los que la sociedad adulta ya no puede disponer a voluntad. Prueba de ello: los niños como "sujetos de derechos" o la autonomía de los niños como actores competentes frente a nuevas tecnologías y medios de comunicación; también como consumidores conscientes.

De otro lado, el ampliar el espacio de actuación conlleva cargas y riesgos en la asunción de una responsabilidad creciente entre los niños/as: tomar tempranamente decisiones sobre su vida. Se supone que este "nuevo sujeto autónomo" se corresponde con la flexibilización de las relaciones entre infancia, familia, mercado y Estado.

La Sociología ha estudiado al niño/"proyecto de adulto" como un ser que ocupará una posición determinada dentro de la estructura social. Su consciencia y su modo de vida vienen determinados por esta posición que ocupa. Los N,NyA comparten y se forman desde una serie de rasgos peculiares humanos que poseen importancia sociológica y que podemos aplicar al niño/a como "persona en proyecto". A partir de todo ello, sabemos que la conciencia y realidad subjetivas de los niños/as son fruto de: sus recursos biológicos-individuales (edad, sexo, belleza, inteligencia...); su proceso de aprendizaje o socialización; la comunicación con otros miembros de la sociedad; su posición en la estructura social y los medios disponibles en su contexto ambiental. A través de una evolución de planteamientos desde la visión adultocéntrica de la infancia, se llega hoy a un niño/a que se desarrolla dentro del contexto social en que vive, pero que empieza a ser considerado un sujeto social. En las sociedades actuales la infancia se encuentra en un profundo proceso de transformación: quizás cada día es menos un objeto de protección excluido del mundo adulto, y más una infancia incluida en la sociedad con más responsabilidad y participación

5. REFERENCIAS BIBLIOGRÁFICAS

ARCHARD, D. (2004), *Children, Rights and childhood,* Routledge, Londres.

ARIÉS, P. (1985), *El niño y la vida familiar en el Antiguo Régimen,* Taurus, Madrid.

BENEDICTO, J. (2002), conferencia *"Infancia y juventud. nuevos sujetos de ciudadanía: un reto para la sociología de la infancia"*,Curso Internacional de Verano (9-12 julio 2002), Colegio profesional de politólogos y sociólogos, San Martín de Valdeiglesias, Madrid (ejemplar mecanografiado).

BERICAT, E. y ZAMBRANO, I. (2007), *Preocupaciones sociales sobre la infancia y la adolescencia,* Centro de Estudios Andaluces, Consejería de la Presidencia, Junta de Andalucía.

CASAS, F. (1998), *Infancia: perspectivas psicosociales,* Paidós, Barcelona.

CASAS, F. (2002), ponencia "*Infancia y representaciones sociales*" en el Curso Internacional de Verano "El espacio social de la infancia", San Martín de Valdeiglesias, Madrid, Colegio Oficial de Politólogos y Sociólogos de Madrid (ejemplar mecanografiado).

CHACÓN MARTÍNEZ, A. (2019), *El interés superior del menor: historia de un reconocimiento jurídico en los derechos humanos para la infancia (siglos XVIII-XXI),* Editum. Ediciones de la Universidad de Murcia, Murcia.

CORSARO, W.A. (1997), *The Sociology of Childhood,* Thousand Oaks (Ca,l), Pine Forge Press.

CUELLAR VÁZQUEZ, A. (2006), "Estado del arte de la sociología jurídica en América Latina" en Enrique de la Garza Toledo (coord.), *Tratado Latinoamericano de Sociología,* Ed. Anthropos, UAM, México.

DE PRADA, MA., ACTIS, W. y PEREDA,C. (1989), *Infancia moderna y desigualdad social. Dispositivos de regulación y exclusión de los niños "diferentes"*, Estudio realizado por el Colectivo OIA en Documentación Social, Revista de Estudios Sociales y de Sociología Aplicada, nº 74. Ed. Caritas Española, Madrid.

ELÍAS, N. (1987), El proceso de la civilización: investigaciones sociogenéticas y psicogenéticas, Fondo de Cultura Económica, Madrid.

FAZZIO, A y SOKOLOVSKY, J. (Coord) (2006), *Cuestiones de la niñez. Aportes para la formulación de políticas públicas,* ed. Espacio, Buenos Aires.

FLAQUER, L. y OLIVER, E. (2004) "Las políticas de apoyo a las familias"en GÓMEZ GRANEL, C., GARCÍA MILÁ, M., RIPOLL-MILLET, A. y PANCHÓN, C. (Coords) *Infancia y familias: realidades y tendencias,* ed. Ariel, Barcelona, pp. 63-79.

FRONES, I. (1994), "Dimensions of Childhood", QVORTRUP, J., BARDY, M., SGRITTA, G., WINTERSBERGER, H. (Eds.), *Childhood Matters. Social Theory, Practice and Politics,* European Centre of Viena, Avebury.

GAITAN MUÑOZ, L. (1999), *El espacio social de la infancia,* Consejería de Sanidad y Servicios Sociales, Madrid.

GAITAN MUÑOZ, L. (2002), *Sociología de la infancia en España. Estado de la cuestión,* Participación en el Curso Internacional de Verano "El espacio social de la infancia", San Martín de Valdeiglesias, Madrid, Colegio Oficial de Politólogos y Sociólogos de Madrid (ejemplar mecanografiado sobre "*Infancia y estado del Bienestar*").

GAITAN MUÑOZ, L (2002), comunicación "*Ideas para desarrollar la sociología de la infancia en España*", presentada en el Curso Internacional de Verano "El espacio social de la infancia", San Martín de Valdeiglesias, Madrid, Colegio Oficial de Politólogos y Sociólogos de Madrid (ejemplar mecanografiado).

GAITÁN, L. Y LEAL, J. (2006), "La nueva sociología de la infancia. Aportaciones de una mirada distinta", *Revista Política y Sociedad,* Vol. 43, Nº 1, Sociología de la Infancia, Publicación de la Universidad Complutense de Madrid.

GASTÓN, E. (1978), *Cuando mean las gallinas. Una aproximación a la sociología de la infancia,* ed. Ayuso.

GIL CALVO, E. (2001), Nacidos para cambiar: cómo construimos nuestras biografías, Taurus, Madrid.

GÓMEZ-GRANELL, C., GARCÍA MILÁ, M., RIPOL-MILLET, A. y PANCHÓN, C. (Coords) (2004), *Infancia y familias: realidades y tendencias,* ed. Ariel, Colección Observatorio de la infancia y las familias.

GÓMEZ ESPINO, J.M. (2002), Suficiencia Investigadora (Universidad Sevilla) *Infancia y exclusión social. Estudio exploratorio del caso de Torreblanca (Sevilla),* Dirección MARTÍNEZ GARCÍA, R. (ejemplar mecanografiado).

GÓMEZ ESPINO, J.M. Y MARTÍNEZ GARCÍA, R. (2004), "La infancia en espacios de riesgo. Un estudio de caso" (125-140), en BLANCO LÓPEZ, J. Y MALAGÓN BERNAL, J.L. (coords), *La realidad social andaluza a debate,* Actas del II Congreso de Escuelas Universitarias de Trabajo Social de Andalucía, Consejería de Asuntos Sociales, ed. Empresa de Servicios Sociales e Intervención Social, Sevilla.

GÓMEZ ESPINO, J.M. Y MARTÍNEZ GARCÍA, R. (2006), "Riesgo y encantamiento en la construcción social de la infancia", *El cambio social en España. Visiones y retos de futuro,* (87-102), Centro de Estudios Andaluces, Consejería de la Presidencia, Junta de Andalucía.

GÓMEZ ESPINO, J.M. Y MARTÍNEZ GARCÍA, R. (2007), "Los valores sobre la participación de la infancia en la vida familiar: un análisis de la encuesta mundial de valores en Andalucía", *Revista de Estudios Andaluces* nº 26, Secretariado de Publicaciones de la Universidad de Sevilla.

GÓMEZ ESPINO, J.M. Y MARTÍNEZ GARCÍA, R. (2008), "Infancia, familia, Estado y adopción", cap. 3, *La adopción de menores: retos y necesidades, Universidad Pablo de Olavide;* Obra Social Cajasol y LLAR, Sevilla, pp. 72-88.

GÓMEZ ESPINO, J.M. (2009), Tesis Doctoral "*Infancia, control y participación: los discursos de los actores en el contexto del cambio familiar y social*", Dirección MARTÍNEZ GARCÍA, R., UPO (ejemplar mecanografiado).

INGLEHART, R. (2001), Modernización y posmodernización: el cambio cultural, económico y político en 43 sociedades, *Madrid: Centro de Investigaciones Sociológicas.* Siglo XXI.

JAMES, A. y PROUT, A. (ED) (1997), *Constructing and reconstructing Childhood: Contemporary Issues in the Sociological Study of Childhood,* Farmer Press, London.

JENSEN, A. y MCKEE, L. (2003), *Children and the changing family. Betweeen transformation and negotiation,* London, Routledge Falmer.

LIEBEL, M (2002), Ponencia *Repensar la mirada adulta. pobreza infantil, trabajo infantil y nueva subjetividad de la infancia* presentada en el Curso Internacional de Verano "El espacio social de la infancia", San Martín de Valdeiglesias, Madrid, Colegio Oficial de Politólogos y Sociólogos de Madrid (ejemplar mecanografiado).

LORA, L. (2005), "La condición posmoderna y su dimensión política: la modernización. Incidencia en el sector de la población infantil" en Jornadas Nacionales de Filosofía y Ciencias Políticas. Mar del Plata (Argentina).

LORA, L. (2009), "Nuevos modos socio-jurídicos de pensar la infancia", Ponencia en el X Congreso de Sociología Jurídica. Comisión 5 Familia, niñez y adolescencia. Córdoba (Argentina).

QVORTRUP, J. et AL (1994), *Childhood Matters: Social Theory, Practice and Politic,* Avebury, Viena.

QVORTRUP, J. (2002), conferencia inaugural "SOCIOLOGY OF CHIDHOOD", en el Curso Internacional de Verano "El espacio social de la infancia", San Martín de Valdeiglesias, Madrid. Colegio Oficial de Politólogos y Sociólogos de Madrid (ejemplar mecanografiado).

MARTÍNEZ GARCIA, R. (dir) (2002), Informe: "*Estudio de necesidades y recursos de la población infantil de tres zonas deprimidas en la ciudad de Sevilla (Polígono Norte. Polígono Sur y Torreblanca)*", a partir de la investigación encargada y subvencionada por la Diputación Provincial de Sevilla, El Ayuntamiento de Sevilla y la Junta de Andalucía según el Plan de Actuación en Zonas con Necesidades de Transformación Social (ZNTS). (ejemplar mecanografiado).

MARTINEZ GARCÍA, R. (2005), Curso en el Programa Oficial de Doctorado y Diploma de Estudios Avanzados Doctorado en Ciencias Sociales y Trabajo Social. Desigualdades e Intervención Social, (2ª edición), con el título *"Estado, familia e infancia"*, Universidad Pablo de Olavide (documento de trabajo).

MARTÍNEZ GARCÍA, R. (2005), *"Acogimiento temporal de niños en Andalucía: experiencias, programas e investigación"*, en el Curso "Cooperación Internacional e Infancia: una mirada hacia la inequidad desde Andalucía", de los Cursos de Verano "Olavide en Carmona", 3ª Edición, UPO.

MARTÍNEZ GARCÍA, R. (2007), Ponencia sobre: "Problemáticas y necesidades de investigación en Andalucía" en el Seminario *La situación social de la infancia. Preocupaciones y problemáticas"*, organizado por el Centro de Estudios Andaluces, Consejería de la presidencia, Junta de Andalucía en Sevilla.

MARTÍNEZ GARCÍA, R. (2008), "Una mirada hacia la consideración de la desigualdad en la infancia", en VELA SÁNCHEZ, A.J. (Coord), *Globalización, inmigración y derechos de la infancia,* UPO, Save the Children y Observatorio de la Infancia de Andalucía. Ed. MAD, SL, Sevilla.

MARTÍNEZ GARCIA, R. Y GÓMEZ ESPINO, J.M. (Coord.) (2008), *La adopción de menores: retos y necesidades,* Sevilla.

MARTÍNEZ GARCÍA, R. (2021), lección inaugural del curso académico "*La naturaleza humana y su carácter social: un abordaje interdisciplinar"* en BICEFACS nº 10.

MARTÍNEZ MUÑOZ, M. (2002), Comunicación "Los derechos políticos de la infancia desde la perspectiva adulta" Este trabajo fue elaborado por J.A. LIGERO LASA y M. MARTÍNEZ MUÑOZ para la Oficina del defensor del Menor en la Comunidad de Madrid donde está publicado (2001). Tomado del documento con las ponencias ofrecidas en el Curso Internacional de Verano (9-12 JULIO 2002) "El espacio social de la infancia", San Martín de Valdeiglesias, Madrid, Colegio Oficial de Politólogos y Sociólogos de Madrid (ejemplar mecanografiado).

MAYALL, B. (2002), ponencia "Chilhood and social theories" en el curso internacional de verano (9-12 JULIO 2002) "El espacio social de la infancia". San Martín de Valdeiglesias, Madrid. Colegio Oficial de Politólogos y Sociólogos de Madrid (ejemplar mecanografiado)

MORENTE, F. (2002), comunicación: *"La Cenicienta. Metáforas de la alegoría social de la infancia: o el lado oculto del relato"* en el Curso Internacional de Verano (9-12 JULIO 2002) "El espacio social de la infancia", San Martín de Valdeiglesias, Madrid, Colegio Oficial de Politólogos y Sociólogos de Madrid (ejemplar mecanografiado).

MORO, A.C. (2002), *Manuale di diritto minorile,* ed. Zanichelli, Bologna.

MUÑOZ, C. (1995), *La participación de la infancia y la juventud en la vida social. Promoció y participació de l´infancia i la juventud en la vida social,* Ajuntament de Barcelona.

SANCHEZ MARIN, J.J. (2002), comunicación "La participación infantil", en el Curso Internacional de Verano "El espacio social de la infancia", San Martín de Valdeiglesias, Madrid, Colegio Oficial de Politólogos y Sociólogos de Madrid (ejemplar mecanografiado).

SAURI SUAREZ, G. (2002), ponencia "*Participación infantil: un juego en serio*" en el Curso Internacional de Verano "El espacio social de la infancia", San Martín de Valdeiglesias, Madrid, Colegio Oficial de Politólogos y Sociólogos de Madrid (ejemplar mecanografiado).

VILLALBA QUESADA, C., MARTÍNEZ GARCÍA, R., GÓMEZ ESPINO, J.M. y OTROS (2008), *Informe (borrador): I+D La política de protección a la infancia en Andalucía desde una perspectiva judídico-social* como resultado del proyecto homónimo dirigido por ROSARIO VALPUESTA FERNÁNDEZ (ejemplar mecanografiado).

Capítulo VII

La oportunidad de la mediación para la construcción de la corresponsabilidad parental por el interés superior del menor

MARÍA JOSÉ RUIZ GARCÍA

Profesora Contratada Doctora . Universidad de Huelva

1. INTRODUCCIÓN

En la última década, la mediación como método auto compositivo de gestión y resolución de conflictos ha experimentado un gran salto, dejando de ser únicamente un complemento al sistema judicial, y ser una alternativa y una forma de hacer justicia. En la actualidad, el paradigma de la sentencia judicial como único modo de resolver conflictos ya no existe. La jurisdicción ordinaria resulta eficaz cuando el conflicto es esencialmente de naturaleza jurídica. Desde la Teoría del Conflicto, conocemos que la base de muchos conflictos está en la relación, donde el poder, la identidad, la comunicación y las emociones, entre otras variables, condicionarán su evolución (Burton, 1990; Lederach, 1989; Muldoon,1998). Por ello, en los conflictos interpersonales, como los familiares que trascienden al ámbito judicial, facilitar a las personas la comunicación en aras de promover entendimiento y favorecer los procesos de toma de decisiones, es una manera de impartir Justicia.

Un conflicto paradigmático en el ámbito familiar es el que se produce con la ruptura de la pareja, matrimonial o no, cuando existen menores. En ese momento, deben determinarse las medidas necesarias para construir la corresponsabilidad parental tras la ruptura en un contexto nuevo. Es un conflicto altamente judicializado de forma contenciosa, incluso cronificado en los tribunales de justicia, conforme a los datos del Instituto Nacional de Estadísticas[1] (INE). Además del protagonismo en sede judicial, este conflicto adquiere relevancia

[1] https://www.ine.es/dynt3/inebase/index.htm?padre=3244&capsel=3327. El Instituto Nacional de Estadística (INE), recoge anualmente los datos sobre el número de sentencias sobre separaciones, nulidad matrimonial y divorcios. Los datos del INE, que en los últimos años rondan los 95.000 divorcios con hijos menores al año, si bien hay una tendencia coincidente con el descenso importante de la natalidad en nuestro país.

social, por los intereses llamados a proteger de alcance constitucional. Lo que justifica la búsqueda de fórmulas o métodos complementarios o alternativos a los legalmente establecidos, en aras de mayor eficacia y eficiencia en su resolución. El proceso o cauce de gestión de este conflicto, puede resultar clave para una resolución más eficaz y satisfactoria para todos los implicados, especialmente para el interés superior que representan los menores.

La disolución del matrimonio vio simplificada su tramitación con la Ley 15/2005, de 8 de julio, por la que se modifica el Código Civil y la Ley de Enjuiciamiento Civil en materia de separación y divorcio. España tiene un índice muy alto de separación y divorcio, lo que determina un volumen importante de crisis familiares en las que se encuentran inmersos muchos menores. Por regla general, en estas situaciones de ruptura, los progenitores tienen que esforzarse en tratar de tomar la decisión dirigidas a poner fin a su relación como pareja. Al mismo tiempo, ante las existencias de hijos menores, deben reorganizar sus vidas y recontextualizarla. Mantener una relación parental normalizada hacia al futuro, por el bienestar de sus hijos. Realmente todos los miembros del núcleo familiar se ven obligados a adaptarse a una nueva situación y es la responsabilidad de ambos progenitores velar por el interés superior del menor (Gatcía Garnica, 2009, pp. 1-8). Ante el cambio del contexto familiar, las relaciones del núcleo familiar demandan una transformación o giro que permita seguir asumiendo las mismas –o aproximadas– funciones parentales, fuera de la relación conyugal o de pareja. La complejidad está servida, pues junto a conversaciones de "cierre" como pareja, resulta implicado un interés superior que se superpone a los progenitores, y que "abre" conversaciones de una renovada relación parental. Las medidas que los progenitores están llamados a determinar sobre sus hijos, van a determinar en gran medida la organización de sus vidas, y estará muy condicionada a la ejecución que de ellas hagan sus padres. Si son negociadas tiene una mayor probabilidad de cumplimiento otorgando con ello mayor estabilidad a la relación paternal y a los menores.

Desde una perspectiva jurídico-procesal, el interés del menor ha justificado siempre fórmulas de especialización procesal (juzgados de especialización en materia de familia, los equipos psicosociales de apoyo al juez en el proceso de tomar decisiones). Dichas medidas procesales, se dirigen fundamentalmente a tratar de facilitar al juez el proceso de toma de decisiones sobre los aspectos relativos a los menores tratando de garantizar la protección constitucional que el ordenamiento le dispensa. Sin embargo, la incorporación de la mediación en nuestro ordenamiento jurídico supone disponer de un método complementario y/o alternativo, que genere un espacio a las familias para favorecer el proceso de toma de decisiones consensuada, sobre aquellos aspectos que el ordenamiento les invita a definir (art.90 CC) bajo el criterio del mejor interés del menor. En este sentido, entendemos que promover el uso de la mediación con carácter previo a la interposición de la demanda de divorcio o por responsabilidades parentales, resulta un mecanismos o método preventivo que se pone directamente al servicio de las familias. Si la familia cuenta con la posibilidad de ser asistido en el proceso de tomar decisiones, se favorece la posibilidad de autogestión del conflicto, que es lo que el legislador estima conforme al art. 90.CC y a la teoría de los actos propios. Pudiendo resultar clave para la eficacia de los compromisos adoptados.

Trataremos de reforzar estas afirmaciones, en primer lugar, abordando algunas de las variables y particularidades del conflicto derivado de la ruptura de parejas con menores a su cargo, y los efectos del divorcio sobre los hijos, que puede implicar una vulneración involuntaria del interés del menor. Y en segundo lugar facilitaremos los datos de una investigación realizada en centros públicos donde se realiza mediación a las familias, antes de la judicialización del conflicto, así como una vez judicializado, por derivación expresa del juez a mediación.

Las hipótesis y resultados de este trabajo, y la experiencia mediadora, nos permite afirmar la necesaria incorporación de la mediación previa a la judicialización del conflicto, como método que facilita y favorece los procesos de toma de decisiones a las familias.

2. ALGUNAS PARTICULARIDADES DEL CONFLICTO FAMILIAR TRAS LA RUPTURA DE PAREJA CON MENORES: TRANSACCIÓN VERSUS TRANSICIÓN

La ruptura de la relación entre los progenitores, incluso cuando es acordada, suscita la necesidad de un cambio que afecta a las reglas de funcionamiento de la familia. En función de cómo se produzca el afrontamiento de dichos cambios, pueden ser una oportunidad de crecimiento y avance para esa familia, o todo lo contrario. Por ello, como afirma Bolaños (2008), la separación de una pareja constituye una crisis de *transición* que determina una realidad familiar más compleja, aunque no por ello necesariamente más perjudicial. El reto en la gestión de la ruptura para los progenitores exige una doble tarea, separar las cuestiones conyugales, para preservar la continuidad de las funciones parentales, en prevención del daño que la gestión de estos procesos puedan derivar en todos los miembros de la familia. Sin embargo, desde la perspectiva legal, la ruptura de pareja o el divorcio se contempla como una crisis *transaccional* al amparo del art. 90 del Código Civil (CC). Donde se ofrece una oportunidad de autodeterminación de unas medidas que pueden ser informadas por el Fiscal y refrendadas por el Juez. El volumen de casos contenciosos gestionados los tribunales de justicia[2] evidencia la dificultad que tienen los protagonistas

---

[2] https://www.ine.es/dynt3/inebase/index.htm?padre=3244&capsel=3327.

de este conflicto para tomar decisiones y decidir las medidas referidas del art. 90 del CC de forma autónoma.

El conflicto familiar derivado de la ruptura de la pareja que debe seguir ejerciendo sus responsabilidades parentales, suele obedecer a una diversidad de causas, variables y factores condicionantes que deben tenerse en cuenta a la hora de gestionarlo. Siguiendo a Pittman (1990), entendemos que la ruptura de la pareja supone una crisis de desarrollo evolución[3], en las que una superación adecuada facilita la evolución normalizada de la familia. Sin embargo, innumerables crisis psicosociales familiares se acumulan en los juzgados, donde la respuesta sólo puede ser legal, y esa no se ajusta a la respuesta evolutivas de la familia. De esta manera, se genera una auténtica dependencia de dichas familias del sistema legal para la resolución de su crisis, que suele resultar altamente insatisfactoria e ineficaz. Milne (1988) entiende dicha disputa, como la interacción de cuatro aspectos del conflicto: psicológico, comunicacional, sustantivo

3 Pittman (1990) describe cuatro tipos de crisis o tensiones familiares, que pueden presentarse aisladamente o superponerse: *Crisis de desarrollo o evolución:* son universales y parecen inevitable en cada etapa de la vida. Son los conflictos más esperados y requieren de cambios dentro del sistema familiar. Algunos pueden ser repentinos y otros graduales. Son crisis reales, y deberían ser manifiestas. El problema aparece cuando la familia intenta impedir la crisis o provocarla antes de tiempo, en lugar de definirla y adaptarse a ella. Algunos ejemplos son: jubilación, matrimonio de uno de los hijos, entrada en la pubertad, vejez. *Crisis externas o desgracia inesperada:* Atiende a sucesos imprevisibles. El gran peligro aparece en la búsqueda de culpables frente a la posibilidad de esforzarse conjuntamente para tratar de adaptarse a la situación. Algunos ejemplos son la pérdida repentina del empleo, muerte imprevista de un miembro, un accidente, dependencia. *Crisis estructurales:* son recurrentes y la tensión que producen suelen deberse a fuerzas encubiertas e internas. Son complicadas y suelen afectar a un miembro, pero afecta a todos los demás. Así las familias con miembros violentos, alcohólicos, etc.

y sistémico. En atención al carácter genuino y particular que caracteriza este conflicto, Kelly (1993) plantea las múltiples variables a valorar las repercusiones de la ruptura de los padres en los hijos. Así, la edad, personalidad, sexo, estado emocional de estos. En los padres las variables son el ajuste del autocontrol y su ajuste psicológico. Y variables familiares serian el nivel de conflicto, la comunicación, las relaciones paternales y nivel de cooperación. Como variables legales los acuerdos sobre custodia y reparto del tiempo con los hijos y variables económicas, el estatus económica posible fuente de muchos conflictos.

Bolaños (1995, 2008) establece cuatro categorías de conflictos asociados a la ruptura de pareja que suelen ser planteados en el juzgado y que considera que son susceptibles de mediación:

- Conflictos estructurales. Relativos al ejercicio de la potestad parental, comunicación y estancia con los hijos, y la contribución a las cargas familiares. Los desacuerdos sobre estos asuntos suelen aparecer cuando los progenitores deben diseñar el primer sistema estructural y relacional tras la ruptura. O bien tras las dificultades posteriores en la ejecución de la parentalidad, o en la readaptación a los cambios familiares o evolutivos (nuevas parejas, nuevos hijos, cambios de domicilio…).
- Conflictos de lealtades. Los hijos pueden sentirse presionados por uno los padres para asumir la lealtad en detrimento del otro. Es común en las rupturas conflictivas y consecuente con la presión recibida el hijo muestra su negativa a relacionándose con uno de los padres. El modelo de mediación además de lograr acuerdos requiere enfocar en la modificación de pautas relacionales. El objetivo sería sentar las bases pactadas para una recuperación de la relación.
- Conflictos por ausencia. Cuando la ruptura hace desaparecer a uno de los padres, o la ausencia prolongada de relación con sus hijos. Tanto que solicitar el reinicio

legal de la relación choca con el desconocimiento de los hijos sobre dicho padre, disponer de un sustituto (un abuelo o la nueva pareja del otro padre), y con la desconfianza del padre con el que conviven ante la aparición del otro y su intención de iniciar una relación[4].

- Conflictos de invalidación. «Un padre acusa al otro de malos tratos hacia los hijos, abusos sexuales, enfermedad mental, toxicomanías o cualquier otro comportamiento grave con la pretensión de evitar que continúe manteniendo contacto con los hijos de ambos. Sin entrar en la veracidad o no de los argumentos, la dificultad de mediar se hace evidente ante la potencia de las posiciones que se expresan y la inmodificabilidad de las mismas. En estos casos la mediación puede estar contraindicada siendo más útil una intervención pericial previa».

2.1 Los hijos menores ante el divorcio: reacciones y efectos

La situación de los menores antes, durante y después de la gestión de la ruptura formal de la pareja, puede ser de riesgo, según la dificultad que los progenitores tengan en la gestión de la crisis familiar. Las decisiones sobre el ejercicio de las responsabilidades parentales estarán muy condicionadas por como cada progenitor gestiona su conflicto propio. La situación exige independizar las cuestiones relativas a la separación de pareja, de aquellas consistente en definir y garantizar el

---

[4] Los motivos del padre ausente para su reaparición suelen estar asociados a momentos personales de transición evolutiva (aparición de una nueva pareja, periodos postraumáticos...), instigaciones socio familiares o demandas económicas del padre que convive con los niños. El modelo de mediación adecuado sería progresivamente basado en acuerdos revisables sobre la evolución de la relación en cuatro fases: felicitación, afianzamiento, consolidación y normalización.

ejercicio de las funciones parentales (Milne, 1988). No interrelacionar unas y otras.

Un conflicto habitual tras la separación de los padres, muy condicionado por la gestión que estos hagan de su propio conflicto, es el conflicto de lealtad. En este caso, según la orientación sistémica de Cirillo y Di Blasio (1991), cuando los padres hacen extensivo el conflicto conyugal a sus responsabilidades parentales, el conflicto alcanza a los hijos. El conflicto de lealtad se produce cuando cada uno de los progenitores –enfrentados entre sí– da mensajes contradictorios a sus hijos anulando o destruyendo al otro, provocándole la deslealtad, así como grandes repercusiones emocionales (problemas de conducta, distracción, angustia, etc.). Los niños se sienten atrapados en la deriva de la relación de sus padres, de manera que si no toman partido se siente aislado y desleales a ambos; pero si lo hacen buscando proyección siente que traicionan a uno de ellos (Bolaños, 2008). Aunque los padres intenten que los hijos no tomen partido, éstos sienten que deben hacerlo. Buchanan, Maccoby y Dornbusch (1991) en su estudio con adolescentes encuentra que altos niveles de conflicto entre los progenitores una baja comunicación cooperativa provoca ese atrapamiento, especialmente entre los adolescentes. Y al mismo tiempo se sienten temerosos por los efectos que las alianzas con uno pueden provocar en el otro.

Este proceso repercute en el desarrollo personal de los menores. Para ellos no es fácil acostumbrarse a la separación, y sus respuestas y actitudes en la adaptación pueden ser usadas e interpretadas. Saposnek (1983) describe algunas estrategias o reacciones que utilizan los hijos para enfrentarse, conscientes e inconscientes, a momentos dolorosos de la ruptura: El intento de reconciliación de sus padres, ante el miedo de sentirse abandonado, la dificultad de alejarse de uno u otro en el intercambio de visitas, asegurarse constantemente del amor que sienten por ellos, como respuesta al miedo al rechazo afectivo, mostrar su lealtad a uno rechazando al otro, y los más mayores, tratar para obtener más ventajas aprovechando la situación.

Los estudios realizados sobre la repercusión y efectos que el divorcio tiene en los hijos son muchos y evolucionan desde la consideración de la ruptura como un trauma irresoluble a una crisis superable Bolaños (2008). Para Bolaños, parece innegable que la ruptura produce cambios en las interacciones afectivas, en la eficacia de la autoridad parental e incide en peor nivel de comunicación, menor exigencia de maduración y pautas normativas que oscilan entre permisivas y rígidas (Hetherington, 1979; Shaw, 1991). También se concluye que una vez separados, una relación parental con un elevado nivel de conflicto se asocia a dificultades emocionales de los hijos (Jacobson, 1978; Emery, 1982). Y cuando los padres han colaborado para reorganizarse y mantener una normalidad, disminuye considerablemente ese riesgo emocional. Cantón, Cortés y Justicia (2002) realizan una investigación acerca de la adaptación de los hijos a la nueva situación familiar a raíz de la separación de sus padres. Ellos destacan en primer lugar, el sufrimiento que causa a los menores esta situación, a la que acceden desde un desconocimiento previo, resultando una situación novedosa y difícil de aceptar. Parece que los menores en el rango de edad de 12 a 14 años pueden reflejar su descontento hacia esta situación con la agresividad, delincuencia, así como la ansiedad o la depresión. Estos autores hablan de una diferenciación por razón de sexo, y reflexionan sobre el comportamiento de ambos, destacando el comportamiento violento y más radical de los niños; y ansiosos y depresivos en las niñas. Otras de las consecuencias posibles y habituales es el abandono escolar. No tiene que ser un abandono en el sentido literal de la palabra, sino una dejadez y un menor rendimientos de los menores en su rendimiento en el colegio. Uno de los posibles y más frecuentes trastornos que pueda tener el menor en estas circunstancias, es ver como sus padres se enfrentan el uno con el otro, siendo las personas de referencia que hasta ese momento le han acompañado en su cuidado y atención. Esta investigación afirma que el grado, bajo o alto, del nivel de conflictos entre las parejas separadas afecta a los hijos, derivando dicha afectación en problemas tanto de índole personal como conducta.

Morgado y González (2012) evalúan multitud de competencias (sociales o escolares), así como los problemas de conducta de los menores o las diferencias cuando conviven con los distintos progenitores en un tiempo determinado. Los autores concluyeron que los menores que convivían con un único progenitor tenían medias más bajas en la evaluación de las competencias y mayores problemas de conducta, que los que convivían en familias biparentales. Esta conclusión apoya la idea de cómo afecta al malestar y el sufrimiento del menor, la fractura en las relaciones con uno de sus progenitores, concretamente con el no custodio, considerando que la convivencia asidua con un solo progenitor reduce la relación con aquel[5].

Las consideraciones previas manifiestan el riesgo para el interés del menor que existe ante la gestión judicial de la ruptura familiar que supone el divorcio o separación de sus padres. Ello justificaría la incorporación procesal de la mediación en el tratamiento de estos asuntos en nuestro ordenamiento jurídico. Dicha metodología, lejos de ser un proceso terapéutico, sí produce efectos terapéuticos, pues propicia el espacio para gestionar *la transición* que ocurre en ese momento en la familia y enfoca en facilitar el consenso en *la transacción.* La mediación como proceso inspirado en la cultura de paz y en el dialogo im-

5 Para dicha investigación, llevaba a cabo en Sevilla, se eligieron a menores que vivían con un solo progenitor o con ambos a raíz de la separación de los mismos. Concretamente seleccionaron a 96 niños/as que convivían solo con uno de los progenitores y 93 que convivían con ambos, durante el tiempo que cada uno tuviese asignado, todos ellos entre el rango de edades comprendido de 6 a 12 años.

pulsa un contexto de negociación colaborativa o cooperativa entre los progenitores para el nuevo escenario de corresponsabilidad parental. Es un recurso directamente al servicio de la familia, y por el interés del menor. Y no un recurso dirigido a favorecer el proceso de toma de decisiones del juez.

3. PARTICULARIDADES DE LOS PROCESOS AUTO COMPOSITIVOS PARA LA GESTIÓN DE CONFLICTOS EN EL EJERCICIO DE LAS RESPONSABILIDADES PARENTALES: LA NEGOCIACIÓN Y LA MEDIACIÓN

El tipo de relación interpersonal existente entre los progenitores tras la ruptura como pareja será factor clave para el desarrollo de los menores en la familia. Como se ha visto en el primer capítulo, desde los primeros años de vida del niño, la familia cubre sus necesidades básicas, fisiológicas, afectivas, y debe ser valorado en sí mismo y acompañarle a que progresivamente vaya siendo autónomo. Como indicamos, las crisis familiares sobre el conflicto en el ejercicio de las responsabilidades parentales son consideradas crisis evolutivas, y nada excluye la posibilidad de la sucesión de crisis externas y estructurales, o incluso que se solapen. Desde el punto de vista sistémico, las responsabilidades parentales se ubican en el sistema familiar, en el subsistema parental. Y por ello, se encuentra estrechamente ligado al subsistema conyugal o de pareja, formando el conjunto de funciones de corresponsabilidad parental. Definir estas funciones, tomar decisiones sobre ellas y además coordinarlas, constituye uno de los retos más importantes de los progenitores, y de su futuro rol de padres tras la ruptura, condicionado por la compatibilidad de valores asumidos por ambos.

Nuestro ordenamiento jurídico, en el artículo 90 del Código Civil, hace referencia al **contenido mínimo que debe incluir un** convenio regulador que puede ser definido por los progenitores en el divorcio, que incluye la decisión sobre la guarda y custodia de los hijos, el establecimiento de un régimen de visitas o la pensión de alimentos. Cuando proceda, también pueden incluir otros elementos como la posibilidad de una pensión compensatoria, la liquidación del régimen económico del matrimonio en su caso, la atribución del uso de la vivienda familiar, y otros como el régimen de visitas de los abuelos. Además, todas estas medidas establecidas en el convenio regulador de divorcio tienen que ser aprobadas por el Juez, previamente informadas por el Ministerio Fiscal. Esta misma exigencia tiene lugar cuando se sustancia un proceso para la aprobación de las medidas que determinan las responsabilidades parentales, ante la inexistencia de vínculo matrimonial.

Podemos afirmar que conforme a la redacción del artículo 90 del CC., el ordenamiento jurídico deposita la confianza en los progenitores y su capacidad de crear consenso sobre la determinación de estos aspectos. Les permite poder llegar a un entendimiento sobre esas medidas, por el mejor interes de sus hijos y de ellos mismos. Abre un espacio para la negociación, en un contexto de cambio familiar que, generalmente, no está exento de conflicto. Ello nos lleva a reflexionar sobre los métodos que favorecen la negociación cooperativa o colaborativa por el interés de los menores, y su implementación en nuestro ordenamiento. En este sentido, los progenitores, si no consiguen negociar colaborativamente estas medidas, siempre pueden acudir a una mediación para que facilite dicha negociación. Dichos métodos están inspirados en una cultura de paz y diálogo cuya práctica no parece plenamente incorporado en nuestra sociedad, como procesos profesionales de la gestión de conflictos.

3.1. La negociación colaborativa informada por el criterio del interés el menor

La negociación se define como un proceso de intercambio a través de un proceso de diálogo y comunicación directa entre los negociadores que deciden y definen el marco de la negociación, los asuntos a tratar y en qué términos y bajo qué reglas van a hacerlo (Fisher y Ury, 1994). En una negociación existen intereses contrapuestos, y no necesariamente existe un conflicto, por ello resulta un proceso de tomar decisiones que se enmarca en los considerados auto compositivos. Siguiendo a Blanco (2005), la negociación puede llevarse a cabo de forma indirecta o por representación. Nada impide que participen terceros como gestores de los intereses de las partes, o acompañándolas en la negociación. La participación de estos tiene un carácter funcional al servicio de salvaguardar los intereses de las partes y su rol consistirá en actuar como intermediario, interlocutor o asesor ayudando a las partes en la trasmisión de sus posiciones en la negociación.

En el escenario familiar que nos ocupa, es posible que los progenitores puedan celebrar negociaciones para determinar las responsabilidades parentales, pertinentemente asesorados por sus abogados, y poder así sustanciar el procedimiento judicial legalmente establecido por mutuo acuerdo. En este sentido, la función letrada incorpora asesoramiento jurídico y es el responsable de dar forma jurídica a las decisiones adoptadas por los progenitores. En dicho escenario, partimos de la base que los protagonistas autogestionan el asunto, presumiéndose así que son ellos los protagonistas de la gestión transicional y transaccional del asunto familiar. Incluso puede darse, por decisión de los progenitores, que sean los abogados quienes negocien por representación, dándose cobertura a la gestión transaccional del conflicto, pero no la transicional de la familia.

La negociación cuenta con unas características comunes (Munduate, 2005) que son: la existencia de al menos dos partes implicadas, la existencia de un conflicto de intereses subyacentes, una relación de poder entre las partes (interdependencia), la existencia de una voluntad de llegar a acuerdos, la existencia de un proceso sistemático de oferta y contraoferta, y la concurrencia de aspectos tangibles e intangibles. Tradicionalmente los estudios[6] observan dos tipos de escenarios para la negociación: de carácter *competitivo o distributivo* y otro de carácter *integrativo o colaborativo.* Dichos escenarios pueden coexistir en la misma negociación, pues trataremos de explicar cómo la negociación además de un proceso, es la actitud con la que el negociador la afronta. En este sentido, una persona puede afrontar una negociación de forma colaborativa y concurrir distintas variables y factores que provoquen cambio en las actitudes de los negociadores que hagan la negociación más competitiva o adversarial.

La negociación desde una dimensión *integrativa,* siguiendo a Munduate (2006), es aquella en la que las partes tratan de esforzarse y cooperar para conseguir no dejar nada sobre la mesa de negociación y sacar el máximo beneficio a los recursos e intereses en juego. Éstos, no son vistos como fijos y limitados, sino que puede explorarse su mayor optimización en función de los intereses que las partes tengan sobre ellos. Para que eso ocurra los *intereses* deben aflorar y ser conocidos en la negociación. Entre los negociadores, pueden concurrir intereses comunes o coincidentes, también diferentes, que pueden ponerse al servicio de promover acuerdos. Son los intereses opuestos los que tensan la negociación y la hacen más competitiva. Ante ellos, la negociación deriva hacia un contexto adversarial, de ganar o perder en función de quien obtenga más pretensiones en el reparto. Si pensamos en el conflicto familiar que tratamos, el bloqueo en la negociación cooperativa, la transforma

---

6 Munduate (2006); Brett (2001); Bazerman y Neale (1983); Fisher y Ury (1994); Merino Ortiz, (2013).

en competitiva y suele provoca la gestión contenciosa del asunto conforme al marco legalmente establecido, determinando el Juez las medidas respecto a los menores.

Una buena negociación lleva implícito el empleo de *estrategias integrativas o cooperativas* que permitan ampliar el valor de los recursos. Así como *estrategias competitivas* que permitan obtener la mayor cantidad posible de recursos en el reparto del nuevo escenario ampliado (Brett, 2001; Bazerman y Neale, 1983), y definan los límites de la negociación. Cuando se proyecta una negociación integrativa (ganar-ganar) para la determinación de las responsabilidades parentales tras la ruptura de los progenitores, se integra aspectos tangibles e intangibles, materiales y relacionales guiado o informado por el criterio común del interés superior de los menores. A veces cada progenitor tiene su interpretación sobre el interés del menor, y dicha discordancia dificulta un escenario integrativo. En dicho escenario, las partes fortalecen sus posiciones sobre su convicción de que "su" interpretación sobre dicho criterio, de lo más beneficioso de para sus hijos, limitando la escucha y propiciando la competición (ganar-perder). El contexto de la mediación permite clarificar, objetivizar, y en su caso, unificar la concepción del criterio del interés del menor que pueda servir de guía en la negociación. Ello permite avanzar y desbloquear situaciones que requieren tiempo, pues se trata de un proceso.

La mediación puede definirse como un proceso de negociación asistida por un tercero que guía el proceso, siendo las partes la que determinan la consecución de los acuerdos o la falta de estos. En ella se trata de impulsar un modelo de negociación cooperativa. La mediación es el posible resultado de la evolución de un proceso de negociación fallida. A estos efectos, interesa resaltar las tres causas principales que para Shell (1999) explican el fracaso de cualquier proceso negociador: la primera, porque los intereses de ambas partes no están en sintonía (que no siempre se contempla); la segunda razón, a causa de la mala praxis en la gestión del proceso de negociación[7]; y la tercera, está relacionada con los aspectos psicosociales de las partes implicadas (dificultades de comunicación, de percepción de las causas y motivaciones de los otros). Golann (2013), nos recuerda que las negociaciones suelen fracasar por la ausencia de algún elemento esencial, aludiendo fundamentalmente a la falta de preparación ante la negociación, de información sobre el asunto, o a factores emocionales y por los rasgos de personalidad de las partes negociadoras.

Al objeto de prevenir los mismos errores en el escenario de mediación, Golann (2013) propone como remedio y pauta para la persona mediadora, una estrategia básica para casos en los que existe un incentivo de peso en las partes para llegar a acuerdos, como puede ser el interés del menor, advirtiendo que no hay fórmulas mágicas que por sí solas supere todos los obstáculos:

- Identificar los problemas u obstáculos de la negociación y anticiparse a ellos antes de reunir a las partes en la mediación. Ello implica la comunicación previa con los abogados, o abordar la falta de información, implicación o ausencia de alguna parte.
- Permitir en el proceso que los participantes discutan y expresen sus sentimientos. Puede ser que la necesidad de ser oído o expresar sus sentimientos y emociones no se produjera y bloquee. Nos recuerda a los mediadores la importancia de escuchar a los otros, promover pro-

---

7 Ello tiene su raíz en la ausencia de aprendizaje y enfoque ya comentada, y en la propia configuración de nuestro sistema jurídico, rígido y formalista, y poco permeable a soluciones flexibles y adaptativas a las circunstancias particulares, como la mediación. Esta circunstancia resulta paradójica cuando una de las reglas básicas del Derecho privado vigente en este país es el principio de autonomía de la voluntad, bajo el cual los propios individuos los que dictan sus propias normas para regular sus relaciones privadas.

tagonismo permitiendo presentar sus argumentos directamente, y gestionar privadamente puntos débiles y emociones difíciles en las partes.

- Moderar la negociación y ayudar a los participantes a negociar mejor, argumentando y fortaleciendo sus peticiones y sus cifras, así como instruyéndoles sobre cómo pueden ser recibida sus tácticas.
- Buscar y abordar problemas ocultos, identificar y gestionar emociones no sólo ofreciendo el espacio, sino preguntado sobre ellas en sesión privada.
- Poner a prueba las alternativas de los participantes incluso si es necesario, evaluar la opción de ir a juicio. Las fortalezas sobre la victoria en el juicio, frenan la intención de negociar, y las verdaderas probabilidades de éxito judicial quizás no son tan poderosas. Guiarles en el análisis sistemático de sus propuestas subsana la falta de realismo o la excesiva sobrevaloración de expectativas.
- Destacar bloqueos negociadores, perseverar y transmitir optimismo, reutilizar alguna táctica rechazada anteriormente o por cambios emocionales durante el proceso, o analizar bases jurídicas o cuestiones no legales. Tomar descansos o aplazamientos cuando están agotados o se sienten fracasados. En estos casos resulta útil hacer un seguimiento telefónico, proponer otra cita, o establecer un plazo de convocatoria para tomar decisiones.

3.2. La Mediación como proceso de facilitación de negociaciones colaborativas

La mediación puede ser entendida como un proceso de negociación asistida por un tercero independiente, que lo guía de forma imparcial y neutral, sin poder decisorio sobre el resultado. Frente a la negociación, supone la incorporación de ese tercero conocedor de la negociación –de sus escenarios, estructura, técnicas y estrategias–, que conducirá el proceso de mediación en aras de la resolución de la disputa, y que no decide sobre el fondo del asunto. Los mediadores, tras analizar los parámetros del conflicto, pueden diseñar la estrategia de intervención para tratar de facilitar escenarios de negociación cooperativa en base a los intereses, necesidades y prioridades de los participantes. Para ello, procederán a través del diálogo y la comunicación a identificar y asegurar dichos intereses, para promover que las partes los satisfagan a través del proceso que gestionan.

Si en la negociación requeríamos una voluntad o compromiso profesional de empeñarse a fondo en el reto de negociar, en la mediación ocurre exactamente igual con la dificultad añadida de que las partes (o sus representantes) acepten que lo no conseguido en una negociación directa pueda ser facilitado por otro profesional, el mediador que, además, no decide. Dwight Golann (2013), entiende la mediación como "un *recurso para las negociaciones* enfermas". Ello permite afirmar que toda persona mediadora debe conocer en profundidad la negociación, su estructura, escenarios, dinámicas, técnicas y estrategias ya que resulta esencialmente útil para la gestión del proceso de mediación. La confianza en la profesionalidad del mediador y la credibilidad sobre la metodología resultan claves esenciales que propician su uso e implementación social[8].

3.2.1. Fundamento de la mediación y Marco jurídico

Entendemos por mediación un proceso voluntario, de diálogo, flexible, y confidencial, para la gestión positiva, y en su caso resolución, de disputas, alternativo y/o complementario a

---

8 Pruitt y Rubin (1986). *Social conflict,* Random House, Nueva York.

la vía judicial, conducido por una persona imparcial, neutral y cualificada, que tiene como finalidad facilitar la comunicación entre las partes, creando un espacio de confianza mutua y de colaboración recíproca, que propicie el entendimiento, para así poder lograr la autocomposición de intereses, inicialmente percibidos como incompatibles o contradictorios, mediante acuerdos viables mutuamente satisfactorios y duraderos que resuelva el conflicto o minimicen, al menos, sus efectos (Ruiz García, 2018).

La mediación establece, o en su caso restablece, una comunicación constructiva entre las partes en disputa, y el fortalecimiento de vínculos necesarios, en su caso, para la sostenibilidad de las relaciones paterno-filiales (Duffy y Olczak, 1999). Es un proceso profesional de gestión de conflictos *alternativo* como método de justicia, con entidad propia, que puede aportar mucho a un sistema jurídico privado inspirado en la libertad y la autonomía de la voluntad, en aras de la exigibilidad de la responsabilidad derivada de su ejercicio (De Castro, 1967). Resulta *complementario* al sistema de resolución judicial establecido, ya que puede propiciar la no apertura contenciosa del juicio, o reducir el nivel de confrontación del ya iniciado. En la mediación la solución no viene impuesta, las soluciones son propuestas, negociadas y asumidas por las partes en conflictos. Procurando el mediador que cuenten con el pertinentemente asesoramiento jurídico.

La mediación es aplicable a todos los ámbitos[9] del Derecho donde la autonomía de la voluntad informe la materia[10], o le reconozca margen de actuación. La ley regula un régimen general aplicable a toda mediación que tenga lugar en el territorio nacional, y pretenda tener efecto jurídico vinculante, si bien circunscrita al ámbito de los asuntos civiles y mercantiles. Es una ley de mínimos que traspone la Directiva Europea que muestra su capacidad de aplicación analógica en cuanto a la formalización del proceso, los principios informadores, los documentos, los efectos del acuerdo y las exigencias del mediador, etc... Por ello entendemos necesaria la derogación del art. 1.2 LMACM, al frena el impulso del método, pues nada impi-

---

9 Junto a la LMACM existen otras normas de ámbito estatal que se refieren al recurso de la mediación, entre las que destacamos Ley 14/2013 de 27 de septiembre de apoyo a los emprendedores, con la figura del mediador en la fase preconcursal. Y especialmente Real Decreto-ley 1/2015, de 27 de febrero, de mecanismo de segunda oportunidad, reducción de carga financiera y otras medidas de orden social que introdujeron en la legislación concursal este recurso. El procedimiento previsto en el art. 14 Ley 35/15 de 22 de septiembre en el ámbito de la reforma del sistema para valoración de los daños y perjuicios causados a las personas en accidentes de circulación, art. 14. Ley 7/2017, de 2 de noviembre, por la que se incorpora al ordenamiento jurídico español la Directiva 2013/11/UE, del Parlamento Europeo y del Consejo, de 21 de mayo de 2013, relativa a la resolución alternativa de litigios en materia de consumo. Destacamos también el valor instrumental y orientativo de las Guía para la práctica de la Mediación intrajudicial, elaborada por el CGPJ, actualizadas en noviembre de 2016 donde se establecen protocolos de actuación y ejemplos de resoluciones a adoptar, en el ámbito del proceso civil, de familia, penal, social y contencioso-administrativa.

10 El art. 2 LMACM en consonancia con el art. 19.1 de la LEC y art. 6.2 CC en su natural concepción de metodología *alternativa*. Todo lo que el derecho no prohíba, y sea materia dispositiva, sean conflictos internos o transfronterizos.

de, a falta de norma específica por ámbito competencial[11] su aplicación analógica, al representa aún hoy, el derecho común de la mediación en España.

3.2.2. Principios sustanciales de la mediación

La mediación está informada por una serie de principios sustanciales de tal manera que trasgredir algunos de ellos desvirtúan la propia figura y la convierte en otra diferente. Nos referimos a ellos, en función del reconocimiento legal que este método ha tenido primero a través de la Directiva de 21 de mayo de 2008 y en nuestro ordenamiento con la Ley 5/2012, de 6 de julio, de mediación para asuntos civiles y mercantiles (en adelante LMACM). El Título II de la Ley 5/2012 de MACM, artículos 6 a 10, recogen los principios informadores de esta metodología de los que destacamos el principio de *igualdad* de las partes en el proceso, *la confidencialidad* sobre todo lo que acontece en el mismo, extensible a los documentos y al secreto profesional que alcanza al mediador y resto de profesionales participantes; *la voluntariedad, autonomía y libertad* de las personas para solucionar sus propios asuntos de *libre disposición* material. Dicha voluntariedad como principio rector, está

---

11 La mediación en ámbitos tan efectivos como en laboral, penal, con las Administraciones Públicas. El preámbulo de la LMACM establece que «las *exclusiones previstas en la presente norma no lo son para limitar la mediación en los ámbitos a que se refieren sino para preservar su regulación a las normas sectoriales correspondientes.*» Provoca el efecto no deseado respeto al impulso de la mediación, y hubiese sido deseable su inclusión o remisión como aplicación analógica, en tanto no se produzca un desarrollo normativo en dichos ámbitos que disponen de espacios para negociar, como la conformidad, en sede penal, regulada en la LECrm, la posibilidad de finalizar el proceso con acuerdo, prevista en la Ley de Procedimiento laboral y en la Ley de Régimen Jurídico de la Administraciones públicas y del procedimiento administrativo común.

dirigida especialmente a realizar o no el proceso, así como a llegar o no a acuerdos en él[12]. Ello ocurre con la ayuda de una tercera parte profesional mediadora, que se debe a los principios de *independencia, neutralidad e imparcialidad* y que no toma decisiones por las partes, dado que, carece de poder para imponer una solución. Su responsabilidad reside principalmente en gestionar el proceso de mediación. Otros criterios que la LMACM recoge a nivel de principios de la mediación es la *buena fe* de las partes, como deber de respeto y colaboración entre los participantes, marcando el carácter del espacio en el que deben desenvolverse las sesiones del proceso de mediación, así como la conformidad de las soluciones al marco legal. En ningún caso la utilización de esta metodología puede limitar el acceso a la justicia, cuando así se desee por alguna o todas las partes. Igualmente, una vez que las partes aceptan el proceso, bajo estos principios, algunas conductas y actitudes de ellas, pueden propiciar el fin del proceso por decisión del propio mediador[13].

La mediación también comparte con la negociación integrativa, que son procesos de carácter informal pero estructurados. Están inspirados en criterios como la *flexibilidad, la transparencia, adaptabilidad al contexto y abierto en las formas.* Responde a

---

12 Sala Primera, Sentencia de 14 Jun. 2017, C-75/2016, N.º de Recurso: C-75/2016, Disponible en http://curia.europa.eu/juris/document/document.jsf;jsessionid=9ea7d0f130d577754f5834644e608124fe908d8cfbd3.e34KaxiLc3eQc40LaxqMbN4PaN8Oe0?text=&docid=191706&pageIndex=0&doclang=ES&mode=req&dir=&occ=first&part=1&cid=884599, [consulta 10 septiembre 2017]

13 A este principio se alude en el art. 6 de la LMACM, como criterio rector de actuación y se incluye en el art 10, que regula la actuación de las partes en la mediación. La LMACM, incorpora Titulo II, principios informadores, los criterios de actuación de las partes en la mediación: lealtad, buena fe, respeto mutuo, colaboración y apoyo permanente a la actuación del mediador.

una estructura y a una dinámica propia, que da cabida a la gestión de los aspectos relacionales y emocionales de la disputa, junto a los aspectos sustanciales o de contenido (Folger, 1997; Alzate, 1998; Moore, 1995; Suarez, 2002; Cobb, 1997; Hayne, 1995; Bolaños, Merino, 2013; Munduate, 2008). La mediación se adapta a las necesidades temporales, afectivas, emocionales de las partes, al objeto de recontextualizar la relación parental y su comunicación como base no sólo para conseguir acuerdos, sino para sostener el nuevo escenario parental. Esto choca de manera frontal con el carácter cerrado, rígido y formal del proceso judicial que carece de dicho espacio.

3.2.3. Aspectos del proceso conforme a la Ley 5/2012 de Mediación para asuntos civiles y mercantiles

La opción legislativa de la Ley 5/2012 de MACM recoge flexibilidad y adaptabilidad de la mediación incluso desde su conceptualización en el art 1 LMACM y reduciendo su formalismo (arts. 17, 19, 22, 23 LMACM) a los documentos que dejan constancia de su existencia y permite a las partes elevar a público el acuerdo de mediación, si es el deseo de las partes en disputa. Como dice Calcaterra (2002), la mediación no es un proceso ordenado de una manera normativa, por lo que resultaría recomendable el cambio en la LMACM del término «procedimiento» por el de *proceso*. Por ello, sería erróneo tratar de dotarle legislativamente de un formato procesalista y burocrático que dista mucho de su propia naturaleza. En dicho marco, y en coherencia con los principios de voluntariedad, buena fe, transparencia y profesionalidad, el art. 17 de la LMACM prevé la celebración y el contenido de una sesión informativa previa y necesaria al inicio de la mediación. El objetivo fundamental de dicha sesión es que las partes conozcan y entienda el proceso de mediación, y así, puedan decidir si acepta o no su realización. La confianza en el profesional y en el método resulta determinante para el existo del proceso (Carnevale y Pruitt), por lo que sería conveniente que la sesión informativa la realice la persona designada como mediadora del asunto.

Celebrada la sesión informativa, las partes deciden iniciar el proceso o no. Si lo inician, se dejará constancia de ello en la sesión constitutiva conforme al art. 19 de la LMACM, levantándose acta que irá firmada por las partes y el mediador. Dicha acta representa jurídicamente el contrato de prestación de servicios profesional entre el mediador y las partes (Ruiz, 2014). De hecho tal y como indica el propio art 19 de la LMACM in fine, «*será firmada tanto por las partes como por el mediador o mediadores. En otro caso, dicha acta declarará que la mediación se ha intentado sin efecto*». Siendo el soporte acreditativo de haber intentado el uso de la mediación. Si la mediación finaliza con acuerdos, tendrá lugar otro negocio jurídico de naturaleza transaccional entre las partes, el acuerdo de mediación, que incumbe exclusivamente a las partes de la mediación e irá firmado por ellos (art. 23 de la LMACM, y todo el Título V de la LMACM se dedica a la ejecución de los mismos). En cualquier caso, para elevar a público un acuerdo de mediación el Notario debe requerir las actas de inicio y cierre del proceso y el acuerdo, además de comprobar que el mediador cumple las exigencias legales para desarrollar una mediación conforme a la ley.

La duración del procedimiento de mediación será lo más breve posible y sus actuaciones se concentrarán en el mínimo número de sesiones (art. 20 LMACM). Y sobre el desarrollo del proceso, la ley se centra en las funciones que tiene encomendada el mediador, como gestor del proceso y guía de la negociación que trata de promover, poniendo en valor los aspectos comunicacionales (art. 21 LMACM). La finalización del proceso queda también registrada por un acta de cierre (art. 22 de la LMACM). La mediación es un proceso que se define por las funciones del mediador que lo lleva a término. Por ello la Ley 5/2012 de MACM, en su Título III, además de especificar las funciones del mediador (art. 13 LMACM) establece su estatuto jurídico para realizar una mediación conforme a la ley.

4. LA MEDIACIÓN: UN TRAJE A MEDIDA PARA LA GESTIÓN DE CONFLICTOS DERIVADOS DE LA RUPTURA DE PAREJA CON RESPONSABILIDADES PARENTALES

La mediación como metodología autocompositiva permite vestir cada historia familiar con la indumentaria adecuada. En ella, los protagonistas adoptan y concretan soluciones, así como adoptar criterios útiles que les permita solucionar diferencias que puedan surgir en el futuro. De esta manera, pueden reestructurar flexible y eficazmente la relación parental, que tan necesaria resulta para el interés superior de los menores. Facilitar la conversación sobre la re-contextualizada relación parental tras la ruptura de pareja favorece la capacidad de consensuar la corresponsabilidad parental, produciendo un efecto pedagógico y preventivo (García Tome, 2007; Bernal, 2000). En cualquier caso, los progenitores tienen que materializar los acuerdos y, para su eficacia, resulta esencial su participación y autoría en aras de su cumplimiento. La mediación ofrece ese espacio *transaccional* (negociación y acuerdos sobre las medidas) y *transicional* adecuado al momento específico de la evolución del conflicto, que sin ser el final de la familia resulta un paso de su ciclo evolutivo (Bolaños, 2008).

4.1. Los ejes de la intervención en mediación familiar: la mediación transicional

Siguiendo a Bolaños (2008), en la mediación *transicional,* el mediador propone un método que integre la transacción de las cuestiones legales o no, relevante para los protagonistas, con la necesidad emocional y de tiempo que requiere la transición familiar. «La mediación ofrece un espacio transaccional y transicional adecuado al momento específico de la evolución del conflicto. La mezcla de estas dos necesidades genera niveles complementarios en la intervención mediadora.

En el espacio transaccional se producen los intercambios de información, la negociación, los acuerdos. Estos elementos no tendrían sentido sin un espacio que permita ubicarlos en un contexto de avance, de evolución, no de resolución definitiva. Dicho espacio es el transicional, donde la familia puede organizar de forma flexible y desarrollar necesarios mecanismos de autonomía de negociación pues les unen los intereses de sus hijos que les vincula de futuro».

Tras la ruptura de pareja, la mayoría de las parejas muestran dificultad de autogestión y promoción del cambio. El carácter evolutivo del conflicto familiar necesita una visión transformadora superpuesta a la resolutiva. La dinámica de este conflicto no es una foto fija, su ciclo evolutivo y las posibles fluctuaciones sobre sus elementos requieren una continua adaptación a cambios. Es por ello imprescindible la voluntad y la incorporación de las partes en conflicto para avanzar en él. Así, el objetivo de la mediación no puede pretender ir más allá de contribuir al avance de algunos pasos en la transformación del conflicto, desde el convencimiento que éste puede cambiar por sí mismo o no hacerlo nunca. El protagonismo de las partes deviene necesario pues es su proceso de transformación y evolución vital. Cualquier intervención externa debe respetar la capacidad de auto-transformación de las partes que concede el permiso al mediador o tercero, para intervenir (Bolaños, 1998). Cada avance en el conflicto necesita de una serie de transacciones que permiten avanzar hacia la siguiente fase, la persona mediadora simplemente ofrece el contexto adecuado para que las reacciones positivas puedan producirse. Este espacio no es un requisito para que los cambios ocurran, es el cambio mismo, algo que va mucho más allá de aplicar una técnica para encuadrar el proceso (Bolaños, 1998).

Bush y Folger (1994) describen su *mediación transformadora* como un método en el que la revalorización y el reconocimiento entre las partes forman parte esencial de ese cambio. El cambio no es únicamente responsabilidad del gestor externo, el mediador, sino que se basa en el logro de una actitud colaboradora de las partes. El mediador es consciente de la influencia que tienen las percepciones y las actitudes (positivas y negativas) al *captar la realidad.* A través de la *percepción* tamizamos la realidad, las experiencias anteriores, los estereotipos, nuestra jerarquía de valores o nuestras tensiones personales. Se puede percibir a la otra parte de manera negativa, incrementando la posibilidad de escalada de conflicto y dificultando su solución[14]. El mediador interviene para evidenciar o clarificar dichas percepciones, contribuyendo a dar objetividad al asunto (Irving, 1981), que favorezca la auto-transformación de las actitudes, con el fin de posibilitar espacios de dialogo y el éxito del proceso.

Los distintos modelos de mediación coinciden en un esquema básico de gestión tendente a promover la transformación del conflicto. El denominador común –como vimos en el conflicto y en la negociación– es centrar la gestión en los intereses y necesidades de las partes, identificar las comunes,

---

14 Como afirman Pruitt y Rubin (1994), en primer lugar *se tiende a buscar un culpable de las situaciones desagradables*; en segundo lugar, las partes en las que se desconfía tienden a ser consideradas como amenazantes cuando realizan alguna acción en principio ambigua (no concesión del beneficio de la duda); en tercer lugar, se incrementa el potencial de agresividad hacia la parte a la que se tiene animadversión; en cuarto lugar, se interfiere en la comunicación evitando los contactos y el diálogo con quien percibimos como contrario o distinto a nosotros; en quinto lugar, resulta más difícil empatizar o ponerse en lugar del contrario con lo que la aproximación hacia un punto de encuentro es más difícil; en sexto lugar, las actitudes y percepciones negativas hacia el oponente tienden a adjudicar una situación de suma cero a la negociación, y finalmente, está constatado que ante la escalada del conflicto, se incrementan las actitudes y percepciones negativas sobre la otra parte, por lo que el adversario tiende a ser considerado como un diabólico enemigo y el conflicto como una lucha entre buenos y malos.

redefinir el conflicto en base a ellas, buscar nuevas alternativas para crear valor en la negociación y tratar de conseguir compromisos y acuerdos satisfactorios. Para que la transformación del conflicto ocurra son precisos otros ingredientes del cambio: voluntad, poder, comprensión sobre la complejidad del conflicto, ampliación de puntos de vista, comprensión mutua, alternativas compartidas y compromisos. Un método de mediación coherente debe integrar un proceso y unas técnicas que persigan, estos objetivos (Bolaños, 2008). O'Hanlon y Weiner-Davis (1989) señalan algunos presupuestos en su método de búsqueda de soluciones, útiles en mediación que puede ser incorporado para facilitar estos objetivos:

- Aceptar que las partes tienen recursos y fuerzas para resolver sus problemas. Debemos trabajar para identificarlos, manifestarlos y promover su uso. Revalorización.
- El cambio es constante e inevitable. Puede ser rápido y a veces inmediato o no, y puede que se extienda a otras áreas. Los cambios pequeños conducen a otros cambios y generan optimismo en los participantes. Por ello es mejor centrarse inicialmente en los aspectos que parecen más fácilmente cambiables.
- No es tan importante la información sobre el conflicto, ni su causa, como valorar las capacidades de las partes para afrontarlo y trabajar con él.
- Los protagonistas del conflicto deciden los temas a abordar y los objetivos.
- No hay puntos de vista correctos o incorrectos, pero sí pueden ser más o menos útiles para avanzar en el conflicto.

4.2. La construcción de espacios cooperativos en mediación familiar

La clave de la cultura de paz es la transformación de la competición en cooperación, con lo que el conflicto se trata de manera que todos los involucrados se beneficien y tomen partido en el proceso de cambio (Alzate, Fernández, Merino, 2014). La mediación resulta un proceso para la construcción de un espacio cooperativo, óptimo para la transformación del conflicto donde la figura del mediador es un humilde facilitador y elemento más en la construcción de esa nueva realidad. Por ello, construir un espacio de cooperación en un campo de batalla, requiere altas dosis de compromiso, confianza, perseverancia, buena voluntad y creer firmemente en la utilidad de ese trabajo de construcción. Con ello, a medida que los protagonistas ponen en práctica los avances, ganan confianza y seguridad, reconocen el esfuerzo como propio, más que una «heroicidad» del mediador. En mediación, como proceso de dialogo, se establece, o en su caso restablece, una comunicación constructiva entre las partes, y el fortalecimiento de vínculos necesarios para la sostenibilidad de la familia (Duffy y Olczak, 1999). Para Bolaños (2008) la intervención en mediación familiar implica que la persona mediadora asume unos principios que enmarcan su intervención:

- La familia posee sus propios recursos para resolver dificultades. Si su ciclo evolutivo les bloquea, como el divorcio, hay que provocar que nuevamente funcionen.
- La familia puede retomar su capacidad decisoria, la intervención externa debe fomentar recuperar ese poder.
- La ruptura es un proceso legal y emocional que son interdependientes, se afectan mutuamente. Una comprensión global incluye la interacción de las dos partes.

- Psicosocialmente, conseguir acuerdos mínimos entre las partes, sienta las bases para progresar en la resolución del conflicto.
- La pareja se rompe, pero la función parental permanece. Los «socios parentales» son los que garantizan el mejor desarrollo de los hijos y el mediador debe enfatizarlo en la construcción del espacio cooperativo.
- Las decisiones sobre los hijos menores las toman los adultos. Los hijos son escuchados, pero no deciden.
- El mejor interés de los hijos es el mejor interés de sus dos padres. Prevenir la cronificación del conflicto parental.
- El hijo no es un sujeto pasivo.

5. DATOS SOBRE LA EFICACIA DE LA MEDIACIÓN EN LAS RUPTURAS DE PAREJAS CON MENORES

Compartimos algunos datos sobre la eficacia de la mediación para los asuntos de ruptura de pareja y determinación de las responsabilidades que publicamos (Ruiz García, 2018). Como Objetivos Generales, propusimos observar si con los resultados obtenidos podríamos contribuirían a reforzar la propuesta de una reforma legislativa procesal para hacer más completo el tratamiento del conflicto familiar en su gestión judicial. Siempre desde una perspectiva constructiva, colaborativa y autocompositiva, incorporando la mediación. Tenemos el convencimiento que la participación y protagonismo de las partes en las medidas a determinar judicialmente resulta esencial para su funcionalidad. Entendemos que la mediación como metodología, por su fisonomía y eficacia podría constituirse en la fórmula de actualización del proceso contencioso en los asuntos familiares con responsabilidades parentales, integrando una intervención mediadora profesional previa al proceso judicial justificada en el interés superior del menor.

Profundizamos en los expedientes de los procesos de mediación gestionados en los Centros de Atención a la Familia (CAF) en Madrid, con las pertinentes autorizaciones y compromisos al objeto de la investigación. Dichos centros, junto al servicio de Mediación del Gobierno del País Vasco, eran al tiempo de la investigación, los únicos que ofrecían el servicio gratuito para toda la ciudadanía que lo demandara. Observamos el tipo de usuarios que acceden a mediación, extrajudicialmente o por derivación judicial, y los resultados obtenidos[15]. Los objetivos generales se desglosaron en diferentes objetivos específicos, entre los que se destacan al efecto de este trabajo: la procedencia del caso (intrajudicial o extrajudicial); momento de realización el proceso de mediación, existencia o no del pleito civil (antes, durante o en ejecución de sentencia); la sesión informativa en las mediaciones intrajudiciales, número de sesiones de mediación. Y describir la frecuencia y porcentaje de procesos de mediación donde se alcanzan acuerdos, ya sean parciales o totales, para comparar el porcentaje de acuerdo entre las tipologías de usuarios, o si existe algún tipo de usuario con más predisposición a alcanzar acuerdos. Y comparar el porcentaje de acuerdos entre las distintas tipologías de procesos de mediación Tipo 1 intrajudicial y Tipo 2 extrajudicial, así como la repercusión de existencia de menores en los conflictos familiares.

5.1. Hipótesis y resultados

Atendiendo a la complejidad, al carácter interdisciplinar, único y particular de este conflicto, se formularon las siguien-

---

15 Y el estilo de redacción del procedimiento seguido fue mediante *registro narrativo* (León y Montero, 2003), procedimiento de recogida de datos empleado en estudios de caso y etnográficos que permite conocer al detalle el proceso de investigación o incluso las vivencias personales del investigador y los participantes durante la realización del estudio.

tes Hipótesis y las Conclusiones sobre ellas que se presentan, se sustentan en la verificación de las hipótesis del estudio, establecidas sobre los contrastes o comparaciones entre diferentes indicadores extraídos de los registros de los Servicios de Mediación Familiar de los Centros de Atención a la Familia número 5 y 6 del Ayuntamiento de Madrid. El grado de consistencia de los resultados obtenidos en el estudio con las hipótesis planteadas se ha establecido a partir de un criterio de significación estadísticas de las diferentes correlaciones estudiadas. Básicamente son:

Hipótesis 1. La mediación será eficaz independientemente de las características de los usuarios.

Si definimos el éxito del proceso de mediación como la consecución de acuerdos en aquellos casos que se den por terminados por los mediadores, los resultados del estudio obtienen una eficacia global de los procesos de mediación de la muestra de un 76,5%. Como se ha expuesto, el hecho de compartir con la otra parte un espacio de diálogo y un contexto colaborativo es positivo, independientemente del nivel de acuerdos alcanzado.

Hipótesis 2. Algunas características específicas de los usuarios pueden asociarse a una mayor probabilidad de éxito de la mediación.

El estudio no ha encontrado evidencia de que alcanzar acuerdos o no alcanzarlos esté asociado a las características que diferencian a los casos agrupados en la Tipología A (conflictos más relacionales como relaciones intergeneracionales, puesta en práctica de convenios o modificaciones de los mismos por los ya divorciados, asuntos relativos a las responsabilidades paterno-filiales, disputas entre hermanos...) y B (ruptura de un vínculo con consecuencias jurídicas para las partes y para los integrantes de la familia).

Sin embargo, sí se han encontrado evidencias de que las parejas con hijos obtienen más acuerdos que aquellas que no los tienen. Este dato correlaciona con otro muy importante, es decir, los participantes manifiestan que las dificultades de los progenitores de ponerse de acuerdo en cuanto a las obligaciones parentales de los menores de edad son una de las motivaciones fundamentales por las que requieren la ayuda de la mediación. Asimismo, en cuanto a la situación laboral, existe asociación estadísticamente significativa entre el número de personas de la pareja que tiene una remuneración salarial y la eficacia de la mediación. Concretamente, existe una asociación entre la falta de acuerdo y el hecho de que ninguno de los dos tenga una remuneración salarial.

Hipótesis 3. Con carácter general, la mediación será eficaz independientemente de la procedencia de los casos de mediación.

De los datos, puede afirmarse que la mediación es eficaz independientemente de la procedencia de los casos que acuden a mediación. El porcentaje de casos en los que se llega a acuerdos en los procesos que se completan es de un 68,97%, en los casos del Tipo 1 (mediación intrajudicial) y de un 78,95% en los casos del Tipo 2 (mediación extrajudicial), es decir, de un 73,9% en el total de casos. De igual modo, podemos afirmar que la mediación es eficaz con independencia del momento procesal en que tiene lugar. Es, por tanto, un complemento útil en estos asuntos al proceso judicial en cuanto que es conforme a los principios de nuestro ordenamiento jurídico. Ya que potencia la consecución de acuerdos, en base al principio de autonomía de la voluntad. El mediador trata de aproximar a los cónyuges, para que alcancen un acuerdo que satisfaga a ambos (Cazorla González Serrano, p. 34). Podemos distinguir entre mediación extrajudicial que se desarrolla al margen del procedimiento judicial, y la mediación intrajudicial, que tiene lugar una vez iniciado el proceso judicial (Marqués Mosquera, p. 649).

Hipótesis 4. Realizar la mediación una vez iniciado el proceso civil aumentará la probabilidad de que el éxito de la mediación sea parcial (acuerdos parciales) en lugar de total (acuerdos totales).

Hipótesis confirmada, pues los datos obtenidos manifiestan que es más probable la consecución de acuerdos parciales en el tipo 1 de mediación intrajudicial (un 48,89%) que en el tipo 2 de mediación extrajudicial (un 25,71%). Sin embargo, existe una mayor probabilidad de obtener acuerdos totales cuando no se ha iniciado el proceso civil (un 45,1%), que cuando se ha iniciado (un 15,4% de los casos).

Hipótesis 5. En los casos en que la vía de acceso a la mediación sea extrajudicial, es decir, por iniciativa propia de ambas partes, se encontrará una mayor probabilidad de obtener acuerdos que en caso de acceder por vía intrajudicial.

Con una diferencia de tan sólo 10 puntos, el nivel de acuerdos es del 78,95% en los casos del Tipo 2 (mediación extrajudicial) frente al 68,97% en los casos del Tipo 1 (mediación intrajudicial). La mediación realizada con antelación al juicio despliega un carácter preventivo, propicia la desescalada del conflicto, promueve el diálogo para la consecución de acuerdos. Así, mientras que en el tipo 2 podemos afirmar que existe una mayor iniciativa de las partes a conocer el proceso de mediación y decidir su permanencia, en el tipo 1 esa iniciativa corresponde a un tercero, el Juez, que «invita» a la asistencia de una sesión informativa, a las partes y sus representantes, para que conozcan el proceso de mediación.

Hipótesis 6. La eficacia de la mediación será mayor en problemas relacionales que en problemas económicos.

Una de las conclusiones más claras del estudio es que puede afirmarse que los procesos de mediación de la muestra son mayoritariamente de relaciones familiares, matrimoniales o no y/o con menores. Y, aunque no existe evidencia (como se planteaba en la hipótesis 2) de que aparezcan diferencias entre los acuerdos alcanzados en conflictos del (tipo A) y (tipo B), en estas familias con menores encontramos que la gestión de los aspectos económicos resulta una cuestión más litigiosa, pues la determinación de la pensión de alimentos es un asunto que aparece sensiblemente más que otros, lo que permite deducir una especial dificultad de las partes al negociar este asunto.

Hipótesis 7. Será más probable que se dé una mediación eficaz cuando hay menores implicados en el conflicto familiar.

Sí se han encontrado evidencias de que las parejas sin hijos obtienen menos acuerdos que aquellas que sí los tienen, destacando el hecho de que en el caso de haber hijos menores de edad es significativamente mayor el porcentaje de aquellos que obtienen «algún acuerdo».

6. EL INTERÉS DEL MENOR COMO CRITERIO INFORMADOR EN LOS PROCESOS PARA LA DETERMINACIÓN DE LAS RESPONSABILIDADES PARENTALES

El Interés Superior del Menor es un concepto jurídico indeterminado que necesita de concreción, en cada momento y para cada supuesto especifico, y adaptación a las circunstancias del caso que tiene el Juez que resolver. La apreciación de ese interés superior del menor supone su prioridad esencial en todo el proceso judicial, pues adquiere la naturaleza de orden público (artículos 53.2 y 3 CE.). Representa la protección integral del mismo, de su crianza y del derecho a un nivel de vida adecuado para su desarrollo físico, mental, espiritual, moral y social. Se pone el acento en el desarrollo de su personalidad, de las aptitudes y de la capacidad mental y física, al objeto de facilitar que se baste a sí mismo y se integre en la comunidad, asumiendo una vida responsable con espíritu de comprensión, paz, tolerancia, e igualdad (Rivero, 2007).

Un escenario de riesgo para el interés del menor supone el reto de los progenitores de definir un contexto de corresponsabilidad parental nuevo tras la ruptura, dada la alta tasa de judicialización de este conflicto. La dificultad para negociar colaborativamente entre los progenitores reside en la interferencia que cuestiones relativas a su relación de pareja influyen en la relación de padre. Por ello, en un alto porcentaje, será el Juez quien determine el contexto tratando de equilibrar, en atención al mejor interés del menor. En el proceso de gestión contenciosa legalmente previsto, se superponen los planos relacionales –los conflictos de la pareja y los conflictos como padres–, unos y otros se entremezclan y suelen acompañarse de alta carga emocional. Desde cualquier perspectiva, incluso la jurídica, y así se reitera la jurisprudencia, se evidencia la importancia y repercusión que una «saludable» gestión de aspectos relacionales y emocionales del conflicto, tiene tanto para los menores como para sus progenitores.

El Interés Superior del Menor[16] es un principio rector del ordenamiento jurídico estatal y supraestatal, –vid. por todas STS 257/2013, de 29 de abril– y prevalente a las circunstancias que concurren en el caso concreto. Ello implica que prevalecerá sobre cualquier otro interés legítimo que esté en juego, incluido el de sus progenitores –*ex* art. 2.4 LO 1/1996 Protección Jurídica del Menor, tras la redacción dada por el art. 1.2 L.O. 8/2015 de 22 de julio, de modificación del sistema de protección a la infancia y a la adolescencia–. Todos los intereses implícitos en el concepto del Interés Superior del Menor hacen recomendable su mantenimiento como un concepto jurídico indeterminado, pues posibilita su flexibilidad y adaptabilidad a cada caso concreto. Lo que puede ser más beneficioso para un menor, puede no serlo para otro, por la diversidad de factores concurrentes en cada contexto familiar y por la naturaleza cambiante de las relaciones familiares. Por su parte, los inconvenientes de la indeterminación del concepto se dirigen hacia la discrecionalidad que se concede al juez y el riesgo de incurrir en arbitrariedad o una cierta inseguridad jurídica derivada de la impredecibilidad de la decisión (López de la Cruz

---

16 El art. 39.4 de la CE dispone que «los niños gozarán de la protección prevista en los acuerdos internacionales que velan por sus derechos» lo que debe entenderse como reconocimiento del principio del interés del menor. STS 47/15 de 13 de febrero, recoge que el interés prevalente «de un menor perfectamente individualizado, con nombre y apellidos, que ha crecido y se ha desarrollado en un determinado entorno familiar, social y económico que debe mantenerse en lo posible, si ello le es beneficioso».

(2009), Tamayo Haya (2008), Goiriena Lekue (2007), Díaz Martínez (2013).

Cada vez resulta más habitual encontrar sentencias en las que los magistrados aconsejan a las partes que acudan a la mediación, fundamentando el interés superior de protección a los menores. En dicho espacio, los progenitores pueden determinar las medidas legalmente exigidas y conformar la relación de co-parentalidad futura. Así, la sentencia de la Audiencia Provincial de Barcelona de 18 de Junio de 2013: "*Por todo ello y sin más consideraciones, salvo la de exhortar a las partes que intenten superar sus diferencias y discrepancias, de la forma menos traumática posible en el beneficio de su hijo, finalidad que ambos sin duda persiguen, recomendándoles que sí, pese a intentar llegar a otros acuerdos, a los que sin duda tendrán que llegar en los múltiples problemas que se irán presentando en la vida del menor no lograran coincidencias en la forma de dirimir las diferencias, acudan a un mediador o a una entidad mediadora, de acuerdo con lo indicado en el art. 233.6 del CC de Cataluña, pues lo único que se consigue con una actitud beligerante, acudiendo reiteradamente a los Tribunales para dirimir sus controversias, es perturbar la tranquilidad de Joan, tan necesaria para su correcto y sano desarrollo integral*"[17].

Es la Ley Orgánica Protección Jurídica del Menor de 1996 la disposición que más concreta este interés desde una perspectiva general de reconocimiento de derechos[18] y en el esta-

---

17 SAP de Barcelona, de 18 de junio de 2013, RJ 2013, 2728859.

18 «Los derechos que les reconoce la Constitución y los Tratados Internacionales de los que España sea parte ...» (art. 3), el derecho al honor, a la intimidad y a la propia imagen que comprende también la inviolabilidad del domicilio familiar y de la correspondencia, así como el secreto de las comunicaciones (art. 4), el «derecho a buscar, recibir y utilizar la información adecuada a su desarrollo» (art. 5), el «derecho a la libertad de ideología, conciencia y religión» (art. 6), el «derecho a participar plenamente en la vida social, cultural, artística y recreativa de su entorno, así como a una incor-

blecimiento de una lista de criterios en los que pueda apoyarse el juez a la hora de concretar el concepto: «*a) La protección del derecho a la vida, supervivencia y desarrollo del menor y la satisfacción de sus necesidades básicas, tanto materiales, físicas y educativas como emocionales y afectivas; b) La consideración de los deseos, sentimientos y opiniones del menor, así como su derecho a participar progresivamente, en función de su edad, madurez, desarrollo y evolución personal, en el proceso de determinación de su interés superior; c) La conveniencia de que su vida y desarrollo tenga lugar en un entorno familiar adecuado y libre de violencia. Se priorizará la permanencia en su familia de origen y se preservará el mantenimiento de sus relaciones familiares, siempre que sea posible y positivo para el menor. En caso de acordarse una medida de protección, se priorizará el acogimiento familiar frente al residencial. Cuando el menor hubiera sido separado de su núcleo familiar, se valorarán las posibilidades y conveniencia de su retorno, teniendo en cuenta la evolución de la familia desde que*

---

poración progresiva a la ciudadanía activa» y el derecho de asociación y reunión (art. 7), el derecho a la libertad de expresión en los términos constitucionalmente previstos (art. 8), el «derecho a ser oído, tanto en el ámbito familiar como en cualquier procedimiento administrativo o judicial en que esté directamente implicado y que conduzca a una decisión que afecte a su esfera personal, familiar o social» (art. 9) y, el «derecho a recibir de las Administraciones públicas la asistencia adecuada para el efectivo ejercicio de sus derechos y que se garantice su respeto» (art. 10). En concordancia con la legislación internacional: la Declaración de Ginebra de 1924, aprobada por la Sociedad de Naciones el 26 de diciembre de 1924. En 1948, las Naciones Unidas suscribió la Declaración Universal de los Derechos Humanos que incluye algunos derechos de los niños indirectamente, por lo que se consideró necesario la implantación de una regulación internacional que protegiera a los mismos. Por ello, la Asamblea General de la ONU, aprueba en 1959 una Declaración de los Derechos del Niño, que constaba de 10 principios básicos. Posteriormente en el año 1989, se dicta una nueva declaración en la Convención sobre los Derechos del Niño, de la ONU, vigente hasta hoy.

se adoptó la medida protectora y primando siempre el interés y las necesidades del menor sobre las de la familia; d)La preservación de la identidad, cultura, religión, convicciones, orientación e identidad sexual o idioma del menor, así⊠ como la no discriminación del mismo por éstas o cualesquiera otras condiciones, incluida la discapacidad, garantizando el desarrollo armónico de su personalidad». Así⊠, se recogen aspectos tales como el derecho a la vida –ex art. 15 de la Constitución Española (en adelante CE)–, el derecho al libre desarrollo de la personalidad –ex art. 10.1 CE–, el derecho a ser oído en aquellas decisiones que le afecten –ex arts. 92.2, 92.6, 154.3, 156.2, 158.1.6 y 159 CC (entre otros)–, el derecho al mantenimiento de sus relaciones familiares –ex arts. 90, 94 y 160 CC–, el derecho de libertad ideológica y religiosa –ex art. 16.1 CE– y el derecho de igualdad y no discriminación –ex art. 14 CE–. También se recogen dos criterios específicos para los supuestos en los que se adopta alguna medida de protección: la preferencia del acogimiento familiar frente al residencial y el objetivo del retorno del menor a su propia familia, siempre que ello resulte conveniente a su interés.

Además, en el tercer párrafo del artículo 2 introduce una serie de elementos generales para facilitar la interpretación de los criterios apuntados: «*a) La edad y madurez del menor; b) La necesidad de garantizar su igualdad y no discriminación por su especial vulnerabilidad, ya sea por la carencia de entorno familiar, sufrir maltrato, su discapacidad, su orientación e identidad sexual, su condición de refugiado, solicitante de asilo o protección subsidiaria, su pertenencia a una minoría étnica, o cualquier otra característica o circunstancia relevante; c) El irreversible efecto del transcurso del tiempo en su desarrollo; d) La necesidad de estabilidad de las soluciones que se adopten para promover la efectiva integración y desarrollo del menor en la sociedad, así⊠ como de minimizar los riesgos que cualquier cambio de situación material o emocional pueda ocasionar en su personalidad y desarrollo futuro; e)La preparación del tránsito a la edad adulta e independiente, de acuerdo con sus capacidades y circunstancias personales* ».

Igualmente, el Tribunal Supremo y algunos textos normativos de ámbito autonómico[19] han introducido diversos criterios relativos en la determinación del régimen de guarda y custodia de los hijos, tales como: *los posibles acuerdos existentes entre las partes, la opinión de los hijos, su edad, su arraigo social, escolar y familiar, el número de hijos, evitar separar a los hermanos, la aptitud de los progenitores, el cumplimiento de sus obligaciones por parte de los progenitores, la dedicación pasada a la familia, la relación existente entre las partes, la vinculación afectiva de los hijos con cada progenitor, la ubicación de las residencias habituales de los progenitores, las posibilidades de conciliación de la vida laboral y familiar de los progenitores, la disponibilidad temporal de cada progenitor, su predisposición para permitir que el menor se relacione con el otro progenitor y los informes de especialistas.*

Resulta de interés considerar que la Recomendación R (98)1, sobre mediación familiar, aprobada por el Comité de Ministros del Consejo de Europa el 21 de enero de 1.998 sobre Mediación Familiar propone como objetivos de la mediación familiar, entre otros, los de «mejorar la comunicación entre los miembros de la familia» y «asegurar la continuidad de las relaciones entre padres e hijos» (punto 7). Y desde la doctrina se incide en la materialización de muchos de estos derechos a través de aspectos más vivenciales que racionales del interese del menor[20]. Es precisamente en la interrelación cuando la determinación del interés del menor, en cada caso, puede venir

---

19 Art. 80.2 del Código del Derecho Foral de Aragón (en adelante CDFA); art. 5.3 Ley valenciana 5/2011; art. 233-11.1 del Código Civil de Cataluña (en adelante Cc.Cat.); art. 3.3 Ley Foral navarra 3/2011 y art. 9.3 Ley del País Vasco 7/2015. (Roca I Trias 2001 , Rivero, 2007)

20 El interés del menor se refiere al desarrollo libre e integral de su personalidad, todo lo que le beneficie en orden a su desarrollo físico, ético y cultural. La salud corporal y mental, su perfeccionamiento educativo, el sentido de la convivencia, la tolerancia y la solidaridad con los demás sin discriminación de sexo, raza, etc., la tutela

conformada de forma «conflictual», es decir, al entrar en conflicto con otros intereses, siendo prevalente frente a cualquier otro en virtud de la LO de Protección del menor de 1996. La razón de esta prevalencia sobre los demás es la de considerar su minoría de edad una situación de mayor vulnerabilidad, y necesidad de una mayor protección.

Siguiendo a Rivero (2007), la dificultad que entraña la determinación está en la imposibilidad que tiene el jurista de prescindir de la vida cotidiana del menor en cuestión. Cada caso es particular, referido a un concreto menor y a sus circunstancias personales (de él, de su familia de sus relaciones), cada caso es irreductible a otro ya que estamos en estrecho contacto con la vida. Este autor considera que la determinación del interés *inconcreto* parte de la protección de sus derechos fundamentales «y al individualizarlo habrá de garantizársele, a través de las opciones y decisiones que se adopten, los bienes y valores que ellos encarnan: su dignidad, su integridad física y moral (en sentido amplio), su derecho a una vida material y espiritual digna, el respeto a sus libertades, etc. Junto a esto habrá que buscar un equilibrio emocional y afectivo para ese niño en concreto, el calor de una relación próxima con ciertas personas y con su entorno, una sensación de seguridad en sí mismo y frente a otros; propiciar el desarrollo de sus aptitudes, la afirmación de su identidad personal, etc.».

La defensa e interpretación del interés del menor corresponde, según el Código Civil y la Ley Orgánica de Protección jurídica del Menor (art. 11), en situaciones ordinarias, a quien ostenta su representación y ejercita sus derechos e intereses (patria potestad, tutela, acogimiento etc.) salvo en los supuestos en los que la ley reconoce a la menor autonomía decisoria (art. 92.2 CC). Los diferentes sujetos que pueden verse invo-

---

frente a las situaciones que degradan la dignidad humana (droga, alcoholismo, fundamentalismos, sectas, etc.).

lucrados a la hora de determinar el mejor interés del menor quedaran sometidos al control judicial. El establecimiento de criterios y elementos para su interpretación por la Ley Orgánica 8/2015, por la jurisprudencia y por las normas autonómicas facilitará la labor del juez a la hora de concretar el interés superior del menor. Los criterios tienen un estimable valor, para el juez, para los operadores jurídicos, y para los propios padres llamados a ejercer su corresponsabilidad parental.

Por otra parte, recordemos que existe un reconocimiento legal del derecho del niño a ser oído en los procesos judiciales en los que tenga interés (arts. 92, 154 y 159 CC. y el art. 9 de la LOPJM). Respecto a esta audiencia o exploración del menor que gran parte de la doctrina otorga la naturaleza de un reconocimiento de personas *sui generis* que tiene como principal finalidad escuchar al menor sobre las medidas de carácter personal que se van a tomar respecto al mismo y que debe realizarse tratando de garantizar tanto su derecho a la intimidad, como su derecho a la tutela judicial efectiva: Moreno, (2010); Hijas Fernández (2002).

6.1 Particularidades del procedimiento judicial de familia

El Derecho de familia, permite a los progenitores determinar las medidas tras la ruptura, la separación o el divorcio, al considerar que las partes son las que mejor conocen su situación particular y cómo conjugar ésta con los intereses de todos los componentes de la familia. En este sentido, de acuerdo con Rivero Hernández (2007) y Roca Trías (1993), son los propios progenitores con quienes han estado conviviendo los hijos quienes más conocen y están en mejores condiciones para interpretar el verdadero interés de los mismos. Según López de la Cruz (2010), cabe distinguir ciertos límites al posible acuerdo: (i) que no se cause ningún perjuicio a los valores de la personalidad de los cónyuges y a sus derechos fundamentales,

(ii) que cualquier limitación al libre ejercicio de los derechos sea impuesta con carácter recíproco, tal y como ordena el principio de igualdad en el matrimonio que el legislador ha impuesto como principio de orden público, (iii) que no sea susceptible de constituir un estado de dependencia económica o personal de un cónyuge respecto del otro, y, (iv) que no se provoque ninguna disminución de los deberes solidarios que exige el *status* matrimonial o que conforman la patria potestad respecto de los hijos menores de edad, especialmente en lo que se refiere a su sustento y cuidado.

En el Título I del Libro IV de la LEC se regula los procesos sobre capacidad, filiación, matrimonio y menores, unificando la metodología para ellos. Estos procesos, recogidos en el art. 748 de la LEC, tienen en común la naturaleza no dispositiva de la materia y confieren al proceso características singulares respecto del resto de los procesos civiles y mercantiles, al punto de crearse un orden jurisdiccional propio. La propia LEC (apéndice XIX) justifica un tratamiento común de estos procedimientos, dentro del libro de procesos especiales, porque no rige el principio dispositivo o debe ser matizada su influencia en razón de un indiscutible interés público inherente a su objeto procesal. La LEC permite que el proceso se sustancie de mutuo acuerdo entre las partes, donde junto a la demanda se acompaña el convenio regulador sobre las cuestiones referidas en el art. 90 CC. Ante la dificultad de las partes de llegar a acuerdos, el proceso deviene contencioso correspondiendo al Juez la decisión sobre dichas medidas (art. 91 CC). Por tanto, la legislación sustantiva y procesal posibilita, bajo el principio de autonomía de la voluntad, la realización de una propuesta de acuerdo sobre las cuestiones de carácter dispositivo, para que el juez le otorgue eficacia con su sentencia. La falta de acuerdo entre las partes (art. 90 CC) obliga al Juez a determinar las medidas oportunas (art. 91 CC).

Pese a ello, es uno de los conflictos cuya gestión más preocupa desde el punto de vista sustantivo y procesal, por el alto índice de judicialización y estancamiento en los tribunales de justicia. Que como efecto vulnera el interés del menor, además de crear más frustración a los operadores jurídicos[21] por su lentitud y dilación en la resolución, dada la saturación de los tribunales, la imprevisibilidad del resultado. Añadimos además la dificultad en la ejecución de las medidas. En este marco, la eficacia del procedimiento de gestión judicial establecido para estos conflictos esta cuestionado. Este conflicto familiar, necesita un proceso de gestión que no solo fije los aspectos jurídicos, sino que favorezca la transición de la crisis evolutiva de la familia, sin vulnerar las garantías constitucionales del artículo 117.3 CE.

Sin embargo, toda las políticas legislativas procesales para este conflicto familiar se han dirigido tradicionalmente a reforzar la decisión judicial. Y no a potenciar de forma preventiva la facilitación del proceso de tomar decisiones por los progenitores, obviando la etapa evolutiva de la familia. Así, la Ley 30/1981, de 7 de julio, que modificó la regulación del matrimonio en el Código Civil y determinó el procedimiento a seguir en las causas de nulidad, separación y divorcio, y paralelamente, a través del Real Decreto 1322/1981 de 3 de julio, se crearon los Juzgados de Familia lo cual hacía patente la necesidad de una transformación específica en su composición, su estructura, y los medios de apoyo de carácter profe-

---

21 Zarraluqui (2005) advirtió al Congreso de Diputados, «la delicadeza de la materia pues hablamos de una materia que comprende la vida completa de las personas que es lo más importante que les ha ocurrido en la vida, porque les afecta a todo, a todos sus sentimientos, a todas sus expectativas de vida, a todo lo que afecta a su economía, a sus hijos, a su amor, a su desamor, a su traición, a todo, y como es natural les lleva a crisis psíquicas enormes, a arruinarse económicamente, les lleva, cómo no, a la violencia, les lleva a tantos extremos absolutamente insoportables. Ese es el mundo del Derecho de familia». Boletín n.° 391, de 18/10/2005, Congreso de los Diputados.

sional, material y económico[22]. El Ministerio de Justicia dotó, en el año 1983, a los Juzgados de Familia de una plantilla de asesores estables denominados «Equipos Psicosociales» (ETP) (Ibáñez, 2009)[23]. Las propuestas para la modificación de la Ley

---

22 Observándose cambios importantes respecto a la repercusión de la reforma de la LEC de 2005. Así de los datos del CGPJ e INE Se ha pasado de 92.875 rupturas en 1998 a 118.939 rupturas en el 2008, lo que ha supuesto 26.000 rupturas más anuales. El número de divorcios en España ha pasado de ser 35.834 en 1.998 a 110.036 en el 2008 lo que supone un crecimiento de más del 207%. Los 110.036 divorcios que se produjeron en el 2.008 supusieron casi el 93% de las rupturas (92,6%). En el 2008 se realizaron 51.199 rupturas sin acuerdo o conflictiva, lo que supone el 39,1% de las rupturas totales. De las 118.681 rupturas que se produjeron en el 2008 en España, 64.091 rupturas fueron en matrimonios con hijos menores de edad (59.136 divorcios y 4.955 separaciones) lo que representa el 54% de las rupturas. Los datos de 2016 son alentadores pues de un total de 101.294 casos, el 95,6% de divorcios. Y el 76,6% fueron de mutuo acuerdo, mientras que el 23,4% restante fueron contenciosos. Sin embargo, en el primer trimestre de 2017 el mayor incremento se produjo en los divorcios no consensuados, que se incrementaron un 8,4% y un 2,6% los mutuos acuerdos con respecto al mismo período del año anterior, según los datos publicados por el CGPJ. http://www.ine.es/prensa/ensd_2016.pdf.

23 Surge así especialistas sobre cuyos dictámenes puede apoyar al Juez en sus decisiones. Al amparo de lo establecido en el Libro VI, Título I, Cap. I de la Ley Orgánica 6/1985 del Poder Judicial (art. 473), la Dirección General de Justicia del Ministerio de Justicia publicó en el año 1987 la primera convocatoria de oposiciones para cubrir estas plazas, y la primera promoción fue de 1988. Los EPS dependientes de la Administración de Justicia se ampliaron a los órdenes jurisdiccionales a los que se adscribían: Clínicas Médico-Forenses, en los Juzgados de Menores, Vigilancia Penitenciaria, en los de Tutelas e Incapacidades y en algunas de las Oficinas de Asistencia a Víctimas, entre otros. No obstante, entender las actuaciones de los ETP como informes periciales, no está exenta de polémica (Ibáñez, 2009) Por capacitación profesional, los únicos que pueden establecer las causas de inhabilitación a la capacidad de obrar de las personas (pato-

Orgánica 6/1985, del Poder Judicial para crear una Jurisdicción especial de Familia alertan de la inexistencia y necesidad del marco jurídico regulador de estos equipos, ausencia contraria al principio de legalidad procesal[24], que hacía incurrir en irregularidades respecto a los ETP[25], de alto impacto ante cualquier arbitrariedad de estos equipos[26]. Otros recursos fue-

---

logías, enfermedades mentales, etc.) son los psiquiatras, siendo que normalmente los ETP los forman psicólogos y trabajadores sociales.

24 El art. 1 de LEC es rotundo en cuanto a la aplicación del principio de legalidad en el ámbito procesal, siendo únicamente en esta disciplina fuente del derecho la Ley. Además, el art. 3 de la Convención sobre los Derechos del Niño adoptada y abierta a la firma y ratificación por la Asamblea General de las Naciones Unidas en su resolución 44/25, de 20 de noviembre de 1989 se vulnera. De la Asociación Española de Abogados de familia, el Sr. Zarraluqui Sánchez-Exnarriaga, deja claro el problema de la no regulación de los equipos técnicos psicosociales. Boletín n.º 391, de 18 de octubre del 2005, del Congreso de los Diputados, pág. 3 http://www.congreso.es/public_oficiales/L8/CONG/DS/CO/CO_391.PDF

25 Muchas sentencias que dirimen disputas por la custodia de menores, los jueces intervinientes hacen especial referencia a la prueba pericial practicada por el E.T.P. para fundamentar las mismas, y es claro que el informe del E.T.P. puede resultar determinante del «fallo», tanto en los Juzgados de Primera Instancia como en la Audiencia Provincial, dado que el informe de estos Equipos Psicosociales son considerados de «facto» como «prueba pericial» o «informe pericial» y los integrantes del mismo son consideradas «peritos», cuando, en realidad, no existe prueba pericial practicada conforme establece la Ley de Enjuiciamiento Civil. Sólo podrá tener consideración de prueba pericial aquel dictamen de especialista amparado por los requisitos establecidos en la ley.

26 STC 8/2005, de 17 de enero de 2005 entre otras Que las pruebas psicosociales se estén emitiendo dictámenes por los Equipos Psicosociales sin estar sus integrantes colegiados profesionalmente; Que a diferencia de lo que ocurre en cualquier vista, no queda reflejo documental, y no se dé copia de las pruebas realizadas, dejando a los ciudadanos, indefensos ante la arbitrariedad de la Administración.

ron los denominados Puntos de Encuentro Familiar (PEF), que dan cobertura al cumplimento a las resoluciones judiciales de familiares con alta conflictividad.[27]. Hoy emerge la figura del coordinador parental, también dirigida a auxiliar al juez, aunque interviene en el núcleo familiar con la función de supervisar el cumplimiento del plan de parentalidad y acompaña a la familia en la normalización de sus relaciones realizando sugerencias y recomendaciones, e incluso tomando decisiones[28], cuya legalidad puede ser discutida.

---

27 Los PEF surgieron de la mano de asociaciones sin ánimo de lucro en el año 1994 para brindar un espacio neutral, atendido por equipos de profesionales, con el objetivo principal de garantizar el derecho del menor a mantener relaciones con ambos progenitores en procesos judiciales de separación, divorcio, nulidad, de alto nivel conflictivo en las relaciones familiares. Su puesta en marcha se está acometiendo por las Consejerías de las CCAA con competencia en Bienestar social y protección de menores La necesidad de dotarlos de un marco jurídico se va imponiendo cada día más. En 2008 se aprobó por la Comisión Interautonómica de Directores y Directoras Generales de Infancia y Familia un Documento Marco.

28 Juzgado de 1.ª Instancia núm. 7 de Castellón, Pieza de Medidas Provisionales coetáneas: 2025/2016 (Medidas Definitivas acordadas en divorcio 1291/2011 de fecha 8/03/2017). Juzgado de 1.ª Instancia núm. 7 de Castellón, Procedimiento de Modificación de Medidas Contenciosas 943/2016 (Sentencia 47/2017 de fecha 30/01/2017). Juzgado de 1.ª Instancia núm. 7 de Castellón, Procedimiento Divorcio Contencioso 658/2016 (Sentencia 433/2017 de fecha 18/09/2017). Juzgado de 1.ª Instancia núm. 3 de Nules, Procedimiento de Modificación de Medidas Supuesto Contencioso 128/2016. (Sentencia 371/2016 de fecha 20/12/2016). Juzgado de 1.ª Instancia núm. 3 Villarreal, Procedimiento de Modificación Medidas Supuesto Contencioso 615/2015. (Sentencia 27/2016 de fecha 01/03/2016). Juzgado de 1.ª Instancia número 5 Villarreal, Procedimiento de Modificación de Medidas Supuesto Contencioso 633/2016 (Sentencia 77/2017 de fecha 28/07/2017).

La promulgación de la Recomendación R (98)1, sobre mediación familiar, aprobada por el Comité de Ministros del Consejo de Europa el 21 de enero de 1.998, se vislumbra la mediación como una alternativa –no sólo complemento– seria, a la resolución judicial de los litigios, y no sólo como un recurso más al servicio del juicio[29]. Un giro en la política de dotación de medios a los juzgados de familia se produciría incorporando la mediación al procedimiento legalmente establecido. Es un recurso directamente dirigido a la autodeterminación de medidas de las relaciones familiares, y no un resorte más para dar fortaleza y eficacia a las medidas determinadas por el juez ante la falta de consenso de los padres. Las primeras experiencias piloto de mediación familiar, promovidas por el CGPJ en algunos juzgados de familia, como mediación intrajudicial constante el proceso judicial en curso, tiene lugar en 1.991, explicadas en las Primeras Jornadas Nacionales «*Persona, Sociedad y Ley*» celebradas en Madrid y organizadas por los equipos técnicos de la Administración de Justicia. El Consejo de Gobierno del Poder Judicial, en el Libro Blanco de la Justi-

---

[29] El Comité de Ministros del Consejo de Europa, desde 1981 ha elaborado Recomendaciones relativas a incentivar el arreglo amistoso de controversias, sugiriendo el acceso a la mediación, destacando el recurso a la mediación familiar, y también en materia civil, penal y en conflictos con las autoridades administrativas. Después vino la Directiva 2008/52/CEE del Parlamento Europeo y del Consejo de 21 de mayo de 2008, sobre ciertos aspectos de la mediación en asuntos civiles y mercantiles. La Resolución del Parlamento Europeo de 13 de septiembre de 2011 sobre la aplicación de la directiva sobre la mediación en los estados miembros, su impacto en la mediación y su aceptación por los tribunales. Directiva 2013/11/UE del Parlamento Europeo y del Consejo de 21 de mayo de 2013 relativa a la resolución alternativa de litigios en materia de consumo y por la que se modifica el Reglamento (CE) n.º 2006/2004 y la Directiva 2009/22/CE (Directiva sobre resolución alternativa de litigios en materia de consumo) y Reglamento 524/13 del Parlamento Europeo en materia de consumo.

cia (1997) considera que «*la formación en técnicas de mediación es aún la asignatura pendiente cuya aprobación no es posible retrasar*», y que es posible alertar a las partes de los riesgos de la continuación del proceso y convencerlas de que su conflicto puede resolverse mediante concesiones mutuas, y «*la introducción en el ordenamiento de nuevos mecanismos de transacción, tanto previos al proceso como intraprocesales, parecen medidas fundamentales*».

Por ello, sería deseable trabajar por integrar en el procedimiento legalmente establecido, metodologías dirigidas a facilitar los procesos de tomar decisiones por los progenitores. Nuestro ordenamiento presupone a los progenitores eficaces valedores del interés del menor cuando la familia funciona. Incluso ante la situación de crisis o ruptura de paraje o ante el divorcio, puedan proponer y tomar las decisiones por ellos mismos (art. 90 CC), siendo supervisada por el Ministerio Fiscal y aprobadas por el Juez. El formato procesal de la gestión no dispone de un método que atienda el conflicto en su complejidad, que incorpore los aspectos relacionales junto a los materiales, que se adapte a la idiosincrasia del sistema familiar desde los parámetros constitucionales.

Hoy, el ordenamiento jurídico ofrece a los padres estos criterios delimitadores del interese del menor como parámetro para la posible configuración de sus relaciones parentales, desde su capacidad de autogestión tras la ruptura de pareja. Así las cosas, sólo falta la previsión normativa de acudir necesariamente a conocer un escenario adecuado para la gestión colaborativa del conflicto, que debería contemplarse como prioritaria, previa y parte integrante del procedimiento judicial. Los datos que acreditamos de los centros donde la ciudadanía acude y solicita mediación vislumbran que la mediación prevé la normalización de las relaciones paternales futuras y contribuye a disminuir la litigiosidad actual. No podríamos asegurar el resultado exitoso en todos los casos, pero sí que el ordenamiento favorece la gestión de la crisis evolutiva de la familia además de apoyar en el proceso de toma de decisiones. Para ello se necesita un giro en las políticas legislativas tradicionales frente a estos conflictos.

6.2. *El cambio de paradigma: Ley 15/2005, de 8 de julio, y la 5/2012, de 6 julio, para asuntos civiles y mercantiles*

La Ley 15/2005, de 8 de julio, por la que se modifica el Código Civil y la LEC en materia de separación y divorcio marca un antes y un después en la organización de los recursos de los que disponen los Juzgados de Familias. Los Equipos Técnicos Psicosociales (ETP), tenían ya una presencia casi institucionalizada, el apartado 6.º art. 92 del CC da la posibilidad al juez de recabar informe al Equipo Técnico Judicial, reconociendo por primera vez en el texto de la ley a este equipo. Y respecto a la mediación, la Ley 15/2005 resultó novedoso y revelador el reconocimiento de la mediación, como una nueva metodología autocompositiva, como apoyo a la gestión judicial de los conflictos familiares y que logró, a través del debate parlamentario, incluir su mención expresa, aunque de forma limitada –a su posibilidad intrajudicial exclusivamente–, y escueta, con una extrema y medida precaución. La Exposición de Motivos de la Ley 15/2005, anuncia que «*con el fin de reducir las consecuencias derivadas de una separación y divorcio para todos los miembros de la familia, mantener la comunicación y el diálogo, y en especial garantizar la protección del interés superior del menor, se establece la mediación como un recurso voluntario alternativo de solución de los litigios familiares por vía de mutuo acuerdo con la intervención de un mediador, imparcial y neutral.*» Consecuentemente, se introduce en esta reforma una nueva regla 7.ª en el artículo 770 de la Ley de Enjuiciamiento Civil, que permite a las partes solicitar de común acuerdo la suspensión del proceso para acudir a mediación familiar. La mediación entra así en nuestro ordenamiento como un recurso más para las familias, y permite a los jueces y magistrados de familia, legitimar la mediación intrajudicial existente años antes a través de las experiencias piloto amparadas por el CGPJ.

La Disposición Final 3.ª anunciaba que la mediación es algo más que un recurso, que se incorporaría como metodología para la resolución de los conflictos sin controversia judicial. Tras muchas vicisitudes (Carretero, 2016) se materializó en la Ley 5/2012 de mediación para asuntos civiles y mercantiles (LMACM), a la que ya nos referimos anteriormente, que traspone la Directiva 2008/52/CEE del Parlamento Europeo y del Consejo de 21 de Mayo de 2008, sobre ciertos aspectos de la mediación en asuntos civiles y mercantiles, adquiriendo en nuestro ordenamiento interno entidad y reconocimiento propio como método alternativo general de gestión de conflictos para la materia dispositiva civil y mercantil en nuestro sistema de justicia. Con ella, la especialización procesal de familia puede avanzar en potenciar la autodeterminación y no sólo reforzando la labor judicial.

La «administración de justicia» no consiste sólo en la resolución de casos ante los tribunales, sino en buscar soluciones, modelos y métodos adecuados de gestión, que, desde la cultura de la paz, permitan obtener más y mejores respuestas, según la naturaleza del asunto, de manera que, a ser posible, la intervención judicial sea verdaderamente el último recurso y no el primero (Bolaños, 1995 y 1999). La diversidad de mecanismo de gestión moderniza y enriquece el sistema de justicia, máxime cuando son efectivos y no se vulnera, al contrario, se da cobertura real al art. 24 de la CE. El art. 117.3 de la CE no excluye de ninguna manera que estos puedan ser resueltos por otros medios distintos del juicio (Mejías, 2005)[30]. Así, la Ley 5/2012,

---

30 En Estados Unidos, en 1975, existían 12 centros comunitarios de resolución de disputas. En 1986 eran ya 400 los centros de mediación anexos a los tribunales. Hoy día, casi todos los estados exigen la mediación, como paso previo, en la resolución de los conflictos

de 6 de Julio, de Mediación en asuntos civiles y mercantiles (LMACM), supone el marco jurídico de la mediación como metodología *alternativa* para la gestión de conflictos, si bien las disposiciones finales conectan la legislación vigente con el encaje de la mediación en los procedimientos judiciales, articulando su *complementariedad* y la adecuada interrelación entre la mediación y el proceso civil, reforzando la eficacia de esta institución[31]. Se trata de dar cobertura legal y seguridad jurídica a un método informal pero estructurado, flexible y adaptativo que «sin perjuicio del respeto a los principios establecidos en esta Ley, se organizará del modo que las partes tengan por conveniente» (art. 10 LMACM).

La incorporación de la mediación a nuestro Ordenamiento Jurídico con la Ley 5/2012 LMACM resulta innovador al tratarse de un recurso social, al que se dota de un marco normativo. Es un método informal, autocompositivo, voluntario, flexible, etc., que, en el ámbito familiar, se pone directamente al servicio de las familias protagonistas del conflicto, y no tanto a la resolución de un pleito. El espacio de gestión que se crea en la mediación resulta consustancial a la propia materia de familia (autonomía de la voluntad, libertad individual, intimidad, confidencialidad, autogestión). Como hemos considerado, la necesaria especialización procesal del Derecho de familia se debe orientar a recuperar el protagonismo de los afectados, como clave de eficacia

---

familiares y matrimoniales cuando se trate de la tenencia de hijos (Barret y Barret, 2004).

31 La regulación se completa con el Real Decreto 980/13 de 13 de diciembre por el que se desarrollan determinados aspectos de la Ley 5/12, de 6 de julio, de Mediación en asuntos civiles y mercantiles. Orden de 7 de mayo de 2014 JUS/716/14 de 7 de mayo, por la que se desarrollan los artículos 14 y 21 del Real Decreto 980/13 de 13 de diciembre y se crea el fichero de mediadores e instituciones de mediación.

para la resolución de estos conflictos[32]. Sería deseable la incorporación al procedimiento de un método de gestión positiva y pacífica, que facilite la negociación entre los progenitores, que atienda tanto los aspectos relacionales como materiales del conflicto conforme al propio Derecho sustantivo.

Un sistema óptimo de justicia para la gestión de los conflictos familiares debe potenciar y priorizar la gestión de los aspectos relacionales –particulares en cada familia-en atención a su relevancia por los intereses subyacentes existentes, a la naturaleza evolutiva del conflicto, y, sobre todo, a la previsibilidad de permanencia de una relación de corresponsabilidad parental. Esta, necesita ser funcional, más allá del contenido material con las garantías adecuadas. La mediación, como metodología, cumple todas las condiciones para ser ese espacio de gestión natural y óptimo en las controversias familiares pues las decisiones son tomadas por los propios sujetos de forma voluntaria, ello son los protagonistas y *solo a ello les pertenece en exclusiva la decisión final* (Giró, 1997) .

La implementación de la mediación como metodología *alternativa* al sistema tradicional, resulta un cambio de paradigma en el afrontamiento de conflictos, que favorece la cultura de paz. Los datos confirman su eficacia y eficiencia[33], y, sin embargo, resulta insuficiente su uso por los operadores jurídicos. Necesita un impulso para su uso como metodología profesional para la gestión de conflictos dentro del sistema legal. A

---

32 Memorias del servicio de mediación del País Vasco. Resultados de eficacia, eficiencia por la permanecía de las soluciones y satisfacción de los usuarios. https://www.justizia.eus/biblioteca/servicio-de-mediacion-intrajudicial-2 Merino Ortiz (2010).

33 Memorias del servicio de mediación del País Vasco. Resultados de eficacia, eficiencia por la permanecía de las soluciones y satisfacción de los usuarios. https://www.justizia.eus/biblioteca/servicio-de-mediacion-intrajudicial-2 Merino Ortiz (2010).

tenor de los dos últimos anteproyectos de ley[34] en la materia, parece que el impulso se concreta en la exigencia de acreditar la realización de la sesión informativa de mediación, u otros procesos de negociación para encontrar soluciones, como requisito de procedibilidad en el ámbito del derecho privado y materia dispositiva.

Sin embargo, en materia de familia, cuando en el asunto se vean implicados los intereses de los menores, más allá de ser una metodología complementaria, se debe proceder a una modificación del proceso contencioso que integre una intervención mediadora previa a la judicialización del conflicto, de manera que antes de interponer la demanda se acredite que se intentó la mediación, más allá de la sesión informativa, pues las partes siempre son libres de no acordar y cerrar la mediación sin entendimiento. De esta manera el ordenamiento jurídico ofrece una metodología que permite gestionar paralelamente el espacio transicional y el transaccional asociado al conflicto legal, desde el enfoque de las necesidades humanas. Esta modificación del proceso contencioso de familia podría justificarse por: a) la complejidad del conflicto y la dificultad de crear el escenario colaborativo por los progenitores de forma autónoma; b) los intereses que confluyen, los individuales de los progenitores y el interés superior de los menores necesitado de protección; c) la construcción de la corresponsabilidad parental en nuevo contexto que sea funcional y eficaz, en una dinámica de cooperación, que permita cumplir esa función protectora de los intereses de los menores.

---

34 https://www.mjusticia.gob.es/es/AreaTematica/ActividadLegislativa/Documents/1292430896275-Anteproyecto_de_Ley_de_impulso_de_la_mediacion.PDF

En España el uso de la mediación, en el contexto jurídico, tiene abierto el debate sobre su «obligatoriedad mitigada»[35]. A nivel internacional, hay ordenamientos como Italia, que introdujeron, en la trasposición de la Directiva de 2008, la *sesión informativa* previa a la interposición de la demanda como obligatoria, y a pesar las dificultades iniciales, el uso de la mediación hoy está casi institucionalizado (Ruiz García, 2018, pp. 145 y ss.). Nuestra Ley 5/2012 de MACM resulta absolutamente respetuosa con la voluntariedad de la mediación. El art. 17 de la LMACM alude a la sesión informativa, y el 19 de la LMACM al acta constitutiva del proceso, que supone el contrato de prestación de servicios que se va a desarrollar. En el inciso final indica «en otro caso dicha acta declarará que la mediación se ha intentado sin efecto». En este marco, la sesión informativa previa, permite iniciar la mediación si las partes consienten. Si

---

[35] https://www.mjusticia.gob.es/es/AreaTematica/ActividadLegislativa/Documents/1292430896275-Anteproyecto_de_Ley_de_impulso_de_la_mediacion.PDF Cataluña aprobó la Ley 20/2014, que introduce la obligatoriedad de acudir a la mediación, incluso al arbitraje, con carácter previo al juicio para las ejecuciones hipotecarias de la vivienda habitual, como consecuencia del incumplimiento del deudor. La Ley 7/2017, de 2 de noviembre Directiva 2013/11/UE, del Parlamento Europeo y del Consejo, de 21 de mayo de 2013, relativa a la resolución alternativa de litigios en materia de consumo, prevé que una norma especial pueda establecer la obligación de participar en un proceso de resolución alternativa. En el ámbito familiar, la Ley 7/2015, de 30 de junio, de relaciones familiares en supuestos de separación o ruptura de los progenitores del País Vasco, en su art. 6.2, contempla como obligatoria la sesión informativa intrajudicial a fin de que las partes sean informadas sobre dichas medidas, su funcionamiento y beneficios, sin obligación de realizar el proceso. En la misma línea, establece en el art. 6.1 que el sometimiento a la mediación familiar será obligatorio con anterioridad a la presentación de acciones judiciales cuando así se hubiera pactado expresamente antes de la ruptura. Lo que invita a los asesores a recomendar pactos de previsión de futuro.

deciden no iniciarlo, entendemos que es equivalente a decir que no lo han intentado. Por ello entendemos que firmar el acta constitutiva, es equivalente a decir que se ha intentado, sin que se deriven consecuencias del no acuerdo y permitiendo acudir a la jurisdicción ordinaria. Mientras que las partes sean libres para mantenerse en la mediación y para concluir un acuerdo o no en ella, no se vulnera la voluntariedad por establecer que traten de conocerla e intentarla justificado en el interés del menor (S. de 14 de junio de 2017 del Tribunal de Justicia de la Unión Europea). Las experiencias que se han limitado a exigir la obligatoriedad de la sesión informativa han obtenido poco avance en la implementación de la mediación, pero resulta hoy necesario.

En un contexto social, cuando las partes acuden al mediador para solucionar una disputa, lleva implícita una voluntad libre y autónoma de elección de metodología y de evitar la confrontación. Esa no es la dinámica social predominante, sino que existe una excesiva e inexplicable judicialización de asuntos, que podrían encontrar mejores respuestas a través de soluciones autocompositivas. El juicio como método también necesita coordinarse con la intervención mediadora favoreciendo y priorizando su uso, especialmente en ámbitos como el familiar, donde la ineficacia de uno y la eficacia del otro está contrastada. Se puede facilitar la función de juzgar con más medios –equipos psicosociales, puntos de encuentro, coordinador parental– y más personas. Pero también se puede fortalecer el sistema, desde una perspectiva preventiva del afrontamiento del conflicto, con la incorporación obligatoria del intento de mediación. Así se incorpora un sistema previo al juicio que permita filtrar aquellos asuntos que pueden encontrar espacios de gestión más rápidos y menos costosos, preventiva para intereses que se superponen a los de las partes, que promuevan soluciones más adaptativas a las personas y al contexto como exige la sociedad actual.

Este planteamiento se estructuraría en dos niveles: uno relacionado con la materia civil y mercantil, y otro con asuntos de familia. Con relación a los primeros, asuntos de Derecho privado que versen sobre materia dispositiva sobre la que exista plena disposición, se debería acreditar en la demanda que se ha acudido a una sesión informativa de mediación ante un mediador profesional o institución de mediación incluida en el Registro de Mediadores del Ministerio de Justicia. Las partes deberán incorporar a la demanda la acreditación de haber cumplido tal exigencia, además de razonar en la demanda porque no se optó por ese camino de resolución. En atención a la valoración del asunto y de los argumentos de las partes de no optar por la mediación, el juez podrá en su caso, derivarles nuevamente a que «intenten» la mediación. De esta manera reduciría el posible utilitarismo que se pueda hacer de la sesión informativa.

Sobre la determinación de las materias[36] que se vean afectadas por esta exigencia, entiendo que deben ser todas aquellas cuya autogestión se permita bajo los principios constitucionales de libertad y autodeterminación, así como desde la lectura completa del principio de autonomía de la voluntad y el ejercicio de responsabilidad que de aquel se desprende (De Castro, 1967). La cláusula final del art. 2 de la Ley 15/2009, de 22 de julio, de mediación en el ámbito del Derecho privado de Cataluña, cuyo último apartado recoge la idea fundamental y es que puede resolverse a través de la mediación «cualquier *con-*

---

[36] En el último anteproyecto de ley, el legislador opta por un listado de materias susceptibles de mediación, toda dispositiva. También seria interesante informar sobre criterios orientativos que favorece una intervención mediadora, como pueden ser la perdurabilidad de las relaciones, razones de urgencia o necesidad de tomar decisiones, por ejemplo. En cualquier caso, resulta de utilidad los supuestos contemplados en las Guías del CGPJ para la práctica de la mediación. https://www.poderjudicial.es/cgpj/es/Temas/Mediacion/Guia-para-la-practica-de-la-Mediacion-Intrajudicial/

flicto de carácter privado en el que las partes deban mantener relaciones personales en el futuro, si razonablemente, aún puede evitarse la iniciación de un litigio ante los Juzgados o puede favorecerse la transacción». Siendo la importancia del aspecto relacional del conflicto la que puede hacer determinar al juez la derivación.

Resulta un impulso importante este anteproyecto de ley de impulso a la mediación en el ámbito del derecho privado, que implican la incorporando como requisito de procedibilidad, el intento de solución extrajudicial del asunto. Sin embargo en el ámbito familiar y en atención al interés superior de los menores, abogamos por una reconceptualización del proceso judicial contencioso de familia cuando existan menores implicados en el conflicto, que integre una intervención mediadora previa, como parte del procedimiento.

7. PROPUESTA DE RECONCEPTUALIZACIÓN DEL PROCESO JUDICIAL DE SEPARACIÓN Y DIVORCIO

En opinión de Bolaños (1998) «la mediación en el contexto judicial surge como una alternativa que pretende modificar la paradoja de intentar resolver el conflicto mediante el enfrentamiento». Estamos ante la necesidad de una reconceptualización del juicio contencioso cuando hay menores implicados, de manera que se reconfigure como un proceso de gestión que incluya la interacción del proceso jurídico con el proceso psicosocial que tiene lugar en la ruptura, y que no van acompasados (Bolaños, 2008). Debería procederse a la redefinición legal del proceso de divorcio en la línea planteada por Bolaños (1993), como un proceso psico-jurídico de separación y divorcio refiriéndose al «conjunto de interacciones entre el proceso legal y el psico-social, influyéndose mutuamente y que transcurran conectado durante un tiempo limitado, desligándose cuando se ha conseguido definir una nueva realidad legal legitimada y psicosocialmente funcional. En el proceso legal se entremezclan conflictos de pareja y parentales que requieren soluciones jurídicas y psicosociales diferentes, aunque complementarias». La propuesta de Bolaños (1998) está avalada atendiendo a su experiencia profesional en los juzgados de familia, como miembro de equipo psicosocial y realizador de una de las primeras experiencias de mediación intrajudicial desarrolladas en España.

La estructura de los procesos de separación y divorcio, así como los de responsabilidades parentales, necesita del nuevo paradigma de gestión que puede venir dado por la mediación, para regenerarse y mostrar signos de eficacia en este ámbito. El proceso judicial contencioso de familia, cuando hay menores, debe redirigirse hacia la prevención, y facilitar e incluir un espacio previo de afrontamiento del núcleo del conflicto (relación/contenido), por el interés de los menores. Se trata de potenciar la participación de padres y madres en la resolución que permite la evolución sana del ciclo evolutivo familiar. Las medidas cuando son adoptadas por un juez requieren del esfuerzo de adaptación personal y familiar, de quienes difícilmente pueden separar su ruptura, de sus responsabilidades parentales. Los tiempos del proceso legal y el personal-familiar son diferentes, los procesos emocionales ya han comenzado cuando inicia el litigio, y a veces continúan después de él.

Un renovado proceso contencioso que incorpore de forma integrativa una fase necesaria, previa y privada, consistente en una intervención mediadora en la que los progenitores deben «intentar» conseguir soluciones cooperativas, en los asuntos relativos a sus hijos, con un mediador familiar profesional conocedor de la necesidad de crear un espacio transaccional y transicional que favorezca la transformación del conflicto. Los letrados, en su responsabilidad de asesoramiento y protección de los intereses de su representado, tendrán que aconsejar, ayudar a designar al profesional mediador y tratar de favorecer el éxito de ese espacio de consenso por el interés del menor con mención expresa en su deontología. Si tras la participación en dicho espacio las partes no logran un consenso, podrán iniciar el proceso judicial acreditando en la demanda dicho «intento». Hay conflictos que difícilmente pueden tener un fin positivo, pero promover su gestión positiva reduce su intensidad.

La LEC debe incorporar en el procedimiento, la acreditación del intento de intervención mediadora junto a la demanda. Si dicho intento se reduce a una sola sesión, no impedirá que el juez atendiendo a la valoración del asunto y a las razones del abandono, les pueda instar que vuelvan a intentarlo. El modelo francés, en su LEC obliga al demandante a indicar en la demanda las diligencias realizadas para conseguir una resolución dialogada de la controversia, salvo existencia de un motivo legítimo por razón de urgencia o sobre el objeto del litigio, en particular si afecta al orden público. Así, introduce un sistema previo a la demanda judicial, voluntario en cuanto a designación y entidad, y como paso previo a acudir a los Tribunales. No se exige el haber llevado a cabo la mediación en sí, pero si acreditar los intentos previos de resolución del conflicto antes de la presentación de la demanda.

La propuesta no es tanto una intervención mediadora complementaria al proceso judicial, tal y como hoy resulta la mediación intrajudicial, sino la incorporación al proceso judicial de familia cuando existen menores, una actuación mediadora previa y necesaria[37], como parte del propio proceso judicial.

---

37 En los EEUU casi generalizado, las familias tienen que ir a mediación previa al juicio cuando se planteen cuestiones relativas a custodia y visitas. California, fue pionero en implantar un sistema de mediación con carácter general y obligatorio prejudicial. En 1981 entró en vigor la «*Mandatory Mediation Act*», incluida en el Código Civil del Estado (CA Civil Code, sección 4.607). Hoy, la mediación, además de obligatoria para los asuntos de los menores, es una práctica muy común en los procesos de divorcio, constituyendo una fase previa a realizar por las parejas que pretenden instar la ruptura legal de su relación. Las estadísticas de EEUU demuestran que el 85%

Ello no implica la dotación de un servicio público de mediación vinculado al juzgado de familia, que ponga en riesgo la independencia del recurso, y limitaría las posibilidades profesionales del mediador. Teniendo en cuenta, que las familias que tenga derecho a justicia gratuita, dispongan del acceso al recurso de la mediación profesional, en las misma condiciones que se accede a la defensa letrada de oficio. Pues es esencial, que este espacio mediacional del proceso goce de autonomía e independencia, y debe ser realizada por mediadores profesionales pertinentemente inscritos en el Registro de Mediadores del Ministerio de Justicia. De esta manera, el proceso judicial contencioso de separación o divorcio, y situaciones asimiladas que sustancien responsabilidades parentales, podrá estar en condiciones de dar mejores respuestas, incorporando una fase de conversaciones de cooperación dirigidas a crear consenso de forma profesional.

---

aproximadamente de los conflictos en mediación se resuelven con éxito. El modelo británico obliga a la sesión informativa previa y los casos sujetos a justicia gratuita deben obligatoriamente ir primero a mediación, muy discutido por la doctrina. En Noruega, la mediación no es voluntaria, como en el resto de los países, sino que es obligatoria y previa a la vía judicial. Los cónyuges con hijos menores de dieciséis años deben recurrir a la mediación, previa a la demanda de divorcio, para poder llegar a acuerdos en cuanto a la patria potestad, la residencia y los derechos de visita. En Noruega, el hecho de que sea obligatorio se ha justificado en las necesidades del niño y su defensa. Para la admisión a trámite de la demanda, se requiere la presentación de un «certificado de mediación» expedido por un mediador familiar. No obstante, como comenta Sastre Peláez, el mediador o mediadora también puede expedir un certificado si una parte se niega a participar en la mediación, «lo que es preceptivo no es resolver el conflicto mediante un procedimiento de mediación, sino al menos intentarlo». En Suecia supone las «conversaciones de cooperación», para los padres que estén en proceso de separación o divorcio y que tienen disputas sobre sus hijos.

7.1. Hacia un proceso psico-jurídico de separación y divorcio por el interés del menor

La protección del interés de los menores y de la institución familiar justifican el uso de una metodología adaptativa de gestión que los salvaguarde, en un sistema coherente y actualizado de justicia. El sistema de gestión institucionalizado debe recurrir con carácter prioritario a procesos de *autocomposición* de esos intereses. Esta dinámica es la que puede salvaguardar cualquier relación igualitaria y libre, como la relación parental. El juicio contencioso de familia debe completarse con un espacio transaccional y transicional, consistente en una intervención mediadora, flexible, eficacia e idónea, que acompañe la evolución y cambio a los que están sujetos los protagonistas directos e indirectos del conflicto, reformulándose como un proceso judicial psico-jurídico.

Los conflictos familiares afectan más que ningún otro a la *identidad personal y social* –la familia es la matriz de la identidad (Minuchin, 1985)– por los niveles de implicación, así como por el impacto de su resultado[38]. El enfoque en la gestión y resolución en las necesidades humanas, que impregna una intervención mediadora puede favorecer la adopción de medidas duraderas y satisfactorias. Más que la sentencia, que solo pueden aplicar la Ley. Los progenitores tienen la responsabilidad natural de participar y adoptar de común acuerdo las medidas necesarias, para la satisfacción del mejor interés del menor y el suyo propio. El Interés Superior del Menor es un criterio de actuación para tomar decisiones y conciliar intereses, que no afecta a la neutralidad del proceso de mediación, por el contrario, lo informa. La mediación familiar en casos de

---

[38] Alzate (1998). El auto concepto, la autoestima, el sentido de integridad personal, descansan, en gran medida, en el resultado de estos conflictos familiares.

ruptura de la pareja persigue fomentar el ejercicio conjunto de las responsabilidades parentales[39] y la necesidad de que los hijos «conserven» a ambos progenitores después de la separación (Taylor, 2002). La intervención mediadora debe inspirarse en los principios de compromiso y de corresponsabilidad con los intereses de aquéllos, y se promueve la determinación de criterios que, fundados en dicho interés superior, permitan a la familia funcionar en sus propios pactos de forma flexible, adaptativa y funcional. De esta manera se facilita a cada familia *particularizar* su escenario y descender a los aspectos concretos de cada relación, y los acuerdos se integran de un contenido real, cercano y específico *personalizándose* para cada supuesto[40].

La prevalencia del Interés Superior del Menor y la responsabilidad derivada del ejercicio de la autonomía de la voluntad, justificarían la redefinición del proceso contencioso que integre una intervención mediadora ante la existencia de menores. Fortalecen esta propuesta los datos y conclusiones de la investigación realizada de procesos de mediación familiar, matrimoniales o no y/o con menores, la experiencia profesional acumulada en mediación familiar intrajudicial. Recordamos que:

- Con carácter general, la mediación será eficaz.

---

39 SSTS de 29 de abril de 2013, SSTS 52/2015, de 16 de febrero, SSTS 449/15, de 15 de julio, SSTS 465/15, de 9 de septiembre, SSTS 5717/15 de 14 de octubre, SSTS 390/15, de 26 de junio, y las de 18 de noviembre de 2014, 29 de noviembre de 2013, 25 de abril de 2014 y 19 de julio de 2013, SSTS de 1 de marzo de 2016 y SSTS 21 de diciembre de 2016 y SSTS de 5 de diciembre de 2016, STS 21/2018 de 10 de enero de 2018.

40 Los acuerdos de mediación deben quedar reflejados en los convenios reguladores, en atención a la tramitación judicial de estos asuntos. Serán los letrados quienes den forma jurídica en dicho documento procesal a los pactos alcanzado en la mediación. Y si las partes lo consideran, dada la confidencialidad del proceso, incluso puede adjuntar el convenio regulador, el acuerdo de mediación.

- En la mediación extrajudicial, hay una mayor probabilidad de obtener acuerdos.
- La eficacia de la mediación será mayor en problemas relacionales que en problemas económicos.
- Será más probable que se dé una mediación eficaz cuando hay menores implicados en el conflicto familiar.
- Realizar la mediación una vez iniciado el proceso civil aumentará la probabilidad de que los acuerdos sean parciales en lugar de total.

Los datos[41] demuestran que la mediación tiene mucho que decir en los asuntos de familia con menores a su cargo y eso debe poner en marcha el trabajo sobre la construcción de un proceso judicial socio-jurídico de familia. De esta manera el proceso judicial, cuando sea contencioso, dispone de una fase prejudicial de carácter social, consistente en una intervención mediadora profesional, realizada por un tercero que puede ser designado por las partes o sus abogados[42], en el que las partes no están obligadas a continuar ni a llegar a acuerdos, pero lo deben celebrar y acreditar en la demanda su existencia. Sin esta fase, no debe avanzar el proceso judicial. Quizás la remodelación del proceso judicial, y definido como fase previa del propio juicio, sea más oportuna para los operadores jurídicos, que «intentar» una mediación con carácter previo a la interpo-

---

41 Véase además las Memorias del Servicio de Mediación Familiar extrajudicial del Departamento de Políticas Sociales del Gobierno Vasco

42 El mediador debe ser designado por las propias partes – o por indicación de sus asesores o abogados- del Registros del Ministerio de Justicia y a falta de designación por ellas, desde el propio juzgado a quien corresponda el asunto. El Letrado de la administración de justicia, a falta de elección particular, puede acudir al Registro de Mediadores del Ministerio de Justicia para la designación en función a los criterios que el juzgado tenga establecido para otros profesionales (turnos, insaculación, etc.).

sición a la demanda o realizar una sesión informativa ajena al procedimiento, en atención a nuestro contexto cultural. Para crear cultura que forma parte del propio procedimiento. Esta intervención mediadora prejudicial al proceso contencioso de familia puede aportar a las familias, entre otras cuestiones:

- Una oportunidad de gestión adaptada a la dinámica vital de los protagonistas, que desde la cooperación logren soluciones mutuamente satisfactorias.
- Una gestión jurídica acompasada al proceso de transformación familiar de gestión positiva y plena del conflicto, lejos de las medidas basadas en el enfrentamiento.
- Una posibilidad de tomar de decisiones de forma reflexiva, consensuada, privada y autónoma, que tiene carácter preventivo y pedagógico para su relación futura de padres.
- Un escenario adecuado de gestión de los aspectos relaciones del conflicto, que enfoca en la construcción de espacios de colaboración, en el respeto la libertad individual de las personas salvaguardando los intereses superiores llamados a proteger.
- Permite la gestión ordenada, ante la superposición de planos existente en estos conflictos. Cuando distintas relaciones familiares entran en colisión, esta intervención favorece la separación de los asuntos de pareja, evitando la interferencia que pueda producir en las decisiones como padres.

8. REFERENCIAS BIBLIOGRÁFICAS

ALZATE, R. (1998), *Análisis y resolución de conflictos. Una perspectiva psicológica*, Bilbao, Universidad del País Vasco.

- (2000), *Resolución de conflictos para bachillerato y educación secundaria*, Mensajero, Bilbao.

ALZATE R. y MERINO, C. (2011), "Principios éticos y Código de conducta para personas y entidades mediadoras", *Revista Doxa. Cuadernos de Filosofía del Derecho,* nº 33.

ALZATE SÁEZ DE HEREDIA, R. FERNÁNDEZ VILLANUEVA, I., MERINO ORTIZ, C., Desarrollo de la cultura de la paz y la convivencia en el ámbito municipal: La mediación comunitaria. *Política y Sociedad* http://dx.doi.org/10.5209/rev_POSO.2013.v50.n1.39350

ALZATE R., MERINO C., FERNANDEZ I., RUIZ M.J. (2016), *La intervención en conflictos mediantes procesos adaptativos: valores de la mediación e Intuicionismo ético.* Anuario de mediación y solución de conflictos, núm. 3, Reus, Madrid.

BARRETT J.T. y BARRETT J.P. (2004), A *History of Alternative Dispute Resolution. The story of a political, Cultural, and Social Movement,*Ed. Jossey-Bass, S. Francisco.

BAZERMAN, M.H., NEALE, M.A., (1993), *La negociación racional en un mundo irracional,* Paidós, Barcelona.

BERNAL SAMPER, T. (1998), *La Mediación: Una solución a los conflictos de ruptura de pareja,* Colex, Madrid.

BLANCO CARRRASCO, M. (2009), *Mediación y sistemas alternativos de resolución de conflictos,* Reus, Madrid.

BOLAÑOS CARTUJO, I Y GARCIA VILLALUENGA, L. (2006), *La mediación familiar: una aproximación interdisciplinar,* Ed. Trea S.L., Madrid.

BOLAÑOS CARTUJO, I. (2008), *Hijos Alineados y Padres Alineados,* Reus, Madrid.

- (1995), "Mediación familiar de procesos contenciosos de separación y divorcio en un contexto judicial", *Mediación: una alternativa extrajudiridica,* Colegio Oficial de Psicólogos, Madrid. pp.43-50.

- (1998), "Disolución de disputas legales en mediación familiar", *Educación social,* 8, 95.

- (1999), "Entre la confrontación y la colaboración: Transacciones y transiciones" del *Centro de Estudios jurídicos y formación especializada,* Aranzadi, Pamplona.

- (2000), "La mediación familiar en contextos judiciales" *Revista de Trabajo social Hoy.* Ed. Mira, marzo.

BRETT, J.M. (2001), *Negociating globally,* Jossey-Bass, San Francisco, CA, EEUU.

BUCHANA, C.M., MACCOBY, E.E Y DORNBUSCH, S.M. (1991), "Caught between parents: Adolescents´experience in divorced homes", *Child developmente,* 62, pp. 1008-1029.

BURTON, J. (1990), *Conflict: resolution and prevention,* Macmillan, Londres.

BUSH R. y FOLGER, J. (1996), *Promesa de mediación,* Gránice, Buenos Aires.

BUTTS GRIGGS, T. (2005), "Mediación y protección de menores en derecho de familia" *separata del Consejo General del Poder Judicial, Escuela Jurídica, Cuadernos de derecho judicial* V. p. 216.

- (2005), "La mediación en el proceso. Apuntes sobre mediación y gestión de la ira", ICAM, Madrid.

- (1995), "The Navajo Peacemaker Court. El juzgado del Obrador de la Paz: Mediación en la Nación de los Navajos", *Mediación: una alternativa Extrajurídica,* Colegio oficial de Psicólogos de Madrid, 69-77.

- (2005), "La mediación en los EEUU: contextos y experiencias", *separata del Consejo General del Poder Judicial, Escuela Jurídica, Cuadernos de derecho judicial V.*p.185.

- (2007), "Manejando la ira en la mediación: concepto y estrategias", *Portularia,* vol,VII, nº 1-2, p. 17-38.

CANTÓN DUARTE, J., CORTES ARBOLEDA M. D. R., y JUSTICIA DÍAZ, M. D. (2002), *Las consecuencias del divorcio en los hijos. Psicopatología clínica, legal y forense,* 2(3). Págs. 48-55. Disponible en http://masterforense.com/pdf/2002/2002art16.pdf.

CALCATERRA, R.A. (2002), *La mediación estratégica,* ed. Gedisa, Barcelona.

CARNEVALE Y PRUITT, "Negotiation and Mediation", *Annual Review of Psychology, 43,* 531-582

CARNEVALE Y PRUITT, "Negotiation and Mediation", *Annual Review of Psychology, 43,* 531-582: *"El éxito de la Mediación depende: Del grado en que las partes acepten al mediador, de la confianza, imparcialidad y honestidad transmitida por esta persona. De los conocimientos de las técnicas y estrategias de negociación y mediación del mediador".*

CARRETERO MORALES, E. (2016), *La mediación civil y mercantil en el sistema de justicia,* Dykinson, Madrid.

CAZORLA GONZÁLEZ-SERRANO, M.C., *La mediación familiar como solución en los conflictos de crisis de pareja.*

CIRILLO, S. y Di BLASIO, P. (1991), *Niños maltratados: Diagnostico y terapia familiar,* Paidós, Barcelona.

COBB, S. (2001), Dialogue and the Practice of Law and spiritual values: creating scared Space: Toward a Second Generation Dispute Resolution Practice. *28 Fordham Urban Law Journal* p. 1017-1029.

DÍAZ MARTÍNEZ, A. (2013), "La tutela del interés superior del menor en la ordenación de las relaciones personales con sus progenitores y las decisiones sobre su futuro profesional", *Revista Doctrinal Aranzadi Civil- Mercantil,* núm. 1, p. 53.

DUFFY, K G Y OLCZAK, P.V. (1999), *La mediación y sus contextos de aplicación,* Garoz, Barcelona.

EMERY, R. (1982), "Interparental conflicto and the children of discord and divorce", Psychological bulletin, 92, 310-330.

FOLGER J.P, JONES, T.S. (1997), *Nuevas direcciones en mediación: investigación y perspectivas comunicacionales,* Paidós, Barcelona.

GARCÍA CARNICA, M.C. (2009), "Los menores en los procedimientos de separación y divorcio", *Los niños y las niñas en la administración de justicia: Jornadas Infancia y Administraciones Públicas,* Comares, Granada.

GARCIA TOME, M. (2008), "Mediación, Conflicto y Crispación Familiar", *Revista Sociedad y Utopía,* n. 31, Madrid.

GIRÓ PARÍS, J. (1997), *Dinámica de la Mediación,* Paidós, Barcelona.

GOIRIENA LEKUE, A. (2007), "La suficiencia de juicio del menor y el criterio de oportunidad en los procesos de separación y divorcio", *La Ley,* núm. 6823, tomo 5.

GOLANN, D. (2013), Sharing a Mediator´s power. Effective advocacy in settlement. American Bar Association, Section of Dispute resolution, Illinois.

HAYNES, J. M. (1989), *La Mediación en el divorcio,* Granica, Barcelona.

- (1997), *Fundamentos de la Mediación Familiar (Manual Práctico para mediadores),* Ed. Gaia.

HEIDER, F. (1958), *The psychology of interpersonal relation,* Wiley, Nueva York.

HETHERINGTON, E.M. (1972), "Divorce: A child´s perspectiva", *American Psychologist,* 34 (10), 851-858.

HIJAS, E. (2009), *Los procesos de familia: una visión judicial, Compendio práctico de doctrina y jurisprudencia sobre los procesos de familia y menores,* 2, ed. Colex, Madrid.

JACOBSON, D.S. (1978), "The impact of marital separation/divorce in children", *Journal of divorce*, 2(2), pp. 175-194.

IBAÑEZ, V. (2009), "Situación actual de los equipos psicosociales de los juzgados de familia". Simposium "La Guarda y Custodia de los Hijos". Seminario: Familia, Menores y profesionales. Consultado en febrero 2011 en www.familiascanarias.com/Documentos/VICENTE%20 IBA%C3%91EZ.pdf

IRVING, H.H. (1981), *Divorce mediation. A rational alternative to the adversary system*, Universe, Nueva York.

KELLY, J.B. (1993), Current research on children´s postdivorce adjustment. Family and conciliation court review, 31(1), 29-49.

OAKES, P.J., HASLAM, S.A. y TURNER, J.C. (1994), *Stereotyping and Social Reality*, Blackwell, Oxford.

LEDERACH, J.P. (1989), *Elementos para la Resolución de Conflictos*, SERPAJ, Mexico D.F.

LEÓN, O.G. Y MONTERO, I (1997), *Diseño de investigaciones. Introducción a la lógica de la investigación en Psicología y Educación*, 2 ed., McGraw, Madrid.

LÓPEZ DE LA CRUZ, L. (2010), "El resarcimiento del daño moral ocasionado por el incumplimiento de los deberes conyugales". *Indret*, 4.

- (2009), "La libertad individual como elemento integrante del concepto de matrimonio. Su especial manifestación en la disolución del vínculo conyugal", *Anuario de Derecho Civil Núm. LXII-2*, pp.713-781.

MARQUÉS MOSQUERA, C., "La mediación: una negociación asistida alternativa a la jurisdicción", tomo LV, pp. 649.

MERINO ORTIZ, C. (2013), *La mediación familiar en situaciones asimétricas. Procesos de gestión de conflictos con episodios de violencia, drogodependencias, enfermedades mentales y desequilibrios de poder*, Reus, Madrid.

- (2010), Gestión de conflictos familiares desde un Servicio Público de Mediación 1996-2009, *Mediación, arbitraje y resolución extrajudicial de conflictos en el Siglo XXI*, Reus, Madrid.

MILNE, A. (1988), "The nature of divorce dispute", En FOLBERG, J. Y MILNE, A. (ed), *Divorce mediation*, The Guilford Press, New York.

MOORE, C. W. (1995), *El proceso de mediación. Métodos prácticos para la resolución de conflicto,*. Granica, Barcelona.

MORENO CATENA, V. (2011), "La resolución jurídica de conflictos", *Mediación y resolución de conflictos: técnicas y ámbitos*, Tecnos, Madrid.

- (2010), "La exploración de menores en los procesos de nulidad, separación y divorcio. El difícil equilibrio entre la intimidad del menor y el derecho a la tutela judicial efectiva", *Diario La Ley,* Nº 7378, Sección Tribuna, Abril 2010, XXXI, Editorial LA LEY *1639/2010.*

MORGADO CAMACHO, B., y GONZÁLEZ RODRÍGUEZ M. D. M. (2012), *Divorcio y ajuste psicológico infantil. Primeras respuestas a algunas preguntas repetidas. Apuntes de Psicología,* 30(1-3). pp. 351-360. Disponible en http://www.apuntesdepsicologia.es/index.php/revista/article/view/417.

MULDOON, B. (1998), *El corazón del conflicto,* Paidós, Barcelona.

MUNDUATE, L., MEDINA, F. (2006), *Gestión del Conflicto, Negociación y Mediación,* Piramide, Madrid.

PRUITT, D. y RUBIN, J. (1986), *Social conflict,* Random House, Nueva York.

RIVERO HERNÁNDEZ, F. (2007) *El interés del menor,* 2ª ed., Dykinson, Madrid.

- (1994), *Matrimonio y Divorcio,* Comentarios al Título IV del Libro Primero del Código Civil, en LACRUZ BERDEJO, José Luis, AA.VV., (coord.), 2ª ed., Dykinson, Madrid.

- (1997),"La guarda y custodia de los hijos y el derecho de visita tras la crisis matrimonial", en CERVILLA, M. D., (coord.), *La situación jurídica de la mujer en los supuestos de crisis matrimoniales, IV Seminario de estudios jurídicos y criminológicos,* Cádiz.

ROCA I TRIAS, E., (1999), *Familia y cambio social (de la "casa" a la persona),* Civitas, Madrid.

- (2001), "*Tu voluntad es mi ley. Los cambios en el derecho de familia en los últimos cuarenta años", El Derecho en la Facultad. Cuarenta años de la nueva Facultad de Derecho de Barcelona,* Marcial Pons, Madrid.

- (1993), *Artículos del 90 al 101, Comentario del Código civil,* AA.VV.Tomo I, Tirant lo Blanch.

RUIZ GARCÍA, M.J. (2018), *La necesidad socio jurídica de la mediación. Su eficacia para construir la corresponsabilidad parental,* Thomson Reuter Aranzadi, Madrid.

(2014), El contrato de mediación en disputas. Cap. 5, Tomo VII 459-518 en *Grandes Tratados Aranzadi: Contratos.* Thomson Reuters-Aranzadi. Pamplona.

SAPOSNEK, D. (1992), "Clarifying perspectives and mandatory mediation", *Family and Conciliation Courts Review,* 30 (4), pp. 490–506.

SHAW, D.S. (1991), The effects of divorce on children´s adjustment. Behaviior modific 15(4), 456-485.

SHELL, R. (2005), *Negociar con ventajas. Estrategias de negociación para gente razonable,* ed. Antoni Bosch, Barcelona.

SUARES M. (1996), *Mediando en Sistemas Familiares,* Paidós, Barcelona.

- (2002), *Mediación. Conducción de disputas, comunicación y técnicas,* Paidós, Barcelona.

TAMAYO HAYA, S. (2008), "El interés del menor como criterio de atribución de la custodia", *Revista de derecho de familia,* núm. 41.

Apéndice de Web consultadas

http://www.poderjudicial.es/cgpj/es/Poder_Judicial

http:/www.acjnet.org/

www.abd-ong.org

http://adrr.com/

http://www.ammediadores.es

http://arbiter.wipo.int/center/index-es.html

http://www.aprome.org/

http://www.boe.es

http://www.cis.es/

www.congreso.es

http://www.deacuerdo.com.uy/

www.eumed.net

www.europeanforum-familymediation.eu

http://europa.eu/index_es.htm

http://familiasdemadrid.org/

http://www.gernikagogoratuz.org/

www.gemme.eu

www.geuz.es/

http://www.gva.es/

www.fundacionwolterskluwer.es

http://www.i.gov.ar/

http://www.iancanegocyar.com.ar/bibladmi.htm

www.imedia-ucm.es

www.iuriscivilis.com
http://www.institutomediación.org/
www.juntadeandalucia.es
http://www20.gencat.cat/portal/site/Justicia
http://www.judiciary.estate.us/
http://www.justice.gouv.fr/
www.jurisprudenciainfancia.udp.cl
www. lawsociety.bc.ca.
http://www.larioja.org/
www.losrecursoshumanos.com
http://www.lexjuridica.com/
http://www.legal.coe.int/
http://www.mediaciónyarbitraje.com.sv/
http://www.mediadoresenred.org.ar/
http://www.mediantes.com/
www.mediationfamiliale.asso.fr
www.Minjusticia.cl
http://www.madrid.es/portal/site/munimadrid/
www.poderjudicial.es
www.rae.es
www. state ak.us
http://www.separacionline.com/
http://www.solomediación.com/
http://www.solucionesnegociadas.com/
http://www.themediator.com/divorce.htm.
http://www.todalaley.com/
www.todosobremediación.com.
http://www.uncitral.org/fr-index.htm